高中数学复习教学的探索与实践

——基于数学史的视角

钟 萍 著

上海交通大学出版社
SHANGHAI JIAO TONG UNIVERSITY PRESS

内容提要

本书第 1 章和第 2 章阐明了数学史融入数学教学的理论基础、教育价值、德育内涵和实践方法;第 3 章至第 9 章基于数学史的视角,围绕"以史鉴今、以史清源、以史明理、以史论纲、以史探法、以史启思、以史启智"7 个主题,探索了历史相似性原理下的知识复习课,重构式融入历史素材展开数学基本概念、公式定理、单元复习课,顺应式融入历史名题展开解题方法和能力探究课、数学思想方法课等,通过精选的 16 个教学课例和反思,具体呈现了将数学史融入高中数学复习教学所进行的探索和实践。本书能促进数学史与数学文化在数学教育界的传播,也为加强 HPM 教学实证、深化数学文化研究、优化数学史与数学教育课程改革等方面提供实践参考。

图书在版编目(CIP)数据

高中数学复习教学的探索与实践:基于数学史的视角 / 钟萍著. —上海:上海交通大学出版社,2023.5
ISBN 978 - 7 - 313 - 28590 - 4

Ⅰ.①高… Ⅱ.①钟… Ⅲ.①中学数学课-教学研究-高中 Ⅳ.①G633.602

中国国家版本馆 CIP 数据核字(2023)第 067298 号

高中数学复习教学的探索与实践——基于数学史的视角
GAOZHONG SHUXUE FUXI JIAOXUE DE TANSUO YU SHIJIAN—— JIYU SHUXUESHI DE SHIJIAO

著　　者:钟　萍
出版发行:上海交通大学出版社　　　　　地　　址:上海市番禺路 951 号
邮政编码:200030　　　　　　　　　　电　　话:021 - 64071208
印　　制:苏州市古得堡数码印刷有限公司　经　　销:全国新华书店
开　　本:787 mm×1092 mm　1/16　　印　　张:17.25
字　　数:371 千字
版　　次:2023 年 5 月第 1 版　　　　　印　　次:2023 年 5 月第 1 次印刷
书　　号:ISBN 978 - 7 - 313 - 28590 - 4
定　　价:82.00 元

序 一

近年来,随着数学史与数学教学的研究课例的兴起,数学史在高中数学复习教学中的应用逐渐进入人们的视野,但相关的教学案例并不多见。数学史对于高中数学复习教学至少有以下几个方面的重要作用。

一、建立知识联系

复习教学的重要目的之一是巩固和深化所学知识,而巩固和深化所学知识的策略之一是建立知识之间的联系。在很多情况下,数学史能够帮助教师建立知识之间的联系。例如,现今的教材并未明显地呈现和角公式、正弦定理、余弦定理、射影公式之间的关联,而数学史告诉我们,这些公式或定理往往可以两两互推。在正弦定理和余弦定理的复习教学中,我们至少可以建立如图 1 所示的知识网络。

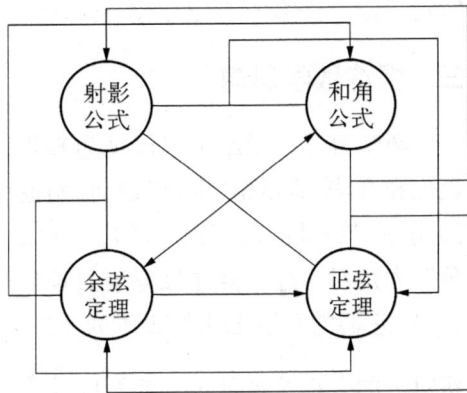

图 1

又如,在解析几何的复习教学中,可以通过旦德林双球模型建立三种圆锥曲线之间的联系,也可以通过追溯椭圆、双曲线和抛物线的辞源(亏曲线、超曲线和齐曲线),对标准方程进行变形来揭示它们之间的统一性。

二、提供问题源泉

数学复习教学往往以问题解决为主,而数学史为数学问题的编制提供了丰富多彩的原始素材,近年来高考试卷上的数学文化类试题已清楚地说明了这一点。以基本不等式复习教学为例,我们可以以数学史为背景,编制出许多新的问题。

问题 1 如图 2,已知正方形 $ABCD$ 的边长为 a。过顶点 D 的直线与 BA、BC 的延长线分别交于点 E 和 F。求直角三角形 EBF 的面积的最小值。

问题 2 如图 3,已知直角三角形 ABC 的直角边 $BC=$

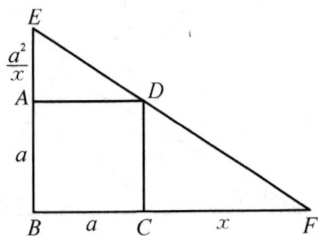

图 2

a，$AC=b$，正方形 $FCDE$ 和正方形 $PMNQ$ 均内接于三角形 ABC，试比较正方形 $FCDE$ 和正方形 $PMNQ$ 的面积的大小。

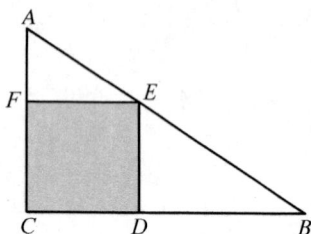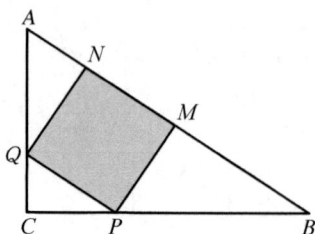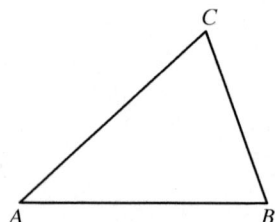

图3

图4

问题 3 如图 4，已知 $AB=m$，动点 C 到点 A 和 B 的距离分别为 p 和 q，问当 p 和 q 满足什么条件时，三角形 ABC 的面积最大？

其中问题 1 和 2 以中国汉代《九章算术》中的"勾股容方"问题为背景，问题 3 以古希腊数学家芝诺多罗斯(Zenodorus)的等周三角形命题为背景。

三、提炼数学思想

数学复习教学绝不仅仅是为知识而知识，为解题而解题，而应该有思想方法的总结、提炼和升华，应该由"求技"走向"问道"。以正弦定理为例，《几何原本》卷一命题 5、6、18、19 分别定性地给出三角形的边和角之间的关系："等边对等角""等角对等边""大边对大角""大角对大边"，但并没有定量地给出边和角之间的关系，比如：两个角的大小之比为 2:1，它们的对边之比是否也为 2:1 呢？从图 5 可见，答案显然是否定的，60°角和 30°角所对边的大小关系是 $\sqrt{3}:1=\left(\frac{\sqrt{3}}{2}\right):\left(\frac{1}{2}\right)=\sin 60° : \sin 30°$。可见，尽管三角形中大边对大角，但边和对角之间并不存在简单的正比关系。为了进一步探求边和角之间的关系，我们构造相似的两个三角形，将原三角形中边与边的比值转化为相似三角形对应边的比值，从而发现正弦定理。历史上，数学家用多种方法来构造相似三角形，如图 6、图 7、图 8 和图 9 所示。

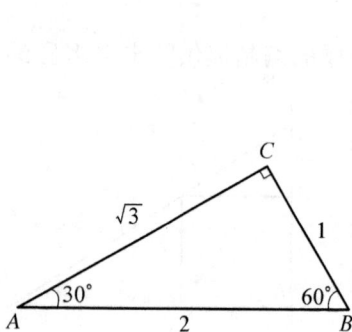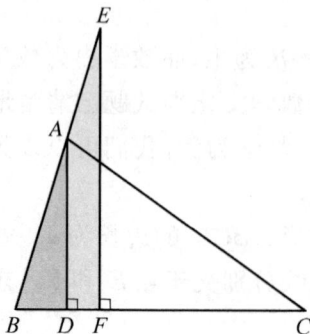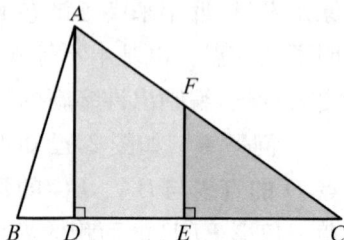

图5

图6 ($BE=AC$)

图7 ($CF=AB$)

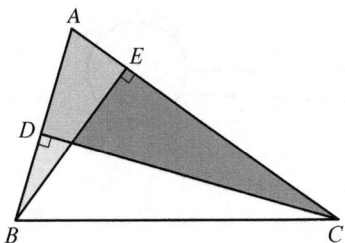

图 8

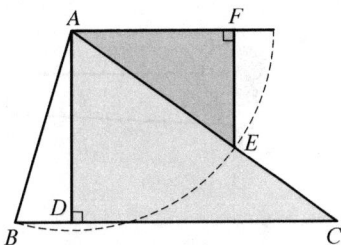

图 9 （$AB = AE$）

上述探究表明，正弦定理背后蕴含着转化的数学思想，并且揭示了三角学定理与几何定理之间的差异：几何定理往往是对几何量的定性刻画，而三角学定理则对几何量作出定量刻画，因而三角学能让我们获得更为精确的结果。另外，从正弦定理的发现和证明过程中，我们也有一种感悟，即相似三角形是沟通几何学与三角学的一座桥梁。因此，HPM介入正弦定理的教学，至少可以揭示"一座桥梁、一种思想、一类价值"。

四、浸润数学文化

数学复习教学，尤其是高中数学复习教学，往往给人以"习题课""炒冷饭""枯燥乏味"的印象。HPM的介入使得所复习的知识点有背景源流、学科关联、审美娱乐、多元文化等，从而让枯燥的课堂洋溢着文化的芬芳。

以和角公式为例，图10给出了公元2世纪古希腊天文学家托勒密（C. Ptolemy）制作弦表的方法。

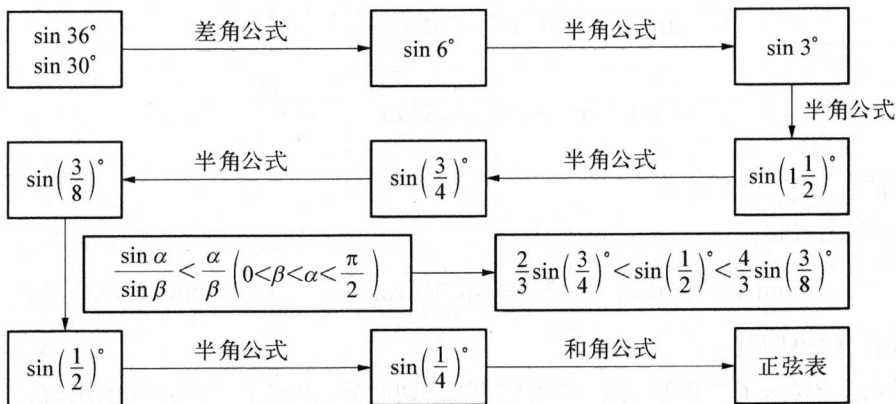

图 10

教师可以从古希腊著名天文学家阿里斯塔克斯（Aristarchus，310B.C.—230B.C.）提出的天文问题来引入三角公式的复习教学：已知月亮半圆时，日、地、月的中心 S、E 和 M 恰好为一个直角三角形的三个顶点，且 $\angle SEM = 87°$，如图11所示。问：地日距离（ES）是地月距离（EM）的几倍？要解决这个问题，需要求出87°的余弦值或3°的正弦值。

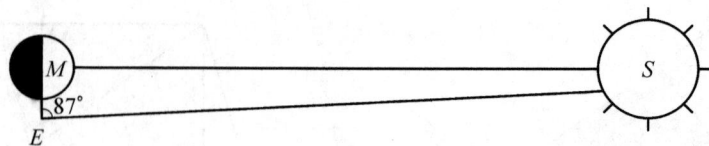

图 11

借鉴托勒密制作弦表的方法，教师可以将上述问题进行分解。

问题 1 求 $\sin 18°$ 和 $\cos 18°$ 的值。

因为 $\sin 36° = \cos 54°$，利用倍角公式、和角公式可得

$$4\sin^2 18° + 2\sin 18° - 1 = 0,$$

于是得

$$\sin 18° = \frac{\sqrt{5} - 1}{4},$$

从而得

$$\cos 18° = \sqrt{1 - \left(\frac{\sqrt{5} - 1}{4}\right)^2} = \frac{\sqrt{10 + 2\sqrt{5}}}{4}。$$

问题 2 求 $\sin 15°$ 和 $\cos 15°$ 的值。

由差角公式得

$$\sin 15° = \sin(45° - 30°) = \frac{\sqrt{6} - \sqrt{2}}{4},$$

$$\cos 15° = \cos(45° - 30°) = \frac{\sqrt{6} + \sqrt{2}}{4}。$$

问题 3 求 $\sin 3°$ 的值。

由差角公式得

$$\sin 3° = \sin(18° - 15°) = \sin 18°\cos 15° - \cos 18°\sin 15°,$$

应用前面的结果即可。

这一设计揭示了三角学与天文学之间的密切联系，再现了三角公式的源流，学生在解决上述问题时，实际上经历了古代天文学家制作弦表的过程，从而能深刻体会到三角公式的价值。

因此，数学史在复习教学中必将大有作为。然而，在节奏快、时间紧的高中复习阶段，要将数学史融入教学也绝非易事。本书作者钟萍老师有着高尚的教育情怀和坚定的教学信念，长期以来，本着科学处理数学知识的源与流、有机串联基础知识、有效扎实基本技能、深度渗透数学思想方法的原则，不忘初心，克服困难，开发了数学史融入高中数学复习

教学的系列案例，集腋成裘，成果丰硕。本书在分析数学史与立德树人、数学史在高中数学复习教学中的意义的基础上，围绕"以史鉴今、以史清源、以史明理、以史论纲、以史探法、以史启思、以史启智"7个主题呈现教学案例；围绕如何融入数学史培养能力、浸润思想，达成素养，以"能力观、思想观和素养观"为导向；围绕核心数学概念、数学解题方法、数学思想方法等方面详细呈现16个教学案例的教学设计、课堂实施、教后反思，以及巩固练习与解析。其中有针对数学概念、公式定理、章节单元的知识复习课，呈现问题之源，力求体现"知识之谐"；也有基于高考真题、自主命题等充分挖掘数学史材料从而引导学生运用其思想和方法来解题的复习教学，充分展现"方法之美"；还有立足于提升学生的数学阅读、理解和探究能力的复习教学，从而实现"能力之助"，教学中不乏基于数学的社会功能以及数学与现实世界的联系等体现"文化之魅"，或呈现数学家的探索与挫折实现"德育之效"的精彩瞬间。

　　本书为高中数学复习教学研究提供了新的视角，必将激发高中一线教师对"HPM视角下的高中复习教学"的兴趣，并引发更多的实践探索。传播HPM教学理念，改善复习教学质量，丰富HPM研究成果，展示一线教师的"诗与远方"，功莫大焉。在本书即将付梓之际，聊志数语，权以为序。

汪晓勤

2023年3月于华东师范大学

序 二

数学史融入数学教学是近年来越来越多的中小学教师感兴趣的领域,这是因为数学史记载了前人探寻真理的足迹,凝聚了先贤上下求索的智慧,积淀了先哲千锤百炼的思想,展现了数学知识发展的脉络,是一座值得后人去挖掘的宝藏。数学的历史发展背景以及丰富的历史素材给予教师的,既有渊博的知识、深刻的思维,又有文化的滋润和人文的情怀。数学史在丰厚教师的数学本体知识的同时,不仅可以拓展教学路径,提升教师的创新能力,还可以打造出精彩的数学课堂,让课堂充盈丰富的文化内涵,创造全新的数学理解。无论是对于教师的专业化发展,还是对于学生的学习、成长与发展,数学史融入数学教学都有重要的价值和意义。

但实践中,要能驾驭好数学史并使其服务于教学,需要教师付出艰苦卓绝的努力。教师不仅要有一定的数学和数学史功底,不断学习数学教育的理论和研究方法,还需要在教学中不断实践和改进。钟萍老师长期坚持在教学第一线,也多年任教高三毕业班,在高中数学教学中除了围绕课程标准中数学知识的主线展开教学外,还饱含教育的热情,坚持以情感人、以文化人、立德树人。通过数学史融入教学的许多案例教学以及深入地反思与研究,钟萍老师能积极将陈列于书籍中的史料转化为与学生对话的生动的、鲜活的、且充满教育意蕴的思想养料,创造性编选数学历史名题,将数学知识模块化、复习内容专题化、解题方法主题化,使得高中数学教学能推陈出新。本书中精心设计的 16 个教学案例和反思,是数学史融入高中数学课程进行的探索和实践的实录,有很强的借鉴和启发作用。相信本书能促进数学史与数学文化在数学教育界的传播,也能为加强 HPM 教学实证、深化数学文化研究、优化数学史与数学教育课程改革等方面提供实践参考。

尽管影响教师专业化发展的因素很多,但最重要的是能不忘教育初心,对数学教学有无限的热情,能坚持教育教学理论学习并应用于实践,还要能"坐得了冷板凳""耐得住寂寞",坚持不懈地深入钻研数学教学中的问题,并持之以恒地实践、反思和总结。钟萍老师这本专著的诞生,是她本人十余年来执着于教育教学,以及对数学教学和教育的热爱与艰辛付出的写照,这是她能够成为一位优秀教师的原因所在,更是交大附中嘉定分校优秀校园文化中教研结合——以教带研、以研促教的缩影,同时也是优秀教师成长的根本保证。

曹建华

2023 年 3 月 12 日

前　言

　　《普通高中数学课程标准(2017年版2020年修订)》(以下简称"课程标准")非常重视文化的作用,强调把数学文化融入到教学过程中。歌德(J. W. von Goethe, 1749—1832)在《颜色理论》序中阐明:一门科学的历史就是这门科学本身,数学学科正佐证了这一观点。数学不仅是一种重要的"工具",也是一种思维模式;数学不仅是一序列知识,也是一种素质;数学不仅是一门科学,更是一种文化。同时,教育部《关于2017年普通高考考试大纲修订内容的通知》要求"充分发挥高考命题的育人功能和积极导向作用",并提出"在数学试题中增加数学文化的内容",而在高考数学试题中,数学文化的渗透主要体现在数学史、数学精神和数学应用三个方面。重视数学文化教育已然成为数学教学的一种发展趋势。

　　一方面,通过数学史与文化的学习,学生能初步了解数学的思想和精神,了解数学科学与人类社会发展之间的相互作用;体会数学的科学价值、应用价值、人文价值和审美价值;寻求数学发展的历史轨迹,感受数学家治学的严谨,激发对数学的兴趣和对数学创新的认识,从而提高自身的文化素养、思想素养和创新意识。根据新时代数学教育的任务和目标,课程框架的合理性中建议将数学史内容分散到整个知识的学习过程中。另一方面,中国老一辈数学家余介石在其著作《数之意义》中就主张:"历史之于教学,不仅在名师大家之遗言轶事,足生后学高山仰止之思,收闻风兴起之效,更可指示基本概念之有机发展情形。与夫心理及逻辑程序,如何得以融和调剂,不至相背,反可相成。诚为教师最宜留意体会之一事也。"基于数学史与数学教育的视角进行数学教学,无疑是教师引导学生了解数学在人类思想发展中的重要作用,提升学生人文素养的绝佳机会。笔者深信不疑,将数学史融入数学教学,定可以打造实用与趣味兼得、科学与人文并重的美好课堂。

　　然而将数学史融入数学教学,知不易、行更难。有效渗透数学史实现其应有的价值与意义,从而把数学课真正教懂、教活、教深,真正提高教学的长久效益,更不易。调查发现,高中数学教师对数学史与数学文化融入日常教学重视不够,对融入数学史的教学方式了解不够,也没有丰富而恰当的数学史素材,导致"巧妇难为无米之炊"。再加上高中阶段数学学习内容多、进度紧、高考压力大,以及教育教学评价的方式单一、教师日常工作的繁忙,这些都给高中数学复习教学中融入数学史展开教学活动带来很大的困难。另外,大多数学生虽然表示喜欢并愿意了解相关的数学史知识，认为数学史能够提升他们的兴趣，加深他们对数学学科的认识和对知识的理解。但他们同时也表示，迫于升学压力，提高学习成绩才是当务之急，因此若能利用数学史帮助自己更好地解题，自然对数学史的学习更有积极性。这便是笔者意识到在高中数学复习阶段研究如何有效融入数学史的价值和意义所在，也是不断开发课例，不断改进和总结案例的动力所在。

或许，这美好的理想与琐碎的现实，足以让忙于一线教学工作的老师们望而生畏，或焦灼，或陷入囹圄。幸运的是，笔者是上海交通大学附属中学嘉定分校的一名教师。上海交通大学附属中学嘉定分校在上海市数学特级、正高级教师曹建华书记的领导下，校有清风，师有静气，培育了一片能挖掘教师潜能、激励教师静心教研、博学正身、弘道树人的沃土。在学校优秀的校园文化熏陶下，在"仰望星空、脚踏实地"的数学教研组勤勉精进的氛围影响下，笔者坚持不懈、笔耕不辍，先后完成了三个数学史与数学教育的教科研课题，为本书的撰写奠定了坚实的基础。

何其有幸，笔者加入了华东师范大学汪晓勤教授带领的数学史与数学教育团队——HPM工作室，在汪教授的专业引领和激发下，在工作室老师们的辛勤付出和鼓励陪伴下，团队老师们坚持理论学习与教学实践"两手抓""两手都过硬"，互相激励精进。此外，课题研究还得到了上海市第四期攻关计划李英数学基地李英导师的精心指导和其他教师的关心和帮助。无论是华东师范大学丽娃河畔、上海市各中小学校园，还是线上网络平台，都留下了我们精心研发课例、用心实施教学和深入交流研讨的身影。

笔者一方面勤于研读大量数学史文献，学习数学史教育理论，积累数学史知识，着力提升自身的数学文化素养；另一方面，积极将历史资料转化为教学材料，密切结合教材，深入了解学生，精心裁剪加工数学史料。毕竟一节完全没有加入数学史的课堂效果远比胡乱加入数学史的课堂效果要更好，而要实现弗赖登塔尔所倡导的"数学再创造"，应致力于数学历史的重构，不能只是简单地重复当年的真实历史，还要注重学生的主动参与和发现。所以，将数学历史和文化融入数学课堂必须谨慎执行，教师在实践的过程中必须保持专业性和高效性。笔者在这样的原则指导下实施高中数学复习教学，谨慎选择适切的课题、精心设计教学并及时反思和撰写教学案例，进而围绕"以史鉴今、以史清源、以史明理、以史论纲、以史探法、以史启思、以史启智"7个主题呈现了16个教学案例，并总结、提炼成此书。

衷心感谢嘉定区教育学院丁馨副院长的关心和鼓励，不断激励我做一名博于学识、精于专业、勇于创新的教师，给予我迎难而上、追求卓越的理想与信念。

衷心感谢上海交通大学附属中学嘉定分校的大力支持，感谢华东师范大学HPM教科研团队和市攻关计划李英数学基地教师们的鼎力相助，没有你们，就没有这本书的诞生！

另外，在写作过程中，笔者参阅了国内外大量相关文献资料，在文中或参考文献中已列出，但难免会有疏漏，谨向所有这些文献的作者表示衷心感谢！本书的撰写还得到了华东师范大学汪晓勤教授的专业指导和宝贵建议,在课例开发、课堂教学和案例反思过程中,得到了上海交通大学附属中学嘉定分校数学教研组教师的支持和帮助,在此致以诚挚谢意!感谢我的家人应金栋先生的大力支持,多次字斟句酌地修改文辞不当之处。感谢上海交通大学出版社冯愈副社长的帮助,仔细审阅书稿,提出了许多宝贵的修改意见,为本书增添了不少亮色。由于笔者水平有限,书中难免存在疏漏之处,敬请各位专家和读者批评指正。

钟 萍

于上海交通大学附属中学嘉定分校

2023 年 3 月

目　录

第 1 章

数学史与立德树人

历史本身是自然史的一个现实的部分,是自然生成为人这一过程的一个现实的部分。

——马克思

1.1 何 为 HPM

HPM 是 International Study Group on the Relations between History and Pedagogy of Mathematics 的缩写,中文名称为: 数学史与数学教育关系国际研究小组。HPM 研究的最终目的是通过对数学史的运用,提高数学教育的水平。HPM 自 1972 年于英国埃克塞特举行的第二届国际数学教育大会(ICME - 2)上初步成立至今,数学史与数学教学关联性的研究就引起了许多欧美数学家和数学教育家浓厚的兴趣。英国数学家德·摩根(A. De Morgan,1806—1872)、丹麦数学史家邹腾(H. G. Zeuthen,1839—1920)、法国数学家泰尔凯(O. Terquem,1782—1862)、美国数学家和数学史家 M·克莱因(M. Kline,1908—1992)都认为数学史对数学教学有重要意义。美国数学史家卡约黎(F. Cajori,1859—1930)认为,数学史能改变学生的数学观,不再认为数学枯燥而又乏味、机械而又呆板,数学学习生动有趣[①]。1976 年,在德国卡尔斯鲁厄举行的第三届国际数学教育大会(ICME - 3)上,HPM 正式成立,隶属于国际数学教育委员会(ICME)。

HPM 的主要目标:

(1) 促进在大中学校数学史课程、数学史在数学教学上的运用、各层次数学史与数学教育关系的观点三方面的国际交流与合作;

(2) 以改进教学和课程开发为目的,将数学教学和数学教学的历史与数学的发展相关联;

(3) 促进数学家和数学教师对于数学史与数学教学关系的认识。

教育取向的数学史研究是 HPM 研究的基础;历史相似性研究为数学史融入数学教学和数学史融入数学教材提供依据;数学史融入数学教学的实践与 HPM 理论始终处于良性互动的过程之中;教师专业发展是 HPM 学习共同体的目标,相关研究为教师成长提供重要借鉴。

李文林先生总结了数学史界的变化过程:

"为数学而历史"——→"为历史而历史"——→"为教育而历史"

1932 年,德国数学家、数学教育家 F·克莱因(F. Klein,1849—1925)提出"基于数学史的数学教育观",认为"科学的教学方法只是引导人们进行科学的思考,并不是一开始就接触冰冷的、经过科学洗练的知识系统。推广这种自然的真正科学教学的主要障碍就是缺乏历史知识"。关于数学史与数学教育之间的关系,数学家、数学史家和数学教育家主要局限于对数学史教育价值的讨论,这些讨论并未建立在教育实践的基础之上。数学史家著述数学史,其目的主要是为数学教师了解和运用数学史提供资源,但并未涉及"如何将数学史运用于数学教学中"的问题。20 世纪 70 年代以前,HPM 研究的初级阶段中,理

---

① 汪晓勤,林永伟.古为今用: 美国学者眼中数学史的教育价值[J].自然辩证法研究,2004(06): 73—77.

论探讨多数停留在数学史的作用、意义和地位上，更偏重于理论层面的诠释，基本处在"为何"的阶段。19 世纪末 20 世纪初，美国数学史家卡约黎撰写了《数学史》《初等数学史》等系列数学史书籍，生动形象地指出教育取向的学科历史乃是"使面包与黄油更加可口的蜂蜜"，是"有效的教学工具"。从数学史的文化价值来看，美国数学家哈斯勒（J. O. Hassler，1884—1974）曾率先站在人类文明发展的历史起点上，认为"数学史使得师生了解到数学的价值、数学与人类文明发展之间的密切联系"。

在国内，运用数学史来开展教学，从起初的"为何"到后来的"若何"，一直是萦绕于数学教育研究者心头的问题。20 世纪 30 年代至 20 世纪 80 年代初期，以李俨、钱宝琮为代表的我国老一辈数学史家，开创了我国现代数学史乃至整个科学史研究，是我国数学史与数学教育研究在"萌芽探索"阶段的启蒙者与奠基人。20 世纪 80 年代，华东师范大学数学系张奠宙教授与赵斌老师合作，出版了国内首部系统论述近现代世界数学史的著作《20世纪数学史话》，广受好评。后来张奠宙教授在《20 世纪数学经纬》一书中谈及"20 世纪数学教育"时指出：20 世纪 60 年代前，大多数数学教育研究都是基于经验的思辨研究。对于数学教育研究的探索发展，他赞同弗赖登塔尔（H. Freudenthal，1905—1990）关于"数学教育研究"的鲜明观点，认为数学教育研究应该与数学研究一样，需要探讨数学教育的规律，提出新观点，增加新内容，努力在前人研究的基础上有所前进。

1.2　HPM 的教育价值

20 世纪 50 年代,美国学者琼斯(P. S. Jones,1912—2002)总结了数学史的很多教育价值。

对学生而言:

(1) 数学史能够解释数学的意义,揭示数学的本质,促进学生对数学知识的理解;

(2) 数学史能激发学生的学习兴趣和求知欲,并让他们欣赏和热爱数学;

(3) 数学概念漫长而曲折的历史,让学生获得心理安慰,不会因自己的不理解而担忧。

对教师而言:

(1) 数学史为教师提供丰富的教学素材;

(2) 数学史是教师改进教学的工具;

(3) 数学史是提供新课引入的话题以及帮助学生"发现"新概念或新思想的方法。

21 世纪学习联盟(The Partnership for 21st Century Learning)发布的《21 世纪学习框架》在世界范围内产生了十分广泛的影响,其中 Cross Cultural Understanding(跨文化理解)被列为关键素养之一。最近北京师范大学教育创新研究院的专家团队将"Cultural Understanding and Inheritance Competence"(文化理解与传承素养)增加为 21 世纪关键能力与素养之一,这给现代化教育提出了新的要求。《普通高中数学课程标准(2017 年版 2020 年修订)》提出:数学文化是指数学的思想、精神、语言、方法、观点以及它们的形成和发展,还包括数学在人类生活、科学技术、社会发展中的贡献和意义,以及与数学相关的人文活动。由此可见,数学史是一个巨大的宝藏,其中蕴含了数学的思想、方法、精神及其发生和演进过程,揭示了数学家的文化活动以及数学在人类文明进步中的巨大作用,因而成为数学文化不可分割的重要组成部分。因此,如何在教学实施中丰富数学文化内涵应成为一线教师重点关注的课题,同时也需要对教学方式进行改革。对于数学教学的改革,美国数学史家和数学教育家史密斯(D. E. Smith,1860—1944)认为必须知道其早期历史,并根据其演变来进行革新。张奠宙教授也曾指出:数学教学往往局限于一个概念、一个定理、一种思想的局部历史的介绍,缺乏宏观的历史进程的综合性描述,实际上用宏观的数学史进程可以更深刻地揭示数学的含义,加深对数学知识的文化理解[①]。

新课标实施以来,学者们对数学史与数学文化的研究热情方兴未艾、如火如荼,在"基于数学史的数学文化内涵实证研究"中,界定了数学 4 类价值的内涵,见表 1-1[②],数学文化的价值作为其中的一员,不可或缺。

"基于数学史的数学文化"内涵分析框架(如图 1-1)给出了基于数学史的数学文化内涵与《标准》所提出的数学 4 类价值之间的关系。

---

① 张奠宙.关于数学史和数学文化[J].高等数学研究,2008(01):18—22.

② 余庆纯,汪晓勤.基于数学史的数学文化内涵实证研究[J].数学教育学报,2020(03):68—74.

表 1 - 1　数学 4 类价值的内涵

4 类价值	价 值 内 涵
科学价值	数学是自然科学的重要基础,不仅是运算和推理的工具,而且是表达和交流的语言。数学是一门知识体系,帮助理解和表达现实世界中事物的本质、关系和规律
应用价值	数学与人类社会生活紧密关联,数学应用渗透到现代社会及人们日常生活的各个方面。数学助力现代科学技术的发展,推动社会生产力的发展,为社会创造价值
文化价值	数学承载着思想和文化,是人类文明的重要组成部分。数学相关的人文活动展现科学主义与人文主义的丰富底蕴,彰显数学的人文精神
审美价值	数学陶冶情操,学会审美,对美的感受能够从感性走向理性,提升审美情趣和审美能力;数学改善思维品质,在形象思维的基础上增强理性思维能力

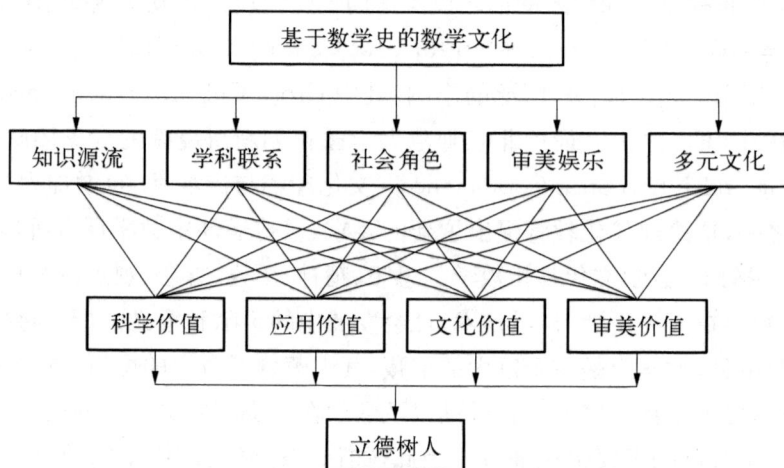

图 1 - 1　"基于数学史的数学文化"内涵分析框架

具体内容为:

(1)基于数学史的数学文化不断引导学生感悟数学的科学价值、应用价值、文化价值和审美价值,发展数学素养,承载着落实立德树人的根本任务。

(2)"基于数学史的数学文化"内涵分析框架关注"知识源流"与"多元文化"的互融互通。前者是时间纵轴,属于数学文化研究,需求深,帮助从数学内部的视角来了解数学中的文化。后者是空间横轴,属于数学文化比较,需求广,帮助从数学外部的视角来认识文化中的数学。

(3)"学科联系"从历史视角连接数学与其他学科(如哲学、文学、天文学等)的知识脉络,"社会角色"通过数学史揭示数学的社会价值与意义,二者居于社会发展的演进,凸显跨学科的文化交融。

(4)"审美娱乐"包含数学美与趣味数学。数学美横跨"文化中的数学"与"数学中的文化",对称美、奇异美、简洁美、统一美是数学审美的内隐模式,而借助数学表现出审美的外显模式。趣味数学不仅展现数学知识的妙趣横生,激发数学学习兴趣,助力智力培育,而且趣味数学中历史与文化相映成趣,令人回味无穷。两者均是数学文化相当重要的组成部分。

(5)"基于数学史的数学文化"内涵分析框架既扎根于数学史的教育价值与高中课程标准的新要求,又为数学文化融入课程、落实到教学提供指导,具有"上通理论、下达实践"的特点,具有一定的客观合理性。

我们必须承认,在人类文明史中,数学继承着人类的思想,一直是一种主要的文化力量,在教育普及的今天,我们理应保持这一传统。因为只有建立在文化品格基础上的数学,对于扩展人的思维、提升人的认知水平和陶冶人的情操才会有非凡的功效,如此,建立在其丰富的文化基础上的数学教学,才不会日益演变成一系列的程序与技巧,异化成日复一日的解题训练。君不见"人"字一撇一捺,一撇理性,一捺人文,这恰似学生成长的一双翅膀,缺一飞不高,也飞不远。可以说,数学史既为数学教育提供了广阔的天空,又赋予了它充沛的人性;既有理性思考,又有人文参与和哲学反思;既能继承,发扬数学史与数学文化,又能塑造人、改变人和发展人,是从真正意义上践行以人为本的教育理念。

1.3　HPM 的德育内涵

从古希腊时期开始直到 20 世纪初,人们一直讨论着数学课程的德育价值,即数学学科德育。美国数学家米勒(G. A. Miller, 1863—1951)认为"数学史使数学人性化",比利时-美国科学史家萨顿(G. Sarton, 1884—1956)赞同"数学史家的重要职责之一是解释数学的人性化"……举不胜举的历史文化名人也都提出过各自的数学教育价值观,概括起来有思维训练、推理习惯、智力开发、现实应用、心灵美化、品质升华、浮躁惩戒、人格独立等方面。可见除了智育与文化价值,数学学科还有着丰富多彩的德育价值。这与美国著名数学家、数学史家、数学教育家 M·克莱因的教育思想不谋而合。

美国学者彼得威尔(Bidwell)曾说过,在教学中融入数学史,可以将学生从数学的孤岛上挽救出来,并将他们安置于一个生机勃勃的新大陆上,这个新大陆包含了开放的、生动活泼的、充满人情味的并且总是饶有趣味的数学。张奠宙教授认为,将数学史融入数学教学与学习过程中,学生的"才""学""识"得到了培养,通过了解历史而增长了见识,能助力学生提升其世界观和人生观。当学生今后服务于社会,投身于国家建设,可能早已把学生时代所学的那些数学知识忘得一干二净,唯有那种铭刻于心的数学精神和数学文化理念会长期地在生活中激励他们,他们所受到的数学熏陶会一直在他们的生存方式和思维方式中潜在地起作用,使他们受益终身。

将数学史融入数学教学,有助于实现多元的德育价值[①]。在数学课堂教学中借鉴和运用有关主题的历史,揭示数学与人类其他知识领域之间的联系,彰显数学在生活中的广泛应用和巨大价值,呈现数学的美与趣,并在多元文化的视野下展示优秀传统数学文化,有助于培养学生的理性思维、改善其情感信念、提升其个性品质、树立其远见卓识。

随着 HPM 理论研究与教学实践的深入,充满文化芬芳的数学课堂必将彰显"立德树人"的教育价值,焕发更加强大的生命力。

---

① 鞠妍.高中数学课程思政培育的研究和探索[J].数学教学,2021(08):6—10.

第 2 章

数学史对高中数学教学的意义

历史不应该仅有消除偏见,它还应该孕育热情。

——乔治·屈维廉

2.1 HPM 的理论基础

多年来，数学史对于数学教学的意义，引起了众多研究者的关注。HPM 的研究已是硕果累累，产生了许多极富影响力的理论成果，它们逐渐成为一线教师开展教学实践的理论依据，更是 HPM 的理论基础。下面详细陈述 HPM 的理论基础。

2.1.1 历史相似性原理

历史相似性原理是指"人类知识发生的过程与学习者个体知识的发展过程这二者之间存在着一定程度上的相似性"。这是将生物学中的"重演律"类推到教育中所形成的理论，也是数学史融入教学的重要理论依据。许多著名的教育家，如 F·克莱因、庞加莱(H. Poincaré，1854—1912)、波利亚(G. Pólya，1887—1985)、弗赖登塔尔等都相信，个体对于数学的理解历程遵循数学思想的历史发展顺序。从教育教学的角度来看，学生在学习某个知识点或者解决某个学习问题时的思维方式、所遇的困境等和历史上数学家的思维方式会呈现出一定程度的相似性。很多数学家都对历史相似性原理予以肯定，"历史上数学家所遇到的困难，正是学生也会遇到的学习障碍，因而数学史是教学指南。"

2.1.2 弗赖登塔尔的"再创造"理论

国际数学教育领域最负盛名的荷兰杰出数学家和数学教育家汉斯·弗赖登塔尔从 20 世纪下半叶开始在数学教学领域起着引领的作用，他主张在教学中实行"再创造"——他的主要思想之一，这是数学学习的唯一正确方法，而实现"再创造"的路径之一就是将历史融入教学。

教师的任务不是把现成的知识灌输给学生，而是应该由学生把要学的东西自己去发现或创造出来，教师是引领和助推学生自己"再创造"。其 HPM 思想主要包括：

(1) 以历史发生原理为指导的"再创造"；

(2) 有指导的"再创造"；

(3) 基于数学现实的"再创造"；

(4) 学习过程的"再创造"。

"再创造"既包含了内容也包含了形式，既包含了新的发现又包含了组织创造，照这样的理解，"再创造"是学习过程中的若干步骤，这些步骤的重要性在于再创造的"再"。

2.1.3 发生教学法

历史发生原理是发生教学法的理论基础之一，扎根历史、立足课堂的"发生教学法"能够还原数学探究之乐，建构数学知识之谐，赏析数学方法之美。美国和欧洲的部分国家在 20 世纪出现了"新数运动"，引发了一系列的争论，产生了一些问题，这也促使人们将历史发生原理类比、类推到了教学领域，从而促使了发生教学法的诞生。发生教学法的基础是数学史,但并不是研究数学史,而是选择相关的历史作为学生学习的素材,借鉴历史引入主题,积极引导学生经历知识的发生过程。

当教师要运用发生教学法进行教学设计并实施的时候,首先,需要对所选择的、与教学内容相关的数学史材料进行全面深入的了解,不仅要理解材料里所包含的人物关系、历史事件情节,还要理顺数学家们从上一个环节突破到下一个环节时所遇到的困难是什么,以及他们是如何突破的;其次,需要分析学生的现有发展水平以及潜在发展水平,学情的正确分析更有利于教师对历史的重塑;最后,教师需要在此基础上,重构历史顺序,结合目前所处的教学背景和大环境,设计问题串,在环环相扣的问题解决过程中激发学生的学习动机,以史为鉴,带领学生感受数学的魅力所在。

HPM 的理论研究基础对高中数学教学的启示:

(1)教师既要具有较高的专业素养尤其是具备丰富的数学史知识,又要能与教学实际有机结合,恰到好处地为教与学所用,从而助力学生理解数学知识的本质;

(2)教学应从学生的认知基础、认知规律和生活经验出发,灵活处理课程内容;

(3)基于数学史的教学,要以数学化的课堂为主阵地,教会学生用数学的眼光看世界,用数学的方法解决具体问题,用数学的思想分析现象和问题。

在很大程度上,历史相似性原理为本研究的课例开发提供了理论指导,立足于创新的"再创造"思想为课例实施提供了操作依据,与此相应,以历史发生原理为指导,弗赖登塔尔提出的著名的"再创造"思想,为我们在高中数学教学中提升数学史的使用层次提供了理论支撑和实践依据。

2.2 HPM 视角下的实践探索

随着理论和实践研究的深入开展，人们发现了数学史更丰富的教育价值。1991年，英国数学史家福韦尔(J. Fauvel, 1947—2001)基于已有的研究文献，总结了15条在数学教学中融入数学史的理由。同时，自1984年第五届国际数学教育大会(ICME-5)召开，HPM小组举办 HPM 卫星会议至今已有九届，数学史融入数学教学的实践乃是历届 HPM 卫星会议的重要主题之一。历经二十多年的艰辛探索和创新实践，HPM 研究在国内也取得了突破性的进展，2021年国际数学教育大会上，华东师范大学汪晓勤教授总结了数学史融入数学教学正朝着理论研究多元化、教育实践实证化、技术赋能普及化的新趋势蓬勃发展[①]。

数学史融入数学教学，不仅成为学术界的共识，而且越来越多的一线教师对此也产生了浓厚的兴趣。事实上，数学史融入课堂教学并非只是今天才出现的新潮，早在20世纪80年代，我国中学数学名师就已经有过实践尝试。而在当今，教学实践中非常盛行的是数学史融入教学的实践探索——融入数学史的教学案例研究，即从案例开发的角度入手研究具体的开发策略、开发方式、开发原则和开发模式等，进而针对不同知识专题的教学内容，得出相应的教学反馈结果等。不同的研究方向所得出的部分研究结论，列举如表2-1所示。

表 2-1 数学史融入教学的案例研究

研究方向	研 究 结 论	研究学者
开发策略	将数学的形态转化为教育形态	张奠宙
	颠倒教材中形式化的表述顺序	王振辉
	返璞归真，寻求数学的本源	
	理解数学的价值，训练思想方法	
	介绍数学概念的发生、发展过程	张俊忠
	介绍定理的发现、推理和应用过程	
	介绍历史名题	
	介绍历史上的数学悖论	
	介绍数学史料中的数学思想方法	
	创设问题情境，重构历史	
开发方式	五种数学史融入教学的方式： 点缀式、附加式、复制式、顺应式和重构式	汪晓勤

① 刘思璐,韩嘉业,姜浩哲.第八届全国数学史与数学教育学术研讨会纪要[J].数学教育学报,2020(01):93—97.

续　表

研究方向	研　究　结　论	研究学者
开发方式	运用数学史引入课题	唐绍友
	突出数学概念的来源	
	突出思想方法的形成过程	
	展示数学美感	
开发原则	趣味性、可学性、有效性、科学性、人文性	陈晏蓉 汪晓勤
	趣味性、可学性、有效性、科学性、新颖性	杨懿励
	科学性、联络性、趣味性、广泛性	王亚奎
开发模式	构建数学史融入高中数学概念教学的模式	冯斯阳
	"概念引入、概念形成、概念定义、概念理解和强化、概念运用、概念域形成"六环节	
	结合探究教学方式提出"数学史—探索"模式： 历史呈现、问题提出、师生探究、得出结论	范广辉
	教学设计四步骤： ① 了解主题相关历史内容 ② 确定主题进化的主要阶段 ③ 重构现代教学情境下的数学史 ④ 数学史与数学教学内容有机融合	杨永伟

从整体来看，不同研究方向的研究结论开发和设计教学案例，始终围绕着数学史的真实性和科学性进行，根据数学历史发生发展过程和规律重构主题知识，并采用多样的方式将数学史融入教育教学中。除此以外，还充分融入汪晓勤教授及其研究团队提出的具有中国特色的 HPM 理论，即包括一个视角、两座桥梁、三维目标、四种方式、五项原则、六类价值的"一二三四五六"框架。

从数学史融入教学的内容来看，主要选择某个知识专题入手，如函数、复数、导数、数列、解析几何、立体几何等内容，已开发的具体教学案例不断充实着高中数学中数学史融入教学的实践。

从数学史融入教学的课堂实施过程来看，课堂教学主要分成三种类型：概念课、命题课、应用课。在概念课上要借鉴历史上概念发生的动因进行重构；在命题课上要运用历史上数学家的证明和推导过程，让学生比较不同的方法，拓宽思维；在应用课上要运用或者改编历史问题或解题方法。

　　笔者通过大量文献研究,充分借鉴和采纳各种融入数学史的策略,谨慎选择融入数学的历史和文化,精心设计教学,积极实践并不断改进。本书中的案例教学采用多元的数学史的教学方法,融入丰富的数学史知识,呈现典型的教学案例。笔者围绕高中数学复习课开展的教学,经历了三个阶段:案例学习阶段、案例开发阶段和案例完善阶段,主要采用了"计划、行动、观察、反思"的行动研究法,不断进行教学实践、教学反思、教学改进和完善。

2.3 HPM 视角下的教学设计

2.3.1 设计原则

M·克莱因一直很推崇在数学教育中应用数学史,在论述古典数学与现代数学关系的基础上提出数学课程的四个基本原则:有趣原则、有效原则、直观原则和文化原则[①]。与此一脉相通的是,汪晓勤在此基础上提出了 HPM 教学设计的五项基本原则:科学性、趣味性、有效性、可学性及人文性[②],具体见表 2-2。

表 2-2 数学史融入数学教学的五大原则

原　则	具　体　表　现
科学性	教学内容符合历史情境,数学史素材出处明晰,史料运用科学客观,符合史实
趣味性	选取的史料蕴含美学标准、智力好奇、趣味娱乐等因素,让课堂变得生动有趣,能够激发学生学习的兴趣与求知欲
有效性	融入数学史促进教学目标达成,选取的史料对学生理解数学、运用数学等方面有所帮助
可学性	教学内容要符合学生的认知基础,以"学生为本",尊重学生学情,融入的数学史料接近学生的"最近发展区",易于学生学习与提升
人文性	选取的史料还原数学的火热思考、理性追求等人文风貌,展示古今中外数学演进的多元文化

HPM 的教学设计和评价,聚焦史料选取的重要性与必要性,基本遵循着以上五大原则,彰显了 HPM 的教学特色。

2.3.2 运用方式

美国数学家、数学史家 M·克莱因(M. Kline,1908—1992)曾经指出:数学史是数学教学的指南。

数学史有显性和隐性两个部分:显性数学史包括数学家肖像、生平简介,数学历史事件,概念、公式、定理的历史,历史名题等内容,可以以附加式、复制式融入教学;隐性的数学史则包括根据数学史改编或基于历史材料编制的数学问题以及借鉴、重构历史顺序的概念发生和发展过程。如何在数学教学中融入数学史并科学而有效地将其付诸实践,是当今国际上 HPM 研究者们关注的中心课题之一。对于数学史的融入途径,福韦尔(1991)总结了 10 种不同的方式:

① 汪晓勤,林永伟.古为今用:美国学者眼中数学史的教育价值[J].自然辩证法研究,2004(06):73—77.
② 吴骏,汪晓勤.数学史融入数学教学的实践:他山之石[J].数学通报,2014(02):13—20.

（1）介绍历史上数学家的故事；

（2）运用数学史引入新概念；

（3）鼓励学生理解相关的数学史问题；

（4）讲授"数学史"课；

（5）融历史素材于课堂练习和作业设计中；

（6）举办数学历史主题的展览；

（7）以历史上的典型案例为载体说明方法和技术；

（8）运用历史相似的错误或另类观点，剖析学生认知上的困境；

（9）基于历史信息设计大纲范围内主题的顺序和结构；

（10）设计与某个历史发展相关的话题。

许多西方学者先后提出了数学史的运用方式，汪晓勤教授[①]将各种方法整合成四类方式：附加式、复制式、顺应式和重构式。如表 2 - 3 所示。

表 2 - 3　数学史融入数学教学的主要方式

类　别	内　涵　界　定	效　　果
附加式	展示相关的历史素材或数学家图片，介绍某个数学主题的历史发展，讲述数学故事等，若删去此项内容对教学内容没有影响	提升学习兴趣、感受数学文化
复制式	直接采用历史上数学的概念与术语、命题与证明、问题与求解等内容	借鉴历史素材、丰富学习内涵
顺应式	对历史上的数学问题、思想方法进行教育取向的史料改编或根据历史素材创设问题情境、编制数学问题等	沟通古今桥梁、汲取前人智慧
重构式	借鉴历史，基于"历史发生序—数理逻辑序—心理认知序"三个序列重构知识的发生、演进过程，促使融入数学史的数学教学自然而然	紧扣知识本质，加深概念理解

四种融入方式各有千秋，附加式和复制式均为直接使用；顺应式是根据历史材料编制新的数学问题，属于间接使用；而重构式属于最高层次的使用，典型的方法便是发生教学法，要求教师能驾轻就熟地使用历史素材，为实现教学目标服务。课堂实践中，教师应灵活选用多元的融入方式教学，当然并不是以种类多少论好坏，而是要选择适切而科学的方式，有效促进学生的学和教师的教，这才是上策。

2.3.3　基于数学史的问题设计

学生进行适度和适量训练的终极目的还是为了提高其学科关键能力，因此若能将数学史融入试题，编选出适切的数学试题对接课堂教学进行课后训练或者测评对学生有多

---

① 吴骏，汪晓勤.数学史融入数学教学的实践：他山之石[J].数学通报，2014(02)：13—20.

项益处。一能提高学生的阅读理解能力和数学解题能力,二能加强学生对知识的理解,三能使学生在完成题目的过程中,进一步接受数学史与数学文化的熏陶。但同时又要避免题目叙述上的"绕"或"繁",更不能出现容易产生歧义的条件等现象。正因为融入数学史的试题编选存在比较大的挑战,所以我们更应该在遵循命制试题的基本要求的同时,采取相应的科学有效的措施。

(1)扩大试题素材选取范围的同时,注重多角度呈现问题

试题应广泛选取数学史上科技研究、数学情境等多种题材的材料,多角度提出有价值的问题,包括数学的理论问题和与生产、生活实际结合的问题,多角度呈现问题,要求学生从多层次、多视角理解问题,独立地对问题或观点提出解题方法并进行探讨和论证问题。

(2)创新试题呈现的方式,考查阅读理解、自主研究的能力

融入数学史的真实情境素材,以文字、图形、图表、表格、模型等多种方式呈现各类信息,通过试题设问,考查运用归纳、演绎、比较、概括等方法辩证地讨论问题的各个影响因素,提出研究问题的思路和方法步骤,并能用文字和专业术语进行清晰地表达和交流。

(3)增强试题的延伸性和发展性,深化学生认识

融入数学史实现试题设计的创新,通过合理设问,引导学生既立足实际,又能够克服现状的限制,能动、有效地解决问题,还要形成以积极、发展的眼光来思考和看待问题的态度。在试题的设问中,要使试题的立意得到体现,使现实问题得到升华,避免"就事论事",培养学生积极、主动、进取的态度。

(4)增强能力考查与价值引导的联动,突出价值导向

将数学能力考查与数学史的文化价值结合起来,调动学生思维,使学生通过主动思考,达到对试题价值理念的透彻理解。通过分析和探究生活现象,使学生认识不断深化,进一步认同核心价值理念、传承传统文化精髓、发展理性思维、培育科学精神,使积极情感与理性认识能够统一起来。

采取科学有效的措施,还需要在教学实践中不断探索,逐步积累考查经验,总结规律。

数学文化试题往往蕴含着丰富的数学史,可作为数学文化试题命制背景的数学史一般包括数学家生平事迹与故事、数学史上著名的事件、中外数学史上的名著、名题以及数学的发生发展过程中所体现出来的数学精神、思想或方法等。除此以外,还往往会出现历史上的重大发现等,比如秦九韶算法、阿基米德三角形、柯西不等式。

由于古今数学表征、数学方法、数学工具的巨大差异,要编制适合于今日课堂教学或考试的数学问题,对数学史料需要做出必要的裁剪和加工,形成合适的数学问题。这要求教师们精心编选训练试题,用心打磨问题的呈现形式,尤其要注重基于数学史的问题提出策略,表2-4详细陈述了命题提出策略的类型及其对应的具体内涵:

表 2 - 4　融入数学史的命题策略

策　略	具　体　内　涵
复制式策略	已知情境的条件和目标基本不变,提出新问题
条件式策略	改变已知情境的条件而保持其目标不变,提出新问题
目标式策略	改变已知情境的目标而保持其条件不变,提出新问题
自由式策略	同时改变已知情境中的条件和目标,提出新问题

历年的高考真题大多采用了复制式、条件式、目标式和自由式四种策略,但很少采用其他的形式,因此在平常的训练中也基本编选这样的问题。另外,试题的编选要尽量体现并且发挥基于数学史料的问题的多元教育价值,要能展示数学文化的精髓,不能仅仅贴一个数学文化的标签。表 2 - 5 给出了针对问题的类别以及不同的数学史料、适合选择的问题提出的策略。

表 2 - 5　融入数学史的问题提出策略

类　别	描　述	效　果
含有条件和目标	公式、定理或法则 数学问题	复制式、条件式、目标式、自由式 复制式、条件式、目标式、自由式
不含条件和目标	概念定义 作图工具 其他史实	自由式 自由式 自由式

此外,呈现并分析编选的试题是如何将数学史渗透其中,如何通过数学史的呈现引领学生体会数学文化的魅力和价值,锻炼了学生哪些方面的能力等,与试题本身一样具有重要的意义。

2.4　HPM 视角下高中数学复习教学的课例研究

高中数学复习教学中融入数学史，与新授课阶段融入数学史相比较，在知识的复习上可以重复但不是机械照搬，有值得延续但需要效能升级处理的空间。笔者在华东师范大学 HPM 工作室的带领下，基于高中数学概念教学课例开发的经验，继续在高中复习阶段融入数学史开发课例，以期实现高中数学复习教学的创新和增效。

为了达到好的教学效果，教学实施过程中，我们关注但不仅限于以下几个方面：

（1）关注数学概念与知识的源与流，如对数、复数、数列的极限等概念产生的缘由、完善与发展，函数思想、方程思想的历史发展进程等。

（2）充分利用数学史素材精心设计训练题或开展课堂教学探究活动，如类比方程问题引出复数产生的过程，运用古巴比伦泥版问题类比探究对数的产生；通过层层递进的问题设计，研究历史难题来呈现平面解析几何诞生的必然性和时代意义；以数学史料为背景编制训练题等，引导学生在解决数学问题过程中受到数学文化的熏陶并培养数学学科核心素养。

（3）运用重构式的发生教学法深度融入数学史，如在"函数的概念"课前进行问卷调查，充分了解学生的知识储备和理解状态，再结合数学史原理，将函数概念的发展历程重构式地融入教学各环节；在"曲线与方程"的教学中重构历史，按从"二线"轨迹问题到"三线"轨迹问题，再到"四线"轨迹问题的顺序设计，进而呈现出解析几何的自然诞生过程，锻炼学生的分析与运算能力。

（4）利用现代技术手段，打造精彩而高效的数学史课堂，如运用 *the mind of mathematics* 中图文并茂的数学史素材，呈现出广袤浩渺的宇宙中人类数学史就是人类文明史非常重要的一部分；如视频素材 *the story of math*，通过软件裁剪和节选，在课堂中呈现相关精彩的内容，能让漫长的历史演变过程在课堂中鲜活有效地重现。

（5）向高校数学史研究专家学习，与 HPM 研究共同体以及广大一线教师密切合作，相互激发，有效促进丰富的数学史材料下沉到课堂，实现理论研究与实践探索的优势互补。

通过聚焦具体数学内容的来龙去脉，借鉴"历史发生原理"，经历选题与准备、研讨与设计、实施与评价、整理与写作四个基本研究环节，旨在教师以高中学生喜闻乐见的形式向他们呈现数学知识的来龙去脉、再现历史上的数学思想方法、渗透丰富多彩的数理人文的教学方式、传承数学文化、践行数学学科德育、彰显"有温度"的高中数学复习教学。借鉴数学史与数学教育团队的研究成果和具体做法，笔者每一个课例的开发，基本都经历了以下几个环节：

（1）选题与准备。首先笔者根据高中数学各章节复习重难点、史料翔实程度等因素，基于教学要实现的目标和课型特点，选择课例主题。如数学概念、公式定理、知识单元复习、解题与能力探究、数学思想方法等主题课。确定好主题后,查阅大量文献进行教育取向的数学史料研究。同时,融合以往高中复习阶段的教学设计、课堂教学与课后测评经验,融入相关的教学素材,以求能在融入数学史的视角下最大限度地提升教学效能。

（2）研讨与设计。笔者聚焦所选主题,开展史料研习与首次教学设计,并积极与HPM 专业学习共同体交流探讨本主题中的数史文化、课标要求、教材顺序、教学实况、学情基础等相关内容,综合考虑"历史发生序—数理逻辑序—心理认知序"三个序列的有机统一,改进教学设计。该环节中,高校研究者,本校、本区乃至外区的数学教师多元交流合作、跨界交互,共享资源。

（3）实施与评价。HPM 课例实施分为试讲课、正式课。教学前后,常以问卷调查、深度访谈、教后测评等形式收集学生的反馈,并在课后围绕"史料的适切性""方法的多元性""融入的自然性""价值的深刻性"等评价指标进行评议与反思。之后撰写课例教学反思,改善教学设计并在其他班级推广教学。

（4）整理与写作。任课教师撰写课例教学实录,依据 HPM 理论分析资料,撰写课例文章,以实证研究方法分析 HPM 课例研究过程中"数学史料的运用""教育价值的达成""教师知能的发展"等维度,进行微观分析和宏观总结。

数学的历史是一座值得后人前仆后继去挖掘的宝藏,那里记录了前人探寻真理的足迹,凝聚了先贤上下求索的智慧,积淀了先哲千锤百炼的思想,展现着数学知识发展的脉络。事实上,这些脉络绝不像历史故事那么简单,如函数概念的发展历史、对数的产生、平面解析几何学科的诞生等,我们不仅能看到这些数学知识的产生历程,还可以看到当时的人类花费大量的精力创建数学究竟是要解决什么样的难题。

数学教师"武装"自己的一个非常重要的"武器"便是数学的历史发展脉络以及丰富的历史素材。通过数学史融入教学的多次案例教学以及深入研究与反思,笔者认为,高中数学复习教学除了以备战高考的要求围绕考纲中数学知识的主线展开教学外,还需要将数学知识模块化、复习内容专题化、解题方法主题化,基于发生教学法原理,重构式融入数学发展史、创造性编选数学历史名题、以史为镜、古为今用,将陈列于书架中的史料转化为能与学生对话的生动、鲜活、且充满教育意蕴的思想养料,以期学生们在高中数学复习教学中有全新的收获。同时,此举也能更好地融合数学史与数学教育,加强 HPM 教学实证、深化数学文化研究、优化数学史与数学教育课程改革等方面提供理论支撑与实践参考！

第 3 章

以史鉴今：基于历史相似性的知识复习

历史会重演。
——修昔底德（古希腊）《伯罗奔尼撒战争史》

自 19 世纪以来，人们将德国生物学家海克尔(E. Haeckel，1843—1919)所提出的生物发生学定律——"个体发育史重蹈种族发展史"运用于教育中，得出"个体知识的发生遵循人类知识发生的过程"这一理念，历史发生原理因此而形成。就数学教育而言，个体数学理解的发展遵循数学思想的历史发展顺序，即"历史相似性"。在"历史相似性"早期研究中，英国数学家德摩根(A. De Morgan，1860—1871)关注到数学史这一独特的教育价值，曾提出"人类数学思想的早期历史引导我们发现自己的错误，从这个方面来说，关注数学史是大有裨益的"。"历史相似性"研究对数学教学具有重要意义。19 世纪上半叶，史密斯(Smith)曾在《初等数学的教学》中指出"数学史展现了不同方法的成败得失，使得今人可以从中汲取思想养料，少走弯路，获得最佳教学方法"，这不仅是"历史相似性"研究的思想源泉，更是数学教学改革的指路明灯。因此要使学习有效，就应该让个体学习者能回溯相关知识历史演进的主要步骤。如果某一概念的历史相似性是存在的，那么教师就可以借鉴历史，通过重构知识的自然发生过程来设计和实施教学。当然，也有一些学者批判这一观点，因为学生当下的学习情境同历史相比已经发生了很大的变化，但从另一方面来看，有一些学生的学习表现确实和历史上的情况非常相似。更多的教育家们则是相信，有效的学习要求每个学习者回溯所学学科历史演进的主要步骤，F·克莱因、庞加莱(H. Poincaré，1854—1912)、波利亚(G. Pólya，1887—1985)、弗赖登塔尔等都是该原理的支持者(汪晓勤等 2004)。

注意到这一点，无疑对我们的教学有重要启示：我们可以根据数学历史上出现的困难和障碍对今天的教学难点进行预测，从而选择合理的教学手段，对教学进行优化设计；我们也可以从某些学生的"怪异"想法中提炼出教学意义和价值。显然，要达到这个目的，需要从历史的角度对所考虑的课题进行详尽的分析，对相关的数据进行认真的收集，当然还要考虑到现在学生所处的条件与历史上当时所遇到的条件的不同。从这一层面去开发教学案例是饶有趣味的，尝试去发现"历史相似性"的存在、本质以及它的局限性也是非常有意义的，在数学教学中，精心设计教学，让学生沿着历代数学大师的足迹，复现数学大师的思维过程，使自己得到启迪，进而根据自己的体验，用自己的思维方式，"再创造"数学，形成科学精神。

事实上，一些西方学者以若干数学主题为载体对于"相似性"已经做过不少研究，也开展了大量实证研究。如历史上许多数学家对平面的认识经历了非常长的过程(后续课例分析中将详细呈现)；也有对学生对符号代数的认知发展过程与符号代数的历史发展过程之间的相似性作了研究；凯瑟(J. M. Keiser)对中学生对角概念的理解与角概念的历史进行了对比研究；或者对学生对平均值(算术平均、中位数和众数)概念的理解与历史上该概念的发展过程进行了对比研究。在国内，汪晓勤等对高中生对发散级数和虚数概念的理解与这两个概念的历史做了对比研究。

相关实证研究表明,高中生对函数概念、平面、数列极限等知识的理解表现出一定的历史相似性。既然如此,历史上的数学家在认识函数、平面、数列极限等知识的过程中所存在的不足也可能会出现在学生身上,他们也会遇到类似的困惑和障碍。函数概念的演进历史、学生认识平面、极限概念的源起历史相似性给我们的教学以若干启示,也为我们解决学生学习中存在的问题提供了重要参考。

鉴于此理论,本课型中笔者将数学史融入"函数的概念""平面及其基本性质""数列的极限"三个课题的教学中。在高三复习阶段的教学定位与新授课有很大的不同,要基于结构化的教学思想进行教学设计。比如,"函数的概念"的教学虽然还是研究函数的自变量、因变量的对应关系,函数的定义域、值域等,但此时选择的函数要广泛,幂函数、指数函数、对数函数、三角函数等都要考虑,不同函数类型的组合也要有所涉及,另外融入数学史料要贴切,具体选择的问题乃至于选择几个问题都应该遵循协调性和层次性。对于"平面及其基本性质"的教学,要结合直线与平面的位置关系、多面体等知识进行综合分析。而"数列的极限"的教学可以综合数列知识、极限思想等解决较为复杂的问题。

3.1 函 数 的 概 念

函数概念的演进历史,为高中函数的概念教学实现从旧的"变量说"定义到新的"对应说"定义的自然过渡提供了重要参考。考察函数概念的发展历史,在教学中重构式地呈现函数概念的"解析式—变量依赖关系—变量对应关系"的发展过程;复制式地呈现欧拉的解析式定义与依赖关系定义、德摩根的解析式定义以及狄利克雷的变量对应关系定义;顺应式地将狄利克雷函数、黎曼函数等作为概念辨析、思考研究的例子,帮助学生沿着数学大师的足迹经历数学思维的启迪,并根据自身体验"再创造"数学,形成数学精神。课后反馈表明,这样的教学激发了学生的学习动机,促进了学生对函数概念本质更深入地理解和应用。

3.1.1 课题缘起

函数是中学数学的核心概念,其教学历来受到数学教师的高度重视。实证研究表明,中学生对函数的理解多种多样,与历史上的定义具有高度的相似性。不同的学生对函数有不同的定义方式:或者根据自己对函数的认识,或者依据课堂上学过的定义,或者从函数的本质属性入手,他们所给出的定义方式包含了自莱布尼兹到布尔巴基学派期间诸多数学家的定义。除了类型5、8、9、10外,75%的学生的函数观点都与历史上某些数学家的观点一致,尽管有些历史上的定义在教学中从未提及,但学生的回答却与它们非常相似。而且,从整体上看,高三学生的定义比高一更宽泛、更准确。这表明随着学习的深入,学生对函数的认识在逐步加深,这种认识过程与函数的历史演进过程是相似的。

从课前测试卷的答题情况分析,学生对函数的认识有较大的差异,特别对函数定义与函数表象存在严重分离。而且表象中含有不正确的成分,表现为虽然知道了函数的定义却不能应用于实际问题中,即遇到问题时仅使用函数表象,如函数必须有解析式,图像必须是连续的,不同的 x 值不能对应相同的 y 值等。另外,没有人把函数当作机器或计算机的程序。许多西方国家的函数教学借助计算机,把函数看成程序或存储器,而本调查没有发现一份这样的回答,这表明学生注重逻辑基础,却忽视了数学形象具体的一面。我们的调查还发现,大部分学生的头脑中缺乏足够的函数原型,头脑中装的无非是一次函数、二次函数、正(反)比例函数、三角函数等这些"正统"的函数,这无形中限制了自身对函数的深入理解。

基于以上分析,笔者决定从 HPM 基于历史相似性原理出发,借助有关史料进行深入的教学分析,通过科学的教学设计、有效的教学实施来组织函数概念的教学。

3.1.2 课题定位

(1)要充分重视函数概念的教学,且形式应该多样化。学生对函数的认识是多样的,这与历史上不同时期、不同的数学家的观点各不相同是相似的。例如,在解决有关指数函数、对数函数的定义域和值域的问题时,采用"变量"观点给出定义,这样便于突出 y 随 x

的变化情况;为了显示原函数和反函数在定义域、值域、对应法则上的联系,采用"解析式"观点给出反函数概念的定义;在引入一些特殊的函数时,使用"对应"观点给出相关的定义;在处理关于函数的单调性、对称性、周期性等综合性问题时,可以借助于图形,使用"图像"观点给出定义。

（2）着力于丰富和修正学生的函数表象。由于函数表象和函数定义的分离,学生对函数的认识并不理想,错误和狭隘的表象会给学生的学习造成障碍,因此教学中要尽可能多地让学生接触函数的例子和相关问题。

（3）将数学史融入函数概念教学中,要为学生提供充分的讨论机会,并能恰当地融入历史。函数概念正是在众多数学家的讨论和争辩中发展和完善的,因此在正常教学的基础上,应多创设机会,让学生对一些典型问题展开讨论,在讨论中明辨是非,巩固概念,全面地认识函数的各个方面。历史也告诉我们,人类对函数的认识是一个渐进的过程,学生的学习也应该遵照这一规律(Malik,1980),切不可不顾学生的认知特点而盲目加深。

3.1.3 函数的历史及其运用

（一）函数的发展史

函数的萌芽最早要追溯到公元前 2000 年古巴比伦用许多不同的表格来汇编日、月、行星的星历。直到 17 世纪,莱布尼茨(G. W. Leibniz,1646—1716)用"函数"一词来表达与曲线相关的几何量(纵坐标、次切距等),后来将 x 的幂称为 x 的函数。1718 年,约翰·伯努利(J. J. Bernoulli,1667—1748)首次对函数概念进行了明确定义:"一个变量的函数是由该变量和常数以任何方式组成的量。"伯努利所说的"任何方式"仅仅局限于通常的代数运算。

之后,欧拉(L. Euler,1707—1783)在《无穷分析引论》(1748)中将函数明确定义为解析式:"一个变量的函数是由该变量和一些数或常量以任何方式组成的解析式。"但是不久,欧拉在《微分学原理》(1755)中对函数的定义进行了修正,将函数看作"具有依赖关系的变量":"如果某些量依赖于另一些个量,当后面这些量变化时,前面这些量也随之变化,则前面这些量称为后面这些量的函数。"欧拉的两种定义统治了相当长的历史时期。19 世纪 30 年代以前,人们普遍采用欧拉的"解析式"定义;19 世纪 40 年代之后,欧拉的"依赖关系"定义逐渐占据上风。

1837 年,狄利克雷(L. Dirichlet,1805—1859)对欧拉"依赖关系"定义中的依赖关系进行了修正,给出了新的定义:"设 a、b 是两个确定的值,x 是可取 a、b 之间一切值的变量。如果对于每一个 x 值,有唯一有限的 y 值与它对应,使得当 x 从 a 到 b 连续变化时,y 也逐渐变化,那么 y 就称为该区间上 x 的一个连续函数。在整个区间上,y 无需按照同一种规律依赖于 x,也无需单单考虑能用数学运算来表示关系。"这个定义常常被称为函数的现代定义,它突破了欧拉定义的局限性,用变量的"对应关系"取代了"依赖关系"。

从"解析式"到"具有依赖关系的变量",再到"具有对应关系的变量",函数的定义逐渐完善。但是,这些定义都将函数视为一个变量,都属于"变量说"。集合论诞生后,函数定义得到了进一步的抽象,数学家关注的不再是变量本身,而是变量之间的"关系"。1939

年,布尔巴基学派在《集合论》中给出了全新的函数定义:"设 E 和 F 是两个集合,它们可以不同,也可以相同。E 中的一个变元 x 和 F 中的变元 y 之间的一个关系称为一个函数关系,如果对每一个 $x \in E$,都存在唯一的 $y \in F$,它满足与 x 的给定关系。我们将联系每一个元素 $x \in E$ 和 $y \in F$ 的运算称为函数,y 称为 x 处的函数值。函数是由给定的关系决定的,两个等价的函数关系确定了同一个函数。"这个定义就是我们通常所谓的"对应说"。

函数概念的历史演进过程可以用表 3-1 来呈现。

表 3-1　函数的概念发展史表

类别	对函数概念的理解	数　学　家
1	依赖关系	奥雷姆(14 世纪),伽利略(1632),莱布尼茨(1714),欧拉(1755)
2	几何量	莱布尼茨(1673)
3	运　算	格雷戈里(1667)
4	解析式	伯努利(1696、1718),欧拉(1748),拉格朗日(1797),柯西(1821、1823),德摩根(1837),罗密士(1851)
5	曲　线	欧拉(1748)
6	变　量	欧拉(1755),孔多塞(1778),拉克洛瓦(1797),斯托克斯(1847),黎曼(1851)
7	对应关系	傅立叶(1822),罗巴契夫斯基(1834),狄利克雷(1837),汉克尔(1870),坦纳里(1904),哈代(1908),维布伦(20 世纪),卡拉泰奥多里(1917),卡里(1917),古尔萨(1923),布尔巴基(1939)
8	映　射	戴德金(1887)
9	关　系	皮亚诺(1911),布尔巴基(1939)
10	序偶集合	布尔巴基(1939)

在史料分析的基础上进行合理重构,用图 3-1 来体现函数概念的发展史,并采用发生教学法进行课堂教学设计。

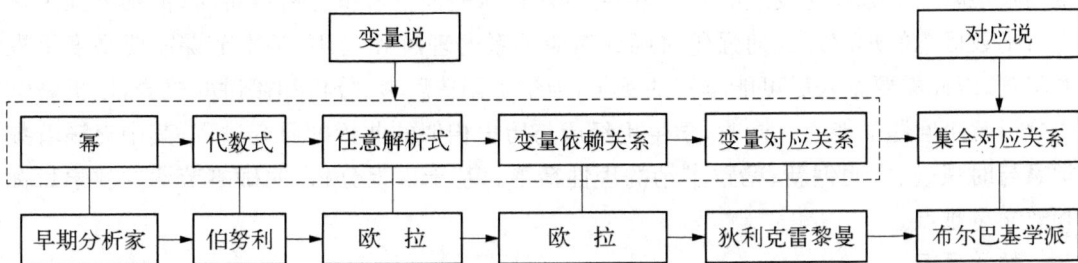

图 3-1　数学史融入函数概念教学的流程图

（二）函数史料的运用

基于史料分析,我们采用了多种方式融入历史素材,具体呈现如表 3 - 2 所示。

表 3 - 2 "函数的概念"数学史融入方式

方 式	内 容
顺应式	狄利克雷函数、黎曼函数
复制式	欧拉对函数的两种定义方式
重构式	函数概念复习的整个过程

在课堂教学中运用多种方式尽可能多地融入数学文化元素,虽然用起来或简单或困难,但选材是最为关键的。在充分激发学生学习动机的前提下,本设计借鉴函数概念的演进历史:解析式—变量依赖关系—变量对应关系,注重概念的自然过渡,运用重构式的方式融入历史素材,促进学生深入理解函数概念的本质。

有鉴于此,我们在教学中采用了多种方式来运用历史材料。首先,整体设计上采用重构式,即借鉴函数概念的演进历史,呈现概念的自然发展过程,激发学生的学习动机,促进学生对函数概念的本质更深入地理解和应用;其次,为了在教学中融入更多的数学文化元素,深化概念理解阶段,顺应式地将著名的狄利克雷函数、黎曼函数作为强化概念理解和提高解决问题能力的例子。

3.1.4 教学设计与实施

（一）教学分析

本节课是高三数学一轮复习中函数概念的复习课,授课对象为已经复习了集合、命题和不等式等内容的高三学生。从课前的前测卷答题情况分析发现,学生对函数"对应"关系的理解不正确、不深刻,包括怎样去对应、通过什么样的方式去对应等,大多数学生总是寄希望于有一个规则的、统一的对应方式,而且这种潜在的意识始终伴随整个中学阶段的学习,他们希望图像能表示每一个具体的(即能用式子表示的)函数;同时鲜有学生了解函数的发展历史。为了丰富学生的数学文化背景知识,又避免一带而过地简单讲故事,需要重构式地融入函数概念发展的几个重要阶段,这从表面上看虽然有些费时,但却增强了学生对函数概念的理解。如何强化对函数对应关系的理解和运用,是本节课需要高度重视的问题,因此需要融入尽可能丰富的例子,为学生创造思考、分析和探讨的机会,以提高学生分析解决问题的能力。同时,学生也经历与历史相似的曲折的研究过程,其中充满着数学家与时俱进、大胆创新、精益求精的理性精神。基于以上分析,明确本节课的教学目标和教学重难点。

教学目标

(1)能用集合与对应的语言刻画函数概念;

（2）会求函数的定义域、值域，能分析函数的对应关系；

（3）经历函数概念的演进过程，感受数学背后的理性精神，激发数学学习兴趣，培养数学人文情怀。

教学重点　函数的概念。

教学难点　变量的对应关系。

（二）教学过程

1. 以史为鉴，重温概念构建

师：通过课前任务单，我从函数定义、图像、表达式、变量对应关系等角度了解了同学们对函数的理解现状，为了更进一步帮助同学们理解函数的概念，请同学们分析以下问题。

问题 1　下列几组函数中，哪一组中的两个函数是相同的？

（1）$y=\ln x^2$ 和 $y=2\ln x$；

（2）$y=a^{\log_a x}(a>0,a\neq 1)$ 和 $y=x$

（3）$f(x)=x,x\in[-1,1]$，$g(x)=\sin\frac{\pi}{2}x,x\in[-1,1]$；

（4）$f(x)=x^3,x\in\{-1,0,1\}$，$g(x)=\sin\frac{\pi}{2}x,x\in\{-1,0,1\}$。

生：化简（1）中函数 $y=\ln x^2=2\ln|x|$ 与 $y=2\ln x$ 的定义域和对应关系都不同，因此是不同的函数。

生：（2）$y=a^{\log_a x}(a>0,a\neq 1)$ 的定义域 $D=(0,+\infty)$ 与 $y=x$ 不同，故为不同的函数。

生：（3）$f(x)=x,x\in[-1,1]$，$g(x)=\sin\frac{\pi}{2}x,x\in[-1,1]$ 的定义域相同，解析式不同，所以是不同的函数。

生：（4）$f(x)=x^3,x\in\{-1,0,1\}$，$g(x)=\sin\frac{\pi}{2}x,x\in\{-1,0,1\}$，虽然看上去解析式不相同，但 $f(1)=g(1)=1$；$f(-1)=g(-1)=1$；$f(0)=g(0)=0$，定义域和对应关系完全相同。

师：那（3）的解释有什么问题？

生：（3）中两个函数不同，其原因不是解析式不同，而是因为自变量和因变量的对应关系不同，如 $f\left(\frac{1}{2}\right)=\frac{1}{2}$，$g\left(\frac{1}{2}\right)=\frac{\sqrt{2}}{2}$，因此这两个函数不同。

师：通过这个问题的探讨我们发现（3）和（4）的判断是同学们的难点，的确还有同学目前还认为函数是一个代数式，这样的认识实际上与历史上数学家们的认识是十分相似的。瑞士著名数学家欧拉在《无穷分析引论》中就是这样定义函数："一个变量的函数是由该变量和一些数或常量以任何方式组成的解析式。"而近百年之后，英国数学家德摩根在他的《代数学基础》中也给出定义："Any expression which contains x in any way is called a function of x." 可见函数解析式的定义多么有影响力,但这样的定义显然不能适应数学的发展需求,正如(4)中两个函数表面上看是不同的,但从对应关系角度分析,它们是完全相同的。

这正体现了函数定义的发展历程:"解析式"⇒"变量依赖关系"⇒"变量对应关系"。请同学们回忆并叙述对应关系下函数的概念(略)。

为了强化同学们对函数对应关系的理解,请大家分析问题 2。

问题 2 (1) 已知函数 $f(x)$,$x \in F$,那么集合 $\{(x, y) \mid y = f(x), x \in F\} \bigcap \{(x, y) \mid x = 1\}$ 中所含元素的个数有_____个;

(2) 下面哪一个图形可以作为函数的图像   (   )

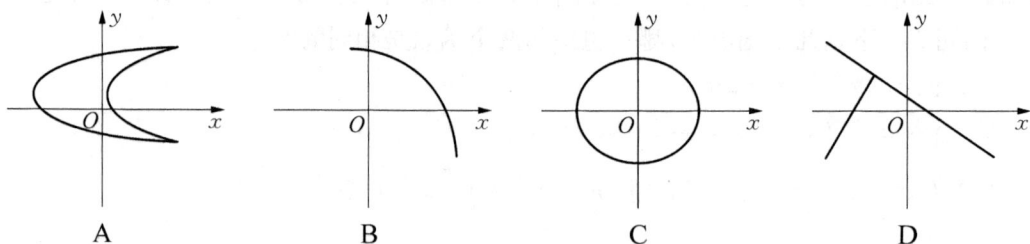

图 3-2

生:(1) 是要求直线 $x = 1$ 与函数 $f(x)$ 的交点个数,根据函数的概念,至多有 1 个交点,故答案为 0 或 1 个;(2) 是任意一条垂直于 x 轴的直线与函数图像最多有 1 个交点,故 B 正确。

师:(1)和(2)从形的视角诠释了德国数学家狄利克雷于 1837 年提出的刻画函数自变量和因变量之间的对应关系的定义,即某个实数集合 D 内的每一个确定的 x、y 都有唯一确定的值和它对应。

师: 那是否每一个函数都能画出其图像呢?(学生思索中有点怀疑,不确定)

生: 可能有的函数不能画出图像。

师: 能举个例子吗?(学生努力构建,部分学生显得有些困惑…)

生: 我记得高一的时候老师讲过函数 $f(x) = \begin{cases} 1 & (x \in Q) \\ 0 & (x \in \bar{Q}, U = R) \end{cases}$ 就不能画出图像。

师: 能记住这个函数很不容易哦! 为何其图像画不出?

生: 有理数具有稠密性,但两个不同有理数中间又有无理数,很难简单的用点线来表示。

师: 狄利克雷函数具有很多特殊的性质,同学们将来会在高等数学中继续学习到。为了帮助大家理解类似问题,请同学们分析问题 3。

【设计意图】通过函数是否相同的判断,引出学生存在的困惑,循循善诱加强学生对函数二要素尤其是对应关系的理解,也从侧面分析了函数依赖关系、函数"解析式"定义的局限性,促进了学生的认知发展,将数学史中函数概念的发展史与学生认知融为一体,让学生体会到学习函数对应关系的必要性。

2. 问题探析,促进概念理解

师:为了帮助大家进一步理解函数的概念,请同学们探讨以下问题。

问题3　将函数 $y=\sqrt{4+6x-x^2}-2$ $(x\in[0,6])$ 的图像绕坐标原点逆时针方向旋转角 $\theta(0\leqslant\theta\leqslant\alpha)$,得到曲线 C。若对于每一个旋转角 θ,曲线 C 都是一个函数的图像,则 α 的最大值为_____。

生:将函数的解析式变形 $y=\sqrt{-(x-3)^2+13}-2\Rightarrow(x-3)^2+(y+2)^2=13$,是该圆去掉 x 轴下方部分的一段圆弧 $(x-3)^2+(y+2)^2=13$,$(0\leqslant x\leqslant6)$,曲线 C 是函数图像当且仅当任一条垂直于去掉 x 轴的直线与曲线至多只有一个交点。所以曲线逆时针旋转至多到过原点的切线垂直于 x 轴,$\alpha\leqslant\arctan\dfrac{2}{3}$。

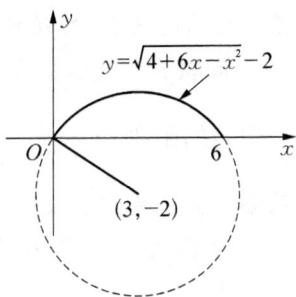

图 3 - 3

问题4　(1) 设函数 $f(x)$ 的定义域为 D,$D\subseteq[0,3\pi]$,它的对应关系为 $f:x\rightarrow\sin x$,现已知 $f(x)$ 的值域为 $\left\{0,\dfrac{1}{2},1\right\}$,则这样的函数共有_____个。

师:在对应关系和值域都确定的前提下,自变量应该如何取值? 有哪些不同的可能? 函数的个数其实就是定义域有多少种情况。

生:$\sin x=0$ 时,$x=0$、π、2π、3π;$\sin x=\dfrac{1}{2}$ 时,$x=\dfrac{\pi}{6}$、$\dfrac{5}{6}\pi$、$\dfrac{13\pi}{6}$、$\dfrac{17\pi}{6}$;

$\sin x=1$ 时,$x=\dfrac{\pi}{2}$、$\dfrac{5\pi}{2}$。要得到值域为 $\left\{0,\dfrac{1}{2},1\right\}$,则定义域的不同情况有 $(2^4-1)(2^4-1)(2^2-1)=675$,故这样的函数有 675 个。

(2) 函数 $y=x(x-2)$,$x\in[a,b]$,值域为 $[-1,3]$,则点 (a,b) 的轨迹是

（　　）

A. 线段 EF、EH　　　　　　　　B. 线段 EF、GH

C. 线段 EH、FG　　　　　　　　D. 点 $H(1,3)$ 和 $F(-1,1)$

生:所给函数可配方化成 $y=(x-1)^2-1$。其顶点 $(1,-1)$,与 x 轴两交点 $(0,0)$、$(2,0)$,设 $M(-1,3)$、$N(3,3)$。因已知其值域为 $[-1,3]$,其图像有以下两种可能,如图 3-4 所示:

(1) M 点固定,另一端点在 P、N 两点间的图像上的任一点。这时 $a=-1$,$1\leqslant b\leqslant3$,故点 (a,b) 的轨迹为图中的线段 EF。

(2) N 点固定,另一端点在 M、P 两点间的图像上的任一点。这时 $-1\leqslant a\leqslant1$,$b=3$,故点 (a,b) 的轨迹为图中的线段 EH。故选 A。

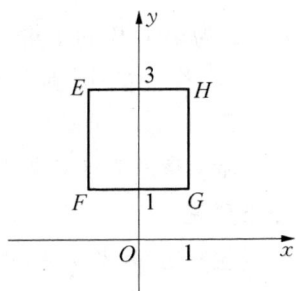

图 3 - 4

【设计意图】紧扣函数的概念二要素：定义域、对应关系，同时研究函数的值域，通过典型问题的思考和研究，进一步理解函数的概念，帮助学生理清二要素以及值域之间的关系。

3. 拓展探究，深化概念理解

师：经历了以上问题的分析，相信同学们能比较深入理解函数的对应关系，并能探究一些思维量较大的问题了。实际上，在函数发展的过程中，我们睿智的数学家们也建构了很多特殊的函数，帮助显性表达函数的概念，即函数的表象。请思考和探讨下面的问题。

问题 5 在函数概念的发展过程中，19 世纪德国数学家狄利克雷功不可没。以其名字命名的函数 $f(x)=\begin{cases}1, & x\in \mathbf{Q}, \\ 0, & x\in \overline{\mathbf{Q}}.\end{cases}$ 被称为狄利克雷函数，其中全集为实数集 $\mathbf{R}$、$\mathbf{Q}$ 为有理数集。关于函数 $f(x)$ 有如下四个命题：

① 函数 $f(x)$ 存在反函数；

② $f(x)=f(-x)$ 恒成立；

③ 取一个不为 0 的有理数 T，$f(x+T)=f(x)$ 对任意的 $x\in \mathbf{R}$ 恒成立；

④ 存在三个点 $A(x_1, f(x_1))$，$B(x_2, f(x_2))$，$C(x_3, f(x_3))$，使得 $\triangle ABC$ 为等边三角形。

其中，真命题的个数是（ ）。

A. 1   B. 2   C. 3   D. 4

生：① 函数 $f(x)$ 中的 x 与 y 不是一一对应的，其不存在反函数；

② 显然 $f(x)=f(-x)$ 恒成立是正确的；

③ 对于不为 0 的有理数 T，若 $x\in \mathbf{Q}\Rightarrow x+T\in \mathbf{Q}$，$x\in \overline{\mathbf{Q}}\Rightarrow x+T\in \overline{\mathbf{Q}}$，所以对任意的 $x\in \mathbf{R}$ 都有 $f(x+T)=f(x)$ 恒成立；

④ 只要找到符合条件的三个点即可，如取 $x_1=-\dfrac{\sqrt{3}}{3}$，$x_2=0$，$x_3=\dfrac{\sqrt{3}}{3}$，此时 $f(x_1)=0$，$f(x_2)=1$，$f(x_3)=0$，于是三个点 $A(x_1, f(x_1))$，$B(x_2, f(x_2))$，$C(x_3, f(x_3))$ 正好构成等边三角形。故选 C。

变式：对于全集 $\mathbf{R}$ 的子集 A，定义函数 $f_A(x)=\begin{cases}1, & x\in A, \\ 0, & x\in \overline{A}\end{cases}$ 为 A 的特征函数。设 A、B 为全集 $\mathbf{R}$ 的子集，下列结论中错误的是（ ）。

A. 若 $A\subseteq B$，则 $f_A(x)\leqslant f_B(x)$ B. $f_{\overline{A}}(x)=1-f_A(x)$

C. $f_{A\cap B}(x)=f_A(x)\cdot f_B(x)$ D. $f_{A\cup B}(x)=f_A(x)+f_B(x)$

师：该题要注意集合语言的解读，可以借助于 venn 图来分析，用分类讨论的思想方法来研究。

生：选 D，当 $x\in A\cap B$ 时，$x\in A$，$x\in B$，$x\in A\cup B$ 同时成立，则 $f_A(x)+f_B(x)=2$，而 $f_{A\cup B}(x)=1$，于是 $f_{A\cup B}(x)\neq f_A(x)+f_B(x)$，故 D 错误。其余选项均正确。

问题 6 黎曼函数（Riemann function）是一个特殊函数，由德国数学家黎曼发现并提出，黎曼函数定义在 $[0, 1]$ 上，其定义为：

$$R(x)=\begin{cases} \dfrac{1}{p}, & \text{当 } x=\dfrac{q}{p}\left(p\text{、}q\text{ 都是正整数}, \dfrac{q}{p} \text{ 是不可以再约分的真分数}\right), \\ 0, & \text{当 } x=0\text{、}1 \text{ 或者 } [0, 1] \text{ 上的无理数。} \end{cases}$$

若函数 $f(x)$ 在 **R** 上满足 $f(x)+f(-x)=0$，且 $f(x)+f(2-x)=0$，当 $x \in [0, 1]$ 时，$f(x)=R(x)$，则 $f\left(\dfrac{10}{3}\right)+f\left(\dfrac{3}{10}\right)=$ _____。

生：由 $f(x)+f(2-x)=0$ 知，$f(x)$ 的图像关于 $(1, 0)$ 对称。

又 $f(x)$ 满足 $f(x)+f(-x)=0$，则 $f(x)$ 的图像关于原点对称。

所以 $f(4+x)=-f(-2-x)=f(2+x)=-f(-x)=f(x)$，可知 $f(x)$ 为周期函数，周期 $T=4$。

于是 $f\left(\dfrac{10}{3}\right)+f\left(\dfrac{3}{10}\right)=f\left(-\dfrac{2}{3}\right)+\dfrac{1}{10}=-f\left(\dfrac{2}{3}\right)+\dfrac{1}{10}=-\dfrac{1}{3}+\dfrac{1}{10}=-\dfrac{7}{30}$。

问题 7 我们知道，对数函数 $f(x)=\log_a x$ 具有性质：$f\left(\dfrac{1}{x}\right)=-f(x)$。试另举一个函数 $g(x)$，也满足 $g\left(\dfrac{1}{x}\right)=-g(x)$，它的定义域必须包含 $(0, +\infty)$，且解析式中必须含有 x。

生：我想到了函数 $g(x)=x-\dfrac{1}{x}$。

师：很好！请问你是怎么想到的？

生：由条件可设想，如果 $g(x)$ 含 x 项，那么它还应含 $\dfrac{1}{x}$ 项。设 $g(x)=ax+\dfrac{b}{x}$，则根据 $g\left(\dfrac{1}{x}\right)=-g(x)$ 可得 $\dfrac{a}{x}+bx=-ax-\dfrac{b}{x}$，由待定系数法可知 $a=-b$。

特别地，当 $a=1$，$b=-1$ 时，$g(x)=x-\dfrac{1}{x}$，满足定义域必须包含 $(0, +\infty)$ 的要求。

生：在 $g\left(\dfrac{1}{x}\right)=-g(x)$ 中，令 $x=1$，得 $g(1)=-g(1)$，则 $g(1)=0$。

由 $x>1 \Leftrightarrow 0<\dfrac{1}{x}<1$，我们也可构造如下的分段函数：$g(x)=\begin{cases} -\dfrac{1}{x}, & x>1, \\ 0, & x=1, \\ x, & 0<x<1。 \end{cases}$

师：非常棒！大家的发散思维得到了充分锻炼。事实上我们还可以构造出许多其他的分段函数，如设当 $x>1$ 时，$g(x)=3x+4$，利用已知公式 $g\left(\dfrac{1}{x}\right)=-g(x)$，可求出当

$0 < x < 1$ 时，$g(x) = -g\left(\dfrac{1}{x}\right) = -\left(\dfrac{3}{x} + 4\right) = -\dfrac{3}{x} - 4$。

生：我想到了一个不是分段函数的例子：$g(x) = \dfrac{x-1}{x+1}$，它的定义域是

$(-\infty, -1) \bigcup (-1, 0) \bigcup (0, +\infty)$。因为 $g\left(\dfrac{1}{x}\right) = \dfrac{\dfrac{1}{x} - 1}{\dfrac{1}{x} + 1} = \dfrac{1-x}{1+x} = -g(x)$，所以

$g(x)$ 是符合条件的。

【设计意图】 顺应式地融入了狄利克雷函数和黎曼函数，补充学生头脑中的函数原型，尽可能多地让学生接触函数的例子和相关问题，丰富学生的函数表象。通过基于特殊的狄利克雷函数、黎曼函数为背景而编选的问题 5 及其变式问题和问题 6 的研究，加强了学生对分段函数的分析能力，提高了学生的代数演绎能力，进一步突破了函数对应关系这一学习难点。问题 7 是一个半开放型问题，根据函数满足的性质放手让学生探究，能训练学生对函数表象和深层内涵的相互勾连，锻炼学生的数学建构能力和想象力。

(三) 课堂小结

师：分析函数应从哪几个因素考虑？即从哪几个方面认识函数？

生：认识一个函数应从其定义域、对应关系和值域几个方面着手，要深入其本质即函数的对应关系。

师：实际上函数的值域是由定义域和对应关系确定的，函数概念的发展历久弥新，函数概念的发展过程给你什么启示？

生：欧拉在对待函数概念的理性精神和质疑品质值得我们学习，只有能走出舒适区才能有所突破和创造！

3.1.5　教学反思

本节函数概念复习课，学生在问题的探讨中潜移默化地经历了函数概念从"解析式"到"具有依赖关系的变量"、再到"具有对应关系的变量"的整个发展历程，促进学生进一步理解函数的概念，同时积累了数学探究的经验，感受到数学的演进性特征。课后的访谈中，学生表示，透过有生动丰富的数学史背景的数学问题理解概念发展的路径，是一件很有意思的事情。不仅能帮助学生理解函数的概念及其发展史，还能通过数学家们执着精进的科学精神触动他们思考学习的价值和人生的意义。

无疑，通过科学的设问、重构式地设计和展开教学，函数概念的历史即便在复习课中也能生动演绎，并充分发挥它应有的教育价值。

3.1.6　巩固练习

1. 若一系列函数的解析式相同，值域相同但定义域不同，则称这些函数为"孪生函

数"，那么函数解析式为 $y = 2x^2 + 1$，值域为 $\{3, 19\}$ 的"孪生函数"共有 _____ 个。

【解析】因为 $2x^2 + 1 = 3 \Rightarrow x = \pm 1$，$2x^2 + 1 = 19 \Rightarrow x = \pm 3$，所以不同的定义域有 $(2^2 - 1)(2^2 - 1) = 9$ 个。

2. 设函数 $f(x) = \begin{cases} 1 + \log_2(2 - x), & x < 1, \\ 2^{x-1}, & x \geq 1, \end{cases}$　则 $f(-2) + f(\log_2 12) =$ _____。

【解析】$f(-2) = 1 + \log_2[2 - (-2)] = 3$，$f(\log_2 12) = 2^{\log_2 12 - 1} = 2^{\log_2 6} = 6$，

∴ $f(-2) + f(\log_2 12) = 9$。

3. 我国著名数学家华罗庚先生曾说：数缺形时少直观，形缺数时难入微，数形结合百般好，隔裂分家万事休。在数学的学习和研究中，常用函数的图像来研究函数的性质，也常用函数的解析式来琢磨函数图像的特征，如函数 $f(x) = \dfrac{x^4}{|4^x - 1|}$ 的图像大致是图 3 - 5 中的（　　）。

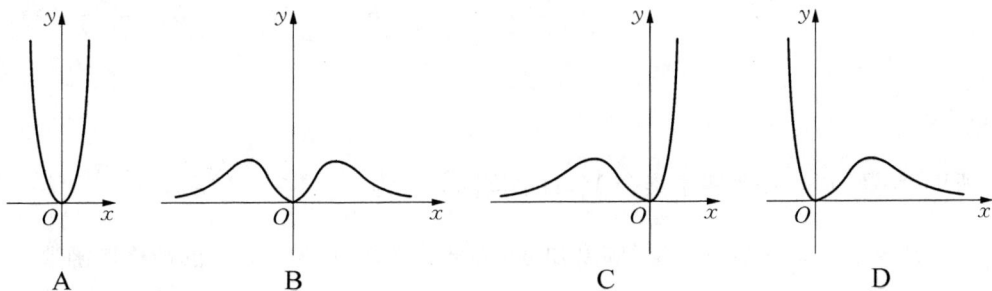

图 3 - 5

【解析】该函数不是偶函数，故选项 A、B 不正确；当 $x \to +\infty$ 时，4^x 远大于 x^4，函数值 $y \to 0$，故选 D。

4. 已知 $f(x)$ 为定义在 $(0, +\infty)$ 上的严格增函数，且任意 $x > 0$，均有 $f\left[f(x) + \dfrac{1}{x}\right] = \dfrac{1}{f(x)}$，则 $f(1) =$ _____。

【解析】设 $f(1) = a$，令 $x = 1$，得 $f[f(1) + 1] = \dfrac{1}{f(1)} \Rightarrow f(a + 1) = \dfrac{1}{a}$。

令 $x = a + 1$，得 $f\left[f(a + 1) + \dfrac{1}{a + 1}\right] = \dfrac{1}{f(a + 1)} \Rightarrow f\left(\dfrac{1}{a} + \dfrac{1}{a + 1}\right) = a = f(1)$。

因为 $f(x)$ 为定义在 $(0, +\infty)$ 上的严格增函数，所以 $\dfrac{1}{a} + \dfrac{1}{a + 1} = 1$，解得 $a = \dfrac{1 \pm \sqrt{5}}{2}$。

当 $f(1) = a = \dfrac{1 + \sqrt{5}}{2}$ 时，由 $1 + a > 1 \Rightarrow f(1 + a) > f(1) \Rightarrow \dfrac{1}{a} > a \Rightarrow a < -1$ 或 $0 <$

$a < 1$，矛盾，舍去。

所以 $f(1) = a = \dfrac{1-\sqrt{5}}{2}$。

5. 已知集合 M 是同时满足下列两个性质的函数 $f(x)$ 的全体：

① $f(x)$ 在其定义域上是严格单调函数；

② 在 $f(x)$ 的定义域上存在区间 $[a, b]$，使得 $f(x)$ 在 $[a, b]$ 上的值域是 $\left[\dfrac{1}{2}a, \dfrac{1}{2}b\right]$。

（1）判断函数 $y = -x^3$ 是否属于集合 M？并说明理由。若是，请找出区间 $[a, b]$。

（2）若函数 $y = \sqrt{x-1} + t \in M$，求实数 t 的取值范围。

【解析】（1）函数 $y = -x^3$ 的定义域是 $\mathbf{R}$，且在 $\mathbf{R}$ 上是严格减函数，符合条件①。若函数 $y = -x^3$ 属于集合 M，则 $\begin{cases} -b^3 = \dfrac{1}{2}a, \\ -a^3 = \dfrac{1}{2}b, \end{cases}$ 解得 $\begin{cases} a = -\dfrac{\sqrt{2}}{2}, \\ b = \dfrac{\sqrt{2}}{2}, \end{cases}$ 或 $\begin{cases} a = \dfrac{\sqrt{2}}{2}, \\ b = -\dfrac{\sqrt{2}}{2}(舍), \end{cases}$ 或 $\begin{cases} a = 0, \\ b = 0(舍)。 \end{cases}$

所以，函数 $y = -x^3$ 属于集合 M，且区间 $[a, b]$ 为 $\left[-\dfrac{\sqrt{2}}{2}, \dfrac{\sqrt{2}}{2}\right]$。

（2）设 $g(x) = \sqrt{x-1} + t$，则易知 $g(x)$ 是定义在 $[1, +\infty)$ 上的严格增函数。

因为 $g(x) \in M$，所以存在区间 $[a, b] \subset [1, +\infty)$，满足 $g(a) = \dfrac{1}{2}a$，$g(b) = \dfrac{1}{2}b$，即方程 $g(x) = \dfrac{1}{2}x$ 在 $[1, +\infty)$ 上有两个不等实根，亦即方程 $\sqrt{x-1} + t = \dfrac{1}{2}x$ 在 $[1, +\infty)$ 上有两个不等实根。

[方法一] 方程 $x - 1 = \left(\dfrac{1}{2}x - t\right)^2$ 在 $[2t, +\infty)$ 上有两个不等实根，即方程 $x^2 - (4t+4)x + 4t^2 + 4 = 0$ 在 $[2t, +\infty)$ 上有两个不等实根。根据一元二次方程根的分布得 $\begin{cases} \Delta = (4t+4)^2 - 4(4t^2+4) > 0, \\ \dfrac{4t+4}{2} > 2t, \\ (2t)^2 - (4t+4) \cdot 2t + 4t^2 + 4 \geqslant 0, \end{cases}$ 解得 $0 < t \leqslant \dfrac{1}{2}$。因此实数 t 的取值范围是 $\left(0, \dfrac{1}{2}\right]$。

[方法二] 令 $\sqrt{x-1} = z$，$z \geqslant 0$，则 $t = \dfrac{z^2+1}{2} - z = \dfrac{(z-1)^2}{2}$，数形结合得 $0 < t \leqslant \dfrac{1}{2}$。

[方法三] 分别作 $y = \sqrt{x-1}$ 与 $y = \dfrac{1}{2}x - t$ 的图像，如图 3-6。当直线 $y = \dfrac{1}{2}x - t$

经过点 $(1,0)$ 时，$t=\dfrac{1}{2}$；当直线 $y=\dfrac{1}{2}x-t$ 与曲线 $y=\sqrt{x-1}$ 相切时，由 $\sqrt{x-1}=\dfrac{1}{2}x-t$，两边平方整理得 $x^2-(4t+4)x+4t^2+4=0$，令 $\Delta=0$，得 $t=0$，利用数形结合得实数 t 的取值范围是 $\left(0,\dfrac{1}{2}\right]$。

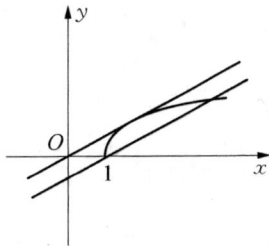

图 3 - 6

6. 如果一个函数的值域与其定义域相同，则称该函数为"同域函数"。已知函数 $f(x)=\sqrt{ax^2+bx+a+1}$ 的定义域为 $\{x\mid ax^2+bx+a+1\geqslant 0$，且 $x\geqslant 0\}$。

(1) 若 $a=-1$，$b=2$，求 $f(x)$ 的定义域；

(2) 当 $a=1$ 时，若 $f(x)$ 为"同域函数"，求实数 b 的值；

(3) 若存在实数 $a<0$ 且 $a\neq-1$，使得 $f(x)$ 为"同域函数"，求实数 b 的取值范围。

【解析】(1) 当 $a=-1$，$b=2$ 时，$f(x)=\sqrt{-x^2+2x}$。由 $\begin{cases}-x^2+2x\geqslant 0,\\ x\geqslant 0,\end{cases}$ 得定义域 $D=[0,2]$。

(2) 当 $a=1$ 时，$f(x)=\sqrt{x^2+bx+2}$。

当 $-\dfrac{b}{2}\leqslant 0$ 时，$y=x^2+bx+2$ 在 $[0,+\infty)$ 上严格增，此时定义域 $D=[0,+\infty)$，值域 $A=[\sqrt{2},+\infty)$，不符题意，舍去。

当 $-\dfrac{b}{2}>0$ 时，对一元二次方程 $x^2+bx+2=0$，若 $\Delta=b^2-8>0$，则 $A=[0,+\infty)$，$D=[0,x_1]\cup[x_2,+\infty]$（$x_1$、$x_2$ 为方程 $x^2+bx+2=0$ 的两根，且 $x_1<x_2$），不符题意，舍去；

若 $\Delta=b^2-8<0$，则 $A=\left[f\left(-\dfrac{b}{2}\right)(>0),+\infty\right)$，$D=[0,+\infty)$，不符题意，舍去；

当且仅当 $\Delta=b^2-8=0$，即 $b=\pm 2\sqrt{2}$ 时，$A=[0,+\infty)$，$D=[0,+\infty)$，由 $b<0$，得 $b=-2\sqrt{2}$。

(3) 当 $a<0$ 且 $a\neq-1$，设 $t=ax^2+bx+a+1$。

当 $\Delta=b^2-4a(a+1)\leqslant 0$ 时，不符题意，舍去；

当 $\Delta=b^2-4a(a+1)>0$，如图 3 - 7 所示，必有 $\begin{cases}a+1>0,\ -\dfrac{b}{2a}>0,\\ x_2=f\left(-\dfrac{b}{2a}\right)\end{cases}$ 或

$\begin{cases}a+1>0,\ -\dfrac{b}{2a}\leqslant 0,\\ x_2=f(0)。\end{cases}$

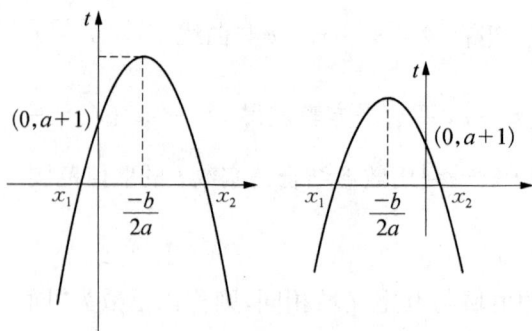

图 3 - 7

由 $\begin{cases} a+1>0, -\dfrac{b}{2a}>0, \\ x_2=f\left(-\dfrac{b}{2a}\right), \end{cases}$ 得 $-1<a<0, b>0$, $x_2=\dfrac{-b-\sqrt{\Delta}}{2a}=\sqrt{-\dfrac{\Delta}{4a}}$，进而得

$-b=\sqrt{\Delta}+2a\sqrt{-\dfrac{\Delta}{4a}}=\sqrt{\Delta}(1-\sqrt{-a})>0$，矛盾；

由 $\begin{cases} a+1>0, -\dfrac{b}{2a}\leqslant 0, \\ x_2=f(0), \end{cases}$ 得 $\sqrt{a+1}$ 是 $ax^2+bx+a+1=0$ 的根，于是 $b=$

$-(\sqrt{a+1})^3$，是 $a\in(-1,0)$，进而得 $b\in(-1,0)$。

综上，$b\in(-1,0)$。

附录 1 "函数的概念"课前学习单

1. 垂直于 x 轴的一条直线和函数 $y = f(x)$ 的图像有_____个交点。

请写出理由_____。

A. 0　　　　　　B. 0 或 1　　　　　C. 1 或 2　　　　　D. 无穷多

2. 下列表达式中,哪些 y 是 x 的函数?请给出是或不是的理由。

表　达　式	是/否	原　因
$y = x^2 - 4$		
$x^2 - y^2 = 25$		
$y = \pm\sqrt{4x-1}$		
$y = \dfrac{x}{2}$		
$xy = 8$		
$y = 0, x \in \mathbf{R}$		
$y = 2^x$		
$y = \begin{cases} 1 & (x \text{ 为有理数}) \\ -1 & (x \text{ 为无理数}) \end{cases}$		
$y = \begin{cases} 0, & x \leqslant 0, \\ x, & 0 \leqslant x \leqslant 1, \\ 2-x, & x > 1 \end{cases}$		

3. 有一个班级,设变量 x 是该班同学的姓名,变量 y 是该班同学的学号,变量 z 是该班同学的身高,变量 w 是该班同学某一门课程的考试成绩,则下列选项中正确的是(　　)。

A. y 是 x 的函数　　　　　　　　B. z 是 y 的函数

C. w 是 z 的函数　　　　　　　　D. w 是 x 的函数

4. 指出图 3-8 所示的图像中,哪些 y 是 x 的函数?请给出是或不是的理由。

y 是 x 的函数的图像有_____,原因_____;

y 不是 x 的函数的图像有_____,原因_____。

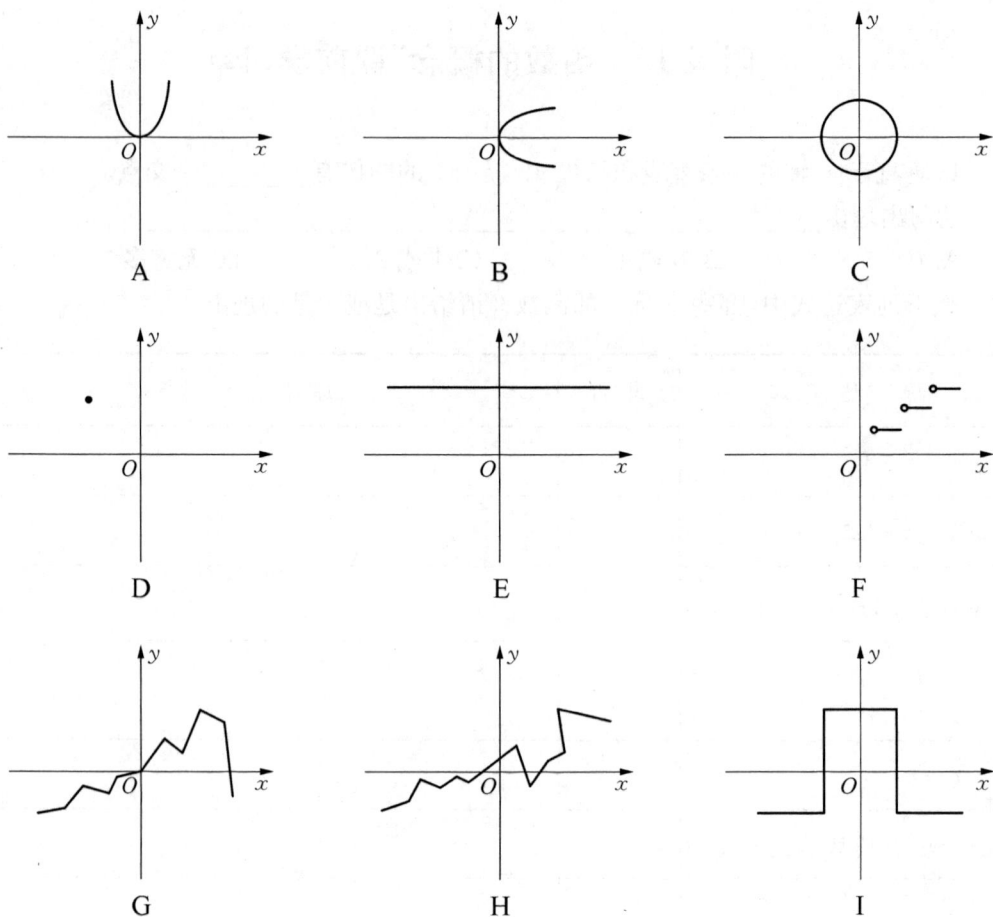

图 3 - 8

5. 请用自己的语言概括函数的概念,并梳理学习函数概念中的困惑点。

3.2 平面及其基本性质

在高中数学一轮《立体几何》的专题复习课"平面及其基本性质"中结合平面概念的三个历史阶段,课堂教学中融入古希腊时期哲学家巴门尼德,古希腊数学家欧几里得、海伦,德国数学家克雷尔,法国数学家傅里叶,匈牙利数学家波尔约等对平面的定义,引导学生水到渠成地概述出平面的特征。之后基于希尔伯特的公理化体系,剖析三个公理及其推论。以若干点、线、面位置关系的典型问题为载体,引导学生主动探究,锻炼其空间想象能力、逻辑推理能力和数学表达能力。

3.2.1 课题缘起

高中数学教学中,平面往往以一个在空间不被定义的基本元素——点、直线、平面之一,作为一个独立的对象介绍给学生,这已经是教师习以为常的教学方式。这其实也有其理论支撑,即19世纪数学家希尔伯特的几何公理系统,他没有给出定义,而是由形成的公理系统定义了点、线、面的关系,人们广泛接受并遵循此公理系统。但简单地认为这些概念易于理解、无需定义,会带来一些问题:学生在多大程度上理解这些基本概念? 学生能理解这些基本概念背后的数学思想吗? 再者,公理化系统是一门学科发展到一定程度经人们系统化整理后的结果和形式化的产物,正如荷兰数学家和数学教育家弗赖登塔尔所说:"没有一种数学思想,以它被发现时的那个样子发表出来,一个问题被解决后,相应地也发展成一种形式化的技巧,结果火热的思考变成了冰冷的美丽。"将平面概念作为一个结果以此为教学的出发点直接告知学生,虽然剥夺了学生展开火热思考的机会,使他们只能感受到数学冰冷的美丽。这就使得学生对平面只有非常浅的认识,也会导致日后学习立体几何产生推理逻辑不严密、证明过程表达不清晰、分析问题主观臆断等问题。

显而易见,立体几何在锻炼学生空间想象能力、逻辑思维能力和促进学生智力发展的过程中不可或缺,平面恰是连接立体几何与平面几何的重要枢纽,其概念在几何的建构中地位异常特殊,掌握其概念是建立空间观念并深入学习立体几何的重要基础。有关实证研究表明处于现代教育和不同文化背景下的我国高中生对于平面的许多认识具有历史相似性,正如弗赖登塔尔的论断:"年轻的学习者重蹈人类的学习过程,尽管方式改变了。"那么数学家曾经在认识平面过程中所存在的不足以及产生的各种困惑,学生也会出现类似的现象,这就给我们今天的平面教学以若干启示。基于这样的启示,笔者在高中数学一轮复习"平面及其基本性质"时,基于历史相似性进行教学设计、实践与反思。

3.2.2 课题定位

(1)重视原始概念的教学。

现在的教材编写采用了希尔伯特的公理化体系,于是将平面这样的基本概念作为原始的概念不加以解释,尤其在高中复习阶段,更是"轻轻滑过"。老师们认为学生对这些原始概念的理解不存在任何问题,但事实远非如此,学生们对平面的基本概念依然会有困惑。正因为学生对平面概念的理解有其历史相似性,我们更要充分重视这一概念的教学。

(2) 立足学生已有的认识背景实施平面概念的教学。

学生大多数是以生活中的模型作为心中对平面的认识,如平坦的地面、光滑的桌面或玻璃面等,或者在数学中平面就是正方体的一个面、平面就是平面直角坐标系所在的面等,显然这些来自学生已有的生活或数学背景是他们理解平面概念的教学起点,因此我们要基于此开展教学。

(3) 整体实施平面的概念与公理的教学。

从历史视角看,平面概念和三个公理是相辅相成、相互促进、共同发展的。由于其抽象性,学习它需要一定的空间想象力,为此对平面的理解和相关的三个公理的认识,成为学生学习中的难点。要让学生对平面有深刻理解,应该把三个公理与平面概念作为一个整体来看待,不能孤立起来各讲各的,把对三个公理的理解作为对平面概念本质理解的一个共同体,从而对平面达到高层次的认知水平。当然,这是一个逐渐发展的过程,不是通过一节课就立竿见影的,毕竟历史上数学家对平面的认知水平也是从低到高历经了 2 000多年才发展而成,当然在以数学史为指引的学习经历下,学生可以比较快地通过这些阶段。

3.2.3 平面概念的历史及其运用

(一) 历史上数学家关于平面概念的认识

历史上数学家对平面概念的认识经历了一个漫长的过程,其发展大致可以分为三个阶段:第一阶段主要基于对几何对象的具体原型进行直观描述定义,但由于描述模糊且缺少平面存在性的保证,故属于比较低的认知水平;第二阶段则企图以几个基本概念揭示平面的性质来给出平面的构造性定义,但构造性定义虽然解决了平面的存在性问题,消除了古希腊时期对平面存在性的疑问,却又产生了对此定义逻辑严格性的疑问,也不能完全令人满意;第三阶段是以公理化的体系全面总结平面的性质,得到了大家的公认,将定义与逻辑的问题最终解决,达到了最高的认知水平。由此可见,历史上对平面概念的认知也是从低到高逐渐发展起来的,期间也经历了许多认识上的缺陷,而后再慢慢完善的。

1. 直观描述性定义(古希腊时期)

公元前 5 世纪的古希腊哲学家巴门尼德(Parmenides)对平面做过刻画,他认为平面就是一个二维对象,是直的表面。到了公元前 3 世纪,欧几里得(Euclid)将平面定义为"与其上的直线一样平放着的面"。公元 1 世纪,古希腊数学家海伦(Heron)给出了平面的新定义:"平面是具有以下性质的面,它向四周无限延伸,平面上的直线都与之相合,且若一条直线上有两点与之相合,则整条直线在任意位置与之相合。"显然,古希腊时期的数学家都注意到了平面"直"的特征，然后用"直"去刻画平面。

2. 动态构造性定义（17 世纪—19 世纪初）

17 世纪的德国数学家莱布尼茨（G. W. Leibniz，1646—1710）对平面给出了一个定义："平面是具有下列性质的面，通过其上任意两点的直线完全包含在该面上。"实际上比较一下就发现这个定义与海伦的定义是完全等价的。法国数学家傅里叶（B. J. Fourier，1768—1830）也给出了平面的构造性定义："平面由经过直线上一点且与直线垂直的所有直线构成的"，但由于"垂直"这个概念先于平面给出，使人们有所怀疑。

在 19 世纪初，又有许多数学家对平面概念给出了自己的定义。比如德国数学家克雷尔（A. L. Crelle，1780—1855）这样定义："平面是包含所有通过空间中一个定点并与另一条直线垂直的直线的面。"高斯（C. F. Gauss，1777—1855）把平面定义为："过一个定点，且垂直于一条直线的所有直线构成的面。"波尔约（W. Bolyai，1775—1856）将平面定义为："一条直线绕着另一条与之垂直的直线旋转而成的面"。

上述数学家给出的平面概念都是从构造角度来定义的，可分成两大类：一类是像莱布尼兹那样利用对称来构造平面；另一类是像傅里叶那样利用互相垂直或平移或旋转来构造平面。

3. 公理化体系（19 世纪中期—20 世纪）

19 世纪中期之后，在前面数学家关于平面概念构造性定义的基础上，有学者给出了平面的包含式定义。如意大利数学家皮亚诺（G. Peano，1858—1932）对平面用不同寻常的方式来定义：给出三个不共线的三点，我们称之为平面 ABC，这一平面包含所有连接点 A 和直线 BC 上的点，点 B 和直线 AC 上的点，点 C 和直线 AB 上的点。希尔伯特（D. Hilbert，1862—1943）受到数学抽象化和公理化趋势的影响，对平面没有进行定义，而是把它作为一个原始的概念，就好像点和直线一样。于是公理就这般扮演了定义的角色，公理可决定原始概念之间的联系，概念的意义只有在公理中得到体现，这样任何衍生的概念都可由这些原始的概念得到。希尔伯特对平面概念进行公理化思想处理后，不仅被大部分数学家接受，同时也被数学教育界所接受，从而在教材中"平面"作为原始概念出现，不加定义。比如，纽科姆（Newcomb，1835—1909）在《几何学基础》中就不再定义平面，而是用"像静止的水面、光滑的地板"等描述性的语言来表示，然后直接给出三个公理。

（二）平面史料的运用

在高中数学一轮复习"平面及其基本性质"之前进行调查问卷，在分析学生对平面认识现状的基础上，从他们的认识出发，基于历史相似性原理进行重构式教学。结合平面概念的三个历史阶段，课堂教学中融入古希腊时期哲学家巴门尼德，古希腊数学家欧几里得、海伦，德国数学家克雷尔，法国数学家傅里叶，匈牙利数学家波尔约等对平面的定义，引导学生水到渠成地概述出平面的特征。之后基于希尔伯特的公理化体系，剖析三个公理及其推论，并在理解的基础上讨论点、线、面的位置关系，提高学生空间想象能力、逻辑推理能力和数学表达能力。

3.2.4 教学设计与实施

（一）教学分析

从课前的调查问卷答题情况分析,学生虽然已经学习了立体几何,但还有许多疑问:平面是如何从现实生活中逐渐抽象而来的? 为什么可以把平面画成三角形、平行四边形或者其他平面几何图形? 为什么可以将三个公理及其推论看成是平面的基本性质? 除了这些疑问,在实际学习中,由于三个公理及其推论的抽象性,学生需要一定的训练才能完全将这部分知识融入自己的认知结构中去。首先,要实现文字语言、符号语言和图形语言的顺利转换;其次,要能判断空间中的点、线、面的位置关系并能用简练的语言加以描述;再次,学生面对如何证明点共线、线共点或者点、线共面问题显得束手无策,似乎能想象其几何关系,但推理起来却说不清道不明。这表明学生对三个公理及其推论理解不到位,空间想象能力、逻辑推理能力和数学语言的表达能力比较欠缺。基于以上分析,为了充分发挥高三专题复习课的作用,笔者明确了本节课的教学目标和教学重难点。

教学目标

（1）巩固和理解平面的概念,会用文字语言、集合语言和图形语言表示平面,表示空间点、直线和平面的关系;

（2）经历运用平面的基本性质判断和推理空间点、线、面的一类位置关系的过程,促进平面的基本性质的理解;

（3）融入数学史,让学生逐步经历直观感知、动手操作、心理运算等过程逐步归纳出平面的基本性质并学习数学家的思维,提升学生的认知水平、推理论证能力和空间想象能力等。

教学重点 平面的基本性质——三个公理及其推论。

教学难点 运用平面的基本性质——三个公理及其推论推理论证共点、共线、共面问题。

（二）教学过程

1. 探寻发生过程,促进概念理解

师:数学上的平面和我们生活中的平面是有所不同的,它经过了数学抽象。如何抽象? 课前我们也做了问卷,关于什么是平面以及怎么描述平面的概念作了书面解答。同学们的描述用"丰富多彩"来形容都不为过(大家哈哈大笑)。能用合适的语言来描述什么是平面吗?

生:平面是平的,可以无限延展且无厚薄的几何图形。

师:描述得不错,但总会有种模糊的感觉,且不确定平面是否一定存在啊。怎么得到平面的平或者体现这个"平"?(大家就是这么默认的啊? 这一追究起来,教室一下子陷入了沉默,颇为虐心!)

师：问卷中倒是有同学说用一条线段将另外一条直线垂直撑起来,然后旋转一周,就能体现所得平面的"平"和"无限延展"。这个想法与高斯以及匈牙利数学家的波尔约不谋而合,在座的同学都是了不起的数学家啊！但说得再明白点,这其实是构造平面的一种方式,这个想法可贵之处是借助直线的旋转来构造平面。那么同学们可否尝试借助于直线的特征来描述平面的特征呢？

生：可以借助于我们熟悉的直线来类比叙述,直线是"直得不能再直,长得不能再长,细得不能再细"的几何图形。与此相应的,平面则是"平得不能再平,宽得不能再宽,薄得不能再薄"的几何图形。

师：这个类比和概括非常了不起！历史上也有许多数学家这样构造平面,但显然还是缺乏逻辑上的严密性。经过不断地研究,19 世纪德国数学家希尔伯特认为平面和集合一样是一个最原始的概念就是一个基本的元素,无法给出定义,却可以用三个基本性质来刻画它,同时又给出了三个公理及其三个推论来描述,实现了人类对平面比较全面而科学的认识。

师：请同学们回忆并叙述平面基本性质的三个公理。

【**设计意图**】从学生的日常生活和切身感受出发,结合他们的学习经验,感受平面的概念,探寻和体验平面概念来之不易的发展过程,体会数学家们笃学践行,科学求真的务实精神。

2. 引导学生讨论,活跃课堂气氛

师：德国数学家希尔伯特在其《几何基础》中将平面作为不加定义的概念,用这三个公理来描述平面的基本性质。请同学们讨论一下,这三个公理怎么用集合语言和图形语言表达？其推理模式是什么？有什么作用？

生：公理 1。

➢ 用集合语言描述：$\begin{cases} A、B \in l, \\ A \in \alpha, \\ B \in \alpha \end{cases} \Rightarrow l \subset \alpha$。

➢ 用图像刻画：见图 3-9。

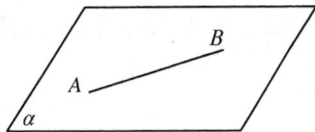

图 3-9

➢ 可以用来判断直线和平面,点与平面的位置关系：

① 判定直线在平面上,推理模式是：$\begin{cases} A \in \alpha, \\ B \in \alpha \end{cases} \Rightarrow AB \subset \alpha$。

② 判定点在平面上,推理模式是：$\begin{cases} l \subset \alpha, \\ A \in l \end{cases} \Rightarrow A \in \alpha$。

生：公理 3。

师：很好！跟前面叙述公理 3 的同学相比,你强调了这条交线要"经过该公共点",说明两个平面所有的公共点都在这条交线上,无一例外。

生：

➢ 用集合语言描述：若 $A \in \alpha$,$A \in \beta$,则存在唯一的一条直线 l 满足 $\alpha \cap \beta = l$ 且

$A \in l$。

➤ 用图像刻画：见图 3 - 10。

➤ 可以用来确定两个相交平面的交线位置，判定点与平面的位置关系：

① 确定两相交平面的交线位置，推理模式是：$\begin{cases} A \in \alpha, \beta, \\ B \in \alpha, \beta \end{cases} \Rightarrow$

$\alpha \bigcap \beta =$ 直线 AB，且 $A \in l$，l 唯一。

② 判定点在直线上，推理模式是：$\begin{cases} \alpha \bigcap \beta = l, \\ l_1 \bigcap \alpha = A, \Rightarrow A \in l。 \\ l_1 \subset \beta \end{cases}$

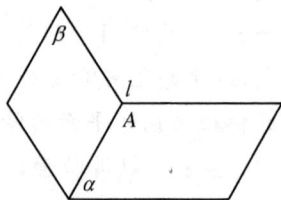

图 3 - 10

生：公理 2。

➤ 用集合语言描述：$\begin{cases} A、B、C \text{ 不共线}, \\ A、B、C \in \alpha, \\ A、B、C \in \beta \end{cases} \Rightarrow \alpha \text{ 与 } \beta \text{ 重合}。$

➤ 用图像刻画：见图 3 - 11。

➤ 可以用来：① 确定平面；② 证明两个平面重合；③ 判定点共面和直线共面。

师：公理 2 可以用来确定平面，除此以外我们还可以得到它的 3 个推论，大家能叙述出来吗？

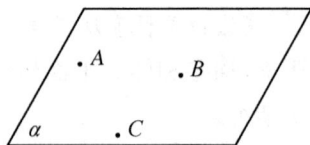

图 3 - 11

师：在公理 1 和公理 2 的基础上，很容易得出这三个推论。为了更透彻理解平面的基本性质并能探讨空间中的位置关系，请同学们展开想象的翅膀，积极讨论以下问题。

问题 1 两个平面相交可以把空间分成 4 个部分，有如图 3 - 12 所示的几种画法。那么三个平面相交，可以把空间分成几个部分？

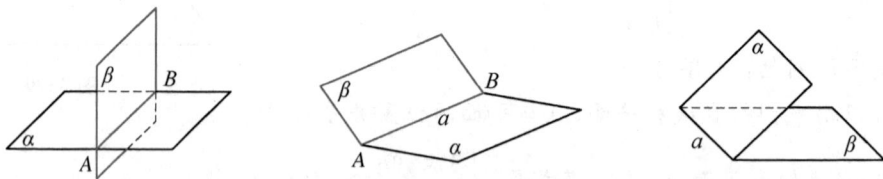

图 3 - 12

生：根据三个平面的位置关系，可分三种情况讨论：

① 三个平面互相平行，可把空间分成四个部分；

② 三个平面分别相交于同一条直线，则把空间分成六个部分；

③ 三个平面两两相交于不同的直线，又根据三条交线的位置关系，分成两种情况讨论，

当三条交线互相平行时，三个平面把空间分成 7 个部分；

当三条交线相交于同一个点时，把空间分成 8 个部分。

师：非常好！能否将这 4 种情况的空间图形画出来？请大家课后用尺和铅笔认真完成画图，再一起交流分享成果。

问题 2　将下列符号语言转化为图形语言：① $A \in \alpha$，$B \in \beta$，$A \in l$，$B \in l$；② $a \subset \alpha$，$b \subset \beta$，$a \,/\!/\, c$，$b \cap c = P$，$\alpha \cap \beta = c$。

师：学习立体几何必须能顺畅地进行文字语言、符号语言和图形语言之间的翻译与转换，还要有好的空间想象能力。看到题目条件时，我们往往要先考虑平面，再考虑点和直线，即"先大后小"。

生：① 见图 3-13，有两种情况：α 与 β 平行和 α 与 β 相交。

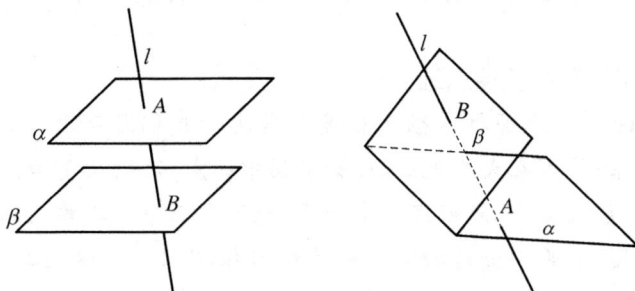

图 3-13

生：② 见图 3-14。

师：这两位同学画得比较好的地方是平面用平行四边形来刻画，通过调节边的方向来表达平面不同的延展方向，但也有不足的地方，如直线延伸到平行四边形外面了，实线与虚线没有很好的注意，有些小问题，就是被平面挡住的部分应该不画或者画虚线。

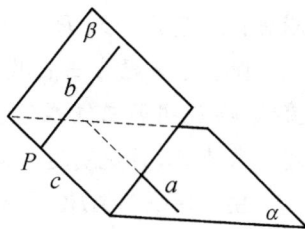

图 3-14

问题 3　若 $\alpha \cap \beta = l$，A，$B \in \alpha$，$C \in \beta$，试画出平面 ABC 与平面 α、β 的交线。

师：平面 ABC 与平面 α 的交线即为直线 AB，非常容易，因此这道题的关键就是画出平面 ABC 与平面 β 的交线，怎么画？

生：平面 ABC 与平面 β 的相交情况取决于直线 AB 与平面 α、β 的交线 l 的位置关系，如图 3-15 所示。

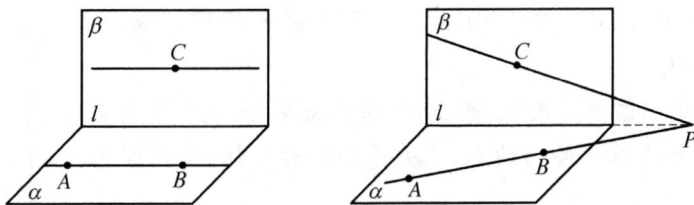

图 3-15

（1）当 $AB \parallel l$ 时，平面 ABC 与平面 β 的交线即为过点 C 且与直线 l 平行的直线。

（2）当 $AB \cap l = P$ 时，平面 ABC 与平面 β 的交线即为直线 CP。

【设计意图】引导学生用三种语言——文字语言、符号语言、图形语言叙述出希尔伯特公理和体系下的平面基本性质的三个公理和推论，会用集合语言表达空间中的点、线、面的位置关系。由于平面可以无限延展，线可以无限延伸，故在作图时先画面，再画线和点更为妥当。为活跃课堂气氛，提高学生课堂参与度，引导学生大胆思考问题 1、2、3 并积极讨论，展开空间想象的翅膀。为了让学生切身感受到三个公理的重要作用，并让学生更好地理解三个公理和推论，因此设计具体的问题 2 和 3，一是鼓励学生用形象的思维思考三维空间中的点、线、面位置关系，二是实现三种语言的互相翻译。

3. 经历数学证明，发展理性思维

师：立体几何的基础能否打牢很大程度上取决于我们是否善于运用三个公理分析点、线、面的位置关系；能否在大中见小，比如平面中的点与线；又是否能以小见大、以少见多，比如两点确定一条直线、三点确定一个平面；能否在三维与二维之间顺利切换，尤其是能否"降维"分析问题，能否用洗练的集合语言进行推理叙述。这些都需要良好的思考习惯和表达习惯作基础，请同学们带着这样的想法分析以下问题。

问题 4 如图 3-16 所示，$\triangle ABC$ 在平面 α 外，它的三条边所在的直线 AB、BC、CA 分别交平面 α 于 P、Q、R 点。求证：三点 P、Q、R 共线。

师：怎么思考三点共线问题呢？是先说明两点确定一条直线，再说明第三点在这条直线上？还是先通过其他条件确定一条直线，再说明这三点都在这条直线上呢？

生：设平面 $ABC \cap \alpha = l$，由于 $P \in AB \cap \alpha$，即 $P \in$ 平面 $ABC \cap \alpha = l$，即点 P 在直线 l 上。

同理可证，点 Q、R 在直线 l 上。

所以 P、Q、R 三点共线，共线于直线 l。

师：这道题的落脚点在于证明三点共线，分析条件和思考问题时要先有大局：即先有面面交线，再到线面交点，最后才是三点共线，这种逻辑推理模式大家要用心揣摩。我们不妨在一个具体的多面体中再练习一下。

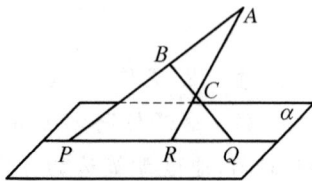

图 3-16

问题 5 如图 3-17 所示，在正方体 $ABCD-A_1B_1C_1D_1$ 中，对角线 A_1C 与平面 BDC_1 交于 O，AC 与 BD 交于点 M。求证：点 C_1、O、M 共线。

师：这是在正方体中讨论点、线、面的位置关系，关键在于要在三维的空间关系和二维平面内的点、线关系之间自如切换，同学们认真体会一下。

生：$A_1A \parallel CC_1 \Rightarrow$ 确定平面 A_1C。

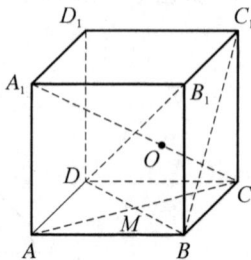

图 3-17

$AB \bigcap CD = M \Rightarrow$ 面 $BC_1D \bigcap$ 面 $A_1C = MC_1$,
直线 $A_1C \bigcap$ 面 $BC_1D = O$ $\Bigg\} \Rightarrow O$ 在面 A_1C 与平面 BC_1D 的交

线 C_1M 上,即 $OEGM$。

所以 C_1、O、M 共线。

变式：如图 3-18 所示,在正方体 $ABCD - A_1B_1C_1D_1$ 中,E
为 AB 中点,F 为 AA_1 中点,求证：

(1) E、C、D_1、F 四点共面；

(2) CE、D_1F、DA 三线共点。

生：(1) 连接 A_1B,则 $EF \parallel A_1B$,$A_1B \parallel D_1C$,得 $EF \parallel$
D_1C,故 E、F、D_1、C 四点共面。

(2) 面 $D_1A \bigcap$ 面 $CA = DA$,因为 $EF \parallel D_1C$,且 $EF =$

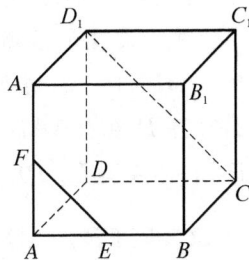
图 3-18

$\frac{1}{2}D_1C$,所以 D_1F 与 CE 相交。

又 $D_1F \subset$ 面 D_1A,$CE \subset$ 面 AC,则 D_1F 与 CE 的交点必在 DA 上。

故 CE、D_1F、DA 三线共点。

【设计意图】在希尔伯特的几何公理体系下,应用三个公理及其推论证明多点共线
(面)、多线共面或多线共点问题,更多需要学生进行理性的"演绎推理",学生历经了这样
一个看似困难的"数学证明"后,能增强演绎推理的意识,学会数学证明的方法,养成会"说
理"的良好习惯,发展理性思维。

4. 锻炼逻辑思维,铸就理性精神

师：经过前面的画图练习,同学们充分锻炼了空间想象能力,实现了自然语言、几何
语言与图形语言的转换,为促进逻辑思维能力的提升,请同学们分析以下问题。

问题 6 如图 3-19 所示,在棱长为 4 的正方体
$ABCD - A_1B_1C_1D_1$ 中,M、N 分别是 A_1B_1、CC_1 的
中点,设过 D、M、N 三点的平面与 B_1C_1 交于点 P,
求 $PM + PN$ 的值。

生：如图 3-19,延长 DN、D_1C_1 交于 E,连接
ME 交 B_1C_1 于 P。因为 N 为 CC_1 的中点,所以 $EC_1 =$
CD。又 M 为 A_1B_1 的中点,所以 $EC_1 = 2MB_1$,得

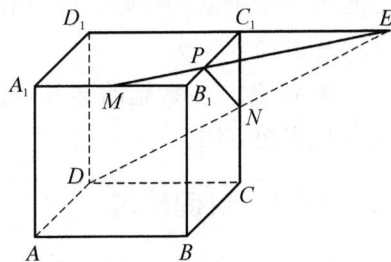
图 3-19

$C_1P : B_1P = 2 : 1$,所以 $C_1P = \frac{8}{3}$,$B_1P = \frac{4}{3}$。于是

$$PM + PN = \sqrt{MB_1^2 + PB_1^2} + \sqrt{PC_1^2 + C_1N^2} = \sqrt{2^2 + \left(\frac{4}{3}\right)^2} + \sqrt{\left(\frac{8}{3}\right)^2 + 2^2} =$$

$\frac{10 + 2\sqrt{13}}{3}$。

问题 7 如图 3-20 所示,在棱长为 10 的正方体 $ABCD - A_1B_1C_1D_1$ 中,P 为左侧

面 ADD_1A_1 上一点,已知点 P 到 A_1D_1 的距离为 3,P 到 AA_1 的距离为 2,则过点 P 且与 A_1C 平行的直线相交的面是( )。

A. 面 AA_1B_1B B. 面 BB_1C_1C

C. 面 CC_1D_1D D. 面 $ABCD$

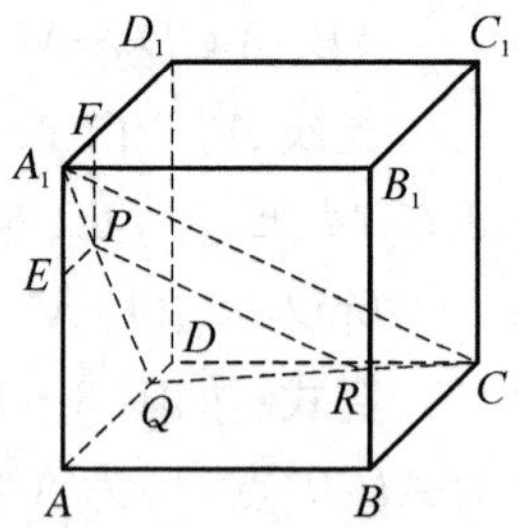

师：正方体中找到与之相交的表面的关键点是什么?

生：关键是根据公理 3,找到平面 A_1PC 与正方体表面的交线。如图 3 - 20,由点 P 到 A_1D_1 的距离为 3,P 到 AA_1 的距离为 2,可得 P 在 $\triangle AA_1D$ 内。过 P 作 $PE \parallel A_1D_1$,$PF \parallel A_1A$,且 $PE \cap AA_1 = E$,$PF \cap A_1D_1 = F$。在平面 ADD_1A_1 中,连接 A_1P 并延长交 AD 于 Q,连接 CQ,故 $EP \parallel AQ$,则 $\dfrac{EP}{AQ} = \dfrac{A_1E}{A_1A} = \dfrac{3}{10} = \dfrac{2}{AQ} \Rightarrow AQ = \dfrac{20}{3} < 10$。 故点 Q 在线段 AD 上,则线段 QC 在四边形 $ABCD$ 内。过 P 作 $PR \parallel A_1C$ 交 QC 于 R,显然点 R 在四边形 $ABCD$ 内,即过点 P 且与 A_1C 平行的直线相交的面是 $ABCD$。故答案为 A。

图 3 - 20

【设计意图】以熟悉的正方体为载体,以经验直观为基础,以三大公理为依据,锻炼学生在空间中运用平面的基本性质解决实际问题的能力,促进学生空间想象能力与逻辑思维能力的提升。

3.2.5 教学反思

首先,在数学文化方面,教师引导学生再次体会平面概念经历的漫长发展历程,我们对于平面的认识与历史上数学家是相似的,同学们"鉴于往事,有利于学习",哪怕从一个最朴实的数学概念,都应该充分体会并吸收前人思考与研究的智慧。

其次,与同学们一起总结空间中平面的概念、表示和基本性质,尤其是三个公理及其推论的应用价值;梳理点、线、面的位置关系,并强调自然语言、集合语言与图形语言之间的互相翻译与转换。

最后,通过本课题的学习,我们要认识到平面的抽象性,同时体会从直线到平面研究的类比思想方法。

3.2.6 巩固练习

1. 下面说法中,正确的是_____。(写出所有满足要求的说法序号)

① 空间中,相交于同一点的三条直线在同一平面内;

② 四边形的两条对角线必交于一点;

③ 用平行四边形表示的平面,以平行四边形的四条边作为平面的边界线;

④ 梯形是平面图形;

⑤ 如果两个平面有三个公共点,那么这两个平面重合;

⑥ 两两相交的三条直线确定一个平面。

【解析】空间中,相交于同一点的三条直线可以不在同一平面内,故①错误;

空间四边形的两条对角线不一定相交,故②错误;

平面是无限延展的,故③错误;

梯形是平面图形,故④正确;

如果两个平面有三个不共线的公共点,那么这两个平面重合,故⑤错误;

三条直线两两相交于同一点,但不能确定一个平面,故⑥错误。

所以,正确的说法是④。

2. 能否用一个平面去截一个正方体,使得截面为五边形? 进一步,截面能否为正五边形呢?

【解析】如图 3-21 所示,我们可以用一个平面截一个正方体 $ABCD$-$A_1B_1C_1D_1$,使得截面为一个凸五边形。点 I 是 B_1B 延长线上一点,使得 $IB = \frac{1}{2}BB_1$,E 为 A_1D_1 的中点,F 为 AA_1 上的点,使得 $\frac{AF}{A_1F} = \frac{1}{3}$。则截面 C_1EFGH 为过直线 EF 与 C_1I(这里 $EF /\!/ C_1I$)的平面与正方体 $ABCD$-$A_1B_1C_1D_1$ 相截所得的凸五边形截面。

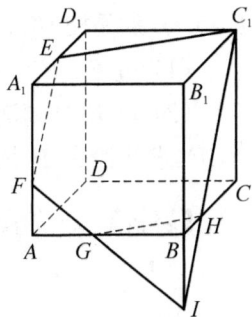

图 3-21

用一个平面去截一个正方体所得截面不能是一个正五边形。

3. 在棱长为 2 的正方体 $ABCD$-$A_1B_1C_1D_1$ 中,E 是棱 CC_1 的中点,则过三点 A、D_1、E 的截面面积等于_____。

【解析】取 BC 的中点 F,连接 EF,AF,则 $EF /\!/ AD_1$,所以平面 AD_1EF 为所求截面。因为 $EF = \sqrt{2}$,$AD_1 = 2\sqrt{2}$,$AF = \sqrt{2^2+1^2} = \sqrt{5}$,所以梯形的高为 $\sqrt{(\sqrt{5})^2 - \left(\frac{\sqrt{2}}{2}\right)^2} = \frac{3\sqrt{2}}{2}$,则过三点 A、D_1、E 的截面面积为 $\frac{2\sqrt{2}+\sqrt{2}}{2} \times \frac{3\sqrt{2}}{2} = \frac{9}{2}$。

4. 如图 3-22 所示,在四面体 A-BCD 中,$AD = BC = 2$,$AD \perp BC$,截面四边形 $EFGH$ 满足 $EF /\!/ BC$;$FG /\!/ AD$,则下列结论中正确的为_____。(写出所有满足要求的结论序号)

① 四边形 $EFGH$ 的周长为定值;

② 四边形 $EFGH$ 的面积为定值;

③ 四边形 $EFGH$ 为矩形;

④ 四边形 $EFGH$ 的面积有最大值 1。

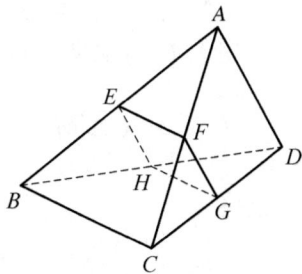

图 3-22

【解析】因为 $EF /\!/ BC$,$EF \not\subset$ 平面 BCD,所以 $EF /\!/$ 平面 BCD。又平面 $EFGH \cap$ 平面 $BDC = GH$,所以 $EF /\!/ GH$。同理,$FG /\!/ EH$,所以四边形 $EFGH$ 为平行四边形。又 $AD \perp BC$,所以四边形 $EFGH$ 为矩形。故③是正确的。

由相似三角形的性质得 $\frac{EF}{BC} = \frac{AF}{AC}$,$\frac{FC}{AC} = \frac{FG}{AD}$,所以 $\frac{EF}{BC} + \frac{FG}{AD} = \frac{AF}{AC} + \frac{FC}{AC}$,$BC = AD = $

2。故 $EF + FG = 2$,

则四边形 $EFGH$ 的周长为定值 4。故①是正确的。

$S_{EFGH} = EF \times FG \leqslant \left(\dfrac{EF \times FG}{2}\right)^2 = 1$,所以四边形 $EFGH$

的面积有最大值 1。故④是正确的。

故答案为①③④。

5. 如图 3-23,在棱长为 2 的正方体 $ABCD - A'B'C'D'$ 中,点 E、F 分别是棱 BC、CC' 的中点。

(1) 过 E、F、D' 三点作正方体的截面,求截面的面积;

(2) 点 P 是侧面 $BCC'B'$ 内(不含边界)一点,若 $A'P \parallel$ 平面 AEF,求线段 $A'P$ 长度的最小值。

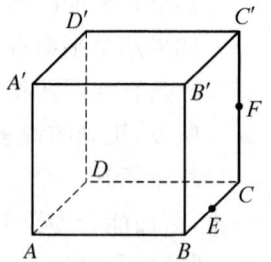
图 3-23

【解析】(1) 如图 3-24 所示,等腰梯形 $AEFD_1$ 为所求截面,$S_{AEFD_1} = \dfrac{9}{2}$。

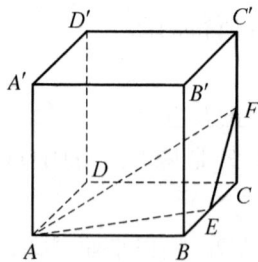
图 3-24

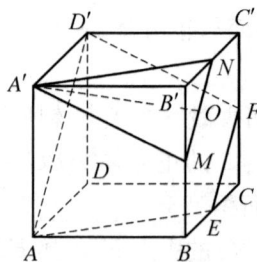
图 3-25

(2) 如图 3-25,分别取棱 BB'、$B'C'$ 的中点 M、N,得平面 $A'MN \parallel$ 平面 AEF。

因为 P 是侧面 $BCC'B'$ 内一点,且 $A'P \parallel$ 平面 AEF,所以点 P 必在线段 MN 上。$\triangle A'MN$ 为等腰三角形。

当点 P 为 MN 中点 O 时,$A'P \perp MN$,此时 $A'P$ 最短。

又 $A'O = \sqrt{A'M^2 - OM^2} = \sqrt{(\sqrt{5})^2 - \left(\dfrac{\sqrt{2}}{2}\right)^2} = \dfrac{3\sqrt{2}}{2}$,所以线段 $A'P$ 长度的最小值

为 $\dfrac{3\sqrt{2}}{2}$。

附录 2 "平面及其基本性质"课前学习单

1. 什么是平面? 有严格的定义吗? 平面有哪些基本性质?

2. 平面内,一条直线把平面分成两个部分,那么在空间中,两个平面可以将空间分成几个部分? 三个平面呢?

3. 将下列符号语言转化为图形语言:① $A \in \alpha$, $B \in \beta$, $A \in l$, $B \in l$; ② $a \subset \alpha$, $b \subset \beta$, $a // c$, $b \bigcap c = P$, $\alpha \bigcap \beta = c$。

4. 若 $\alpha \bigcap \beta = l$, A, $B \in \alpha$, $C \in \beta$,试画出平面 ABC 与平面 α, β 的交线。

5. 在棱长为 10 的正方体 $ABCD - A_1B_1C_1D_1$ 中,P 为左侧面 ADD_1A_1 上一点,已知点 P 到 A_1D_1 的距离为 3,P 到 AA_1 的距离为 2,则过点 P 且与 A_1C 平行的直线相交的面是(　　)。

A. 面 AA_1B_1B　　　B. 面 BB_1C_1C　　　C. 面 CC_1D_1D　　　D. 面 $ABCD$

3.3 数 列 的 极 限

数列极限是微积分重要的理论基础,既为后续学习高等数学奠定了基础,又在问题分析和研究中渗透了极限思想。"数列的极限"在沪教版二期课改教材中是第 7 章第 7 节的内容,沪教 2020 版教材选择性必修第 4 章第 2 节有"无穷等比数列前 n 项和的极限",学度理解数列极限的概念利于学生用极限思想分析问题,有利于后续函数导数的学习。本次专题复习课的教学设计参考了沪教新旧两版教材,教学采用问题驱动、课堂留白以及师生互动的方式方法。

3.3.1 课题缘起

极限的概念是人类数学发展史上非常重要的概念之一,是常量数学与变量数学的重要转折点和分水岭,数列极限因为其本身高度的抽象性而成为学生最难理解、教师最难把握的概念之一。《数列的极限》在沪教版二期课改教材中是第 7 章第 7 节的内容,沪教版 2020 版教材选择性必修第 4 章第 2 节有无穷等比数列前 n 项和的极限,新版教材没有把数列极限及其运算单独列为学习内容,一定有编者的理论依据和实际考量。但作为站在以学生长远发展为教学主旨的一线教师,数列极限的概念不应该完全回避或者一笔带过。为了学生后续学习中能理解数列极限的符号化概念,为了有利于培养学生的极限思想并能分析解决问题,更为了利于学生学习函数导数以及整个微积分知识,即便在课时紧张的情况下依然有必要精心设计教学,科学有效地引导和帮助学生理解数列极限的概念。

3.3.2 课题定位

(1)教学设计中参考了沪教版二期课改教材和 2020 新版教材,聚焦对数列极限概念中"无限趋近"的理解,考虑到高中阶段学习所受限的各个因素,不涉及数列极限的抽象符号化概念和数列极限的运算法则。

(2)课堂的一条线索是数列极限概念的生成、理解和应用,另一条线索则是数学史的融入,从人类数学发展面临的第二次危机到数列极限概念的形成,让学生在重构式的课堂设计中了解极限概念发展中"因何、若何、为何"的几个阶段,丰富学生的认知和提升数学情怀。

(3)情境引入和学习极限概念后的问题解决相呼应,加深学生对概念的理解,并能学以致用。

3.3.3 数列极限的史料及其运用

(一)数列极限的发展史

1. 极限的萌芽期(公元前 300 多年—17 世纪)

这一时期,古希腊开始陆续出现了一些极限思想的应用,代表人物有柏拉图的学生欧多克索斯(Eudoxus，公元前 400 年—公元前 347 年)，他提出了"设给定两个不相等的量，如果从其中较大的量减去比它的一半大的量，再从所余的量减去比这余量的一半大的量，继续重复这一过程，必有某个余量将小于给定的较小的量。"我们称之为"穷竭法"。之后，古希腊人还利用这种"穷竭法"来证明关于曲线图形的面积和体积的一些定理。特别是，阿基米德(公元前 287 年—公元前 212 年)把那个最早的令人满意的证明即"圆锥体的体积是同底同高的圆柱体体积的三分之一"归到了欧多克索斯的名下。

在我国，魏晋时期的刘徽是第一位用极限思想来考虑问题的科学家。他先用圆内接正六边形来近似代替圆的面积，然后将每条边一分为二，用圆内接正十二边形来近似代替圆的面积，如此继续下去，即"割之弥细，失之弥少，割之又割，以至于不可割，则与圆合体而无所失矣"，我们称之为"割圆术"。刘徽的"割圆术"把 π 的值精确到了小数点后 3 位。把割圆术推向极致的是我国南北朝时期的数学家祖冲之，他把 π 的值精确到了小数点后 7 位。

在此后一千多年的漫长岁月里，人们的极限观基本停留在这样一个朴素而直观的层次。

2. 神秘的极限观时期(17 世纪—18 世纪)

这一时期人类数学史上发生了一件重大的事情，牛顿(1643 年—1727 年)和莱布尼茨(1646 年—1716 年)分别独立地创立了微积分学，在他们建立微积分的过程中都用到了极限的思想。例如，设自由下落的物体在时间 t 下落的距离为 $s(t)$，则有公式 $s(t) = \frac{1}{2}gt^2$，其中 g 是固定的重力加速度，我们要求物体在 t_0 时的瞬时速度，应先求 $\frac{\Delta s}{\Delta t}$。因为 $\Delta s = s(t_1) - s(t_0) = \frac{1}{2}gt_1^2 - \frac{1}{2}gt_0^2 = \frac{1}{2}g[(t_0 + \Delta t)^2 - t_0^2] = \frac{1}{2}g[2t_0\Delta t + (\Delta t)^2]$，所以

$$\frac{\Delta s}{\Delta t} = gt_0 + \frac{1}{2}g \cdot \Delta t。 \qquad (*)$$

当 Δt 变成无穷小时，右端的 $\frac{1}{2}g \cdot \Delta t$ 也变成无穷小，因而($*$)式的右端就可以近似地认为是 gt_0，这就是物体在 t_0 时的瞬时速度，它是两个无穷小之比。牛顿的这一方法很好用，解决了大量过去无法解决的科技问题。但是因为逻辑上不严格，所以遭到了责难。

英国的贝克莱大主教发表文章猛烈攻击牛顿的理论，问道："无穷小"作为一个量，究竟是不是 0? 这是著名的"贝克莱悖论"，致使人类陷入了第二次数学危机。对牛顿微积分的这一责难并不是由数学家提出的，但贝克莱的质问是击中要害的。数学家在将近200 年的时间里，不能彻底反驳贝克莱的责难。但由于微积分在解决实际问题中的强大能力，使得在此后近一个世纪的时间里许多科学家都致力于解释到底什么是极限，直至柯西创立极限理论，才反驳了贝克莱的责难。

（二）数列极限史料的运用

本节课依据历史相似性原理设计课堂情境引入，课堂中又采用多种方式融入数学史。首先，整体设计上采用重构式，即借鉴人类第二次数学危机的历史，追溯极限的思想起源，呈现知识自然发生过程，激发学生的学习动机，促进学生对极限概念本质的理解和应用。其次，在教学过程中附加式地融入古诗词的意境、熟悉的圆面积问题即"割圆术"、新颖的"黄金生长草"等情境引发学生直观想象，并融入牛顿和莱布尼兹发明微积分的曲折经历、贝克莱悖论等故事，引用恩格斯的名言；再次，以芝诺悖论的症结所在激发学生理性思考，顺应式地在应用概念阶段回到"黄金生长草"的长度与高度问题的解决等。

3.3.4 教学设计与实施

（一）教学分析

1. 教学内容分析

运用多个情境，充分搭建"脚手架"，引导学生领悟和概括数列极限概念。从生活感知唤起想象、分析问题启迪思维开始，到通过直观和多角度的分析，主动构建极限的概念，既注重数列的本体知识，又渗透极限的思想。教学中充分关注学生思维参与和感悟，课堂上适度留白，为学生创造更多的机会准确理解极限的概念，促进学生理解极限的本质，同时避免陷入抽象的分析术语中，充分发挥高三概念复习课的作用，为学生创设一种研究探讨的氛围。整节课的教学实施以探究问题为驱动，引导学生观察、分析和大胆猜想，学生能充分体验从有限到无限的思想方法，并尽可能激发学生提出问题和解决问题的勇气，培养学生发现问题、分析问题，进而解决问题的能力等。

2. 学情分析

本节课授课对象为已经复习了集合、不等式、函数、等差数列、等比数列的高三学生。从课前的前测卷答题情况分析，尽管他们已经在高二学习了无穷等比数列的各项和等知识，但知识遗忘率很高，而且对数列极限诞生与发展的历史了解不多，对数列极限的概念一知半解。多年教学实践表明，数列极限的概念一直以来是学生理解的难点，中学生初次接触数学分析的方法，从有限到无限，思想上很难转变。基于教学要求和学生认知水平，这节课不研究数列极限的算术定义以及运算性质。

基于以上分析，明确本节课的教学目标和教学重难点。

教学目标

（1）经历观察、分析和抽象的学习过程，形成数列极限的概念，理解"无限趋近"的意义；

（2）掌握一些简单数列的极限和无穷等比数列的极限，并能解决简单的问题；

（3）渗透数学史与数学文化，激发学生学习动机与兴趣，体验从有限到无限的思维跨越，体会极限思想。

教学重点 数列极限的概念与无穷等比数列各项和。

教学难点 对数列极限概念的理解。

（二）教学过程

1. 情境导入，感受数列极限之源

（1）体验生活、唤起想象。

师： 自古以来，"无穷""无尽"总是以神秘而迷人的魅力激动着人们的心灵，比如"无边落木萧萧下，不尽长江滚滚来"，生活中是否有类似的情境？这样意境美好的诗句？

生： 广袤无垠的海平面、浩瀚无边的宇宙，还有"接天莲叶无穷碧"的夏日美景。

师： 用数学的眼光看这些现象，我们不仅要欣赏它们的美，更需要理性地看待。数学家们是如何用这种无穷的思想方法研究生活中的实际问题呢？

（2）了解历史、激发兴趣。

师： 同学们课前了解过《微积分》的知识，了解了古希腊数学家阿基米德用"穷竭法"度量曲边形的面积。其实关于面积的测量方法，我国数学也早有探索，早在公元三世纪，我国著名数学家刘徽就提出了测量圆面积的方法。

情境 1： 刘徽《九章算术》"割圆术"

在圆内画内接多边形，如图 3-26 所示，观察发现当圆内接多边形的边数 n 变大时，多边形与圆越来越接近，"割之弥细，所失弥少，割之又割，以至于不可割，则与圆合体，而无所失矣。"

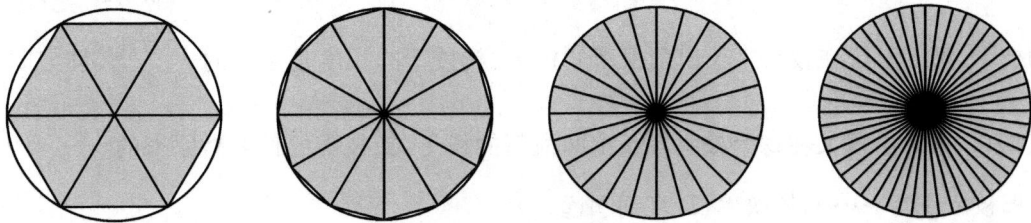

图 3-26 割圆术

师： 虽然无穷给人们带来了新的体验，解决了一些问题，但人类同时也经历着无穷所带来的恐惧，比如"芝诺悖论"，其症结究竟何在呢？与此同时，研究常量的初等数学已经不能满足力学、天文学等科学迅猛发展的需要了，此时迫切需要数学突破传统寻求能够描述和解决变速运动的新工具——变量数学。尽管牛顿与莱布尼茨先后发明的微积分学取得了惊人的成果，但带给人类便利的同时，也因其缺乏严密的逻辑基础而备受责难。比如：若自由下落的物体在时间 t 下落的距离为 $s(t)$，则有公式 $s(t) = \dfrac{1}{2}gt^2$，其中 g 是重力加速度。我们要求物体在 t_0 时的瞬时速度，应先求 $\dfrac{\Delta s}{\Delta t}$。

师： 同学们看看下面的这个（＊）式有何问题？

因为 $\Delta s = s(t_1) - s(t_0) = \dfrac{1}{2}gt_1^2 - \dfrac{1}{2}gt_0^2 = \dfrac{1}{2}g\left[(t_0 + \Delta t)^2 - t_0^2\right] = \dfrac{1}{2}g\left[2t_0\Delta t + (\Delta t)^2\right]$，所以

$$\frac{\Delta s}{\Delta t} = gt_0 + \frac{1}{2}g \cdot \Delta t 。 \qquad\qquad (*)$$

生：当 $\Delta t = 0$ 时，右端的 $\frac{1}{2}g \cdot \Delta t$ 为 0，右边就是物体在 t_0 时的瞬时速度 gt_0。可是，左端当 Δt 为 0 是没有意义的，于是矛盾了。

师：这正是当初英国大主教贝克莱对微积分学的责难所在，致使人类陷入了第二次数学危机。于是彻底弄清无穷小乃至极限概念的实质，成为维护人类智力尊严的需要，这也正是数列极限诞生的意义所在。

【设计意图】 基于历史发生教学法的原理，以历史上的第二次数学危机为一条明线贯穿整个教学过程。课前阅读有关史料了解极限概念以及极限思想的渊源，引入阶段"联想留白"，让学生充分感知与体验，结合实际生活经验联想无穷现象，通过古诗词中"无穷"的意境体验无穷思想，通过割圆术唤醒之前学习的记忆进而重新产生从极限的角度重新思考，通过芝诺悖论和贝克莱悖论激起学生学习极限的动机，激发学生学习极限概念的兴趣。

（3）分析实例、启迪思维。

情境 2：黄金数学草的生长

图 3 - 27 所示是某神奇"黄金数学草"的生长图。第 1 阶段生长为竖直向上长为 1 米的枝干，第 2 阶段在枝头生长出两根新的枝干，新枝干的长度是原来的 $\frac{\sqrt{5}-1}{2}$，且与旧枝成 120°，第 3 阶段又在每个枝头各长出两根新的枝干，新枝干的长度是原来的 $\frac{\sqrt{5}-1}{2}$，且与旧枝成 120°，……，依次生长，直到永远。

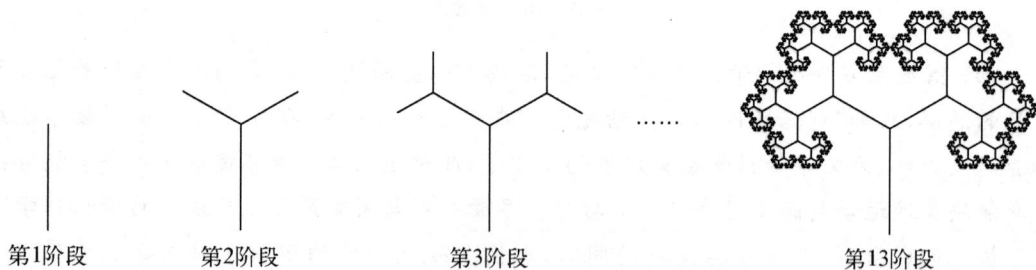

第1阶段　　　　第2阶段　　　　　第3阶段　　　　　　　　　第13阶段

图 3 - 27　黄金数学草的生长图

师：观察分析图 3 - 27 中黄金数学草的生长阶段，黄金数学草的枝干能无限长吗？它最终能长到无穷高吗？我们带着这样的疑问学习今天的知识内容。

2. 概念形成，理解数列极限之本质

情境 3：《庄子·天下篇》记载："一尺之棰，日取其半，万世不竭。"

问题 1　将每次截取"棰"的总长度依次列出，得到一个什么样的数列？用计算器计算该数列各项的值，有什么变化规律？

生：依次列出截去的"棰"的总长度为：$\frac{1}{2}$，$\frac{3}{4}$，$\frac{7}{8}$，…，$1-\frac{1}{2^n}$，…，用计算器列表计算发现，当 n 不断增大时 a_n 的值逐渐增大，但总比 1 小，发现 $a_{34}=0.999\,99$ 且当 $n \geqslant 35$，$a_n=1$。

师：计算器显示当 $n \geqslant 35$，$a_n=1$ 是该项的精确值吗？如何直观呈现其变化规律并分析其变化的趋势？（小组讨论后交流）

生：因为计算器的有效数位只有 10 位，因此就近似取 1 了，如果将点 (n, a_n) 画在坐标平面上，通过图像来观察 a_n 的变化趋势，这些点始终在直线 $y=1$ 的下方并且越来越靠近直线 $y=1$，但永远碰不到。可以借助图 3-28 呈现。

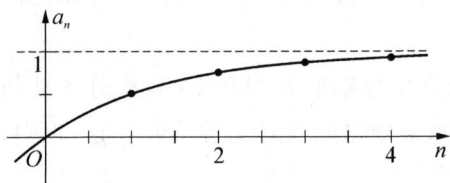

图 3-28 点 $\left(n, 1-\dfrac{1}{2^n}\right)$ 位置的变化趋势   图 3-29 $1-\dfrac{1}{2^n}$ 取值的变化趋势

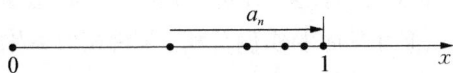

生：如图 3-29，通过数轴也可以分析出 $1-\frac{1}{2^n}$ 的值在常值 1 的左侧，且越来越接近 1。

问题 2 随着 n 的无限增大，$1-\frac{1}{2^n}$ 的值也越来越接近 1.001，与它越来越接近 1 有区别吗？（小组讨论后交流）

生：应该不一样，从数轴上看，$1-\frac{1}{2^n}$ 与 1.001 是越来越近但总存在一点差距。

生：我认为 $1-\frac{1}{2^n}$ 的值与 1 是最接近的，而与 1.001 就不是最接近。比如当 n 取 100 时，$1-\frac{1}{2^n}$ 与 1 的差距已经很小了，但还可以找到无数个 n，使得其值与 1 的差距更小。

师：究竟该怎么更贴切地形容这种越来越接近呢？后面这位同学的"最接近"又应该怎么理解呢？

问题 3 在 n 无限增大变化过程中，列表计算，考察数列 $\left\{1+\left(-\frac{1}{2}\right)^n\right\}$ 的变化趋势。

生：当 n 为偶数时，$1+\left(-\frac{1}{2}\right)^n$ 的值总比 1 大；当 n 为奇数时，$1+\left(-\frac{1}{2}\right)^n$ 的值总比 1 小。但当 n 无限增大时，$1+\left(-\frac{1}{2}\right)^n$ 与 1 的差距在不断变小；如果用差的绝对值来刻画，我发现 $\left|\left[1+\left(-\frac{1}{2}\right)^n\right]-1\right|=\left|\left(-\frac{1}{2}\right)^n\right|$ 可以非常非常小。

师：我们如何描述这个非常非常小的差距？

生：是不是说这个绝对值可以想怎么小就怎么小？也就是说 $1+\left(-\dfrac{1}{2}\right)^{n}$ 的值想怎么接近2就可以怎么接近2。再比如 $\left|\left(1-\dfrac{1}{2^{n}}\right)-1\right|=\left|\dfrac{1}{2^{n}}\right|$ 的值想怎么接近1就可以怎么接近1。但 $\left|\left(1-\dfrac{1}{2^{n}}\right)-1.001\right|=\left|\dfrac{1}{2^{n}}+0.001\right|$ 就不能无穷小，总比0.001要大一点。

师：那我们应该用什么词语优化这里的"越来越接近"？

生：微积分中，牛顿用了无穷小这个说法，这里是否也可以用无限或者无穷的说法？数列的项与这个常数值的差的绝对值可以是一个无穷小的正数，即数列的项可以无限接近这个常数值。

【设计意图】"分析留白"——概念形成阶段给学生足够的时间和空间，充分活动与探究。通过具体的实例分析，在辨析"越来越接近""越来越趋近"和"无限趋近"的过程中，学生能逐渐理解数列极限概念的本质和内涵。

师：这个关键问题我们解决了——"无限趋近"，请同学们在刚才讨论所得"无限逼近"的基础上，用自己的语言描述数列的极限。（小组讨论后交流）

◇ 列极限的概念

一般地，在 n 无限增大的变化过程中，如果无穷数列 $\{a_n\}$ 中的项 a_n 无限趋近于某个常数 A，那么称 A 为数列 $\{a_n\}$ 的极限，记作 $\lim\limits_{n\to\infty}a_n=A$，读作"$n$ 趋向无穷大时，数列 $\{a_n\}$ 的极限等于 A"。

可以借助于数轴上两个点间的距离 $|x_1-x_2|$ 表示，因此"a_n 无限趋近于某个常数 A"还可以理解为"$|a_n-A|$ 无限趋近于0"。

问题4 已知 $a_n=\dfrac{-n+3}{n}$，考察数列 $\{a_n\}$ 的极限。

生：在 n 无限增大的过程中，$\lim\limits_{n\to\infty}a_n=\lim\limits_{n\to\infty}\dfrac{-n+3}{n}=\lim\limits_{n\to\infty}\left(-1+\dfrac{3}{n}\right)=-1$。

也可以通过 $\lim\limits_{n\to\infty}\left|\dfrac{-n+3}{n}+1\right|=\lim\limits_{n\to\infty}\left|\dfrac{3}{n}\right|=0$ 得到 $\{a_n\}$ 的极限为 -1。

【设计意图】"表述留白"——概念完善阶段给学生足够的信任，先让学生通过自己的语言大胆定义数列的极限，再仔细推敲、打磨，在不断改进中优化概念的叙述，最终确定较为成熟的概念。

3. 问题解决，实现能力之助

问题5 判断下列数列是否有极限？

(1) $\dfrac{1}{2}$，1，$\dfrac{3}{2}$，2，$\dfrac{25}{4}$，…，$\dfrac{243}{16}$；

(2) 0，0，0，…，0，…；

(3) $a_n = \begin{cases} 1, & n \leqslant 100, \\ -\dfrac{1}{n}, & n > 100, \end{cases} n \in \mathbf{N}^*$；

(4) $a_n = \begin{cases} 1 + \left(-\dfrac{1}{3}\right)^n, & n = 3k \pm 1, \\ 1, & n = 3k, \end{cases} k \in \mathbf{N}, n \in \mathbf{N}^*$；

(5) $a_n = \dfrac{1}{2} + \dfrac{1}{4} + \cdots + \left(\dfrac{1}{2}\right)^n$。

生：数列(1)的项越来越大，所以没有极限。

师：数列有无极限与数列的单调性有关系吗？$1 - \dfrac{1}{2^n}$ 是不是严格递增的数列？它有没有极限？

生：数列有无极限与数列单调性没有关系，数列 $\left\{\dfrac{1}{2^n}\right\}$ 从右边无限趋近常值 0；$1 - \dfrac{1}{2^n}$ 从左边无限趋近常值 1；而 $2 + \left(-\dfrac{1}{2}\right)^n$ 从两侧无限趋近常值 2。数列(1)没有极限，是因为它只有有限项，不是无穷数列，没有极限。

生：数列(2)的每一项都是 0，没有极限。

生：有极限，因为 $|a_n - 0| = 0$，是否可看成趋近于 0 的极端情况就是取到了 0？

师：后面这位同学的理解是正确的。无限趋近于一个常数，并不表示数列的项就不能取到这个常数，"达到"是无限趋近的一个极端情形。因此常数数列的极限就是它自身。

生：数列(3)有极限且极限为 0。

师：可是当 $n \leqslant 100$，$n \in \mathbf{N}^*$ 时，它的值都是 1 啊，为何极限不是 1 呢？

生：应该是当 n 趋于无穷大时数列的变化趋势，极限跟前面有限项的取值无关。

生：$a_n = \begin{cases} 1 + \left(-\dfrac{1}{3}\right)^n, & n = 3k \pm 1, \\ 1, & n = 3k, \end{cases} k \in \mathbf{N}, n \in \mathbf{N}^*$ 的极限为 1，当 $n = 3k \pm 1$ 无限增大时有 $\left|\left(-\dfrac{1}{3}\right)^n\right|$ 无限趋近于 0，所以 $\lim\limits_{n \to \infty}\left[1 + \left(-\dfrac{1}{3}\right)^n\right] = 1$，与 $n = 3k$ 时的极限一样。因此该数列的极限为 1。

师：请同学们讨论下当实数 a 取何值时数列 $\{a^n\}$ 有极限？

生：根据数列极限的概念，分类讨论可得当 $|a| < 1$ 时，$\lim\limits_{n \to \infty} a^n = 0$。

生：无穷等比数列的前 n 项和 $a_n = \dfrac{1}{2} + \dfrac{1}{4} + \cdots + \left(\dfrac{1}{2}\right)^n = \dfrac{\dfrac{1}{2}\left[1 - \left(\dfrac{1}{2}\right)^n\right]}{1 - \dfrac{1}{2}} = 1 - \left(\dfrac{1}{2}\right)^n$，所以其极限为 1。（观看动画视频）

师(结合视频内容)：无限进行下去，所有的正方形面积和就是常数 1，无穷的灵魂蕴涵在了有限的数里，真是无比神奇！

从特殊到一般，我们就能得到以下结论。

◇ 几个重要数列的极限

一般地，有以下常见结论：

（1）对于常数列 $\{C\}$，有 $\lim\limits_{n\to\infty}C=C$；

（2）对于数列 $\left\{\dfrac{1}{n}\right\}$，有 $\lim\limits_{n\to\infty}\dfrac{1}{n}=0$；

（3）对于数列 $\{q^n\}$，有 $\lim\limits_{n\to\infty}q^n=0$，$|q|<1$。

无穷等比数列前 n 项和的极限 $S=\lim\limits_{n\to\infty}\dfrac{a_1(1-q^n)}{1-q}=\dfrac{a_1}{1-q}$，$0<|q|<1$。

问题 6 情境 2 神奇的黄金数学草的生长图。

（1）求第 3 阶段"黄金数学草"的高度；（精确到 0.01 米）

（2）求第 13 阶段"黄金数学草"的所有枝干的长度之和；（精确到 0.01 米）

（3）该"黄金数学草"最终能长多高？（精确到 0.01 米）

生：（1）$1+\dfrac{\sqrt{5}-1}{2}\times\sin 30°+\left(\dfrac{\sqrt{5}-1}{2}\right)^2=\dfrac{9-\sqrt{5}}{4}\approx 1.69$（米）。

（2）由题意，第 n 阶段生长的枝干数为 $a_n=2^{n-1}$，第 n 阶段生长的每根枝干长度为 $b_n=\left(\dfrac{\sqrt{5}-1}{2}\right)^{n-1}$。

所以，第 13 阶段"黄金数学草"所有枝干的长度总和为

$$a_1b_1+a_2b_2+\cdots+a_{13}b_{13}=\dfrac{1-(\sqrt{5}-1)^{13}}{1-(\sqrt{5}-1)}\approx 62.37$$（米）。

（3）根据题意，在第 n 阶段，当 n 为奇数时高度增加 $h_n=\left(\dfrac{\sqrt{5}-1}{2}\right)^{n-1}$ 米，当 n 为偶数时高度增加 $h_n=\dfrac{1}{2}\times\left(\dfrac{\sqrt{5}-1}{2}\right)^{n-1}$ 米。

所以，"黄金数学草"最终的高度为 $\lim\limits_{n\to\infty}(h_1+h_2+\cdots+h_n)=\dfrac{1}{1-\left(\dfrac{\sqrt{5}-1}{2}\right)^2}+$

$\dfrac{\dfrac{\sqrt{5}-1}{4}}{1-\left(\dfrac{\sqrt{5}-1}{2}\right)^2}=\dfrac{\sqrt{5}+2}{2}\approx 2.12$（米）。

【设计意图】"理解留白"——概念强化理解阶段，呼应引入的情境，给学生足够的机会，在问题的分析和解决中，深化概念的理解，强化概念的应用。

4. 拓展探究，深化极限思想之用

问题 7　学习完数列极限概念后，请同学们讨论课前阅读材料中芝诺的阿基里斯和乌龟赛跑的悖论，分析芝诺悖论的症结何在？

生：无限进行下去，时间长度的和是有限的，是一个极限值，因此不可能永远追不上。

课后拓展探究问题：用数列极限的概念考察：斐波那契数列 $\{a_n\}$：$a_1=1$，$a_2=1$，$a_{n+2}=a_{n+1}+a_n (n\in \mathbf{N}^*)$，其每一项与前一项的比值所得数列 $\left\{\dfrac{a_{n+1}}{a_n}\right\}$ $(n\in \mathbf{N}^*)$ 的极限是否存在？若存在，求出其极限值；若不存在，请说明理由。

5. 归纳小结，感悟数列极限之魅

师：学习了极限后，就可以解决这类无穷数列的问题，将来我们就可以进一步研究函数的极限和导数了。曾经数学家在将近 200 年的时间里，不能彻底反驳贝克莱的责难。直至柯西创立极限理论，才较好地反驳了贝克莱的责难。直至魏尔斯特拉斯创立"$\varepsilon-\delta$"语言——未来大学会学习的严谨的极限定义，才彻底地反驳了贝克莱的责难。（用 PPT 展示微积分学做过卓越贡献的数学家）极限概念进一步发展就是我们将来会学习的微积分学。微积分的诞生使得数学明显地不同于从古希腊继承下来的旧数学，新数学是关于变量的数学；新数学是动态的，包含了运动、变化和无限。正如恩格斯所说："在一切理论成就中，未必再有什么像十七世纪下半叶微积分的发明那样看作人类精神的最高胜利了。"

3.3.5　教学反思

本节课的教学采用了问题驱动、师生互动的方式方法，整堂课充分留白，启发学生思维，如同绘画中的"留白"艺术，教育中唯有"留白"，方能给予学生想象之空间，并在交流碰撞中学会思考；唯有思考，才有灵动和收获，进而在收获的喜悦中乐于思考。在"短平快"行进的课堂中，学生是"填鸭式"被动学习的，故而"留白"教育理念给教育提供了新的视角。"留白"教育的关键是教师应该积极探索如何在实际教学中恰到好处地"留白"，何时"留白"，何处"留白"？要在"留白"中创造，向"留白"要能力提升，唯有如此，才能让学生深刻理解数学的本质，真正会用数学的方法去思考问题、解决问题，从而积极调动学生学习数学的主观能动性，激发学生求知欲，培养学生的独立思考、自主探究、合作交流的精神。

3.3.6　巩固练习

1. 判断下列说法是否正确，并说明理由。

（1）在 n 无限增大的变化过程中，如果无穷数列 $\{a_n\}$ 中的项 a_n 越来越接近于某个常数 c，那么称 c 是数列的极限；

（2）数列 $a_n=n+\dfrac{1}{n}$ 满足 $\lim\limits_{n\to\infty}|a_n-n|=\lim\limits_{n\to\infty}\dfrac{1}{n}=0$，所以 $\lim\limits_{n\to\infty}a_n=n$；

（3）数列 $a_n=\begin{cases}10, & n\leqslant 100 \\ \dfrac{1}{n}, & n\geqslant 101\end{cases}$ 的极限是 0；

（4）$0.\dot{9} < 1$。

【解析】（1）错误。"无限趋近"与"越来越近"的区别：无限趋近表示 a_n 与 c 的距离非常密切，而越来越近仅表示距离近了，并不能表示近的程度。

（2）错误。数列的极限是一个确定的常数，不能是变量。

（3）正确。当 n 无限增大时，$|a_n - 0|$ 无限趋近于 0。

（4）错误。$0.\dot{9}$ 是一个无限循环小数，是一个极限值，

$$0.\dot{9} = 9\left[0.1 + 0.01 + 0.001 + \cdots + \left(\frac{1}{10}\right)^n + \cdots\right] = 9 \cdot \frac{0.1}{1 - 0.1} = 1。$$

2. 如图 3-30，连结 $\triangle ABC$ 的各边中点得到一个新的 $\triangle A_1 B_1 C_1$，又连结的 $\triangle A_1 B_1 C_1$ 各边中点得到，如此无限继续下去，得到一系列三角形：$\triangle ABC$、$\triangle A_1 B_1 C_1$、$\triangle A_2 B_2 C_2 \cdots\cdots$这一系列三角形无限趋向于一个点 M，已知 $A(0, 0)$、$B(3, 0)$、$C(2, 2)$，则点 M 的坐标是_____。

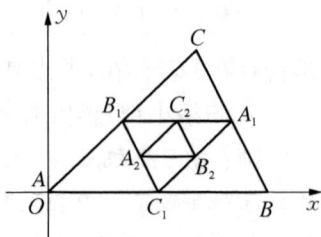

图 3-30

【解析】本题考查极限思想，无限趋向于原三角形的中心，$M\left(\dfrac{5}{3}, \dfrac{2}{3}\right)$。

3. 如图 3-31，在一个面积为 1 的正三角形的三边上分别取一个距顶点最近的 10 等分点，连接形成的三角形也为正三角形。然后在较小的正三角形中，以同样的方式形成一个更小的正三角形，如此重复多次，……，并无限进行下去，求所得所有三角形的面积之和。

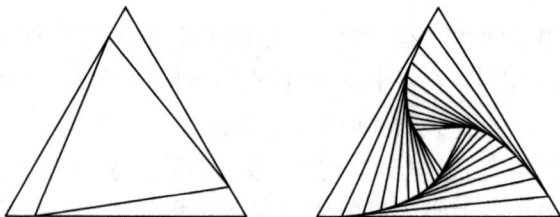

图 3-31　正三角形迭代

【解析】设所得的第 n 个三角形的边长为 a_n，面积为 S_n，则有

$$a_{n+1}^2 = \frac{1}{100}a_n^2 + \frac{81}{100}a_n^2 - 2 \cdot \frac{1}{10}a_n \cdot \frac{9}{10}a_n \cos\frac{\pi}{3} = \frac{73}{100}a_n^2，\text{得} \frac{S_{n+1}}{S_n} = \frac{73}{100}。$$

于是所有三角形的面积之和为 $S = \dfrac{1}{1 - \dfrac{73}{100}} = \dfrac{100}{27}$。

第 4 章

以史清源：数学史融入概念复习教学

以铜为鉴，可正衣冠；

以古为鉴，可知兴替；

以人为鉴，可明得失。

——欧阳修、宋祁（宋）

《新唐书·卷一一零·列传第二十二魏徵》

数学概念是数学理论的核心和精华,更是一代又一代学者为后世挖掘、提炼的人类智慧的结晶,其产生与发展是数学赖以发展的基石。深度理解数学概念本质上就是理解概念的两个方面,其一是内涵,即反映的对象的本质属性的总和;另一个是外延,即所反映的对象的总和。概念的内涵和外延是概念的两个基本特征,概念的定义是准确揭示一个概念的内涵或外延的逻辑方法。

　　深度理解概念本质需要首先明确在什么样的数学体系中来认识和研究该概念,这说明数学体系(本质上是基于学生认知结构水平下的知识体系)对概念学习具有制约性。我们要充分领会概念间的逻辑关系,数学概念不是孤立存在的,许多数学概念之间或要素之间有广泛的联系,形成了一个概念域。弄清楚数学概念的来龙去脉,区分体现核心概念和思想方法的本原性问题与无关数学本质的“细枝末节”的问题,与理解概念本身同等重要。学习数学概念,必须用分类、对比、举反例等方法揭示概念间的内在联系,掌握一定范围内的一大套概念。

　　深度理解数学概念,还要理解概念的不同表现方式(或表征方式)、概念的形成过程,以及所涉及的数学思想和方法等,而最首要的是概念的形成。数学概念的诞生往往来自两个力量:一个是实际生活、科技生产等的需要;另一个是数学发展的内部矛盾。数学概念的产生往往既蕴含着丰富的数学思想,又体现着广泛的应用价值,还记录着几千年来人类在数学探索过程中所积累的精神财富。教学实践表明,学生对许多数学概念产生的必要性缺乏正确的认识,比如学生普遍认为对数是“对求幂的逆运算”“指数的逆运算”。怎样合理选取数学问题,才能帮助学生正确理解对数的运算性质?基于这个想法,笔者在高三复习对数概念和运算的教学设计中,多元融入对数的数学史,增添学生的学习兴趣,引领学生从数学文化的视角重新认识对数。再比如,复数的概念与运算在高考试题中往往以基础题出现,因此高三数学复习中常见的教学模式是简单罗列知识加机械练习。这不仅淡化了学生对复数的诞生在人类文明发展史上的价值与意义的认识,还会让学生怀疑学习复数的必要性,高三复习时难免兴趣寡淡、意趣阑珊。

　　怎样创设情境才能够消除学生在复习概念时的重复感?怎样合理选取和排布数学问题,才能兼顾数学概念的基本知识和思想方法?如何引导学生在自主探究数学问题中不孤立看待概念并有综合应用的意识?这需要教师在高中数学复习阶段,着力于打造能帮助学生进行实质性的理解、有深度的思考和高质量的探究的课堂。这一过程中,我们不仅要带领学生回忆数学概念是什么,还要充分调动学生的求知欲望和发挥学生的主观积极性,并基于数学概念的发展脉络,让学生理解数学概念的本质,引导学生体会数学的辩证思维和人文特性。

　　概念复习分两个阶段完成。第一个阶段注重概念形成,是基于对感性材料的抽象概括。这个阶段又分为两个环节,即概念的诞生和概念的建构。课题引入时要紧扣概念诞生的思想源头,让学生明白为什么要学习这个概念;在激发学生兴趣基础上形成学习的动机,实现概念的建构。第二个阶段是概念的同化,加强学生对感性经验的抽象概括。这个阶段也分为两个环节,即概念的深度理解与灵活应用。创建情境、探讨问题进行概念辨析,引导学生多角度剖析,促进其对概念本质的理解;加强概念及其运算的应用,体会知识的多元价值以及与其他知识之间的联系。

融入数学史的概念复习教学,可以让学生在体验数学家研究数学对象的心路历程中,领悟数学家用数学的观点看待和认识世界的思想真谛,充分认识和领悟数学概念的来龙去脉、本质与内涵。教师可以凭借数学史对于数学概念教学的独特价值,让学生在掌握基本的数学知识技能和思想方法的同时,学会数学思维方法。教师通过量身打造类型丰富的数学史料融入教学,亦或适当结合学生的认知水平和心理发展规律,从不同角度挖掘同一则数学史料,帮助学生在探索概念的本质内涵过程中发展学生的数学思维能力。图 4-1 呈现了数学史融入概念教学的流程图:

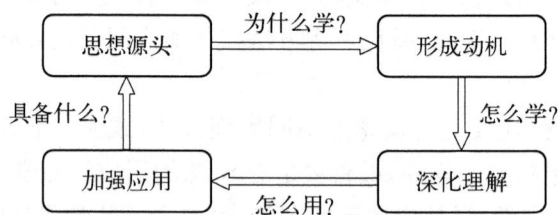

图 4-1 重构式复习数学概念流程图

这里我们选择了"对数""复数"两个重要的数学概念作为典型案例,呈现数学史融入概念复习课的教学设计与课堂实施,课后进行反思与改进。

4.1 对数的概念

在高三对数概念与运算的专题复习课中融入苏格兰数学家纳皮尔(J. Napier, 1550—1617)找到简化大数运算的有效工具等对数相关史料,从逻辑—历史—认知三个层面重构式地融入对数的发展史,引导学生认识对数知识的源与流以及对数与其他知识的联系。学生经历了从代数形式与几何意义两方面思考和研究问题的过程,既巩固了对数的基本概念与运算,又体会了对数的人文价值,同时锻炼了分析和运算能力,提升了数学抽象和数学运算等核心素养。

4.1.1 对数的历史及其运用

（一）对数的发展史

早在对数诞生之前,数学家就已经开始利用等差数列和等比数列的对应关系来简化计算了。15 世纪,法国数学家许凯(N. Chuquet,1445—1488)在其《算学三部》中给出了双数列(见图 4-2)之间的对应关系:上一列数之间的乘、除运算结果对应于下一列数之间的加、减运算结果,如 $8 \times 64 = 512$,对应于 $3 + 6 = 9$。

$$
\begin{array}{ccccccccccccc}
1 & 2 & 4 & 8 & 16 & 32 & 64 & 128 & 256 & 512 & \cdots & 1\,048\,576 \\
0 & 1 & 2 & 3 & 4 & 5 & 6 & 7 & 8 & 9 & \cdots & 20
\end{array}
$$

图 4-2

16 世纪德国数学家施蒂菲尔(M. Stifel,1487—1567)更明确地提出了上一列数的乘、除、乘方和开方四种运算法则。但当时指数概念尚未诞生,上一列数的间隔太大,面对 $68 \times 4\,091$,$1\,026 \div 45$ 这样的情况便束手无策,因而这样的对应关系并不实用。与此同时,人类地理探险、海洋贸易和天文学等都在迅速发展,这些对计算速度、准确度的需求与日俱增,而 16 世纪和 17 世纪天文学发展中,大数乘法、除法、乘方、开方等运算的冗长阻碍了天文学的发展。

苏格兰数学家纳皮尔(J. Napier,1550—1617)二十年如一日,最终找到了简化大数运算的有效工具。他于 1614 年出版的《奇妙的对数定理说明书》,标志着对数的诞生。对数的发明为大数运算的简化提供了方便,不久,伦敦数学家布里格斯(H. Briggs,1561—1630)建议对纳皮尔的对数进行改进,使 1 的对数为 0,10 的对数为 1 等,最后出版了更简便的常用对数表。17 世纪,笛卡尔(R. Descartes,1596—1650)发明了幂的记号,指数概念才应运而生。直到 17 世纪末,才有人认识到对数可以定义为幂指数。之后,欧拉(L. Euler,1707—1783)深刻揭示了指数与对数之间的密切联系,并创造了 $\log_a N$ 这一记号。

对数的发明直接引发了计算上的革命,法国著名数学家和天文学家拉普拉斯(P. S. Laplace,1749—1827)评价道:“因为省时省力,对数倍增了天文学家的寿命。”

（二）对数史料的运用

我们采用多种方式融入数学史。首先，整体设计上，采用重构式，即借鉴对数的历史，追溯对数的思想起源，呈现知识自然发生过程，激发学生的学习动机，促进学生对对数概念本质的理解和应用。其次，在教学过程中，附加式地讲述纳皮尔发明对数的曲折经历以及他和布里格斯那场旷世之约的故事、引用伽利略（G. Galilei，1564—1642）和拉普拉斯的名言、《数理精蕴》中的一段关于对数起源与用途的话起承转合。再次，复制式地利用古巴比伦泥版上的利息问题。

4.1.2　教学设计与实施

（一）教学分析

1. 教学内容分析

在实际生活和科技发展的推力下，对数是为解决大数运算的繁难这个大麻烦而在人类的智慧下诞生的，既蕴含了对应思想，同时也是一种非常重要而简便的计算技术，是 17 世纪三大重要数学成就之一，在数学和其他许多知识领域都有着广泛的应用。对数符号在高考试题中往往以对数函数、对数方程或对数不等式为载体出现，关于此类知识学生的问题主要表现为：不甚清楚对数式与指数式互化的本质意义，容易遗忘对数的运算性质，在对数概念本质的理解上存在障碍，在对数运算法则的应用上易出差错。在现如今学生拥有计算器、计算机的大背景下，在我们不再需要通过查表的方式计算对数的情况下，课堂上创设怎样的情境才能够强化学生理解对数中的对应思想？笔者认为可从以下两大方面入手。

第一，借助等差数列和等比数列对应的表格，借助经济和人口等现实情境，重构历史引进对数的符号"log"，帮助学生理解——这个既表示一个运算结果又表示一个运算过程的对数符号。

第二，注重对数式与指数式的互化。在"指数幂的意义和运算性质"的基础上复习"数的意义及其运算性质"，从研究一个代数对象的视角出发，发现和提出对数的研究内容，让学生完整经历"现实背景—概念（定义、表示）—性质—运算性质—应用"的学习过程。

另外，对数的产生和发展是数学爱好者纳皮尔终其一生研究出来的成果，让学生体会数学家研究问题的不易，体会数学是一个不断发展变化的过程，也充分了解对数曾是人类最重要的发明之一。

2. 学情分析

本节课是高三数学一轮对数概念与运算的复习课，授课对象为已经复习了集合、不等式、函数等内容的高三学生。从课前的前测卷答题情况分析，由于时隔近一年半，学生对对数概念遗忘率很高，而且对数的积、商、幂运算容易出错，都说明了学生对对数概念的理解不到位，对对数的运算不熟练。由于学生认知水平的限制，这节课对对数的运算和应用难度上不能提出太高要求。为了充分发挥高三概念复习课的作用，笔者基于 HPM 的视角设计了这节课，在教学内容的选择上既注重对数的起源、对数的对应思想的理解，又注意落实对数式与指数式的互化,对数运算的性质与原理的理解和应用。基于以上分析,明确本节课的教学目标和教学重难点。

教学目标

(1) 理解和掌握对数的概念;

(2) 通过自主学习、交流讨论,掌握对数的运算性质并能解决相关的数学问题;

(3) 通过介绍对数的发展史,让学生感受数学的文化和精神,能从知识普遍联系的视角研究数学问题,培养学生的直观想象、数学抽象和数学运算等核心素养。

教学重点　对数的概念与运算。

教学难点　对数式与指数式的互化,证明对数运算性质。

(二) 教学过程

1. 知识回顾,追寻对数之源

师: 古人没有计算器,在研究天文方面的问题时常常陷于繁难的大数计算而深感苦恼,他们为了计算出一个行星的位置,往往要耗费几个月甚至几年的时间,庞大的天文数字计算严重地阻碍了人类探索宇宙的进程。

师: 怎样才能改进大数运算呢? 古人很聪明,请大家通过表 4-1 体验一下他们的做法。

表 4-1

x	1	2	3	4	5	6	7	8	9	10
$y=2^x$	2	4	8	16	32	64	128	256	512	1 024
x	11	12	13	14	15	16	17	18	19	
$y=2^x$	2 048	4 096	8 192	16 384	32 768	65 536	131 072	262 144	524 288	
x	20	21	22	23	24	25	26			
$y=2^x$	1 048 576	2 097 152	4 194 304	8 388 608	16 777 216	33 554 432	67 108 864			
x	27	28	29	30	31	32				
$y=2^x$	134 217 728	268 435 456	536 870 912	1 073 741 824	2 147 483 648	4 294 967 296				

师: 通过表 4-1,我们容易得到 $16\times256=4\,096$,显然 16、256 对应的幂指数为 4、8,其和为 12,而 12 对应的幂为 4 096。同样地,256 与 4 096 对应的幂指数之和为 20,正是它们的积对应的幂指数。

师: 能否把这个规律推广到一般的情形呢? 如果要计算大数 M、N 的乘积,那么参照该数表我们应该怎么做呢?

生: 将刚才的数一般化为字母,设 $M=2^m$,$N=2^n$,则 $M \cdot N=2^{m+n}(m,n \in \mathbf{N}^*)$。我们可以直接去找它们对应的幂指数的和,再根据该表就能查到结果。

师: 非常好!这正是前苏格兰数学家纳皮尔的对应思想,经过 20 年的努力,他于 1614 年出版了他的对数表。

师: 能否用这个数表得出 299 792.468×31 536 000 的结果呢? 怎么找?

生: 可以通过计算器的"table"功能找到这两个数对应的幂指数,如表 4-2 所示。

表 4-2

x	⋯	14.944 5	14.944 59	⋯	14.945 00
2^x	⋯	31 531.364	31 533.331	⋯	31 537.703

师: 同学们是否考虑过两个问题,一是该数表能否穷尽所有大数运算呢? 二是对于 31 536,用此方法能找到其对应的精确的幂指数吗? 31 536 究竟等于 2 的多少次方?

生: 显然无法穷尽所有大数计算,因为它们不是连续的数,间距太大!

师: 可见这一数表虽然好但不够用,同时大多数的数很难找到甚至找不到对应的精确的幂指数。除了数学中遇到这样的问题,古人日常生活中也会遇到类似的问题,古巴比伦的泥版(见图 4-3)上就记载:年息 20%,一定数目的钱经过多长时间成为原来的两倍?

生: 设经过 x 年变成原来的两倍,则 $1.2^x=2$。

师: 方程 $2^x=31\,536$ 和 $1.2^x=2$ 各有几个解呢? 怎么表示这个解呢?

生: 根据指数函数的图像和性质,方程 $2^x=31\,536$ 和 $1.2^x=2$ 有且仅有一个解。这个解可以用对数来表示。

师: 苏格兰数学家纳皮尔 20 年如一日,最终找到了简化大数运算的有效工具——对数,纳皮尔用新的符号来表示这个数,并将该数称为"logarithm",这个词由希腊文 logos(比)和 arithmos(数)组

图 4-3 泥版问题

合而成。后来,数学家又把它简化成符号"log"。于是,方程 $1.2^x=2$ 中的 x 就可以用新形式的数 $\log_{1.2}2$ 来表示,赋予的含义就是:1.2 的多少次幂等于 2。将其推广到一般情形,就有了对数的定义:

若 $a^b=N(a>0,a \neq 1)$,则数 b 叫做以 a 为底 N 的对数,记作 $b=\log_a N$,其中 a 为底数,N 为真数,读作"以 a 为底 N 的对数"。

从前面研究的问题我们应该能体会出,这位同学提到的我们高一曾经学到的"对数"中的"对"在这里很明显是对应的意思,"对数"表示与"真数"相对应的数。

【设计意图】教师提供原始的问题和数据,呈现古代科学家所面临的运算困境,学生通过计算亲历化乘除为加减的过程,降低运算级别寻求大数繁难的乘除幂运算的突破口,

使学生切身体会对数思想的历史渊源,理解对数产生的数学思想或方法的直观意义,同时为后续学习对数的运算埋下伏笔。

2. 概念辨析,理解对数之本

师：伦敦数学家布里格斯于 1615 年慕名专程到爱丁堡看望纳皮尔,他们的旷世之约、彻夜长谈促进了对数的进一步完善。他们使 1 的对数为 0,10 的对数为 1,且产生了更简便而有用的常用对数:我们通常将以 10 为底的对数 $\log_{10} N$ 叫做常用对数,简记为 $\lg N$。

师：负数与零有没有对数? 对数是什么数? 对数式中的 a、b、N 的取值范围是什么?

生：零和负数没有对数,真数为正数,$a \in (0, 1) \bigcup (1, +\infty)$,$N \in (0, +\infty)$,$b \in \mathbf{R}$。

师：可见对数 $\log_a N$ 就是一个可正、可负,也可为 0 的实数。

问题 1　将下列指数式与对数式进行互化。

(1) $2^a = 31\,536$；(2) $\left(\dfrac{1}{3}\right)^m = 5.73$；(3) $\log_{10} 0.01 = -2$；(4) $\ln 10 = 2.303$。

师：通过问题 1 我们进一步明确了指数式与对数式的关联,如图 4-4 所示。

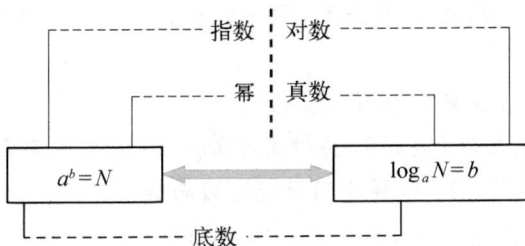

图 4-4

问题 2　(1) 已知 $a > 0$ 且 $a \neq 1$,$M > 0$,$N > 0$,下列四个式子中正确的有 _____。(写出所有满足条件的式子序号)

① $\log_a M + \log_a N = \log_a (MN)$；　② $\log_a M - \log_a N = \log_a \left(\dfrac{M}{N}\right)$；

③ $\log_a (M - N) = \log_a \dfrac{M}{N}$；　④ $\dfrac{\log_a M}{\log_a N} = \log_N M$。

生：根据对数的运算法,可得①②④正确。

师：为什么①②④是正确的? 怎么证明?(学生面露难色)对于已经学习过的知识,我们往往满足于知道知识是什么,但更要深究其中的原理或者概念的本质,搞清楚为什么? 请大家动手证明一下。

生：$\log_a M = p$,$\log_a N = q$,根据指数式与对数式的互化,得 $M = a^p$,$N = a^q$,于是有 $MN = a^p \cdot a^q = a^{p+q}$,得 $p + q = \log_a MN = \log_a M + \log_a N$。 其他的都可以类似证明。

师：这里的关键是指数式与对数式的等价互化，即回归对数的概念的本质。

（2）作为对数运算法则，$\lg(a+b)=\lg a\lg b\,(a>0,b>0)$ 是不正确的。但对一些特殊情况该等式是成立的，例如：$\lg(2+2)=\lg 2+\lg 2$。那么，对于所有使 $\lg(a+b)=\lg a+\lg b\,(a>0,b>0)$ 成立的 a、b 应满足的函数 $a=f(b)$ 的表达式为 _____。

师：同学们平时解题时，非常容易犯这个错误，这里要充分理解对数运算法则，而不能死记硬背时间久了容易混淆。实际上，$\lg(a+b)=\lg a+\lg b\,(a>0,b>0)$ 是一个条件关系式，而 $\lg ab=\lg a+\lg b=\lg(a+b)$，可得 $ab=a+b$，进而得函数 $a=f(b)$ 的表达式为 $a=\dfrac{b}{b-1}(b>1)$。

师：虽然现如今我们有了计算器，不再需要通过查表的方式计算对数、简化大数的运算，但这种乘法变加法、除法变减法的数学思想仍是值得学生去学习和感悟的。

变式：已知 $a>0,a\neq 1,b>0,b\neq 1,ab\neq 1,n\in\mathbf{N}^*$，在 $\dfrac{1}{\log_b a}$、$\dfrac{\lg a}{\lg b}$、$\log_{\sqrt[n]{b}}\sqrt[n]{a}$、$\log_{b^n}a^n$、$\dfrac{1-\log_{ab}a}{1-\log_{ab}b}$ 这 5 个式子中，与 $\log_a b$ 相等的有（　　　）。

A. 1 个　　　　　B. 2 个　　　　　C. 3 个　　　　　D. 4 个

问题 3　（1）已知 $\log_a 2=m$，$\log_a 3=n$，求 a^{2m+n} 的值。

生：由指数式、对数式的互化关系，得 $a^m=2$，$a^n=3$，则 $a^{2m+n}=(a^m)^2\cdot a^n=4\times 3=12$。

（2）已知 $\log_{14}2=a$，试用 a 表示 $\log_{49}16$。

生：用 $\log_{14}2=a$ 来表示 $\log_{49}16$，关键是把 $\log_{49}16$ 通过换底公式换成以 14 为底的对数，且注意 $\log_{14}2+\log_{14}7=1$，这样原问题就迎刃而解了。

已知 $\log_{14}2=a$，又 $\log_{14}2+\log_{14}7=1$，因此 $\log_{14}7=1-\log_{14}2=1-a$。

所以，$\log_{49}16=\dfrac{\log_{14}16}{\log_{14}49}=\dfrac{\log_{14}2^4}{\log_{14}7^2}=\dfrac{2\log_{14}2}{\log_{14}7}=\dfrac{2\log_{14}2}{1-\log_{14}2}=\dfrac{2a}{1-a}$。

生：已知 $\log_{14}2=a$，由换底公式，得 $a=\dfrac{\lg 2}{\lg 14}=\dfrac{\lg 2}{\lg 2+\lg 7}$，则 $\lg 2=\dfrac{a\lg 7}{1-a}$。

所以，原式 $=\dfrac{\lg 16}{\lg 49}=\dfrac{\lg 2^4}{\lg 7^2}=\dfrac{2\lg 2}{\lg 7}=\dfrac{2\cdot\dfrac{a\lg 7}{1-a}}{\lg 7}=\dfrac{2a}{1-a}$。

师：非常好，这里同学们采用了两种不同的换底方法，最后殊途同归。其中，需要引起同学们重视的是 "1" 的代换：$\lg 2+\lg 5=1$，$\log_6 2+\log_6 3=1$ 和 $\log_{14}2+\log_{14}7=1$。

变式：已知 $\log_2 3=a$，$\log_3 5=b$，试用 a、b 表示 $\log_{15}20$。

生：因为 $b=\log_3 5=\dfrac{\log_2 5}{\log_2 3}\Rightarrow\log_2 5=ab$，所以 $\log_{15}20=\dfrac{\log_2 20}{\log_2 15}=\dfrac{2+\log_2 5}{\log_2 3+\log_2 5}=\dfrac{2+ab}{a+ab}$。

【设计意图】引导学生充分理解了对数的本质后，分析问题 1 和问题 2 通过指数式与对数式的辨析互化,强化学生对于对数结构的认识。引导学生复习对数的积、商、幂运算及其性质,换底公式等。学生经过亲身体验、深刻领悟后,对概念的理解逐渐从模糊到清晰、由表象到本质,逐步内化并纳入认知体系中,形成了一定的数学能力。

3. 问题解决,实现能力之助

师: 对数的发明,无疑使得天文学研究和发展的翅膀更有力量,我们通过以下问题的解决体验对数之用。

问题 4　为了衡量星星的明暗程度,古希腊天文学家喜帕恰斯在公元前二世纪首先提出了"星等"这个概念。星等的数值越小,星星就越亮;星等的数值越大,星星就越暗。到了 1850 年,由于光度计在天体光度测量的应用,英国天文学家普森又提出了亮度的概念,天体的明暗程度可以用星等或亮度来描述。两颗星的星等与亮度满足 $m_1 - m_2 = 2.5(\lg E_2 - \lg E_1)$,其中星等为 m_k 的星的亮度为 $E_k(k=1, 2)$。已知"心宿二"的星等是 1.00,"天津四"的星等是 1.25,则"心宿二"的亮度大约是"天津四"的_____倍。(结果精确到 0.01。当 $|x|$ 较小时, $10^x \approx 1 + 2.3x + 2.7x^2$。)

生: 由题意,两颗星的星等与亮度满足: $m_1 - m_2 = 2.5(\lg E_2 - \lg E_1)$。

令"心宿二"的星等 $m_1 = 1.00$,"天津四"的星等 $m_2 = 1.25$,则 $m_2 - m_1 = 2.5(\lg E_1 - \lg E_2) = 1.25 - 1.00 = 0.25$,所以 $\lg E_1 - \lg E_2 = \dfrac{0.25}{2.5} = 0.1$,即 $\lg \dfrac{E_1}{E_2} = 0.1$,所以 $\dfrac{E_1}{E_2} = 10^{0.1} \approx 1 + 2.3 \times 0.1 + 2.7 \times 0.1^2 = 1.257$,则"心宿二"的亮度大约是"天津四"的 1.26 倍。故答案为 1.26。

师: 在本节课的前测卷中,同学们尝试解决了以下问题,部分同学对第(1)问的证明很明显存在比较大的问题,从第(2)问的求解可以看出,同学们的选择比较随机,还不能很好地看出这道题的命题意图,下面我们展开详细的讨论。

问题 5　(1)苏格兰数学家纳皮尔二十年如一日,最终找到了简化大数运算的有效工具。他于 1614 年出版的《奇妙的对数定理说明书》,标志着对数的诞生。对数的发明直接引发了计算上的革命,法国著名数学家和天文学家拉普拉斯评价道:"因为省时省力,对数倍增了天文学家的寿命。"请证明: $\log_a x^n = n\log_a x (a > 0, a \neq 1, x > 0, n \in \mathbf{R})$。

(2)2017 年 5 月 23 日至 27 日,围棋世界冠军柯洁与 DeepMind 公司开发的程序"AlphaGo"进行三局人机对弈,以复杂的围棋来测试人工智能。围棋复杂度的上限约为 $M = 3^{361}$,而根据有关资料,可观测宇宙中普通物质的原子总数约为 $N = 10^{80}$。

甲、乙两个同学都估算了 $\dfrac{M}{N}$ 的近似值,甲认为是 10^{73},乙认为是 10^{93}。

现有两种定义:

(Ⅰ)若实数 x, y 满足 $|x - m| > |y - m|$,则称 y 比 x 接近 m。

(Ⅱ)若实数 x, y, m 且 $x = 10^s, y = 10^t, m = 10^u$,满足 $|s - u| > |t - u|$,则称 y 比 x 接近 m。

请你任选取其中一种定义来判断哪个同学的近似值更接近 $\dfrac{M}{N}$,并说明理由。

生：(1) 证明：设 $N=\log_a x^n$。

$N=\log_a x^n \Rightarrow x^n=a^N \Rightarrow x=a^{\frac{N}{n}} \Rightarrow \frac{N}{n}=\log_a x \Rightarrow N=n\log_a x \Rightarrow \log_a x^n=n\log_a x$ $(a>0,$ $a\neq 1,\ x>0,\ n\in \mathbf{R})$。

生：(2) 采用定义(Ⅰ)：

因为 $\frac{M}{N}=\frac{3^{361}}{10^{80}} \Rightarrow \lg\frac{M}{N}=361\cdot\lg 3-80\approx 92.24 \Rightarrow 10^{73}<\frac{M}{N}<10^{93}$，而

$\lg(2\cdot 3^{361})=\lg 2+361\cdot\lg 3\approx 172.54<173=\lg 10^{173}\Rightarrow 2\cdot 3^{361}<10^{173}\Rightarrow 2\cdot 3^{361}<$ $10^{173}+10^{153}\Rightarrow 2\cdot\frac{3^{361}}{10^{80}}<10^{93}+10^{73}\Rightarrow \left|\frac{3^{361}}{10^{80}}-10^{73}\right|<\left|10^{93}-\frac{3^{361}}{10^{80}}\right|$，所以甲同学的估算结果更接近 $\frac{M}{N}$。

生：采用定义(Ⅱ)：

$\frac{M}{N}=\frac{3^{361}}{10^{80}}\Rightarrow\lg\frac{M}{N}=361\cdot\lg 3-80\approx 92.24$，甲的估值 $10^{73}\Rightarrow\lg 10^{73}=73$，乙的估值 $10^{93}\Rightarrow\lg 10^{93}=93$。

因为 $\left|\lg 10^{73}-\lg\frac{M}{N}\right|>\left|\lg 10^{93}-\lg\frac{M}{N}\right|$，所以乙同学的估算结果更接近 $\frac{M}{N}$。

师：实际上，当然是 10^{93} 更接近 $\frac{M}{N}$，我们通过实际生活中的问题体会了用对数简化运算的思想，同学们选择的方法不同，结果也不同，显然选择用对数来运算更简便，同时还提高了准确度。

【设计意图】 这一环节的教学设计，主要结合教材特点和学生经验，着力于加深学生对对数简化运算功能的理解，锻炼学生分析问题、解决问题的能力，让学生意识到学习对数概念和运算法则的重要性，从而强化学生的学习动机，使学生乐于进一步钻研和思考，进一步理解对数概念的本质内涵并进行简单应用，促进学生形成锲而不舍的钻研精神和科学态度。

4. 归纳总结，感悟对数之魅

小结中，引导学生回顾对数的产生过程、发明历史，明确对数概念的本质与意义；启发学生思考还需要解决什么问题，还有哪些疑惑，对数的历史所带来的启示等。最后，引用《数理精蕴》中的文字，为下一节课埋下伏笔。

4.1.3 教学反思

本课通过数学史的运用，让学生经历了对数的发生、发展过程，使对数概念的生成符合学生的认知规律，并激发学生的学习动机；通过充分挖掘对数产生的育人价值，促进了数学学科"立德树人"目标的有效达成。但教学过程中也存在一定的问题，如，对数发明以及常用对数诞生的故事讲得不够出彩，高三数学复习课中，究竟该给多少时间来讲解对数

发明的故事,从"类比联想"到"概念建构"的探究力度还不够。

4.1.4　巩固练习

1.已知 $2\log_a(M-2N)=\log_a M+\log_a N$,则 $\dfrac{M}{N}=$ _____。

【解析】$2\log_a(M-2N)=\log_a M+\log_a N\Rightarrow(M-2N)^2=MN\Rightarrow(M-4N)(M-N)=0\Rightarrow\dfrac{M}{N}=4$ 或 1,因为 $M-2N>0$,所以 $\dfrac{M}{N}=4$。 故答案为 4。

2. 已知 $\log_5 2=a$,$5^b=3$,用 a 及 b 表示 $\log_5 12$。

【解析】因为 $5^b=3$,所以 $\log_5 3=b$,因此 $\log_5 12=\log_5(2^2\times3)=2\log_5 2+\log_5 3=2a+b$。

3. 设实数 a、b、c 满足 $a\geqslant1,b\geqslant1,c\geqslant1$,且 $abc=10,a^{\lg a}\cdot b^{\lg b}\cdot c^{\lg c}\geqslant10$,则 $a+b+c=$ _____。

【解析】由 $a\geqslant1,b\geqslant1,c\geqslant1$,且 $abc=10$,可得 $0\leqslant\lg a\leqslant1$, $0\leqslant\lg b\leqslant1$, $0\leqslant\lg c\leqslant1$,则 $\lg^2 a\leqslant\lg a$, $\lg^2 b\leqslant\lg b$, $\lg^2 c\leqslant\lg c$。

又由 $a^{\lg a}\cdot b^{\lg b}\cdot c^{\lg c}\geqslant10$,可得 $\lg(a^{\lg a}\cdot b^{\lg b}\cdot c^{\lg c})\geqslant\lg10$,则 $\lg^2 a+\lg^2 b+\lg^2 c\geqslant1$。

又由 $\lg abc=\lg a+\lg b+\lg c=\lg10=1$,可得 $\lg^2 a+\lg^2 b+\lg^2 c\geqslant\lg a+\lg b+\lg c$。

所以 $\lg^2 a=\lg a$, $\lg^2 b=\lg b$, $\lg^2 c=\lg c$,则 $a=10$ 或 $1,b=10$ 或 1, $c=10$ 或 1。

由对称思想,不妨 $a=10$,则 $b=1$, $c=1$,所以 $a+b+c=12$。 故答案为 12。

4. 已知 $5^x=2^y=(\sqrt{10})^z$,且 x, y, $z\neq0$,求 $\dfrac{z}{x}+\dfrac{z}{y}$ 的值。

【解析】令 $5^x=2^y=(\sqrt{10})^z=k$,则 $x=\log_5 k$, $y=\log_2 k$, $\dfrac{1}{2}z=\lg k$, $z=2\lg k$,

所以 $\dfrac{z}{x}+\dfrac{z}{y}=\dfrac{2\lg k}{\log_5 k}+\dfrac{2\lg k}{\log_2 k}=2\lg k(\log_k 5+\log_k 2)=2\lg k\cdot\log_k 10=2$,即 $\dfrac{z}{x}+\dfrac{z}{y}=2$。

5. 测定古植物的年代,可以用 ^{14}C 放射性碳法,在植物内部含有微量的放射性元素 ^{14}C,在植物死亡后,新陈代谢停止, ^{14}C 就不再产生且原有 ^{14}C 的会自动衰变,经过 5 730 年(^{14}C 的半衰期), ^{14}C 的残余量就只有原始含量的 $\dfrac{1}{2}$。经过科学测定,若 ^{14}C 的原始含量为 a,则经过 t 年后的残余量 a^t 与 a 之间满足关系式 $a^t=a\cdot e^{-kt}$。 现有一出土古植物,其中 ^{14}C 的残余量占原始含量的 87.9%,试推算出这个古植物距今多少年?

【解析】关系式 $a^t=a\cdot e^{-kt}$,即为 $\dfrac{a^t}{a}=e^{-kt}$,根据题意有 $\dfrac{1}{2}=e^{-5\,730k}$,即 $2=e^{5\,730k}$,

解得 $k=\dfrac{\ln 2}{5\,730}$。 因为 $87.9\%=e^{-\frac{\ln 2}{5\,730}t}$,所以 $t=-5\,730\cdot\dfrac{\ln 87.9\%}{\ln 2}\approx1\,066$。

答:距今约 1 066 年。

附录 3 "对数的概念"课前学习单

1. 判断：$\log_2 5$ 是运算过程。 是 □ 不是 □

2. 判断：在 $\lg(3^x+1)$ 中，"$\lg$"与"(3^x+1)"是乘积关系。 是 □ 不是 □

3. 填空：

（1）将 $a = 10^{-6}$ 化为对数式_____；

（2）将 $x = \ln y$ 化为指数式_____。

4. 已知 $\log_{\frac{1}{a}} 2 = p$，$\log_a 3 = q$，则 a^{p+2q} 的值为_____。

5. 从本节课中的对数产生的背景即大数运算的简化所得的启示，判断以下各数：$\lg(x+y)$、$\lg x$、$\lg y$、$\lg xy$（其中 x、$y > 0$），是否存在某种等量关系？若存在，试写出恒成立的等量关系式_____，并尝试给出证明。

6.（1）请根据对数函数 $f(x) = \log_a x (a > 1)$ 指出函数 $g(x) = \log_x a (a > 1)$ 的基本性质（结论不要求证明），并画出图像。

（2）拉普拉斯称赞对数是一项"使天文学家寿命倍增的发明"，大数之间的乘除运算可简化为加减运算，请证明：$\log_a(x \cdot y) = \log_a x + \log_a y (a > 0, a \neq 1, x、y > 0)$。

4.2　复　数　的　概　念

　　在高三复数概念与运算的专题复习课中重构式融入复数的数学史,增添学生的学习兴趣,引领学生从数学文化和普遍联系的视角重新认识复数。融入阿甘德(J. R. Argand, 1768—1822)与高斯(C. F. Gauss, 1777—1855)复数的几何表示,从逻辑—历史—认知三个层面重构式地融入复数的发展史,引导学生认识复数知识的源与流以及复数与其他知识的联系。学生从代数形式与几何意义两方面思考和研究问题,既巩固了复数的基本概念与运算,又体会了复数的人文与美学价值,同时锻炼了分析、推理和运算能力,促进了数学抽象和数学运算等核心素养的培养和提升。

4.2.1　复数的历史及其运用

（一）复数的发展史

　　在古希腊学者丢番图时代,人们已经知道一元二次方程有两个根,但当其中有一个根为虚数时,人们认为方程不可解。直到 16 世纪意大利数学家卡丹(Cardan, 1501—1576)在研究著名的"分十问题"时,在其著作《大术》中写下了 $5+\sqrt{-15}$ 和 $5-\sqrt{-15}$ 这样的数。尽管他是历史上第一个使用负数平方根的人,但却并未完全理解和接受它们,称之为"诡辩式的数"。复数产生的根本动因在于一元三次方程求根公式的研究。16 世纪的意大利数学家邦贝利(R. Bombelli, 1526—1572)对方程 $x^3=15x+4$ 进行研究时,发现它有三个实数解 $4、-2\pm\sqrt{3}$,但利用三次方程求根公式却得到了含负数开平方形式的解。面对这一矛盾,邦贝利通过将 $\sqrt{-1}$ 引入运算从而解决了矛盾,他的工作标志着复数的产生。

　　但复数并不是自其诞生就被接受的,数学家们对虚数的探索一度伴随着怀疑与否定,直到复数的几何意义出现,人们才真正地接受了复数。法国数学家笛卡尔在《几何学》中给出"虚数"和"实数"两个术语,"虚数"意为"想象中的数"(imaginary number),欧拉取"imaginary"一词的词头 i 来表示 -1 的平方根。历经了漫长而曲折的岁月,瑞士的业余数学爱好者阿甘德等人给出了如图 4-5 所示的复数几何表示的意义。

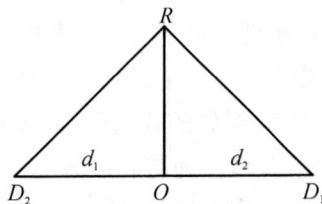

图 4-5　虚数的几何意义示意图

　　图 4-5 中的有向线段 OD_1 逆时针旋转两次 90°能得到 $OD_2(-1)$,因此逆时针旋转一次 90°得到的 OR 可以看成是 $+1$ 所表示的有向线段旋转 90°而得到的 i。其实他建立了一个直角坐标系:横轴以 1 为单位,$+1$ 的方向角为 0°,-1 的方向角为 180°;纵轴以 ε 为单位,$+\varepsilon$ 的方向角为 90°,$-\varepsilon$ 的方向角为 $-90°$或 270°,从而得到了 $(+\varepsilon)(+\varepsilon)=-1$,即 $\varepsilon=-1$。这表明他已经给出了 -1 的几何解释。

　　之后,德国数学家高斯完善了复数的几何表示,并提出用平面上的点表示复数、定义了复平面,给出了复数的几何表示后,人们真正"看到"了复数的存在,并开始逐渐接受复数。

此后,英国数学家哈密尔顿(W. R. Hamilton,1805—1865)建立了更严密的代数理论,即复数 $a+bi$ 本质是有序实数对 (a,b),并定义了四则运算:$(a,b) \pm (c,d) = (a \pm c, b \pm d)$,$(a,b) \cdot (c,d) = (ac-bd, ad+bc)$,$\dfrac{(a,b)}{(c,d)} = \left(\dfrac{ac+bd}{c^2+d^2}, \dfrac{bc-ad}{c^2+d^2}\right)$。

到十九世纪后半叶,学术界对复数合理性的怀疑已基本消失,复数的应用也愈加广泛,复数为处理代数、几何和数论等数学分支以及其他学科领域的许多问题提供了方向。

（二）复数史料的运用

课堂上笔者采用了多种方式将数学史融入复数概念复习课。本课中数学史的运用方式见表 4-3:

表 4-3 数学史融入复数概念复习课的方式

方 式	具 体 表 现
附加式	莱布尼兹的名言,卡丹、邦贝利、阿甘德、欧拉、高斯对复数诞生与发展的贡献,《数理精蕴》引文
顺应式	基于婆罗摩笈多—斐波那契恒等式编制数学问题
重构式	借鉴复数产生、几何意义产生到复数理论的应用与发展的历史进程作为复数专题复习的阶段划分

首先,整体设计上,采用重构式,即借鉴数的发展史,以数系的扩充为立足点,类比实数的几何意义,通过"旋转"揭示复数的几何意义,由一维走向二维,让复数概念更加自然地出现在高三复习环节中。从复数的概念、复数几何意义与代数形式到复数的运算,呈现知识自然发生过程,促进学生对复数知识的源与流及概念本质的理解和应用。需要强调的是,复数的几何意义是学生理解复数的关键,复数作为与有序数对、向量等密切联系的概念,在复习时应积极勾连代数和几何两种表征方式,从几何入手引入代数表示不失为一种帮助学生理解复数概念的好方式。其次,在教学过程中,采用附加式讲述数学家发明复数的曲折经历以及引用莱布尼茨的名言等。再次,采用顺应式改编历史名题婆罗摩笈多-斐波那契恒等式,并应用复数知识解决该问题,实现能力的提升。教学流程如图 4-6 所示。

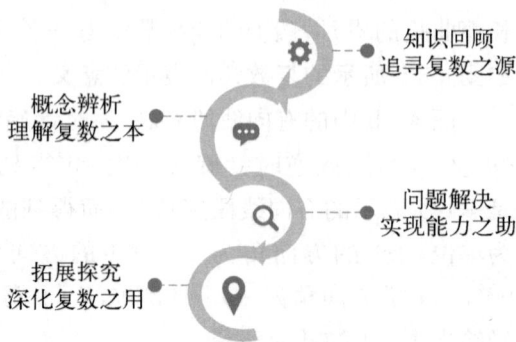

知识回顾
追寻复数之源

概念辨析
理解复数之本

问题解决
实现能力之助

拓展探究
深化复数之用

图 4-6 复数的概念复习

4.2.2　教学设计与实施

（一）教学分析

1. 教学内容分析

复数的引入是为了方程求解的需要，复数源于纯粹的数学推理，是理性思维的产物。这是数学史的真实过程，并且这个过程充满曲折，前后历经几百年，直到高斯给出复数及其运算的几何解释，并在物理领域得到广泛应用后，其重要地位才得以确认。了解这个历程既可以让学生理解学习复数的必要性，还可以从中体验数学家的理性精神和科学精神，所以复数的背景和引入的教学是熏陶数学文化的好素材。

复数集是满足算数运算律的最大数集，我们要借此机会，渗透数系扩充的基本思想，培育学生的理性精神。从数学对象的属性看，和实数一样，复数是一类有广泛应用的运算对象，应按研究运算对象的方式来展开学习。复数是一个"二元数"，它具有明确的几何意义，要时刻强调其与"点""向量"的等价关系，强化复数与点、向量之间的关联性，从而增强学生对数学整体性的认识，促进学生数学学科核心素养的发展。

2. 学情分析

本节课是高三数学一轮复数概念与运算的复习课，授课对象为已经复习了函数、数列和平面向量等内容的高三学生。从课前的前测卷答题情况分析，尽管他们已经在高二学习了复数的概念与运算、实系数一元二次方程的根等知识，但知识遗忘率很高，并且对复数诞生与发展的历史不甚了解，对复数概念的理解不透彻。由于学生认知水平的限制，这节课对复数的运算和应用难度上不能提出太多要求。为了充分发挥高三概念复习课的作用，笔者基于 HPM 的视角设计了这节课，在教学内容的选择上既注重系统复习复数本体知识，又渗透复数与平面几何、解析几何、向量等高中数学其他知识的联系，达到能使学生应用复数知识解决一些相关的问题的目的。基于以上分析，明确了本次专题复习课的教学目标和教学重难点。

教学目标

（1）理解和掌握复数的概念，复数四则运算、复数的模与共轭复数的运算性质；

（2）通过自主学习、交流讨论，掌握复数的代数形式与其几何意义的相互转化并能解决相关的数学问题；

（3）通过介绍复数的发展史，让学生感受数学的文化和精神，理解复数概念，从知识普遍联系的视角研究数学问题，培养学生的直观想象、数学抽象和数学运算等核心素养。

教学重点　复数的概念与运算。

教学难点　复数的代数形式与几何意义的转化与应用。

（二）教学过程

1. 知识回顾，追寻复数之源

师：万物皆数，数的重要性不言而喻，同学们对数系的扩充有什么认识和体会？

生：最开始我学习了自然数、分数，然后接触了负数，发现一个小的数减去一个大的数就不再是正数，比如生活中有亏损现象、气温在零下等现象中需要负数来表示。后面又学习了有理数、无理数和实数，再后来又学习了复数。

师：请问从实数到复数的扩充，你对什么印象最深刻？

生：古人为了解决三次方程发现了虚数单位——"i"，用来解决 -1 的平方根问题。

师：看来同学们对为什么学复数还是有一定的了解的，为了让大家能更深入理解 i 的意义，请大家观看视频并思考复数概念的几何意义。（观看阿甘德对复数虚数单位的诠释视频，时长约 5 分钟，形象理解复数的几何意义，褪去 i 的神秘面纱）

师生互动：通过视频我们了解了阿甘德极富创造力地解释了虚数单位的形的意义，有向线段 OD_1 逆时针旋转两次 $90°$ 得到 $OD_2(-1)$，大胆提出逆时针旋转一次 $90°$ 得到的 OR 可以看成 $\sqrt{-1}$，由 $+1$ 所表示的有向线段旋转 $90°$ 而来的，但这个符号显然跟之前负数不能开偶次方根冲突，数系扩充时要有相容性，因此欧拉用符号 i 来表示 -1 的平方根。直观来看，一个非零实数乘以 i 就离开了实数轴，构成了一类新的虚数，即从一维数轴上的数扩充为了二维复平面上的数。

师：我统计分析了前测卷中同学们的答题情况，还是有些"迷思"现象，同学们对复数概念的理解还不够透彻。高斯指出，如果不只是将 1，-1，i 称为正、负和虚单位，还看成直、反、侧单位，那么人们对复数或许就不会产生种种阴暗神秘的印象。可见几何表示不仅使人们接受了虚数且对它产生了全新的看法，如图 4-7 所示。

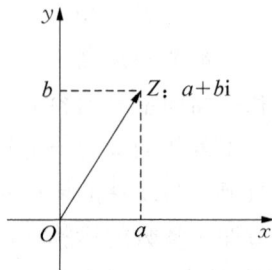

图 4-7　复数的代数形式与几何意义

师：同学们能否根据复数的几何意义对复数进行分类？

生：可以根据复数对应的点在复平面上的位置，把复数进行分类：

$$z = a + bi(a, b \in \mathbf{R}) \begin{cases} \text{实数：点在实轴上，} b=0, \\ \text{虚数} \begin{cases} \text{纯虚数：点在虚轴上（不包括原点），} a=0, b\neq 0, \\ \text{非纯虚数：复平面内不在实轴、虚轴上的点，} a\neq 0, b\neq 0. \end{cases} \end{cases}$$

师：到 19 世纪中叶哈密尔顿指出 $a+bi(a, b \in \mathbf{R})$ 中加号的使用只是历史的偶然，bi 并不能被加到 a 上去，而应看成有序数对 (a, b)，并证明了复数满足四则运算法则（PPT 呈现）。

【设计意图】 从数学文化的视角适切融入数学史，介绍复数的诞生与发展的历史进程——图形表示、实际应用到严密的数学理论。知识复习的过程隐含着复数的历史发展进程，通过前测卷学生的回答情况了解学情，紧扣概念理解的难点——对 i 的认识，融入阿甘德的旋转解释，结合复数代数形式与几何意义揭示其概念本质，认识复数知识的源与流。

2. 概念辨析，理解复数之本

师：为了进一步加强对复数概念的理解，请同学们辨析以下问题：

问题 1　判断下列命题的真假,并简述理由。

① 若 $z_1^2 + z_2^2 = 0$,则 $z_1 = 0$ 且 $z_2 = 0$;

② $|z|^2 = z^2$;

③ 若 $z_1 - z_2 > 0$,则 $z_1 > z_2$;

④ 若 $|z| < a(a > 0)$,则 $-a < z < a$。

生:① 假。反例:$z_1 = 1$,$z_2 = i$,$z_1^2 + z_2^2 = 1 + i^2 = 0$。

生:② 假。反例:$z = i$,$|z|^2 = 1$,$z^2 = -1$。两者不相等。

师:实数集内成立的命题在复数集内未必成立,我们判断真假的关键点是什么?

生:复数集内一个数的平方不一定是非负数,$|z|^2$ 只是复数模的平方,z^2 还有方向的旋转,我们要注意复数是一个有序数对,要充分考虑它的几何意义。

生:③ 假。反例:$z_1 = 1 + i$,$z_2 = i$,$z_1 - z_2 = 1 > 0$,但 $1 + i$ 和 i 无法比较大小。

师:为什么虚数不能比较大小?

师生互动:复数集内不能定义一个序关系使得它与加法和乘法相容,不能定义一个全序关系使得复数是一个有序域,有序域 F 的定义:对任意 $a, b, c \in F$,满足下面条件:

（Ⅰ）有 $a > b$,$a < b$ 或 $a = b$ 三者恰有一个成立(三分性);

（Ⅱ）若 $a > b$,$b > c$,则 $a > c$(传递性);

（Ⅲ）若 $a < b$,则 $a + c < b + c$(加法保序性);

（Ⅳ）若 $a < b$ 且 $c > 0$,则 $ac < bc$(乘法保序性)。

显然 $i \neq 0$,假设 $i > 0$,则 $i \cdot i > 0 \cdot i \Rightarrow -1 > 0$;假设 $i < 0$,则 $-i > 0 \Rightarrow (-i)(-i) > 0 \cdot (-i) \Rightarrow -1 > 0$,不符合条件 (4)。

故虚数之间不能比较大小。

生:④ 假。反例:$z = i$,$|z| = 1 < 2$,但 i 与 ± 2 之间不能比较大小。

师:$|z| < a(a > 0)$ 的几何意义是什么?能否从"形"的角度来分析这个命题?

生:这个不等式的几何意义是复数 z 的模小于正数 a,复数 z 对应点的轨迹为以原点为圆心、以正数 a 为半径的圆内的点构成的集合,不只是实轴上介于 $-a$ 到 a 的数。

【设计意图】问题 1 的探究过程中没有局限于知识的回顾,不只将学过的内容简单重复一遍,还力争突破新学阶段书本知识的局限,通过①②的辨析,学生能意识到数系扩充后命题的真假要与实数严格区分,分析③时没有只是简单规定复数不能比较大小,而是深层次探讨复数概念的本质,在②④的分析中启发学生从形的角度分析复数问题,强调复数的几何意义。

3. 问题解决,实现能力之助

问题 2　已知 $\dfrac{m+2}{m-2}$ 为纯虚数。

(1) 求复数 m 的模长;

(2) 若 $z = m + i$,求复数 z 对应点的轨迹。

生:(1) 设 $m = a + bi(a, b \in \mathbf{R}, m \neq \pm 2)$,由 $\dfrac{m+2}{m-2} = \dfrac{a+bi+2}{a+bi-2} = \dfrac{a^2 - 4 + b^2 - 4bi}{(a-2)^2 + b^2}$

为纯虚数，则 $\begin{cases} a^2+b^2=4, \\ b\neq 0, \end{cases}$ 故 $|m|=2$ 且 $m\neq\pm 2$。

师：这是思考复数问题的常规方法，通过复数除法运算化简，再结合纯虚数的概念得到复数 m 的模长。同学们还有别的计算方法吗？

生：由 $\dfrac{m+2}{m-2}$ 为纯虚数，则 $\dfrac{m+2}{m-2}+\dfrac{\overline{m}+2}{\overline{m}-2}=0$，得 $\dfrac{2m\cdot\overline{m}-8}{|m-2|^2}=0$，故 $|m|=2$ 且 $m\neq\pm 2$。

师：从纯虚数概念出发，结合复数模的运算得到结论，切入点很好。

生：由 $\dfrac{m+2}{m-2}$ 为纯虚数，设 $\dfrac{m+2}{m-2}=k\mathrm{i}$，$k\in\mathbf{R}$，$k\neq 0$，于是

$$m+2=k\mathrm{i}(m-2)\Rightarrow m=\frac{-2-2k\mathrm{i}}{1-k\mathrm{i}}\Rightarrow |m|=2\cdot\left|\frac{1+k\mathrm{i}}{1-k\mathrm{i}}\right|=2\cdot\frac{|1+k\mathrm{i}|}{|1-k\mathrm{i}|}=2。$$

师：这里的代换很巧妙，充分运用了共轭复数的运算性质，避开了繁难的运算。

生：(2) 设 $z=x+y\mathrm{i}$（x、$y\in\mathbf{R}$，$y\neq 1$），则 $m=x+(y-1)\mathrm{i}$。由(1)得 $x^2+(y-1)^2=4$，$y\neq 1$，复数 z 对应点的轨迹是以 $(0,1)$ 为圆心、以 2 为半径的圆[去掉两点 $(\pm 2,1)$]。

师：将复数方程转换为普通方程，进而确定动点的轨迹是常规方法。

生：$\begin{cases} z=m+\mathrm{i} \\ |m|=2 \end{cases}\Rightarrow |z-\mathrm{i}|=2$，可得复数 z 对应点的轨迹是以 $(0,1)$ 为圆心、以 2 为半径的圆[去掉两点 $(\pm 2,1)$]。

师：这里的代入法很好！利用两个复数差的模的几何意义直接确定动点轨迹。可见通过复数方程，我们也可以刻画动点的轨迹。请大家思考下面的问题：

问题3 设 z_1、$z_2\in\mathbf{C}$，实数 a、c 都大于 0，若 $|z_1-z_2|=2c$，且复数 z 满足 $|z-z_1|+|z-z_2|=2a$，则在复平面内复数 z 对应的点的轨迹是什么曲线？

师生互动：设复数 z_1、z_2 对应的点为 F_1、F_2，复数 z 对应的点为 P，依题意：
$|PF_1|+|PF_2|=2a>0$，$|F_1F_2|=2c>0$。
(1) 当 $c>a$ 时，动点 P 不存在；
(2) 当 $c=a$ 时，动点 P 的轨迹为线段 F_1F_2；
(3) 当 $c<a$ 时，动点 P 的轨迹为以 F_1、F_2 为焦点，以 $2a$ 为长轴长的椭圆。

师：平面几何中其他的动点轨迹怎样用复数形式表示？请同学们类比以上讨论，课后拓展思考。

【设计意图】问题2的一题多解和问题3的分类讨论，充分体现并强调了数形结合思想对于研究复数问题的重要性。历史上直到复数几何意义的出现，数学家才真正理解复数，复平面的建立助推了复数理论的完善，而代数运算理论又促进了其几何意义的发展。因此，教学中体现复数代数表征与几何意义的相辅相成，这对深度理解复数概念与运算有重要意义，同时有助于培养学生直观想象和逻辑推理能力。

4. 拓展探究，深化复数之用

师：19世纪后半叶，复数不仅为人们广泛接受，数学家们还研究出复数域拥有实数所

不具备的对称性和完备性，复数在诸如代数、分析、几何、数论领域都扮演了重要角色。下面请同学们尝试运用复数知识解决以下问题。

问题 4　已知 z_1、z_2 和 z_3 是以原点为圆心的单位圆上的三个点对应的三个复数，$z_1 + z_2 + z_3 = 0$，证明：z_1、z_2 和 z_3 对应的点是等边三角形的三个顶点。

生： 设 z_1、z_2 和 z_3 对应的点分别为 A、B 和 C，由 $z_1 + z_2 + z_3 = 0$ 可知，$\triangle ABC$ 的重心为原点，而其外心也是原点，故 $\triangle ABC$ 为等边三角形。

问题 5　求证婆罗摩笈多—斐波那契恒等式：对于任意不同的 a、b、c、$d \in \mathbf{N}^*$，至少存在两组数 A、$B \in \mathbf{N}^*$，使得 $(a^2 + b^2)(c^2 + d^2) = A^2 + B^2$。

师生互动： 实际上，婆罗摩笈多-斐波那契恒等式体现了复数方程 $|z_1|^2 \cdot |z_2|^2 = |z_1 \cdot z_2|^2 = |z_1 \cdot \overline{z_2}|^2$。

下面我们给出证明：设两个复数 $z_1 = a + bi$，$z_2 = c + di$，$(a、b、c、d \in \mathbf{N}^*)$，显然 $|z_1|^2 \cdot |z_2|^2 = (a^2 + b^2)(c^2 + d^2)$。

又 $z_1 \cdot z_2 = (a + bi)(c + di) = (ac - bd) + (ad + bc)i$，从而 $|z_1 \cdot z_2|^2 = (ac - bd)^2 + (ad + bc)^2 = A_1^2 + B_1^2$，其中 $A_1 = |ac - bd|$，$B_1 = ad + bc$。

同理，$|z_1 \cdot \overline{z_2}|^2 = |\overline{z_1} \cdot z_2|^2 = |ac + bd|^2 + |bc - ad|^2 = A_2^2 + B_2^2$，其中 $A_2 = ac + bd$，$B_2 = |bc - ad|$。

同学们可以课下证明这两组数是不同的。

【设计意图】问题 3、4、5 引导学生体会复数与其他知识的普遍联系和复数的应用价值，强化了学生运用复数的代数形式和几何意义解决问题的思维习惯。将复数知识的逻辑、历史和学生的认知结合起来，展开全方位、深层次的探讨，使得学生的认识和理解都能达到新的高度，同时也锻炼和提高了学生的数学抽象、直观想象和数学运算等核心素养。

5. 归纳总结，感悟复数之魅

师： 今天的这节复数复习课，大家有什么收获？

生： 巩固了复数的概念、运算，并结合复数的几何意义解题。

师： 复习复数概念的过程，对我们深度学习数学概念的方法，有什么启发？

生： 先回忆，再明确其本质内涵，与其他知识建立联系，充分加以应用。

师： 根据本节课的学习经历，结合你们的总结，我们可以形成如图 4-8 所示的概念学习的流程图。

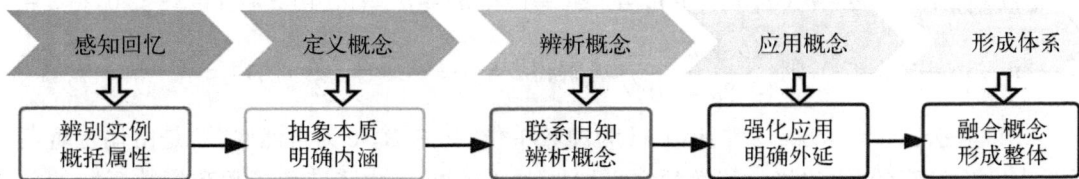

图 4-8　数学概念深度理解的学习模式

师：本节课什么内容印象最为深刻？解题中有什么新的启发？

生：印象最深刻的是阿甘德对虚数单位 i 的几何解释。解决复数问题可以从代数形式与几何意义两个方面分析求解；一个代数或者几何问题可以借助于复数这个工具来解决。

师：复数不仅在数学学科上的有重要的应用价值，在其他学科领域也发挥着重要的作用。比如目前在物理学中，复数是时空的数量关系，具体到电工学中复数表示交流电，虚数代表虚功；比如1772年，法国数学家达朗贝尔(d'Alembert, 1717—1783)将复变函数理论应用于流体动力学；1772年，瑞士数学家兰伯特(J. H. Lambert, 1728—1777)将复变函数理论应用于地图制作，他的二次投影理论也在航空与军事上起到重要作用。但复数对人类发展的意义绝不仅仅是在科学和生产中的应用，更重要的是复数的发展历程提醒我们，科学的道路是漫长的、孤寂的，多少代人孜孜不倦地努力，才能发现一点点真理，面向长远，只有基础科学研究远远领跑，才是无尽前沿，才能形成若干重大突破。

4.2.3　教学反思

在综合性较强的高三复习课中融入复数发展史，能以相对完整和合理的方式呈现复数知识的发展历程，能帮助学生理解复数并以广阔的视野认识复数，展现数学知识的魅力，增强复习课的趣味性。学生的直观想象、数学运算、数学抽象等学科素养在教学中得到了训练与培养，反映在后测试卷上可以看出学生对复数概念和知识的理解有很大程度的提升。

同时，有几位学生认为这节复习课讲得过于深入，中间例题的分析节奏有点快，最后一道例题理解起来有点吃力，但同时又表示课堂内容非常充实，课后继续加强理解收获会很大。可见复习课教学目标的制定、内容的选择也要基于学生学情，讲解的深入程度还需要根据学生的水平进行调整。

复数作为一个非常重要的数学对象，处于不同对象如点、向量和三角函数的联结点处，其表示方法的多样化决定了它成为知识之间强有力的纽带，那么教师需要重视并充分利用好这个素材，摒弃"考什么教什么"的常规做法，着眼于学生的终身学习，着力于熏陶数学文化，渗透数学基本思想，致力于学生数学学科核心素养的发展进行教学。

4.2.4　巩固练习

1. 已知复数 z 满足 $|z|=1$，且 $z+2i-3\bar{z}<0$，则复数 $z=$ _____。

【解析】 设 $z=a+bi(a, b\in\mathbf{R})$，由 $|z|=1$，得 $a^2+b^2=1$。由 $z+2i-3\bar{z}<0$，得 $a+bi+2i-3a+3bi<0$，则 $\begin{cases}4b+2=0, \\ -2a<0.\end{cases}$ 可解得 $b=-\dfrac{1}{2}$，$a=\dfrac{\sqrt{3}}{2}$，所以 $z=\dfrac{\sqrt{3}}{2}-\dfrac{1}{2}i$。

2. 欧拉公式 $e^{ix}=\cos x+i\sin x$（i 为虚数单位，$x\in\mathbf{R}$，e 为自然底数）是由瑞士著名数学家欧拉发明的，它将指数函数的定义域扩大到复数，建立了三角函数和指数函数的关系，它在复变函数论里占有非常重要的地位，被誉为"数学中的天桥"。根据欧拉公式可知，e^{2023i} 表示的复数在复平面中位于（　　）。

A. 第一象限　　　B. 第二象限　　　C. 第三象限　　　D. 第四象限

【解析】由题意可知，$e^{2023i}=\cos 2023+i\sin 2023$。因为 $2023\in\left(\dfrac{1287\pi}{2}, 644\pi\right)$，所以 $\cos 2023>0$，$\sin 2023<0$，所以 e^{2023i} 表示的复数在复平面中位于第四象限。故答案为 D。

3. 已知关于 x 的方程 $x^2-(2i-1)x+3m-i=0$ 有实根，则实数 m 的值为 _____。

【解析】设方程的实根为 x_0，则 $x_0^2-(2i-1)x_0+3m-i=0$，整理得 $x_0^2+x_0+3m-(2x_0+1)i=0$。

由复数相等的条件知 $\begin{cases} x_0^2+x_0+3m=0, \\ 2x_0+1=0, \end{cases}$ 解得 $m=\dfrac{1}{12}$。

4. 集合 $M=\{z\,|\,|z-1|\leqslant 1, z\in\mathbf{C}\}$，$N=\{z\,|\,|z-1-i|=|z-2|, z\in\mathbf{C}\}$，集合 $P=M\bigcap N$。

(1) 指出集合 P 在复平面内所对应的点集表示的图形（说明理由）；

(2) 求集合 P 中复数的模的最大值和最小值。

【解析】如图 4-9 所示，由 $|z-1|\leqslant 1$ 可知，集合 M 在复平面内所对应的点的集合是以 $E(1, 0)$ 为圆心，1 为半径的圆的内部及边界。

由 $|z-1-i|=|z-2|$ 可知，集合 N 是以点 $(1, 1)$ 和 $(2, 2)$ 为端点的线段 AB 的垂直平分线 CD，所以集合 P 对应的点集表示的圆形为线段 CD，其中 $z_C=1+\dfrac{\sqrt{2}}{2}+\dfrac{\sqrt{2}}{2}i$，

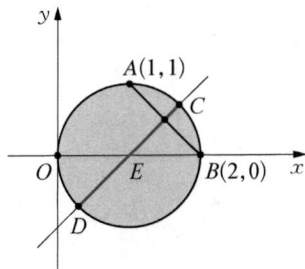

图 4-9

$z_D=1-\dfrac{\sqrt{2}}{2}-\dfrac{\sqrt{2}}{2}i$，集合 P 中的复数的模的最大值为 $\left|1+\dfrac{\sqrt{2}}{2}+\dfrac{\sqrt{2}}{2}i\right|=\sqrt{2+\sqrt{2}}$，最小值为 $\left|\dfrac{1}{2}-\dfrac{1}{2}i\right|=\dfrac{\sqrt{2}}{2}$。

5. 已知复数 z 满足 $(z+1)^6+(z-1)^6=0$，求证：z 为纯虚数。

【证明】$(z+1)^6+(z-1)^6=0\Rightarrow(z+1)^6=-(z-1)^6\Rightarrow|z+1|^6=|z-1|^6\Rightarrow|z+1|^2=|z-1|^2\Rightarrow(z+1)(\overline{z+1})=(z-1)(\overline{z-1})\Rightarrow(z+1)(\bar{z}+1)=(z-1)(\bar{z}-1)\Rightarrow z\cdot\bar{z}+z+\bar{z}+1=z\cdot\bar{z}-z-\bar{z}+1\Rightarrow z+\bar{z}=0$，且 $z\neq 0\Rightarrow z$ 为纯虚数。

附录4 "复数的概念"课前学习单

1. 请判断下列关于虚数或复数的叙述是否正确？若不正确，请说出你的理由。

(1) 复数是实数与虚数的代数和；

(2) 若 $z_1^2 + z_2^2 = 0$，则 $z_1 = 0$ 且 $z_2 = 0$；

(3) $|z| < a \Leftrightarrow -a < z < a(a > 0)$；

(4) 复数 z 可以和向量 $\overrightarrow{OZ}$ ——对应，因此复数的四则运算可以类比向量的四则运算进行。

2. 请简单说说实数与复数有什么联系（或相同）与不同之处？（例如概念，运算，数系等方面）

3. 对于"复数"的相关知识，你能联系到哪些其他的知识点呢？请尽可能多地写出来，完善你的知识结构。

4. 请谈一谈，你认为复数有什么作用？

第 5 章

以史明理：数学史融入公式定理复习课

读经传则根底厚，
看史鉴则议论伟。

——山阴金先生(清)《格言联璧》

数学公式与定理揭示了数学知识的基本规律，具有一定的形式符号化的抽象性和概括性的特征，是学生数学认知水平发展的重要学习载体。教师在教学中常常会有这样的感叹：课上自己把公式与定理的推导也讲了，公式与定理的意义也分析了，该补充的习题也让学生练了，学生怎么就是一做题就错或者很难灵活运用公式与定理呢？假如用"一背二套""公式加例题"的形式进行教学，学生头脑里往往只留下公式、定理的外壳，不清楚它们的来龙去脉，不明确它们运用的条件和范围。要学好数学，透彻理解和灵活运用数学公式和定理是重要前提，而这又需要学生具备多方面的能力，如对新旧知识联系的理解能力，对数学规律的归纳与探究能力，对公式与定理的推理与演绎能力，对知识的存储、记忆与应用能力等。另外，数学公式与定理也是值得我们无比珍视的重要成果：各个国家和时代都有人在为同一个数学公式和定理注入新鲜的血液，或在其推理和证明方法上，或在其推广和延拓方面，亦或在其应用的广度和深度方面。丘成桐先生曾在《梳理与人文》一书中感言："从历史中，我们看到将无数有意义的现象抽象和总结而成为定律时，中间的过程总是富有情感的！在解决大问题的关键时刻，科学家的主观感情起着极为重要的一面，这个感情是科学发现的原动力！面对着震撼我们心弦的真理时，好的科学家会不顾一切，不惜冒着生命的危险去发掘真理，去挑战传统的理论，甚至于得罪权贵，伽利略对教会的著名挑战就是这个感情表现的一面。为什么？当一个科学家发现他们推导出来的定律或定理是如此简洁，如此普遍，如此有力地解释各种现象时，他们不能不赞叹自然结构的美妙，也为这个定律或这个定理的完成而满意。这个过程值得一个科学家投入毕生的精力！苟真理之可知，虽九死其犹未悔！"这段话生动阐释了人的情感在推导公式、定理的过程中所起的重要作用，也充分体现了公式、定理本身的价值与意义。因此除了关注公式定理本身，引导学生从情感上理解数学也是数学教师要注重修炼的功课。

这是否给我们公式定理的复习方式以新的启发？在数学公式定理的复习教学中，仅仅知道它们的重要性并记住它们然后能用就足够了吗？实际上复习阶段的重点是在温故的基础上知新，如何温"故"？能否生成"新"？以及生成怎样的"新"？倘若只是简单、机械地重复一遍，那是很难在"知新"上做到有深度且有创造性的思考的。

公式定理的深度理解和掌握需要不断涵化不断运用，教师要以"导问"为手段引导学生在自主探究的基础上感悟数学的精彩公式或定理；要通过新的问题、新的背景，激发学生强烈的求知欲，从而克服先入为主的惰性心理；要精心预设问题引导学生思考；要善于设置"中间台阶"以帮助学生跨越难点；要将学生学过的知识重新整合，改换背景和形式，进行有效的拓展。因此以学生为主体去理解学生，并将学术形态的数学转换为教育形式的"理解教学"也是数学教师要重点修炼的功课。

除了教师的努力，学生自身也要能主动设疑、深度思考、积极探究、勤于练习和反思归纳,才能达到深度理解和熟练应用的学习程度。学生要注重追本溯源,熟练公式定理的推导过程,深究其数学思想和原理,厘清其使用条件和适用范围等。需要格外强调的是,探索不同证明方法的过程绝不比数学公式或定理本身缺乏魅力,尤其是人们往往会在问题的探究中有意外的发现,这也激发我们再次进行探索的欲望,不断推动着现代数学大厦的构建与完善。毋庸置疑,学生既能在推导数学公式、证明数学定理的过程中提升他们的逻辑推理能力、数学运算素养,又能在体验不同数学家或者不同时期的数学家的证明方法这样具有创新意义的数学活动中强化对创新与发现的情感体验,提升自身对自然结构的美妙、客观真理的力量的感受力,增加对公式定理理解的深度与广度。

基于此,在高中复习教学中,应提倡科学而非简单重复、生动而非机械罗列地复习数学中的公式定理,尽量避免只是简单回忆、粗浅复述数学公式、定理以及机械地大量刷题操练。那么在具体教学中,应如何充分体现数学定理和公式的本质内涵?如何发挥数学定理公式所蕴含的内在育人力量?如何引导学生经历数学抽象、逻辑推理和数学应用等过程?我们可以尝试从数学史这座丰富的宝藏中挖掘出更多研究性的教学资源,从研究的视角挖掘和研究数学史中的养料充分用于教学,尝试赋予课堂以新的内涵,这也是一种教学方式的创新。为实现最佳的教学效果,我们还会在融入数学史时精心设计有层次的问题或者习题供学生思考和训练。

这里我们选择了"正弦定理和余弦定理""二项式定理"作为典型案例,在呈现数学史融入公式定理复习课的教学设计与课堂实施时,采取如下五步曲教学:引入、论证、强调、应用、整合。在教学中注重激发学生学习兴趣,充分发挥学生在学习中的主体作用,避免学生的死记硬背和生搬硬套,做到"活学活用"数学中的公式定理,并在课后进行反思与改进。

5.1　正弦定理和余弦定理

正弦定理、余弦定理是关于任意三角形边角之间关系的两个重要定理,它将一个三角形的边和角有机结合起来,实现"边"与"角"的互化,教学中充分重视这两个定理的研究过程。研究过程具有一般的推广性:

$$发现→猜想→探索→验证→固化→应用→价值。$$

课堂中融入数学史引导学生从多个角度思考,运用多种方法证明正弦、余弦定理;在公式的应用中激发学生一题多解,强化学生应用数学知识解题的思维。引导学生在研究或解决问题的过程中领悟从特殊到一般、定量到定性、几何到代数、联系到统一的数学思想方法。

5.1.1　历史材料及其运用

(一) 历史概述

三角学是一门古老的数学分支,古代希腊学者早就开始了对三角形边角关系的关注。现代意义下的三角学这个词创于古希腊天文学家希帕科斯(Hipparchus,约公元前 190 年—公元前 120 年),他为了解决天文学中的计算问题,需要一个三角比率表,为此他将每一个三角形(包括球面三角形)都当做是某个圆的内接三角形,这样一来,三角形的边均变成圆的弦。后来,托勒密将圆的半径定为 60,如果圆心角为 α,那么可以得到弦长 $d = |AB| = 120\sin\frac{\alpha}{2}$,如图 5 - 1 所示。

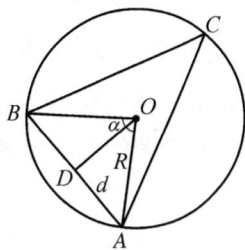

图 5 - 1　三角正弦与圆的弦的关系

后来,印度人对其进行简化,公元 6 世纪,印度天文学家阿里亚哈塔(Aryabhata,约 475—550)首次提出了正弦的概念,他用"ardha-jya"表示半弦,即弧 AB 的正弦为线段 AD,现在我们使用正弦函数"sine"的词源正是"半弦",可见正弦本来就源自圆的弦。而将三角形看成是圆的内接三角形这一方法自希帕科斯开始就被人们沿用,这一做法也深刻地影响了后世数学家对正弦定理的发现和证明。

一般认为,最先提出平面三角形正弦定理的数学家是 13 世纪阿拉伯的纳绥尔丁·图西(Nasiral-Din, 1201—1274)。之后 15 世纪德国数学家雷吉奥蒙塔努斯(Regiomontanus, 1436—1476)在 1463 年的"纯"三角学著作《论各种三角形》中的证法与前者几乎完全相同,其证明过程为:如图 5 - 2,以较长的一边不妨设为 AC 为半径作两段半径相等的

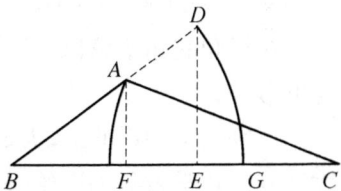

图 5 - 2

弧,构造出 $\sin B = DE$,$\sin C = AF$,根据平行线分线段成比例定理,得 $\dfrac{AB}{AC} = \dfrac{AF}{DE} = \dfrac{\sin C}{\sin B}$。

16 世纪韦达利用三角形外接圆的半弦即边长的一半表示三角形的内角正弦,如图 5-3 所示,设 $\triangle ABC$ 的外接圆半径为 R,从 $\triangle ABC$ 的外心 O 向 AB、BC、CA 引垂线,垂足分别为 D、E、F,则 $\angle A = \angle BOE$,$\angle B = \angle AOF$,$\angle C = \angle AOD$,于是 $a = 2BE = 2R\sin A$,$b = 2AF = 2R\sin B$,$c = 2AD = 2R\sin C$,故 $a : \sin A = b : \sin B = c : \sin C = 2R$。

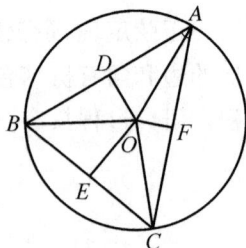

18 世纪之前对正弦定理的证明基本上都是通过作圆的弦实现的。直到 1748 年,欧拉的代表作《无穷分析引论》发表,在这本书中,欧拉指出:"三角函数是一种函数线与圆半径的比值"。实际上,将正弦定义为直角三角形的直角边与斜边的比值立即带来了正弦定理证明的简化,其中最有代表性的就是 19 世纪伍德豪斯(R. Woodhouse,1773—1827)给出的证明方法:如图 5-4,在 $\triangle ABC$ 中,$AD \perp BC$,根据正弦定义可得,$AD = c\sin B = b\sin C \Rightarrow \dfrac{b}{\sin B} = \dfrac{c}{\sin C}$,类似可推得 $\dfrac{a}{\sin A} = \dfrac{b}{\sin B} = \dfrac{c}{\sin C}$。 这一简化的方法,其本质与之前的如出一辙,但却没有了三角形的边与其对角正弦的比值正好是外接圆半径的完整形式。沪教 2020 版教材在后续例题中给出了正弦定理的完整形式。

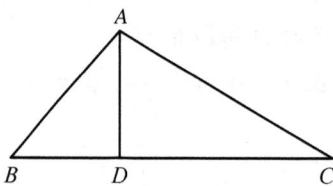

图 5-4

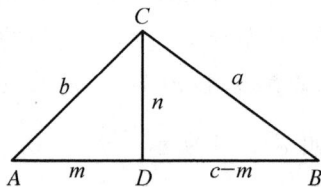

图 5-5 欧几里得命题 Ⅱ 12

1593 年韦达首次将欧几里得在《几何原本》第 2 卷中的三角形三边关系用三角形式表示出来。如图 5-5,在钝角三角形 ABC 中,$CD \perp AB$,欧几里得命题 Ⅱ 12:$2cm = b^2 + c^2 - a^2$,

又 $1 : \sin(A - 90°) = b : m = 2bc : 2cm = 1 : (-\cos A)$,故 $a^2 = b^2 + c^2 - 2bc\cos A$。

在锐角三角形 ABC 中,同理也可得 $a^2 = b^2 + c^2 - 2bc\cos A$。 这就是余弦定理的三角比例形式。

17 世纪和 18 世纪,大部分三角学著作以几何形式给出余弦定理。从 19 世纪开始,大部分三角学教科书则给出三角形式的余弦定理,几何形式逐渐淡出人们的视野,与此同时,数学家们开始关注余弦定理与和角公式、正弦定理和射影定理之间的关系。例如人们通过余弦定理来推理正弦定理：$\begin{cases} \sin^2 A = 1 - \left(\dfrac{b^2 + c^2 - a^2}{2bc}\right)^2, \\ \sin^2 B = 1 - \left(\dfrac{a^2 + c^2 - b^2}{2ac}\right)^2 \end{cases} \Rightarrow \dfrac{\sin^2 A}{\sin^2 B} = \dfrac{a^2}{b^2}$。

到了 19 世纪中期，英国数学家哈密尔顿发明了四元数，建立了向量代数与向量分析。而使用向量证明正弦定理、余弦定理的方法出现得相对更晚一些。利用向量数量积证明余弦定理尤其简洁，但在证明正弦定理时由于使用了数量积的几何意义而让学生感觉相对困难。

正如 M·克莱因所言："课本中的字斟句酌的叙述，未能表现出创造过程中的斗争、挫折，以及在建立一个可观的结构之前数学家所经历的艰苦漫长的道路。而学生一旦认识到这些，他将不仅获得真知灼见，还将获得顽强地追究他所攻问题的勇气。"这段论述说明学生适当了解数学知识的历史发展是必要的。

（二）历史材料的运用

本专题复习教学中，首先通过课前学习单的问题调研学生认知情况，然后有的放矢地选择史料、重构式运用历史上不同阶段数学家证明正弦余弦定理的史料素材，引导学生充分思考和推理证明，之后附加式和顺应式编选数学问题，给学生充分机会应用公式定理解决数学问题。具体教学实施步骤：第一步引导学生"追本溯源"搞清楚正弦、余弦定理中"弦"的涵义；第二步，启发学生从平面几何法、向量法、解析法等不同角度思考定理的推理证明，并充分讨论和交流。如果教学时间紧迫，可以在课前将 18 世纪之前数学家证明正弦、余弦定理的方法呈现给学生阅读和思考，课上引导学生围绕几个关键问题进行思考，并重点讨论和交流学生自己发现的有创意的证法。总之，课堂教学中绝不是为了融入数学史而讲授数学史，而是通过无痕化地运用数学史料，让我们既领略古人的智慧和创新，又打破思维定式，培养学生的创造性思维。

5.1.2　教学设计与实施

（一）教学分析
1. 教学内容分析

正弦定理和余弦定理是高中数学的重点内容之一，也是高考的重要考点，是用来探究三角形三条边与三个角之间数量关系的重要定理。沪教 2020 版高一数学教材采用了解析法得出三角形的面积公式进而得正弦定理，用两点间距离和三角比推导余弦定理，而实际上还可以用很多方法来证明这两个定理，因此教学的任务之一是通过恰当的形式为学生提供必要的材料使其了解正弦定理的历史和证法，引导学生搞清楚如何推导正弦、余弦定理。比如从平面几何知识入手，由于三角形类型不同，能否准确地进行分类讨论；比如同样用向量方法证明，不同的切入方式是否有不同的推导过程。另外，因为正弦定理和余弦定理对于现实生活中不可触及物体的有关距离、高度、角度等一些测量问题同样有着重要作用,所以教学的另一个任务是如何灵活运用正弦、余弦定理分析和解决现实问题。

2. 学情分析

本次授课对象为处于高三一轮复习阶段的学生,课前学习单反馈出,学生普遍不太清楚正弦、余弦为何称之为弦? 正弦、余弦定理中的"弦"与圆中的"弦"有何关系? 同时,同学们的学习存在几个典型的问题:对正弦定理的完整形式印象不深;基本上能记住两个定理,但有关它们的推导方法遗忘率比较高;能熟练识记两个定理,但每当遇到复杂的解三角形问题时不知该选择哪个公式顺利分析下去,以致解答过程有些绕,或思路容易卡住。实际上,学生对两个定理内在的联系与各自使用的条件范围没理清楚,尚不能用联系的观点分析问题。这些都是复习课上亟待解决的问题。

基于以上分析,明确了本专题复习课的教学目标和教学重难点。

教学目标

(1) 利用几何直观感知、向量运算、坐标运算等不同的方法,推导和证明正弦定理、余弦定理,培养学生的归纳推理、运算推理能力;

(2) 探索三角形边长与角度的关系,会用正弦定理、余弦定理解三角形;

(3) 联系不同版块的知识大胆尝试不同的方法证明正弦定理、余弦定理,培养学生勇于探索、严谨求实的学习态度。

教学重点 三角形的边长与角度的关系。

教学难点 正弦定理、余弦定理的证明。

(二) 教学过程

1. 知识回顾,追寻定理之源

师: 为方便后续课堂,我们做如下规定:在 $\triangle ABC$ 中,$\angle A$、$\angle B$、$\angle C$ 所对的边分别为 a、b、c,后面不再重复强调。同学们交流一下三角形具有哪些边角关系?

生: 三角形任意两边之和大于第三边;三角和为 $180°$;正弦定理 $\dfrac{a}{\sin A} = \dfrac{b}{\sin B} = \dfrac{c}{\sin C}$;余弦定理 $a^2 = b^2 + c^2 - 2bc\cos A$;$\cos A = \dfrac{b^2 + c^2 - a^2}{2bc}$。

师: 正弦定理、余弦定理中的"弦"与圆中的弦有关系吗? 否则为何称之为"弦"?

师: 古希腊天文学家希帕科斯为了解决天文学中的计算问题早就开始研究三角形边角关系了,他将每一个三角形(包括球面三角形)都看成某个圆的内接三角形,于是三角形的边均变成圆的弦。(分析图 5-1)公元 6 世纪,印度天文学家阿里亚哈塔首次提出了正弦的概念,他用"ardha-jya"表示半弦,即弧 AB 的正弦为线段 AD,现在我们使用正弦函数"sine"的词源正是"半弦",可见正弦本来就源自圆的弦。而将三角形看成圆的内接三角形这一方法自希帕科斯开始就被人们沿用,这一做法也深刻地影响了后世数学家对正弦定理的发现和证明。

【设计意图】 了解概念的起源不仅能够激发学生的兴趣,而且能够促进学生对概念的理解。

2. 以史为鉴、明晰定理证明

师：怎么证明正弦定理、余弦定理？你能想出几种不同的证明方法？

生：我是运用平面几何知识证明的，如图 5-6，过点 A 作边 BC 的垂线交 BC 于点 D，则有 $AD = AC\sin C = AB\sin B \Rightarrow \dfrac{b}{\sin B} = \dfrac{c}{\sin C}$。同理 $\dfrac{a}{\sin A} = \dfrac{c}{\sin C}$，所以 $\dfrac{a}{\sin A} = \dfrac{b}{\sin B} = \dfrac{c}{\sin C}$，得证。

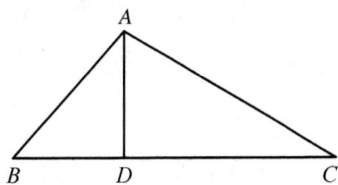

图 5-6

同时，$BC = BD + CD = AB\cos B + AC\cos C = c\cos B + b\cos C$，

移项变形，得 $a - c\cos B = b\cos C$

$\Rightarrow (a - c\cos B)^2 = b^2\cos^2 C = b^2(1 - \sin^2 C)$，

将 $b\sin C = c\sin B$ 代入（*）式，整理得

$a^2 - 2ac\cos B + c^2\cos^2 B = b^2 - b^2\sin^2 C = b^2 - c^2\sin^2 B$，

变形整理，得 $b^2 = a^2 + c^2 - 2ac\cos B$。

师：该同学充分运用了三角比和三角形中的边角关系建立等式，两个定理的证明一气呵成，这酷似 18 世纪的数学家们的证法且又有自己的创新。但这个正弦定理是完整的形式吗？完整的形式又该如何证明？

生：根据老师刚才关于弦的介绍，可以构造三角形的外接圆，如图 5-7。

设△ABC 的外接圆半径为 R，过△ABC 的外接圆圆心 O 分别作三条边的垂线交于 D、E、F，则 $AD = AO\sin\angle AOD = R\sin C$，这正是角 C 所对的半弦的长度，于是 $\dfrac{c}{2} = R\sin C \Rightarrow \dfrac{c}{\sin C} = 2R$。

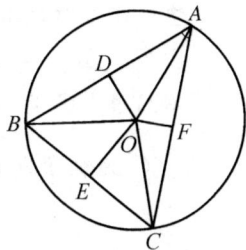

图 5-7

同理可得其他三条半弦的长度，故 $\dfrac{a}{\sin A} = \dfrac{b}{\sin B} = \dfrac{c}{\sin C} = 2R$。

师：你的方法与法国数学家韦达的证法如出一辙啊！非常简洁地就把正弦定理的完整形式证出来了。

生：外接圆中，三角形应该有如图 5-8 所示的三种情况，先看图①，在 Rt△ABC 中，

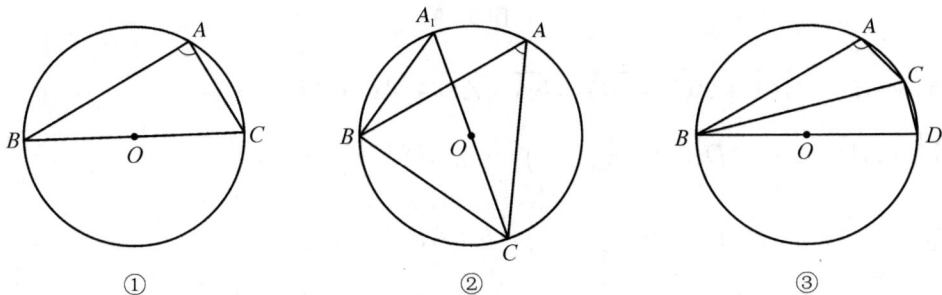

①   ②   ③

图 5-8

易得 $\dfrac{a}{\sin A}=\dfrac{b}{\sin B}=\dfrac{c}{\sin C}=a=2R$。

再看图②,在锐角 $\triangle ABC$ 中,构造弦 BC 所对的圆周角 A_1,且 CA_1 经过圆心 O,易得 Rt$\triangle A_1BC$ 中 $\dfrac{BC}{\sin A_1}=\dfrac{A_1C}{\sin\frac{\pi}{2}}=2R=\dfrac{a}{\sin A}$,类推到其他内角,同理可证。

最后看图③,在钝角 $\triangle ABC$ 中,$\angle A$ 是钝角,连接 BO 交圆于点 D,由四点共圆知 $\sin A=\sin D$,同理可证。

师:同学们用平面几何知识精于构图,推理严谨,路清理明,非常精彩!

【设计意图】复习中在定理的推导过程、来龙去脉环节给以充分的重视,通过巧妙的情境和问题,引导学生充分理解定理的本质及其蕴含的数学思想和方法。越是基础的地方,蕴含的数学思想越深刻,而基本方法的应用对于知识本质的理解是非常重要的,这对学生领悟数学基本思想、积累基本活动经验有奠基作用,也是提升和发展数学学科核心素养的必由之路。

3. 证法拓展,加强知识联系

师:三角形是最基本的平面图形,因此研究边角关系时用几何知识推导非常自然。除了这个视角以外,还可以用哪些知识和方法证明这两个定理呢?

生:可以尝试用向量知识来证,在 $\triangle ABC$ 中,$\overrightarrow{BC}=\overrightarrow{BA}+\overrightarrow{AC}$,两边平方得 $\overrightarrow{BC}^2=\overrightarrow{BA}^2+\overrightarrow{AC}^2+2\overrightarrow{BA}\cdot\overrightarrow{AC}\Rightarrow a^2=b^2+c^2-2bc\cos A$,余弦定理得证。

不妨设 $\angle C$ 为 $\triangle ABC$ 的最大角,过点 A 作 $AD\perp BC$ 于点 D,如图 5-9,设 $\angle DAC=\alpha$,当 $\angle C$ 为锐角或直角时,$\angle C=\dfrac{\pi}{2}-\alpha$;当 $\angle C$ 为钝角时,$\angle C=\dfrac{\pi}{2}+\alpha$。

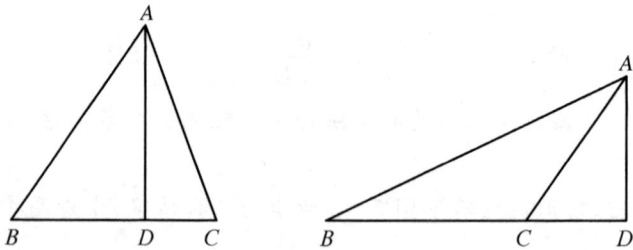

图 5-9

$$\overrightarrow{BC}\cdot\overrightarrow{AD}=(\overrightarrow{BA}+\overrightarrow{AC})\cdot\overrightarrow{AD}=\overrightarrow{BA}\cdot\overrightarrow{AD}+\overrightarrow{AC}\cdot\overrightarrow{AD}=0,$$

$$\overrightarrow{BA}\cdot\overrightarrow{AD}=c\cdot|AD|\cos\left(\frac{\pi}{2}+B\right)=c|AD|(-\sin B),$$

$$\overrightarrow{AC}\cdot\overrightarrow{AD}=b\cdot|AD|\cos\left(\frac{\pi}{2}-C\right)=b|AD|\sin C。$$

于是 $c(-\sin B)+b\sin C=0\Rightarrow b\sin C=c\sin B\Rightarrow \dfrac{b}{\sin B}=\dfrac{c}{\sin C}$,同理可得 $\dfrac{b}{\sin B}=$

$\dfrac{a}{\sin A}$，即 $\dfrac{a}{\sin A}=\dfrac{b}{\sin B}=\dfrac{c}{\sin C}$，正弦定理得证。

师： 向量是沟通代数和几何的有力工具，使用向量
证明正弦定理、余弦定理的方法尤为简洁！

生： 我也想到用向量法证明，只是过程与前面的同学
有所不同。在 $\triangle ABC$ 中，以 C 为坐标原点、CB 为 x 轴，建
立如图 5 - 10 所示的平面直角坐标系，则 $A(b\cos C,$
$b\sin C)$，$B(a, 0)$，则 $\overrightarrow{BA}=(b\cos C-a, b\sin C)$。把向量

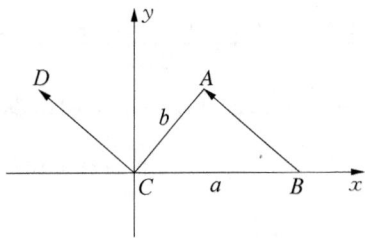

图 5 - 10

$\overrightarrow{BA}$ 平移到 $\overrightarrow{CD}$，则 $D(c\cos(\pi-B), c\sin B)$，$\overrightarrow{BA}=\overrightarrow{CD}$，则 $\begin{cases} c\cos(\pi-B)=b\cos C-a, \\ c\sin B=b\sin C, \end{cases}$ 得

$$-c\cos B=b\cos C-a, \qquad \qquad ①$$

$$\frac{b}{\sin B}=\frac{c}{\sin C}, \qquad \qquad ②$$

由①推导余弦定理的过程与前面的推理过程相同。

师： 这位同学用向量相等的概念和解析法很快证出了两个定理，真可谓一石二鸟！
可见正弦定理、余弦定理有着内在不可分割的联系，用这个方法证明既简洁又体现了数学
的内在美。这就说明我们不能将两个定理孤立开来，而应该融为一体去分析问题。

【设计意图】 用向量法证明时，可以都从同一个向量等式 $\overrightarrow{BC}=\overrightarrow{BA}+\overrightarrow{AC}$ 出发，通过引
入数量积的运算，实现从"向量"到"数量"的转化；还可以与解析法融合（教材中用解析法
从不同的视角推导出两个定理），找到两个等式，充分发挥了向量作为联系代数和几何两
个量的桥梁作用。在课堂教学中聚焦用向量法推导两个定理，在探究中体悟向量方法的
优势，能锻炼学生的运算推理能力和数形结合分析解决问题的能力，将有限的时间用于解
决关键问题。

师： 到此大家是否感受到正弦定理、余弦定理的证明方法具有高度的相似性？其根
源在于正弦定理和余弦定理是等价命题，英国数学家伍德豪斯就用余弦定理证明了正弦
定理，而德摩根在《三角学基础》中用正弦定理证明了余弦定理。大家能否尝试这两个定
理互相推导证明呢？

生： 根据
$$a=b\cos C+c\cos B$$
$$\Rightarrow a^2=b^2\cos^2 C+c^2\cos^2 B+2bc\cos B\cos C, \qquad ①$$

又
$$a^2=b^2+c^2-2bc\cos A, \qquad ②$$

②－①，得 $0=b^2\sin^2 C+c^2\sin^2 B-2bc(\cos A+\cos B\cos C)$，又 $\cos A=-(\cos B\cos C-$
$\sin B\sin C)$，两式联立得 $(b\sin C-c\sin B)^2=0$，即 $b\sin C=c\sin B$。

师： 很好！结合三角比知识，通过合理的代数运算可以用余弦定理证明正弦定理。

生： 由 $\sin^2 B+\sin^2 C-\sin^2 A=\dfrac{1-\cos 2B}{2}+\dfrac{1-\cos 2C}{2}-\dfrac{1-\cos 2A}{2}=$

$$\frac{1+\cos 2A-(\cos 2B+\cos 2C)}{2}, \cos 2B+\cos 2C=2\cos(B+C)\cos(B-C)=$$

$-2\cos A\cos(B-C)$，两式联立得

$$\begin{aligned}\sin^2 B+\sin^2 C-\sin^2 A&=\cos^2 A+\cos A\cos(B-C)\\&=\cos A(-\cos(B+C)+\cos(B-C))\\&=\cos A(2\sin B\sin C)。\end{aligned}$$

又 $\sin A=\dfrac{a}{2R}$，$\sin B=\dfrac{b}{2R}$，$\sin C=\dfrac{c}{2R}$，代入可得余弦定理 $a^2=b^2+c^2-2bc\cos A$。

师：将三角比公式与正弦定理、余弦定理融为一体，实现了正弦定理和余弦定理的互相推导，别出心裁，出奇制胜！

【设计意图】引导学生进行两个定理之间的互推，有助于深化学生理解它们之间的联系，并且把它们与三角比联立起来融为一体，既有助于知识的系统性与连贯性学习，又锻炼了学生的运算推理能力，让学生充分体验数学的内在美。

4. 问题探析，强化灵活应用

师：学习了正弦定理、余弦定理后，我们既可以解决实际生活中不可触及物体的有关距离和角度问题，又可以通过三角形的已知边与角去定量计算它的未知边与角。图 5-11 给出了解三角形所涉及的问题。

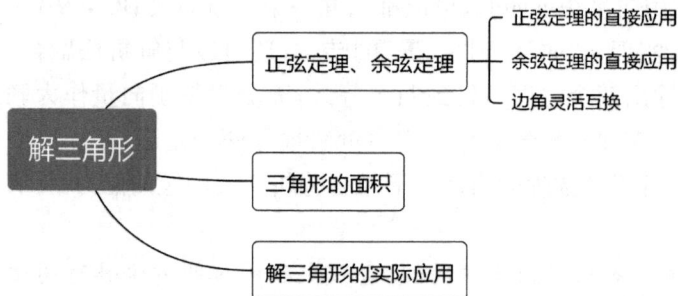

图 5-11

问题 1 已知 $a\cos A+b\cos B=c\cos C$，判断 $\triangle ABC$ 的形状。

生：我用正弦定理解，由 $a=2R\sin A$，$b=2R\sin B$，$c=2R\sin C$，$a\cos A+b\cos B=c\cos C$，得 $\sin 2A+\sin 2B=\sin 2C=-\sin(2A+2B)=-\sin 2A\cos 2B-\cos 2A\sin 2B$，$\sin 2A(1+\cos 2B)+\sin 2B(1+\cos 2A)=0\Rightarrow 4\sin A\cos A\cos^2 B+4\sin B\cos B\cos^2 A=0$，$\cos A\cos B(\sin A\cos B+\sin B\cos A)=0\Rightarrow\cos A=0$ 或 $\cos B=0\Rightarrow\angle A=\dfrac{\pi}{2}$ 或 $\angle B=\dfrac{\pi}{2}$。

故 $\triangle ABC$ 为直角三角形。

生：我用余弦定理证明，由 $a\cdot\dfrac{b^2+c^2-a^2}{2bc}+b\cdot\dfrac{a^2+c^2-b^2}{2ac}=c\cdot\dfrac{a^2+b^2-c^2}{2ab}$，方程两边同乘以 abc 得 $a^4+b^4-2a^2b^2=c^4\Rightarrow a^2-b^2=\pm c^2\Rightarrow A=90°$ 或 $B=90°$。

问题 2　在△ABC 中,若 $A=\dfrac{\pi}{3}$, $a=\sqrt{3}$,求 b^2+c^2 的取值范围。

生: 解法 1：运用余弦定理和均值不等式。

由 $A=\dfrac{\pi}{3}$, $a=\sqrt{3}$,且 $a^2=b^2+c^2-2bc\cos A$,得 $3=b^2+c^2-bc$。

又 $bc\leqslant\dfrac{b^2+c^2}{2}$,则 $b^2+c^2-3\leqslant\dfrac{b^2+c^2}{2}$,得 $b^2+c^2\leqslant6$,当且仅当 $b=c$ 时取等号。

又因为 $b^2+c^2=bc+3>3$,所以 $b^2+c^2\in(3,6]$。

生: 解法 2：设 $b^2+c^2=t$。

根据解法 1,得 $b^2+c^2-bc=3=\dfrac{3}{t}(b^2+c^2)$,

即 $(t-3)b^2-tcb+(t-3)c^2=0$。

由 $\Delta=t^2c^2-4(t-3)^2c^2\geqslant0$,

得 $t^2\geqslant4(t-3)^2$,则 $t^2-8t+12<0$,解得 $2\leqslant t\leqslant6$。

当 $b=c=\sqrt{3}$ 时,$t=6$。

又 $b^2+c^2=t=bc+3>3$,所以 $t\in(3,6]$,即 $b^2+c^2\in(3,6]$。

生: 解法 3：设 $b^2+c^2=t^2$,则 $\begin{cases}b=t\cos\theta,\\c=t\sin\theta,\end{cases}$ $0<\theta<\dfrac{\pi}{2}$,根据解法 1,得 $3=b^2+c^2-bc$。

代入得 $t^2-t^2\cos\theta\sin\theta=3$,则 $t^2-\dfrac{t^2}{2}\sin2\theta=3$,解得 $t^2=\dfrac{6}{2-\sin2\theta}$。

由 $\theta\in\left(0,\dfrac{\pi}{2}\right)\Rightarrow2\theta\in(0,\pi)\Rightarrow\sin2\theta\in(0,1]\Rightarrow2-\sin2\theta\in[1,2)$,

可得 $t^2=\dfrac{6}{2-\sin2\theta}\in(3,6]$,所以 $b^2+c^2\in(3,6]$。

另辟蹊径：由 $t^2-t^2\sin\theta\cos\theta=3$,则 $t^2-\dfrac{t^2}{2}\sin2\theta=3$,得 $\sin2\theta=\dfrac{2t^2-6}{t^2}=2-\dfrac{6}{t^2}$。

由 $\sin2\theta\in(0,1]$,得 $2-\dfrac{6}{t^2}\in(0,1]$,解得 $t^2\in(3,6]$,即 $b^2+c^2\in(3,6]$。

生: 解法 4：如图 5-12 所示建立平面直角坐标系,设
△ABC 的外接圆方程为 $x^2+y^2=1$。

不妨设 BC 与 x 轴平行,设点 $A(x,y)$,易得
$B\left(-\dfrac{\sqrt{3}}{2},-\dfrac{1}{2}\right)$, $C\left(\dfrac{\sqrt{3}}{2},-\dfrac{1}{2}\right)$,

进而得 $b^2+c^2=\left(x-\dfrac{\sqrt{3}}{2}\right)^2+\left(y+\dfrac{1}{2}\right)^2+\left(x+\dfrac{\sqrt{3}}{2}\right)^2+$

$\left(y+\dfrac{1}{2}\right)^2=4+2y$。

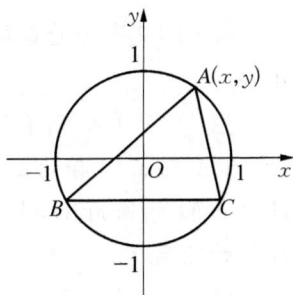

图 5-12

由图可知 $-\dfrac{1}{2}<y\leqslant 1$，则 $4+2y\in(3,6]$，即 $b^2+c^2\in(3,6]$。

生：我想到了第 5 种解法，由 $\dfrac{a}{\sin A}=\dfrac{b}{\sin B}=\dfrac{c}{\sin C}$，可得 $b=\dfrac{a}{\sin A}\cdot\sin B=2\sin B$，$c=2\sin C$，进而得

$$
\begin{aligned}
b^2+c^2&=4(\sin^2 B+\sin^2 C)\\
&=4\left(\frac{1-\cos 2B}{2}+\frac{1-\cos 2C}{2}\right)\\
&=4-2(\cos 2B+\cos 2C)。
\end{aligned}
$$

因为 $B+C=\dfrac{2\pi}{3}$，所以

$$
\begin{aligned}
b^2+c^2&=4-2\left[\cos 2B+\cos 2\left(\frac{2\pi}{3}-B\right)\right]\\
&=4+2\left(\frac{\sqrt{3}}{2}\sin 2B-\frac{1}{2}\cos 2B\right)\\
&=4+2\sin\left(2B-\frac{\pi}{6}\right)。
\end{aligned}
$$

由 $0<B<\dfrac{2\pi}{3}\Rightarrow-\dfrac{\pi}{6}<2B-\dfrac{\pi}{6}<\dfrac{7\pi}{6}\Rightarrow-\dfrac{1}{2}<\sin\left(2B-\dfrac{\pi}{6}\right)\leqslant 1\Rightarrow 3<4+2\sin\left(2B-\dfrac{\pi}{6}\right)\leqslant 6$，则 $b^2+c^2\in(3,6]$。

问题 3 为了测量两山顶 M、N 间的距离，飞机沿水平方向在 A、B 两点进行测量，点 A、B、M、N 在同一个铅垂直面内（如图 5-13 所示），飞机能够测量的数据有俯角和 A、B 间的距离，请设计一个方案，包括：

(1) 指出需要测量的数据（用字母表示，并在图中标出）；

(2) 用文字和公式写出计算点 M、N 间距离的步骤。

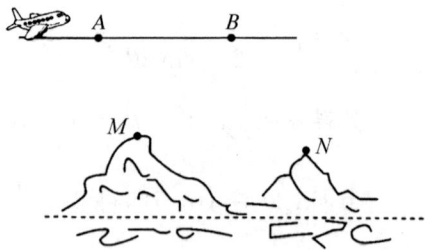

图 5-13

生：(1) 需要测量的数据如下：如图 5-14 所示，点 A 到点 M 俯角 α_1，点 A 到点 N 的俯角 β_1，点 B 到点 M 的俯角 α_2，点 B 到点 N 的俯角 β_2，点 A、B 间的距离 d。

(2) **生：**方法 1：选择 $\triangle AMN$。

第一步：由正弦定理分别计算 AM、AN；

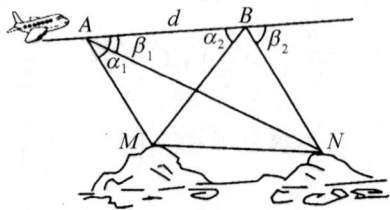

图 5-14

第二步：由余弦定理计算 MN。

在 $\triangle ABM$ 中，根据正弦定理求出 AM：

由 $\dfrac{AM}{\sin\angle ABM}=\dfrac{AB}{\sin\angle AMB}$，即 $\dfrac{AM}{\sin\alpha_2}=\dfrac{d}{\sin(\alpha_1+\alpha_2)}$，得 $AM=\dfrac{d\cdot\sin\alpha_2}{\sin(\alpha_1+\alpha_2)}$。

在 $\triangle ABN$ 中，根据正弦定理求出 AN：

由 $\dfrac{AN}{\sin\angle ABN}=\dfrac{AB}{\sin\angle ANB}$，即 $\dfrac{AN}{\sin\beta_2}=\dfrac{d}{\sin(\beta_2-\beta_1)}$，得 $AN=\dfrac{d\cdot\sin\beta_2}{\sin(\beta_2-\beta_1)}$。

在 $\triangle AMN$ 中，根据余弦定理求出 MN：

$$MN=\sqrt{AM^2+AN^2-2AM\cdot AN\cdot\cos(\angle BAM-\angle BAN)}$$
$$=\sqrt{AM^2+AN^2-2AM\cdot AN\cdot\cos(\alpha_1-\beta_1)}。$$

方法 2：选择 $\triangle BMN$。

第一步：由正弦定理分别计算 BM、BN；

第二步：由余弦定理计算 MN（过程略）。

方法 3：等积法，如图 5-15 所示。

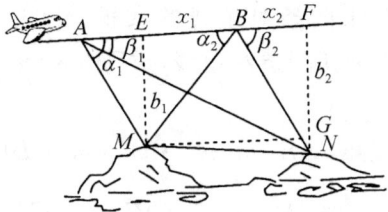 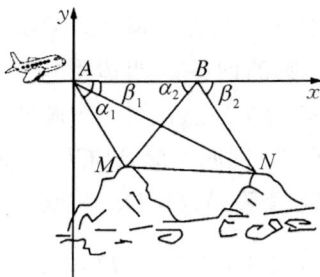

图 5-15　　　　　　　　　　　　　图 5-16

第一步：利用三角形面积公式分别计算 BM、BN；

第二步：由余弦定理计算 MN（过程略）。

方法 4：解析法。

第一步：建系设点（如图 5-16 所示）；

第二步：分别求出点 M、N 的坐标；

第三步：由距离公式求出 MN（过程略）。

【设计意图】问题 1 综合应用三角比和两个定理判断三角形形状；问题 2 是不确定三角形相关量的取值范围问题；问题 3 是实际应用题，涉及数学建模思想。三个问题都非常典型，都涉及一题多解，与之前定理证明思路的多样化相呼应。

5.1.3　教学反思

本次专题复习中，引导学生充分思考正弦定理、余弦定理的多种证明方法，一能培养综合运用代数与平面几何、解析几何和向量等知识的能力,二能领悟数学转化与化归、数形结合、分类讨论、应用与建模等多种数学思想方法。更可贵的是,这些方法有着历史的根源,蕴含着丰富的数学历史和数学文化元素。我们追求一种润物无声的教学方式融入数学史,而中学数学教材中的证明方法更多的是近现代数学的重新改写,了解这些方法的历史发展和相互联系,有助于学生深刻认识这些数学知识的本质,培养学生用联系的观点综合应用不同版块的知识分析解决问题。

为了学生的长远发展,我们要尽可能发挥数学知识中公式定理的教育价值。对于教,教师应致力于从多角度理解知识,顺承各知识之间的内在逻辑,揭示作为结果的公式定理等知识之间的内在联系,并关联各知识形成知识网络,融入学生的认知结构中;对于学,学生能溯源公式定理的知识本质及其数学思想方法,掌握其推理方法、理解其本质要领,并能勾连与其他知识的关系,这远比只是脑海中再现公式定理是什么然后盲目刷题以期通过解题熟练度提高成绩更重要。这就需要师生"数学性"地复习公式定理——即基于内在关联的课堂导入、基于理解因而注重公式定理的生成与推导过程,注重问题的提出、分析与解决。

5.1.4 巩固练习

1. 托勒密是古希腊天文学家、地理学家、数学家,托勒密定理就是由其名字命名,该定理指出:圆的内接凸四边形两对对边乘积的和等于两条对角线的乘积。已知四边形 $ABCD$ 的四个顶点在同一个圆的圆周上,AC、BD 是其两条对角线,$BD=8$,且 $\triangle ACD$ 为正三角形,则四边形 $ABCD$ 的面积为_____。

【解析】设 $AD=DC=AC=a$,由托勒密定理知,$AB \cdot a + a \cdot BC = a \cdot BD$,

所以 $AB+BC=BD=8$。又因为 $\angle ABD = \angle ACD = \dfrac{\pi}{3}$,$\angle CBD = \angle CAD = \dfrac{\pi}{3}$,

所以四边形 $ABCD$ 的面积为 $S = S_{\triangle ABD} + S_{\triangle BCD} = \dfrac{1}{2}AB \cdot BD\sin\dfrac{\pi}{3} + \dfrac{1}{2}BC \cdot$

$BD\sin\dfrac{\pi}{3} = \dfrac{\sqrt{3}}{4}(AB+BC) \cdot BD = 16\sqrt{3}$。

2. 在 $\triangle ABC$ 中,$A = \dfrac{\pi}{3}$,$BC=3$,点 D 在边 BC 上,且 $BD=2DC$,则 AD 的最大值为

_____。

【解析】由 $A = \dfrac{\pi}{3}$,$BC=3$,根据正弦定理,得 $\triangle ABC$ 外接圆的

直径 $2R = \dfrac{BC}{\sin A} = \dfrac{3}{\sin\dfrac{\pi}{3}} = 2\sqrt{3}$。如图 5-17 所示,当 AD 过圆心时

最大。

连接 OB,在 $\triangle OBD$ 中,$\angle OBD = \dfrac{1}{2}(\pi - \angle COB)$,$\angle COB =$

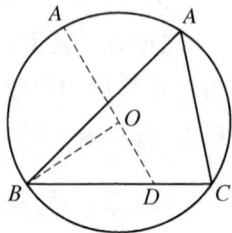

图 5-17

$2\angle A = \dfrac{2}{3}\pi \Rightarrow \angle OBD = \dfrac{\pi}{6}$。

由余弦定理得 $OD = 1$，而 $AD \leqslant AO + OD$，当且仅当 A、O、D 三点共线时，AD 取到最大值，$AD = \sqrt{3} + 1$ 即为所求最大值。

3. 秦九韶是我国南宋时期的数学家，他的成就代表了中世纪世界数学发展的主流与最高水平。他在著作《数书九章》中叙述了已知三角形的三条边长 a、b、c，求三角形面积的方法，其求法是："以小斜幂并大斜幂减中斜幂，余半之，自乘于上，以小斜幂乘大斜幂减上，余四约之，为实。一为从隅，开平方得积。"若把以上这段文字写成公式，即为 $S = \sqrt{\dfrac{1}{4}\left[a^2 c^2 - \left(\dfrac{a^2 + c^2 - b^2}{2}\right)^2\right]}$。现已知 $\triangle ABC$ 的三条边长为 a、b、c，其面积为 12，且 $a^2 + c^2 - b^2 = 14$，根据秦九韶提出的方法可求得 $\triangle ABC$ 周长的最小值为（　　）。

A. 12　　　　　　　B. 14　　　　　　　C. 16　　　　　　　D. 18

【解析】由已知 $S = \sqrt{\dfrac{1}{4}\left[a^2 c^2 - \left(\dfrac{a^2 + c^2 - b^2}{2}\right)^2\right]}$，且 $a^2 + c^2 - b^2 = 14$，$S = 12$，则

$12 = \sqrt{\dfrac{1}{4}\left[a^2 c^2 - \left(\dfrac{14}{2}\right)^2\right]}$，可解得 $ac = 25$。

则 $\triangle ABC$ 的周长 $a + b + c = a + c + \sqrt{a^2 + c^2 - 14} \geqslant 2\sqrt{ac} + \sqrt{2ac - 14} = 16$，当且仅当 $a = c = 5$，$b = 6$ 时取等号，所以其周长的最小值为 16。故答案为 C。

4. 著名的费马问题是法国数学家皮埃尔·德·费马（1601—1665）于 1643 年提出的平面几何极值问题："已知一个三角形，求作一点，使其与此三角形的三个顶点的距离之和最小。"费马问题中的所求点称为费马点，对于每个给定的三角形，都存在唯一的费马点，当 $\triangle ABC$ 的三个内角均小于 $120°$ 时，则使得 $\angle APB = \angle BPC = \angle CPA = 120°$ 的点 P 即为费马点。

（1）已知点 P 为 $\triangle ABC$ 的费观点，$\angle A$、$\angle B$、$\angle C$ 的对边分别为 a、b、c，若 $\cos A = 2\sin\left(C - \dfrac{\pi}{6}\right)\cos B$，且 $b^2 = (a - c)^2 + 6$，求 $PA \cdot PB + PB \cdot PC + PA \cdot PC$ 的值。

（2）已知点 P 为 $\triangle ABC$ 的费马点，且 $AC \perp BC$，若 $|PA| + |PB| = \lambda |PC|$，求实数 λ 的最小值。

【解析】（1）由 $\cos A = 2\sin\left(C - \dfrac{\pi}{6}\right)\cos B$，得 $\cos A = 2\left(\dfrac{\sqrt{3}}{2}\sin C - \dfrac{1}{2}\cos C\right)\cos B = \sqrt{3}\sin C\cos B - \cos C\cos B$。

又 $\angle A + \angle B + \angle C = \pi$，则 $\cos A = -\cos(B + C) = -\cos B\cos C + \sin B\sin C$，所以 $-\cos B\cos C + \sin B\sin C = \sqrt{3}\sin C\cos B - \cos C\cos B$，则 $\sin B\sin C = \sqrt{3}\sin C\cos B$。

由 $\sin C \neq 0$，则 $\tan B = \dfrac{\sin B}{\cos B} = \sqrt{3}$；又 $B \in (0, \pi)$，得 $B = \dfrac{\pi}{3}$。

由余弦定理知，$\cos B = \dfrac{a^2 + c^2 - b^2}{2ac} = \dfrac{1}{2}$，又 $b^2 = (a - c)^2 + 6$，得 $ac = 6$。

因为 $S_{\triangle ABC}=\dfrac{1}{2}PA\cdot PB\sin\dfrac{2\pi}{3}+\dfrac{1}{2}PB\cdot PC\sin\dfrac{2\pi}{3}+\dfrac{1}{2}PA\cdot PC\sin\dfrac{2\pi}{3}=\dfrac{1}{2}ac\sin B=$

$\dfrac{1}{2}\times 6\times\sin\dfrac{\pi}{3}=\dfrac{3\sqrt{3}}{2}$，所以 $PA\cdot PB+PB\cdot PC+PA\cdot PC=6$。

（2）根据题意，$\angle APB=\angle BPC=\angle CPA=120°$。

设 $\angle PCB=\alpha$，则在 $\triangle BCP$ 和 $\triangle ACP$ 中，$\angle CBP=\dfrac{\pi}{3}-\alpha$，$\angle ACP=\dfrac{\pi}{2}-\alpha$，

$\angle CAP=\dfrac{\pi}{3}-\angle ACP=\alpha-\dfrac{\pi}{6}$，且均为锐角，所以 $\alpha\in\left(\dfrac{\pi}{6},\dfrac{\pi}{3}\right)$。

由正弦定理得 $\dfrac{BP}{\sin\alpha}=\dfrac{PC}{\sin\left(\dfrac{\pi}{3}-\alpha\right)}$，$\dfrac{PA}{\sin\left(\dfrac{\pi}{2}-\alpha\right)}=\dfrac{PC}{\sin\left(\alpha-\dfrac{\pi}{6}\right)}$，所以 $|BP|=$

$\dfrac{\sin\alpha}{\sin\left(\dfrac{\pi}{3}-\alpha\right)}|PC|$，$|PA|=\dfrac{\sin\left(\dfrac{\pi}{2}-\alpha\right)}{\sin\left(\alpha-\dfrac{\pi}{6}\right)}|PC|$。

因为 $|PA|+|PB|=\lambda|PC|$，所以 $\lambda=\dfrac{\sin\alpha}{\sin\left(\dfrac{\pi}{3}-\alpha\right)}+\dfrac{\sin\left(\dfrac{\pi}{2}-\alpha\right)}{\sin\left(\alpha-\dfrac{\pi}{6}\right)}=$

$\dfrac{\dfrac{\sqrt{3}}{2}-\sin\alpha\cos\alpha}{\sin\alpha\cos\alpha-\dfrac{\sqrt{3}}{4}}=\dfrac{\dfrac{\sqrt{3}}{4}}{\sin\alpha\cos\alpha-\dfrac{\sqrt{3}}{4}}-1=\dfrac{\sqrt{3}}{2\sin 2\alpha-\sqrt{3}}-1$。

因为 $\alpha\in\left(\dfrac{\pi}{6},\dfrac{\pi}{3}\right)$，所以 $2\alpha\in\left(\dfrac{\pi}{3},\dfrac{2\pi}{3}\right)$，可得 $2\sin 2\alpha-\sqrt{3}\in(0,2-\sqrt{3}]$，进而得

$\dfrac{\sqrt{3}}{2\sin 2\alpha-\sqrt{3}}-1\in[2\sqrt{3}+2,+\infty)$，故实数 λ 的最小值为 $2\sqrt{3}+2$。

5. 如图 5-18，A、B、C、D 都在同一个与水平面垂直的平面内，B、D 为两岛上的两座灯塔的塔顶。测量船于水面 A 处测得 B 点和 D 点的仰角分别为 $75°$、$30°$，于水面 C 处测得 B 点和 D 点的仰角均为 $60°$，$AC=0.1$ km。

（1）求 CD 的长；

（2）求 B、D 两点间的距离。（计算结果精确到 0.01 km）

【解析】（1）在 $\triangle ABC$ 中，$\angle DAC=30°$，$\angle ADC=60°-\angle DAC=30°$，所以 $CD=AC=0.1$（km）。

（2）因为 $\angle BCD=180°-60°-60°=60°$，可得 CB 是 $\triangle CAD$ 底边 AD 的中垂线，所以 $BD=BA$。

在 $\triangle ABC$ 中，$\dfrac{AB}{\sin\angle BCA}=\dfrac{AC}{\sin\angle ABC}$，$\angle ABC=75°-$

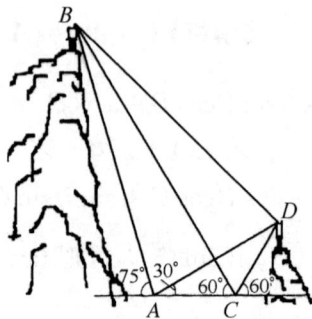

图 5-18

$60° = 15°$，所以 $AB = \dfrac{AC\sin 60°}{\sin 15°} = \dfrac{3\sqrt{2} + \sqrt{6}}{20}$，因此 $BD = \dfrac{3\sqrt{2} + \sqrt{6}}{20} \approx 0.33\ \text{km}$，故 B、D 两点间的距离约为 $0.33\ \text{km}$。

6. 如图 5 - 19，假设地球是一个标准的球体，O 为地球的球心，$\overset{\frown}{AB}$ 为地平线，有两个观测者在地球上的 A、B 两地同时观测到一颗流星 S，观测的仰角分别为 $\angle SAD = \alpha$，$\angle SBD = \beta$，其中 $\angle DAO = \angle DBO = 90°$。为了方便计算，我们考虑一种理想状态，假设两个观测者在地球上的 A、B 两点测得 $\alpha = 30°$，$\beta = 15°$，地球半径为 r km，两个观测者的距离 $\overset{\frown}{AB} = \dfrac{r}{3}\pi$ km。

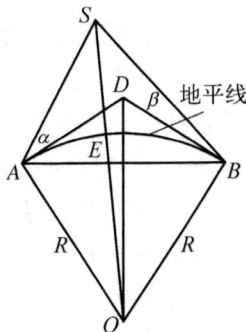

图 5 - 19

（1）求流星 S 发射点近似高度 ES；

（2）在古希腊，科学不发达，人们看到流星以为这是地球水分蒸发后凝结的固体，已知对流层高度大约在 18 km 左右，若地球半径 $R \approx 6\,370$ km，请你据此判断该流星 S 是地球蒸发物还是"天外来客"？并说明理由。

【解析】（1）因为 $\overset{\frown}{AB} = \dfrac{\pi}{3} r$，则 $\angle AOB = 60°$，所以 $\triangle AOB$ 为等边角形，所以 $AB = r$。

又因为 $\angle DAO = \angle DBO = 90°$，所以 $\angle DAB = \angle DBA = 30°$，又 $\angle SAD = 30°$，$\angle SBD = 15°$，所以 $\angle SAB = 60°$，$\angle SBA = 45°$，$\angle ASB = 75°$。在 $\triangle ASB$ 中，由正弦定理 $\dfrac{AB}{\sin 75°} = \dfrac{AS}{\sin 45°}$，得 $\dfrac{r}{\sin(45° + 30°)} = \dfrac{AS}{\sin 45°}$，解得 $AS = (\sqrt{3} - 1)r$。

在 $\triangle SAO$ 中，$\angle SAO = 120°$，由余弦定理，得 $OS^2 = SA^2 + OA^2 - 2SA \cdot OA\cos\angle SAO = (\sqrt{3} - 1)^2 r^2 + r^2 - 2(\sqrt{3} - 1)r^2 \times \left(-\dfrac{1}{2}\right) = (4 - \sqrt{3})r^2$。

则 $OS = \sqrt{4 - \sqrt{3}}\, r \approx 1.5r$，所以 $ES = OS - r = 0.5r$ km。

（2）因为 $ES = 0.5r \approx 3\,185$ km，所以流星 S 发射点近似高度为 $3\,185$ km，远远大于对流层最高近似高度 18 km，所以该流星不是地球蒸发物，而是"天外来客"。（言之有理即可）

附录 5 "正余弦定理"课前学习单

1. 正弦定理、余弦定理中的"弦"与圆中的"弦"有关系吗？为何称之为"弦"？

2. 正弦定理中，三角形的边与其对角的正弦之比为何与外接圆半径有关？怎么想到外接圆？已知圆 O 是 $\triangle ABC$ 的外接圆，直径为 $2R$，试用 R 与 $\angle A$、$\angle B$、$\angle C$ 的三角比来表示三角形的三条边长。

3. 在新学正弦定理、余弦定理时，我们学习了教材中的证明方法，除此以外，你还能想到哪些证明方法，请给出你的证明（请尽可能用多种方法证明）。

4. 根据书本引例和例题，归纳解斜三角形的基本问题，及其相关解法。

5. 在 $\triangle ABC$ 中，已知 $a = 8$，$b = 5$，三角形的面积为 12，求 c。

5.2 二项式定理

5.2.1 历史材料及其运用

(一) 历史概述

二项式定理从雏形直至发展成熟经历了漫长的时间,追溯其发展史,我们惊喜地发现,二项式定理早在公元前 3 世纪就已萌芽——古希腊数学家欧几里得的《几何原本》卷 2 命题 4:"如果任意两分一个线段,那么在整个线段上的正方形等于各个小线段上的正方形的和加上由两条小线段构成的矩形的二倍。"此处,图形(正方形、矩形)意指其面积。倘若用数学符号 a、b 表示两线段长,则此命题可以写为:$(a+b)^2 = a^2 + 2ab + b^2$。中国古代数学家在求解多位正整数开平方、开立方过程中,直接使用了类似于现代意义的公式(当然公式不是我们现在看到的样子):$(a+b)^3 = a^3 + 3a^2b + 3ab^2 + b^3$(记载于公元 50—100 年的《九章算术》第四卷)。

对于上述两公式,古代数学家通常用画图的方法加以检验证明,如图 5-20 与图 5-21。

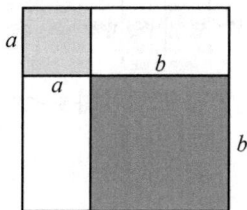

图 5-20

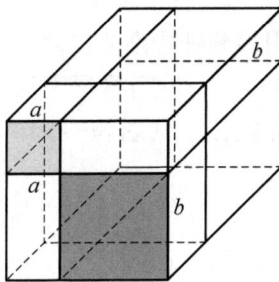

图 5-21

可见,二项式定理的形成历史,是从二次幂展开逐渐扩展到 n 次幂展开的过程。

在杨辉的《详解九章算法》中记载有一张珍贵的图片——"开方作法本源图"(如图 5-22)。根据杨辉自注,此图"出《释锁算书》,贾宪用此术"。就是说,这张图是贾宪(11 世纪)创作的,原载于《释锁算书》(已失传)中,它实际上是一个二项展开式的系数表,包括了 0 次到 6 次二项展开式的全部系数,史称"贾宪三角或

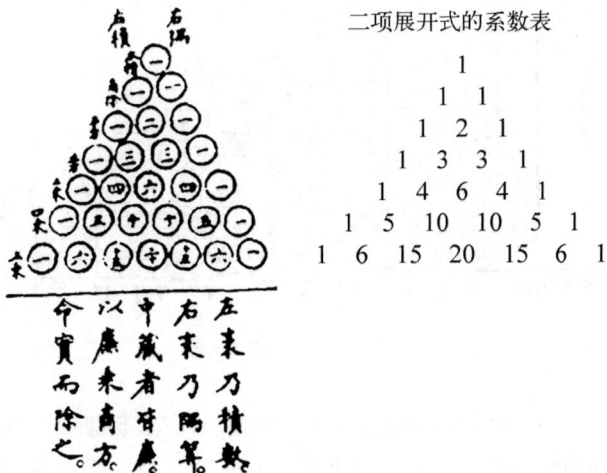

二项展开式的系数表

```
            1
          1   1
        1   2   1
      1   3   3   1
    1   4   6   4   1
  1   5  10  10   5   1
1   6  15  20  15   6   1
```

图 5-22

杨辉三角"。

新加坡大学蓝丽蓉教授认为,贾宪不仅写出了此六行的二项式系数三角,而且还给出了其构造方法:两肩数值相加即得下层数值。美国哥伦比亚特区大学数学教授卡兹(Katz, V. J.)认同此观点,用今天的组合数公式表示,就是:$C_n^k = C_{n-1}^{k-1} + C_{n-1}^k (n、k \in \mathbf{N}^*)$。

后来,元朝(14 世纪初)的朱世杰把它扩展为"古法七乘方图"(图 5-23),记载于《四元玉鉴》一书中。据史实,我们有理由相信古代数学家们一定根据多项式相乘过程的体验进行归纳总结,从已经推导出来的公式,研究展开式各系数的关系,从而推导出任意次方的展开式:$(a + b)^n = C_n^0 a^n + C_n^1 a^{n-1} b + \cdots + C_n^r a^{n-r} b^r + \cdots + C_n^n b^n (n \in \mathbf{N}^*)$。

在欧洲,13 世纪德国数学家约丹努斯(Jordanus. Nemorarius)在一本未出版的算术书中给出一张二项式系数表,形状同贾宪三角,但有 11 层。15世纪,阿拉伯数学家阿尔·卡西(Al-kashi)在其著作《算术之钥》(1427)中也给出了一个二项式定理系数表,他所用的两种构造方法之一与贾宪的完全相同(图 5-24),另一种则将贾宪三角外围的 1 去掉,然后顺时针旋转 90°(图 5-25)。

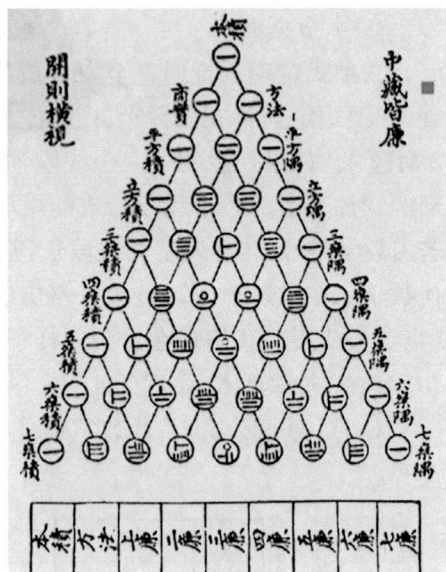

图 5-23

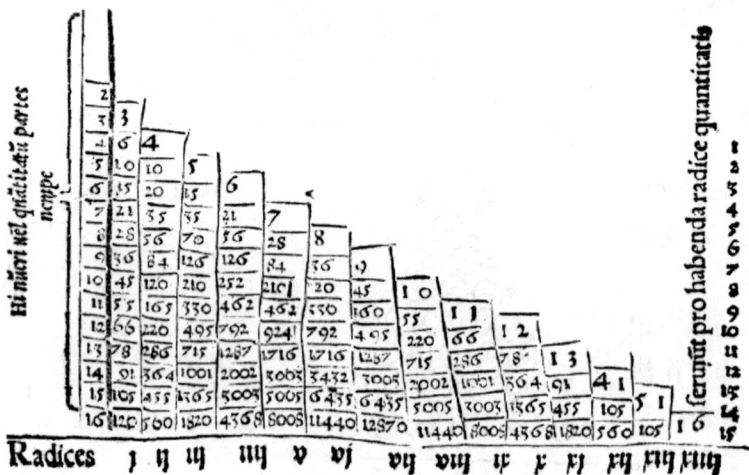

图 5-24   图 5-25

16 世纪,德国数理天文学家阿皮亚努斯(P. Apianus)于 1527 年出版的一部算术书的扉页上出现一张二项系数表(图 5-26)。但一般却称之为"帕斯卡三角形",因为帕斯卡在1654 年也发现了这个结果。

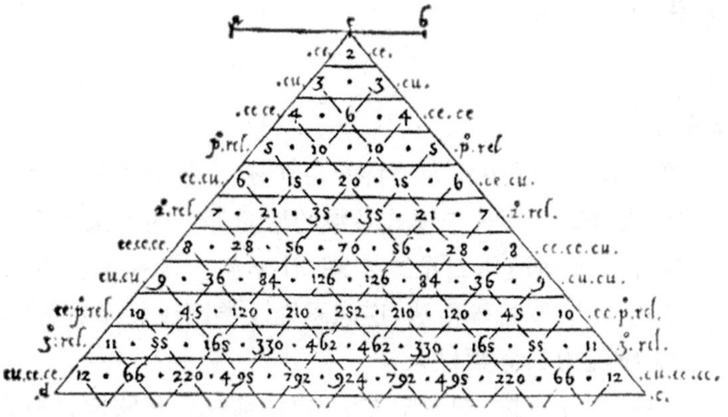

图 5 - 26

1544 年，德国数学家斯蒂菲尔（M. Stifel）在其《整数算术》中给出直到 16 次的二项系数表，并引入"二项系数"这一术语。此后，德国数学家舒贝尔（J. Scheubel）、法国数学家佩勒蒂埃（J. Peletier）、意大利数学家塔塔格里亚、卡丹和邦贝利（R. Bombelli）、荷兰数学家斯蒂文（S. Stevin）和吉拉尔（A. Girard）、英国数学家奥特雷德（W. Oughtred）、布里格斯（H. Briggs）分别在出版于 1545 年、1549 年、1556 年、1570 年、1572 年、1585 年、1629年、1631 年和 1633 年的数学著作中载有二项式系数表。

正整数幂二项式定理提出之后的几百年时间里，二项式定理也没有被推广到分数幂或负数幂。1665 年，牛顿获得学士学位后，他所在的剑桥大学三一学院为了预防鼠疫而关闭，牛顿只能回家研究数学和物理，正是在家的这几个月里，牛顿发现并完善了广义的二项式定理，他把二项式定理推广到负数幂与分数幂，但是并没有进一步证明得出的结论。广义二项式定理的确立，是牛顿发明微积分过程中的关键一步。1811 年，高斯对此进行了严格的证明，结果表明牛顿的猜想是正确的。后来，二项式定理在组合理论、开高次方、高阶等差数列求和，以及差分法中有广泛的应用。帕斯卡最早建立了正整数幂的二项式定理，还研究了二项式系数在自然数幂和、组合理论及概率计算等方面应用。现在，人们已经把二项式定理推广到了指数为任意的实数，甚至复数时的情况。

（二）历史材料的运用

整节课重构式地融入数学史，以二项式定理的发现、生成与应用的历史序设计教学环节。课前让学生观看微视频"史话二项式定理"，了解该定理、杨辉三角等内容及其发展史，介绍我国杨辉、贾宪等数学家的生平故事；再复制式、附加式地引入牛顿与高斯推广二项式定理的过程；接着，基于 15 阶杨辉三角展开二项式系数性质的分析，这不是简单回忆二项式系数的性质，而是让学生主动提问、自主探究，在追溯二项式定理发展过程中品悟数学家们的研究过程、思维品质，充分发挥数学史的教育价值和意义。

5.2.2　教学设计与实施

（一）教学分析

1. 教学内容分析

二项式定理是高中数学教学中较为独特的一部分,它是初中乘法公式的推广,主要包括:定理本身,通项公式,杨辉三角,二项式系数的性质等。内容虽不多,但它具有丰富的内涵。为了学生掌握并能正确运用二项式定理,让学生主动探索展开式的由来是关键。定理应用中还包含了构造法、取特殊值法、逆向思维及类比迁移等中学数学的基本思想方法,这也是提高学生思维能力的好素材。

本专题复习课采用"引导点拨"的教学方法,以课前视频和阅读材料为载体,考虑到学生的个体差异,在教学的各个环节进行分层施教,实现"有差异"的发展;精心设计问题,调控问题的解决过程,培养该专题课内容最佳的"知识增长点"。

2. 学情分析

"二项式定理"是高二学习的内容,高二学生的心智、心理及情感发展已经达到一定的高度。随着后期更多数学知识的学习,他们已经掌握了具体与抽象、特殊与一般、转化与化归等数学思想方法,以及观察、分析、类比、归纳、猜想和证明等数学探究能力,这些思想与能力为学生在专题复习课上的自主思考、合作探究学习提供了保障。专题复习课既要消除学生对二项式定理的淡忘,又要对其本质、原理和数学思想更深度理解,因此需要设计具有逻辑关联的问题串层层递进,教学中引导学生进行主动探究,在探究中学会知识与思想方法,提升思维品质与能力。通过教师的预设、教学过程中的生成,以及学生自主提出的问题,指向学生的思维提升,指引教学目标的达成。

基于以上分析,明确了本次专题复习课的教学目标和教学重难点。

教学目标

（1）掌握二项式定理并自主推导,经历观察与分析,猜想与归纳的探究过程,培养化归的意识和知识迁移的能力;

（2）在灵活运用二项式定理解决数学问题中体会其丰富内涵,感悟其思想方法;

（3）通过学生自主探讨二项式定理的历史发展和形成过程,使学生感受数学文化的多元性,体会数学内在的和谐对称美。

教学重点　二项式定理及其应用。

教学难点　掌握运用多项式乘法以及组合知识推导二项式定理的过程。

（二）教学过程

1. 知识回顾,追寻定理之源

师:课前大家通过观看微视频"史话二项式定理"了解了该定理与杨辉三角等内容及其发展史,早在公元前 3 世纪古希腊数学家欧几里得在《几何原本》以及公元 50—100 年的《九章算术》第四卷中就有:$(a+b)^2=a^2+2ab+b^2$;$(a+b)^3=a^3+3a^2b+3ab^2+b^3$

等展开式,推广到一般,有什么结论?

生：推广到一般,就是二项式定理： $(a+b)^n = C_n^0 a^n + C_n^1 a^{n-1}b + C_n^2 a^{n-2}b^2 + \cdots + C_n^n b^n$ 。

师：如何理解二项展开式的通项? 如何证明该定理?

生：其通项公式为 $T_{r+1} = C_n^r a^{n-r}b^r (0 \leqslant r \leqslant n, n \in \mathbf{N}^*)$,本质是多项式乘法法则和组合原理,即 n 个括号中有 r 个括号内取 b ,剩下的 $n-r$ 个括号取 a 得到通项。

生：可以用数学归纳法来证明：

① 二项式定理对于 $n=1$ 、2、3 的情形的确是成立的;

② 假设定理对任一正整数 $n=k(k \geqslant 2, k \in \mathbf{N}^*)$ 成立,那么当 $n=k+1$ 时,

$(a+b)^{k+1} = (a+b)(a+b)^k$

$= (a+b)(a^k + C_k^1 a^{k-1}b + \cdots + C_k^r a^{k-r}b^r + \cdots + b^k)$

$= (a^{k+1} + C_k^1 a^k b + \cdots + C_k^r a^{k-r+1}b^r + \cdots + ab^k) + (a^k b + \cdots + C_k^r a^{k-r}b^{r+1} + \cdots + C_k^{k-1}ab^k + b^{k+1})$

$= a^{k+1} + (1+C_k^1)a^k b + \cdots + (C_k^{r-1}+C_k^r)a^{k-r+1}b^{r+1} + \cdots + (C_k^{k-1}+1)ab^k + b^{k+1}$

再由组合数性质 2(注意 $C_k^0 = C_k^k = 1$),便得到

$(a+b)^{k+1} = a^{k+1} + C_{k+1}^1 a^k b + \cdots + C_{k+1}^{r+1} a^{k-r}b^{r+1} + \cdots + C_{k+1}^k ab^k + b^{k+1}$,等式也成立。

由①②可得我们的结论用数学归纳法得到了证明。

【设计意图】 放手让学生弄清楚二项式定理的形成过程与知识原理,在亲历定理的推导过程中体验成功与失败,把"知识传递的过程"设计为放手让学生去思考、实践与探索,进而体会数学的情感教育价值。通过例题加深学生对二项式定理的理解,掌握展开式的通项公式。

2. 重点分析,突破问题难点

师：二项式定理提出后,有很多数学家如牛顿、高斯等开展了进一步研究,使得该定理能在组合理论、开高次方、高阶等差数列求和以及差分法等方面有广泛的应用。提出问题和探究问题永远是数学发展的主旋律,请同学们自主研究以下问题。

问题 1 杨辉是中国南宋末年的一位杰出的数学家、数学教育家、杨辉三角是杨辉的一大重要研究成果,它的许多性质与组合数的性质有关,杨辉三角中蕴涵了许多优美的规律。古今中外,还有许多数学家如贾宪、朱世杰、帕斯卡、华罗庚等都曾在此方面深入研究过,并将研究结果应用于其他工作。图 5-27 所示是一个 15 阶杨辉三角,请同学们探究下列问题：

师：观察和分析杨辉三角,思考二项式系数 C_n^r 有哪些性质?

生：二项式系数具有以下几个方面的性质,如图 5-28 所示。

师：第 20 行中从左到右的第 4 个数是多少? 继续观察杨辉三角,你还能提出什么样的问题? 能发现哪些规律? 请大家一起讨论并交流解决方法。

生：杨辉三角每一行中的数跟二项定理中的二项展开式各项的二项式系数是一样的,故第 20 行中从左到右的第 4 个数为 $C_{20}^3 = 1140$ 。

```
                              1
                           1     1
                        1     2     1
                     1     3     3     1
                  1     4     6     4     1
               1     5    10    10     5     1
            1     6    15    20    15     6     1
         1     7    21    35    35    21     7     1
      1     8    28    56    70    56    28     8     1
   1     9    36    84   126   126    84    36     9     1
1    10    45   120   210   252   210   120    45    10     1
1    11    55   165   330   462   462   330   165    55    11     1
1    12    66   220   495   792   924   792   495   220    66    12     1
1    13    78   286   715  1287  1716  1716  1287   715   286    78    13     1
1    14    91   364  1001  2002  3003  3432  3003  2002  1001   364    91    14     1
1    15   105   455  1365  3003  5005  6435  6435  5005  3003  1365   455   105    15     1
```

图 5-27 15 阶杨辉三角

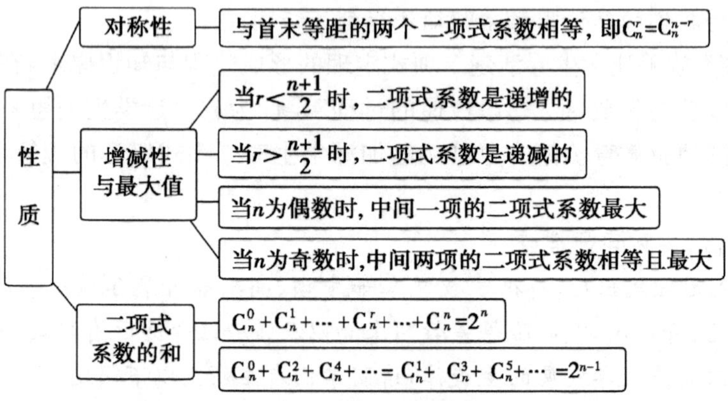

图 5-28 二项式系数的性质

生：我把老师的问题推广到一般：n 阶杨辉三角的通项公式是什么？也就是 n 阶杨辉三角中的第 k 行第 r 个数，即 $A(k, r)$ 是什么？应该是 $A(k, r) = C_k^r$。

生：n 阶杨辉三角中共有多少个数？n 阶杨辉三角中共有 $\frac{1}{2}(n+1)(n+2) = C_{n+2}^2$ 个数。

生：n 阶杨辉三角的第 k 行各数的和是多少？所有数的和是多少？n 阶杨辉三角的第 k 行各数的和是 $\sum_{r=0}^{k} A(k, r) = C_k^0 + C_k^1 + \cdots + C_k^k = 2^k$，所有数的和是 $\sum_{k=0}^{n} \left(\sum_{r=0}^{n} A(k, r) \right) = 2^{n+1} - 1$。

师：大家的观察很到位，提出和解决的问题都很有价值，这种自我探索的精神正是历代数学家最闪耀的品质。大家在课后还可以进一步提出问题和探讨交流。

同学们除了关注二项式系数，还要充分关注展开式中项的系数的相关问题。请接着看下面的问题。

问题 2 已知在 $(1+2x)^n$ 的展开式中，第六项和第七项的二项式系数最大。

(1) 求 n 的值；(2) 求展开式中系数最大的项。

生：(1) 因为第六项和第七项二项式系数最大，所以 $C_n^5 = C_n^6$，得 $n = 11$。

生：(2) 设 $(1+2x)^{11}$ 展开式中系数最大的项是第 $r+1$ 项，即 $T_{r+1} = 2^r C_{11}^r x^r$，令 $t_{r+1} = 2^r C_{11}^r$，由 $\begin{cases} t_{r+1} \geqslant t_r, \\ t_{r+1} \geqslant t_{r+2}, \end{cases}$ 解得 $r=7$ 或 $r=8$，进而得 $T_8 = 2^7 C_{11}^7 x^7 = 42\,240 x^7$，$T_9 = 2^8 C_{11}^8 x^8 = 42\,240 x^8$，所以展开式中系数最大的项有两项，即第八项 $42\,240 x^7$ 和第九项 $42\,240 x^8$。

师：大家用这种方法解题时有没有感觉这里的道理有点说不清道不明？课前问卷中有同学提到这个问题，究竟会是什么困惑呢？能否联想到其他求最值的数学问题寻求相应的解决方法？

生：我联想到求函数 $y = f(x)$ 在区间 $[a, b]$ 上的最值问题，如图 5-29 所示，要比较极小值和端点处的函数值来确定最小值，比较极大值和端点处的函数值来确定最大值。

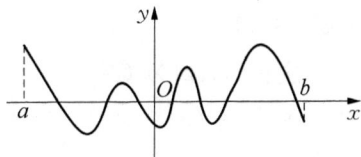

生：系数最大的项一定在展开式的"中段"吗？会不会在首项或末项？会不会有多个不连续的正整数，使得其对应的项的系数均为最大？

图 5-29

生：可以研究一般情形 $(a+bx)^n$，不妨设 $a > 0$，$b > 0$，则展开式通项的系数 A_k 为

$$A_k = C_n^k a^{n-k} b^k \ (k = 0, 1, 2, \cdots, n)，令 \begin{cases} A_k \geqslant A_{k-1}, \\ A_k \geqslant A_{k+1} \end{cases} \Rightarrow \begin{cases} C_n^k a^{n-k} b^k \geqslant C_n^{k-1} a^{n-k+1} b^{k-1}, \\ C_n^k a^{n-k} b^k \geqslant C_n^{k+1} a^{n-k-1} b^{k+1}, \end{cases}$$

代入组合数公式运算可得 $\begin{cases} (n-k+1)b \geqslant ak, \\ (k+1)a \geqslant (n-k)b \end{cases} \Rightarrow \dfrac{nb-a}{a+b} \leqslant k \leqslant \dfrac{(n+1)b}{a+b}$，而 $\dfrac{(n+1)b}{a+b} - \dfrac{nb-a}{a+b} = \dfrac{b+a}{a+b} = 1$，所以 k 只能是一个自然数或两个相邻的自然数。

师：可见不存在两个不相邻的"波峰"。

生：我们还可以回归系数是"数列"这一本质，利用数列的单调性解决系数最大问题，比如本题中，$t_{r+1} = 2^r C_{11}^r$，由 $\dfrac{t_{r+1}}{t_r} = \dfrac{2^r C_{11}^r}{2^{r-1} C_{11}^{r-1}} > 1$ 得 $r < 8$，由 $\dfrac{t_{r+1}}{t_r} < 1$ 得 $r > 8$，而 $t_8 = 2^7 C_{11}^7 = t_9 = 2^8 C_{11}^8$，可得 $t_0 < t_1 < t_2 < \cdots < t_8 = t_9 > t_{10} > \cdots$，即系数最大的项是第八项 $42\,240 x^7$ 和第九项 $42\,240 x^8$。

【设计意图】以杨辉三角为载体，鼓励学生自主探究、大胆提问和猜想，发现规律。聚焦二项展开式中二项式系数和项的系数的重点问题，遵循教学阶段循序渐进原则和学生

主动性原则,发挥学生学习的主体作用,鼓励学生观察、归纳并大胆猜想,从特殊到一般思考研究问题,能用联系的观点从不同视角讨论系数和二项式系数问题,突破难点,锻炼学生思维的灵活性和开阔性。

3. 定理应用,深化数学思想

问题3 求 $(2x^2-3x+1)^8$ 展开式中含 x 的项。

生:方法1: 由 $(2x^2-3x+1)^8=(2x-1)^8(x-1)^8$,得展开式中含 x 的一次项为 $C_8^1(-2x)+C_8^1(-x)=-24x$。

生:方法2: $(2x^2-3x+1)^8=[2x^2+(-3x+1)]^8$,考虑到含 x 的一次项,因此它与 $2x^2$ 无关,只要在 $(-3x+1)^8$ 中找 x 的项即可。

生:方法3: $(2x^2-3x+1)^8=(2x^2-3x+1)(2x^2-3x+1)\cdots(2x^2-3x+1)$,利用多项式展开算法和组合原理可得 $C_8^1(-3x)\underbrace{1\cdot1\cdots1}_{7个1}=-24x$。

问题4 (1) 化简:$3^{2n}\cdot C_n^0+C_n^1\cdot 3^{2n-2}+C_n^2\cdot 3^{2n-4}+\cdots+C_n^{n-1}\cdot 3^2$。

(2) 设 $1-x+x^2-x^3+\cdots+x^{16}-x^{17}=a_0+a_1(x+1)+a_2(x+1)^2+\cdots+a_{17}(x+1)^{17}$,求 a_2。

(3) 已知 $(1+2x)^{11}=a_0+a_1x+a_2x^2+\cdots+a_{10}x^{10}+a_{11}x^{11}$,求 $a_1-2a_2+\cdots-10a_{10}+11a_{11}$。

生: (1) 因为 $(3^2+1)^n=C_n^0\times(3^2)^{n-0}\times 1^0+C_n^1\times(3^2)^{n-1}\times 1^1+\cdots+C_n^{n-1}\times(3^2)^1\times 1^{n-1}+C_n^n\times(3^2)^0\times 1^n$,

所以 $3^{2n}\cdot C_n^0+C_n^1\cdot 3^{2n-2}+C_n^2\cdot 3^{2n-4}+\cdots+C_n^{n-1}\cdot 3^2+1=(3^2+1)^n=10^n$,

于是 $3^{2n}\cdot C_n^0+C_n^1\cdot 3^{2n-2}+C_n^2\cdot 3^{2n-4}+\cdots+C_n^{n-1}\cdot 3^2=10^n-1$。 故答案为 10^n-1。

生: (2) 因为 $1-x+x^2-x^3+\cdots+x^{16}-x^{17}=1-[(x+1)-1]+[(x+1)-1]^2-[(x+1)-1]^3+\cdots+[(x+1)-1]^{16}-[(x+1)-1]^{17}$,

所以 $a_2=C_2^0+C_3^1+C_4^2+\cdots+C_{16}^{14}+C_{17}^{15}=C_2^2+C_3^2+C_4^2+\cdots+C_{17}^2$。

生: (3) 对等式 $(1+2x)^{11}=a_0+a_1x+a_2x^2+\cdots+a_{10}x^{10}+a_{11}x^{11}$ 两边求导,得 $22(1+2x)^{10}=a_1+2a_2x+\cdots+10a_{10}x^9+11a_{11}x^{10}$,令 $x=-1$,则 $a_1-2a_2+\cdots-10a_{10}+11a_{11}=22$。

【设计意图】问题3通过一题多解强化二项式定理的正用。问题4(1)锻炼学生的逆向思维,强调展开式的逆用:展开式 $\Rightarrow$ 二项式,这里必须明确公式中 a、b 分别是什么;问题4中(2)和(3)是巧用定理,要进行赋值或函数求导变形,这类问题的思考,能加深对定理的全面深刻的理解,其中把 x 变成 $(x+1)-1$,体现了构造的思想。采用构造思想的还有整除问题、近似计算问题等,在进一步研究综合问题的时候,这些思想方法尤其重要。

4. 类比迁移,深化定理之用

师: 学习数学的更高境界是创造意识,不能机械应用知识而应深谙思想进而类比迁移,请大家继续思考!

问题5 在 $(1+x+x^2)^n=D_n^0+D_n^1x+D_n^2x^2+\cdots+D_n^rx^r+\cdots+D_n^{2n-1}x^{2n-1}+$

$D_n^{2n}x^{2n}$ 的展开式中,把 D_n^0,D_n^1,D_n^2,$\cdots$,D_n^{2n} 叫做三项式系数。

（1）请类比二项式系数的性质 $C_{n+1}^m = C_n^{m-1} + C_n^m$($1 \leqslant m \leqslant n$, $m \in \mathbf{N}$, $n \in \mathbf{N}$),给出一个关于三项式系数 D_{n+1}^{m+1}($1 \leqslant m \leqslant 2n-1$, $m \in \mathbf{N}$, $n \in \mathbf{N}$) 的相似性质,并予以证明;

（2）求 $D_{2\,024}^0 C_{2\,024}^0 - D_{2\,024}^1 C_{2\,024}^1 + D_{2\,024}^2 C_{2\,024}^2 - D_{2\,024}^3 C_{2\,024}^3 + \cdots + D_{2\,024}^{2\,024} C_{2\,024}^{2\,024}$ 的值。

生：(1) 因为 $(1+x+x^2)^{n+1} = (1+x+x^2)^n(1+x+x^2)$,

所以 $(1+x+x^2)^{n+1} = (1+x+x^2)(D_n^0 + D_n^1 x + D_n^2 x^2 + \cdots + D_n^r x^r + \cdots + D_n^{2n-1} x^{2n-1} + D_n^{2n} x^{2n})$。

上式左边展开式中 x^{m+1} 的系数为 D_{n+1}^{m+1},而上式右边展开式中 x^{m+1} 的系数为 $D_n^{m-1} + D_n^m + D_n^{m+1}$,因此类比二项式系数的性质 $C_{n+1}^m = C_n^{m-1} + C_n^m$ ($1 \leqslant m \leqslant n$, $m \in \mathbf{N}$, $n \in \mathbf{N}$),可得三项式系数有如下性质：$D_{n+1}^{m+1} = D_n^{m-1} + D_n^m + D_n^{m+1}$($1 \leqslant m \leqslant 2n-1$, $m \in \mathbf{N}$, $n \in \mathbf{N}$)。

生：(2) $(1+x+x^2)^{2\,024}(x-1)^{2\,024} = (D_{2\,024}^0 + D_{2\,024}^1 x + D_{2\,024}^2 x^2 + \cdots + D_{2\,024}^r x^r + \cdots + D_{2\,024}^{4\,047} x^{4\,047} + D_{2\,024}^{24\,048} x^{4\,048}) \times (C_{2\,024}^0 x^{2\,024} - C_{2\,024}^1 x^{2\,023} + C_{2\,024}^2 x^{2\,022} + \cdots + (-1)^r C_{2\,024}^r x^{2024-r} + \cdots - C_{2\,024}^{2\,023} x + C_{2\,024}^{2\,024})$,其中 $x^{2\,024}$ 的系数为 $D_{2\,024}^0 C_{2\,024}^0 - D_{2\,024}^1 C_{2\,024}^1 + D_{2\,024}^2 C_{2\,024}^2 - D_{2\,024}^3 C_{2\,024}^3 + \cdots + D_{2\,024}^{2\,024} C_{2\,024}^{2\,024}$。又 $(1+x+x^2)^{2\,024}(x-1)^{2\,024} = (x^3-1)^{2\,024}$,右边 $(x^3-1)^{2\,024}$ 的通项 $T_{r+1} = C_{2\,024}^r (x^3)^{2\,024-r}(-1)^r$。

因为 2 024 不是 3 的倍数,所以 $(x^3-1)^{2\,024}$ 的展开式中没有 $x^{2\,024}$ 的项,由代数式恒成立,得 $D_{2\,024}^0 C_{2\,024}^0 - D_{2\,024}^1 C_{2\,024}^1 + D_{2\,024}^2 C_{2\,024}^2 - D_{2\,024}^3 C_{2\,024}^3 + \cdots + D_{2\,024}^{2\,024} C_{2\,024}^{2\,024} = 0$。

【设计意图】创造机会让学生充分思考,培养高阶思维,让学生利用已有的知识来解决新问题、同化新知识,实现知识的迁移,提高学生的综合应用能力,并让学生在直接体验中建构自己更完整的知识体系,进而引导培养学生的发展和创造意识。

5. 归纳总结,感悟二项式定理之魅

师：本次专题复习课我们了解了二项式定理的发展历史,学习了二项式定理及其思考路径：观察—归纳—猜想—证明,二项展开式的探究涉及有关组合的知识,涉及归纳、猜想等探究能力要求,这对于同学来说是难点。要熟记二项式定理的表达式以及展开式的通项公式的特点;要正确区别"项的系数"和"二项式系数"。大家除了知识上的收获,在思考和研究数学问题的方法和思维上,还得到了哪些启发?

生：深入理解数学概念及其背后的思想方法是学好数学的有效手段,也是学习知识与应用知识的关键,我们要敢于发现问题、提出问题并解决问题,要善于反思、勤于反思……

5.2.3　教学反思

了解知识发生发展的数学史,能使教师高瞻远瞩地洞悉整个知识发展的体系,在教学中科学有效地融入数学史既能突出每个教学内容,又能打通它们之间的联系,进而推出一节节科学性和艺术性兼具的教学精品,发挥最大限度的教育功能。

张奠宙先生一直倡导：教师主导和学生主体的辩证统一;打好基础和创新发展的有效平衡;数学学科知识与教学知识的有机结合;接受性学习和探究性学习的恰当组合;必

要的熟练有助于理解。二项式定理专题复习课正是遵循张老师的理念，放手实践与探索，体现数学的情感教育价值；注重设问与反思，体现数学的思维教育价值；适时点拨与提升，体现数学的思想教育价值。始终将发展学生独立思考、独立判断和开拓创新的能力放在首位是教师应一以贯之的教育理念。

5.2.4 巩固练习

1. 我国南宋数学家杨辉 1261 年所著的《详解九章算法》一书里出现了如图 5-30 所示的表，即杨辉三角，这是数学史上的一个伟大成就。在"杨辉三角"中，第 n 行的所有数字之和为 2^{n-1}，若去除所有为 1 的项，依次构成数列 2，3，3，4，6，4，5，10，10，5，…，则此数列的前 55 项和为 _____。

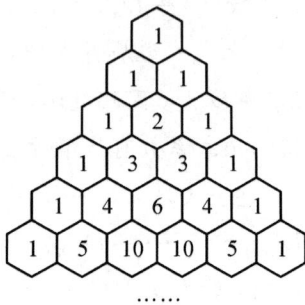

图 5-30

【解析】由题意可知：每一行数之和构成首项为 1，公比为 2 的等比数列。

则杨辉三角的前 n 行数之和为 $S_n = \dfrac{1-2^n}{1-2} = 2^n - 1$。

若去除所有为 1 的项，则剩下的每一行数的个数为 1，2，3，4，…，可以看成构成一个首项为 1，公差为 1 的等差数列，则 $T_n = \dfrac{n(n+1)}{2}$。

当 $n=10$ 时，所有项的个数和为 55，而杨辉三角的前 12 行数之和为 $S_{12} = 2^{12} - 1$，则此数列前 55 项的和为 $S_{12} - 23 = 2^{12} - 24 = 4\ 072$。故答案为 4 072。

2. 在图 5-27(15 阶杨辉三角)的第 3 斜列(与图中所示虚线平行的列)中，前 5 个数依次为 1，3，6，10，15；第 4 斜列中，第 5 个数为 35，显然，1+3+6+10+15=35。其他斜列有类似的结论吗？是否存在一般性的结论？

请大胆猜想，并说明理由。(注：本题中的斜列指与图 5-27 中所示虚线平行的列)

【解析】观察第 4 斜列，前 5 个数依次为 1，4，10，20，35；第 6 斜列的第 5 个数为 70，发现有类似结论：1+4+10+20+35=70，由此猜想：第 m 斜列中(从右上到左下)前 k 个数之和，一定等于第 $m+1$ 斜列中第 k 个数。用含有 m 和 $k(m$、$k \in \mathbf{N}^*)$ 的数学公式表示并证明这一猜想：

$$C_{m-1}^{m-1} + C_m^{m-1} + C_{m+1}^{m-1} + \cdots + C_{m+k-2}^{m-1} = C_{m+k-1}^m。$$

证明：由组合数的性质 $C_n^k + C_n^{k-1} = C_{n+1}^k(n$，$k \in \mathbf{N}^*)$，可得 $C_{m-1}^{m-1} + C_m^{m-1} + C_{m+1}^{m-1} + \cdots + C_{m+k-2}^{m-1} = C_m^m + C_m^{m-1} + C_{m+1}^{m-1} + \cdots + C_{m+k-2}^{m-1} = C_{m+1}^m + C_{m+1}^{m-1} + \cdots + C_{m+k-2}^{m-1} = C_{m+2}^m + \cdots + C_{m+k-2}^{m-1} = \cdots = C_{m+k-1}^m。$

3. 观察并大胆猜想：杨辉三角中第 $2^k - 1$ 行的所有数都是奇数($k \in \mathbf{N}^*$)，即 $C_{2^k-1}^m$ 为奇数($m=0，1，\cdots，2^k-1$)；第 2^k 行的所有数(除两端的 1 以外)都是偶数($k \in \mathbf{N}^*$)，即 $C_{2^k}^r = C_{2^k-1}^r + C_{2^k-1}^{r-1}$ 为偶数($r=1，2，\cdots，2^k-1$)；其他行的所有数中，一定既有偶数又有除

1 以外的奇数。

【解析】对任何一个正整数 m，都存在唯一的自然数 k_m 与正奇数 l_m，使 $m=2^{k_m} \cdot l_m$。

设 $1=2^{k_1} \cdot l_1, 2=2^{k_2} \cdot l_2, \cdots, n=2^{k_n} \cdot l_n, \cdots$。

当 $m \in \{1, 2, \cdots, 2^k-1\}$ 时，

$$C_{2^k-1}^m = \frac{(2^k-1)(2^k-2)\cdots(2^k-m)}{1 \times 2 \times \cdots \times m} = \frac{(2^k-2^{k_1}l_1)}{2^{k_1}l_1} \times \frac{(2^k-2^{k_2}l_2)}{2^{k_2}l_2} \times \cdots \times \frac{(2^k-2^{k_m}l_m)}{2^{k_m}l_m}$$

$$= \frac{(2^{k-k_1}-l_1)(2^{k-k_2}-l_2)\cdots(2^{k-k_m}-l_m)}{l_1 l_2 \cdots l_m}。$$

因为上式的分子、分母都是奇数，且分式的值是正整数，所以 $C_{2^k-1}^m$ 是奇数。

4. 一个盒子里有 n 个标有号码 $1, 2, 3, \cdots, n$ 的球，每次取出一个，记下它的号码后放回盒子中，取放 n 次，则 n 次中取到最大号码恰为 k 的方法有_____种。

【解析】n 次中，有 1 次取到号码为 k 的球，剩下 $n-1$ 次取到号码为 $1-(k-1)$ 的球，共 $C_n^1(k-1)^{n-1}$ 种方法；

同理，n 次中，有 r 次取到号码为 k 的球，剩下 $n-r$ 次取到号码为 $1-(k-1)$ 的球，共 $C_n^r(k-1)^{n-r}$ 种方法。

所以，总共有 $C_n^1(k-1)^{n-1}+C_n^2(k-1)^{n-2}+\cdots+C_n^r(k-1)^{n-r}+\cdots+C_n^n(k-1)^0 = k^n-(k-1)^n$ 种方法。故答案为 $k^n-(k-1)^n$。

5. 已知多项式 $x^2(x-1)^4=a_1(x+1)^6+a_2(x+1)^5+a_3(x+1)^4+\cdots a_6(x+1)+a_7$，求 a_4。

【解析】令 $x+1=t$，原等式化为 $(t-1)^2(t-2)^4=a_1t^6+a_2t^5+a_3t^4+\cdots a_6t+a_7$，$a_4$ 是 t^3 的系数为 -88。

6. 已知 $(1+x+x^2)^n=T_n^0+T_n^1x+T_n^2x^2+\cdots+T_n^{2n}x^{2n}$，$n \in \mathbf{N}^*$，其中 T_n^i 为 $(1+x+x^2)^n$ 展开式中 x^i 项的系数，$i=0, 1, 2, \cdots, 2n$，则下列说法中正确的有（　　　）。

A. $T_7^i=T_7^{14-i}$，其中 $i=0, 1, 2, \cdots, 14$

B. $T_7^2+T_7^3=T_8^3$

C. $\sum_{i=1}^{14} T_7^i = 2\sum_{i=0}^6 3^i$

D. T_7^7 是 $T_7^0, T_7^1, T_7^2, \cdots, T_7^{14}$ 的最大值

【解析】由题意知，三项式系数塔与杨辉三角构造相似，其第二行为三个数，且下行对应的数是上一行连续三个数之和。

当 $n=7$ 时，$(1+x+x^2)^7=[(1+x)+x^2]^7=C_7^0(1+x)^7+C_7^1(1+x)^6x^2+C_7^2(1+x)^5x^4+C_7^3(1+x)^4x^6+C_7^4(1+x)^3x^8+C_7^5(1+x)^2x^{10}+C_7^6(1+x)x^{12}+C_7^7x^{14}=1+7x+28x^2+77x^3+245x^4+266x^5+357x^6+393x^7+357x^8+266x^9+245x^{10}+77x^{11}+28x^{12}+7x^{13}+x^{14}$。可知 $T_7^i=T_7^{14-i}$，T_7^7 是 $T_7^0, T_7^1, T_7^2, \cdots, T_7^{14}$ 的中间项，所以 T_7^7 最

大。故 A、D 正确。

令 $x=0$，可知 $1=T_n^0+T_n^1\cdot 0+T_n^2\cdot 0+\cdots+T_n^{2n}\cdot 0=T_n^0$；

当 $n=7$ 时，$(1+x+x^2)^7=1+T_7^1 x+T_7^2 x^2+\cdots+T_7^{14}x^{14}$，$T_7^2=C_7^1+C_7^2=7+21=28$，$T_7^3=C_7^1 C_6^1+C_7^3=42+35=77$，同理 $T_8^3=C_8^1 C_7^1+C_8^3=112$，所以 $T_7^2+T_7^3\neq T_8^3$。 故 B 不正确。

令 $x=1$，可知 $3^7=T_7^0+T_7^1+T_7^2+\cdots+T_7^{14}=\sum_{i=0}^{14}T_7^i=1+\sum_{i=1}^{14}T_7^i$，即 $3^7-1=\sum_{i=1}^{14}T_7^i$；

又因为 $2\sum_{i=1}^{6}3^i=2(3^0+3^1+3^2+\cdots+3^6)=2\cdot\dfrac{3^7-1}{3-1}=3^7-1$，所以 $\sum_{i=1}^{14}T_7^i=2\sum_{i=0}^{6}3^i$，故 C 正确。综上，答案为 ACD。

附录6 "二项式定理"课前学习单

1.《九章算术》、"杨辉三角"是我国古代数学成果的典型代表,课前观看微视频《史话二项式定理》,了解二项式定理的形成与发展过程。

2. 二项式定理如何证明?

3. 二项式系数具有哪些性质? 二项式系数与项的系数有什么区别?

4. 已知 $(1+2x)^n$ 的展开式中,第六项和第七项的二项式系数最大,求展开式中系数最大的项。

5. 在 $\left(1+x+\dfrac{1}{x^{2\,022}}\right)^{10}$ 的展开式中,x^2 项的系数为_____(结果用数值表示)。

思考二项式定理的原理是什么?

6. 设 $1-x+x^2-x^3+\cdots+x^{16}-x^{17}=a_0+a_1(x+1)+a_2(x+1)^2+\cdots+a_{17}(x+1)^{17}$,求 a_2。

第 6 章

以史论纲：数学史融入单元复习课

究天人之际，
通古今之变。

——司马迁(汉)《报任少卿书》

课程标准要求高中数学教学以发展学生数学学科核心素养为导向,创设合适的教学情境,启发学生思考,引导学生把握数学内容的本质。在高中数学复习教学过程中,教师不仅需要精心设计每节课的教学,还要从统整教学的视点出发,关注每个章节的整体设计,注重单元教学设计等。因此单元复习课的教学目的应围绕核心内容,循序渐进、螺旋上升式地展开复习,首先是通过系统梳理知识,加强知识理解的准确性和深刻性,进而实现加强相关知识联系的丰富性和顺畅性,形成良好的数学认知结构,并通过问题解决等方式,提高综合运用知识解决问题的能力,避免陷于细枝末节,见木不见林,从而提高复习课的质量和效益。复习课单元整体设计应遵循6大原则:

(1)基础性。注重核心知识,通性通法的理解和掌握。同时还要注意从整体知识的研究对象、研究方法和用途等方面给学生一个全面的概述,使学生对这个知识单元先有一个整体的认识,再逐个学习的教学策略。

(2)层次性。对教学的知识载体要从整体到部分分析数学知识的层级体系、明确知识发生发展的内在逻辑脉络是什么,知识是怎样从源头逐步发展成有序级的逻辑体系的。对教育的主体即学生,教师要注重引领学生整体、系统和深入地研究问题,概括数学思想方法和问题解决策略,形成组织知识、思想方法和解决问题体系的顶层架构及其核心观念;注意发现学生存在的问题,查漏补缺,完善认知结构。总之用数学内在的力量提升学生数学思维,应是高三复习阶段追求的教学境界。

(3)综合性。着眼于相关知识的联系性,突出数学思想方法的作用。要循着知识呈现的顺序组织复习,对教材单元知识框架进行梳理,在厘清知识间的关系的同时,可以对原有认知的知识框架进行再现,也可以进行重构。在这一过程中尤其是要把学生推理能力、运算能力的培养,创新体验的获取融入重构中。

(4)有序性。关注知识内在的逻辑关系,做到有序推进、螺旋上升,即教学设计要基于内容的逻辑关联性。数学知识的发生发展是按照一定的逻辑脉络展开的,教学单元的内容形成和发展过程具有内在的逻辑一致性让学生通过数学思考自主建构知识结构是十分必要的。教学单元设计的逻辑关联性主要体现为:聚焦同一类研究对象,单元知识的发生发展过程逻辑一致,内容能自成一个逻辑体系,研究中问题发现、提出、分析和解决问题能形成一个闭环,便于用"怎样研究一类数学对象"的大观念引导学生系统地提出和研究问题。分析知识的发生发展过程的内在逻辑,是设计合理的教学单元的基础。

(5)一致性。开展单元整体教学,其核心目标是引领学生从事深度学习活动,引发学生的深度学习,发展数学核心素养。可以通过"联系的观点""问题引领""充分的交流与互动""努力帮助学生学会学习"4个重要环节开展深度教学从而引发学生深度学习。"联系的观点"指的是重视知识的比较和应用,形成全局的观点,形成和优化知识结构,这些教学原理都是指向多点知识的关联与整合；"问题引领"指的是用问题引发学生的深度思考，这里的问题，主要指的是利于学生形成全局观点的基于领域知识的全局性问题，而全局性问题需要基于知识领域单元整体分析才能提出；"充分的交流与互动"是基于整体、多元、联系的深度思考后的完整的观点表达和交流；"学会学习"需要帮助学生积累数学学习和研究的基本经验，形成研究数学对象，组织数学知识及其思想方法的大观念。

（6）发展性。以提升学生的数学思维水平和解决问题的能力为核心任务，引领学生从研究内容、研究思路和研究方法等角度设计教学，引领学生完整地经历问题的提出和问题解决过程，能对知识内容及其反映的数学思想和方法进一步提炼和概括，能对数学对象的定义方式、几何性质指什么等问题一般性回答，这是研究数学对象的方法论，对学生学会用数学的方式对事物进行观察、思考、分析以及发现和提出数学问题等都具有指路明灯的作用。能自觉地运用单元教学的观念指导数学学习与探究活动，是学生学会学习的标志，是从"知其然"到"知其所以然"再到"何由以知其所以然"的过程，也是理性思维得到良好发展的表现。

所有这些学习要求，都需要在单元整体教学平台上才能达到。毋庸置疑，数学史不仅能为一线教师提供了解认知发展的线索，而且能为学生理清知识发展脉络创造丰富的素材，因为其中数学历史名题是经历了岁月检验而流传下来的好问题。何谓历史名题？它们犹如数学世界的璀璨明珠，是数学文化的鲜活代言者，是在数学史上或者在人类生产生活中产生较大的影响，甚至对数学的发展有一定推动作用，在数学历史长河中有广泛反响的数学问题。基于数学单元教学的价值观，鉴于历史名题在单元复习中所具有的独特优势，我们选择"数列""立体几何"和"平面解析几何"这三个章节的单元复习课展开课例探索与实践，让学生的思维在与历史名题、趣题的碰撞中摩擦出对数学积极认知的火花，具有强烈的教育价值和现实意义。

6.1 数列单元复习

基于 HPM 视角,在数列复习课中融入古希腊毕达哥拉斯学派研究的形数理论、中国古代数学家研究的"垛积"问题等数学史素材,以充分挖掘数学史应用价值的高考真题、自主命题等为教学素材创设问题情境,学生在经历分析这些问题的过程中,既复习了数列的基本知识,巩固了研究数列的基本方法,又能体会数学的人文价值和美学价值,在新颖的课堂情境中锻炼了分析、推理和运算能力,促进了逻辑推理、数学抽象和数学运算等核心素养的培养和提升。

6.1.1 教学分析

1. 教学内容分析

本课是数列单元复习课,内容设计为两课时。图 6-1 为本节单元复习课所要涉及的数学知识网络图。

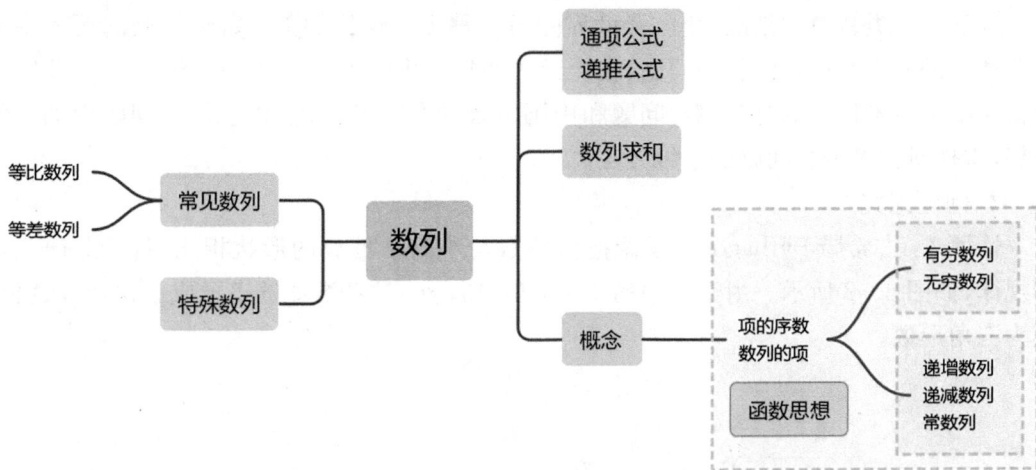

图 6-1 数列知识网络图

数列的概念和运算是历年高考和模拟考试题中常见的考点,从知识内容上来讲并不算难题,学生通过题目的操练就能达到一定的熟练度,但学生要能真正理解数列概念的内涵,自觉运用数列知识解决问题,则需要教师在复习教学中创新教学方式,选择有内涵又有吸引力的素材,激发学生的探究兴趣,丰富学生分析和解决数列问题的体验。基于以上认识,本专题教学通过融入数学史由简单到复杂的"拟形数"与"垛积"问题的研究,与学生一起由浅入深地体验探讨数列问题的求解策略,助力学生用"数列的眼光看、数列的思维想和数列的语言表达"。

2. 学情分析

本次授课对象为有一定数列知识基础的高三学生,在掌握了数列概念并能解决常规数列问题的基础上,需进一步锻炼分析数列问题的能力,提升运用数列知识解决综合问题的能力。

基于以上分析,明确本节课的教学目标和教学重难点。

教学目标

(1)加强对数列概念的理解,会运用数列的递推公式、通项公式和前 n 项和公式分析并解决问题;

(2)经历古希腊毕达哥拉斯"拟形数"及其拓展问题和中国古代"垛积"问题的研究过程,通过问题链的思考和探讨,掌握解决数列问题的方法;

(3)在灵活运用数列知识解决问题的过程中,提高观察、分析、归纳推理、演绎推理与合情推理的能力。

教学重点 数列的递推公式、通项公式和求和公式。

教学难点 基于数字规律进行直觉分析、运算推理、类比推广。

6.1.2 教学过程

1. 课题导入

数学是人类智慧的结晶,是诠释世界的另一种无与伦比的美。数学发展的历程中有许多动人的故事和源远流长的问题,在今天的课堂上我们相约一起穿越历史,共同研究一下古希腊毕达哥拉斯的"拟形数"问题和中国古代的"垛积"问题,体会数列问题中的数学思想,掌握研究这一类问题的思维方法。

2. 问题探究

情境 1: 古希腊 Pythagoras 学派把自然数与小石子堆放的形状相比拟,借此研究数的规律,如图 6-2 所示。由于图中的 1,3,6,10,…,这些数能够表示成三角形,故将称其为三角形数。

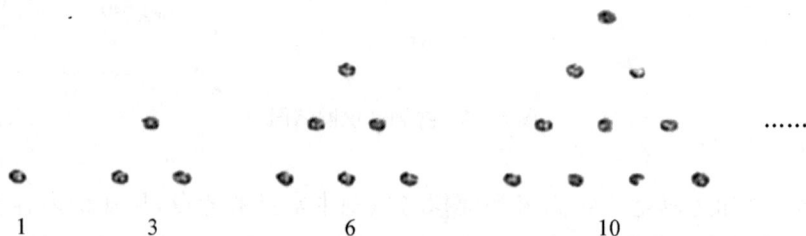

图 6-2 三角形数

问题 1 图 6-2 中的"1,3,6,10,15,…"这样的数就是三角形数,则第 8 个三角形数为_____,第 n 个三角形数是_____。

生: 该问题为自然数数列的前 n 项求和问题,易得 $a_8 = 36$,$a_n = \dfrac{n(n+1)}{2}$。

问题 2　将三角形数 1，3，6，10，$\cdots$ 记为数列 $\{a_n\}$，将可被 5 整除的三角形数按从小到大的顺序组成一个新数列 $\{b_n\}$，可以推测：

(1) b_{2020} 是数列 $\{a_n\}$ 中的第_____项；(2) $b_{2k-1}=$_____（用 k 表示）。

师：本题考查求数列通项公式的方法，解答本题可先根据数列 $\{a_n\}$ 相邻两项的关系，求出数列 $\{a_n\}$ 的通项公式，再结合数列 $\{b_n\}$ 与 $\{a_n\}$ 的关系求出数列 $\{b_n\}$ 的通项公式进而解答本题。

生：由图可知，数列 $\{a_n\}$ 满足：$a_1=1$，$a_n-a_{n-1}=n(n\geqslant 2,n\in \mathbf{N}^*)$。

所以 $a_n=a_n-a_{n-1}+(a_{n-1}-a_{n-2})+\cdots+(a_2-a_1)+a_1=n+(n-1)+\cdots+2+1=\frac{n(n+1)}{2}$。当 $n=1$ 时，也符合上式。所以，$a_n=\frac{n(n+1)}{2}$。

当 $n=4$，5，9，10，14，15，19，20，$\cdots$ 时，a_n 依次构成数列 $\{b_n\}$ 的第 1，2，3，4，$\cdots$ 项，可以看出当 $n=5$，10，15，20，$\cdots$ 时，a_n 分别对应着 $\{b_n\}$ 的第 2，4，6，8，$\cdots$ 项。

(1) b_{2020} 是数列 $\{a_n\}$ 中的第 $1\,010\times 5=5\,050$ 项。

(2) $\{b_n\}$ 中第 $2k-1$ 个被 5 整除的数出现在 $\{a_n\}$ 中第 k 组倒数第二个，是数列 $\{a_n\}$ 中的第 $5k-1$ 项，故 $b_{2k-1}=\frac{1}{2}(5k-1)(5k-1+1)=\frac{5k(5k-1)}{2}$。

问题 3　类似地，图 6-3 中的"1，4，9，16，25，$\cdots$"这样的数就是正方形数，则第 8 个正方形数为_____，第 n 个正方形数是_____。

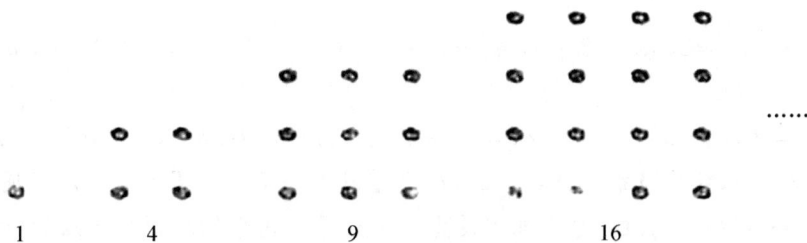

1　　　　4　　　　　9　　　　　　16

图 6-3　正方形数

生：该问题直接观察即得结果为：$a_8=64$，$a_n=n^2$。

问题 4　[沪教版 2020 选择性必修第一册 4.3.1 数列(2)]根据图 6-4 中的图形及相应的点数，请写出点数的一个通项公式。

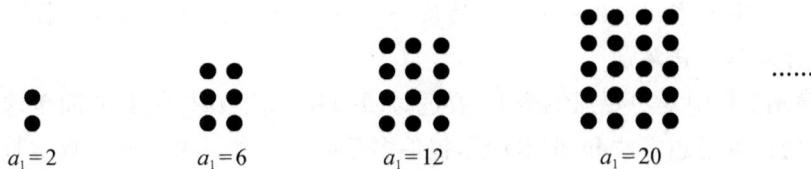

$a_1=2$　　　$a_1=6$　　　　$a_1=12$　　　　$a_1=20$

图 6-4　正方形数变式

生：（观察1）从形的角度观察得每一个图形的点的个数是矩形图行数与列数的乘积；从与此呼应的数的角度分析：$a_1 = 1 \times 2$，$a_2 = 2 \times 3$，$a_3 = 3 \times 4$，$a_4 = 4 \times 5$，易得一个通项公式为 $a_n = n(n+1)$。

生：（观察2）形的角度：每幅图是一个边长为列数的正方形和列数个点拼合而成（图6-5）。

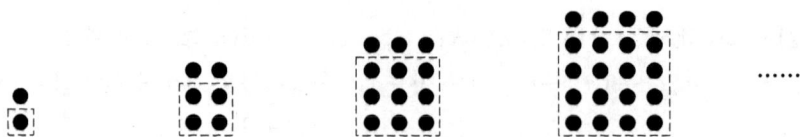

图6-5　正方形数变式分析1

数的角度：$a_1 = 1 + 1$，$a_2 = 2^2 + 2$，$a_3 = 3^2 + 3$，$a_4 = 4^2 + 4$，$\cdots$，$a_n = n^2 + n$。

生：（观察3）形的角度：每幅图是在前一幅图的基础上拼合列数的两倍个点而成（图6-6）。

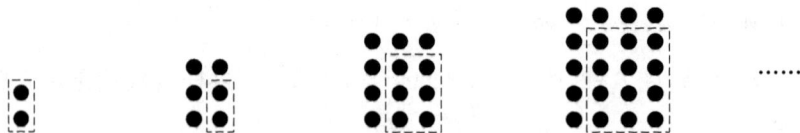

图6-6　正方形数变式分析2

数的角度：$a_1 = 2$，$a_2 = 2 + 4$，$a_3 = 2 + 4 + 6$，$a_4 = 2 + 4 + 6 + 8$，$\cdots$，$a_n = 2 + 4 + 6 + \cdots + 2n$。

或者 $a_1 = 2$，$a_2 = a_1 + 2 \times 2$，$a_3 = a_2 + 2 \times 3$，$a_4 = a_3 + 2 \times 4$，$\cdots$，$a_n = a_{n-1} + 2 \times n$。后者显然是点数的递推关系，在此基础上可以进一步通过累差叠加法求通项公式。

生：（观察4）形的角度：每个矩形是由两个全等三角形倒序拼合而成的（图6-7）。

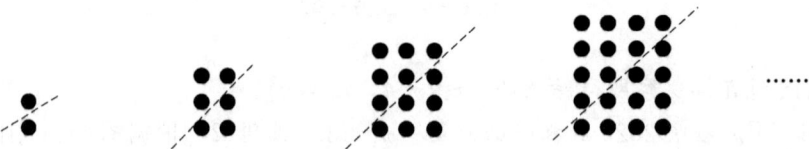

图6-7　正方形数变式分析3

从这个角度联想求 $1 + 2 + \cdots + n$ 的值，无疑可以为提出倒序相加法求等差数列前 n 项和的思想方法埋下伏笔。

【设计意图】高中复习要抓纲悟本，要适时回归并"啃"教材，但并非简单地回归，而是要深挖教材内在的思想方法和知识联系，提倡多角度联想和思考。回归数学教材，对其巧安排、妙引导，变传授为探究，鼓励学生主动从多角度观察思考，促使学生迸发出创造思想的火花，是高中复习需重视的策略。笔者在重视演绎推理的同时，加强了归纳推理的思维训练,在课堂内外给学生更广阔的大胆猜想、合情推理和自主探索的空间,着眼于培养学生探究和发现问题的能力、培养利于其终身发展的学习和研究能力,追求"正道求索,臻于至善"的教学境界。

问题 5　类似地,图 6-8 中的"1,5,12,22,35,…"这样的数就是五边形数,则
① 第 8 个五边形数为_____;第 n 个五边形数是_____。

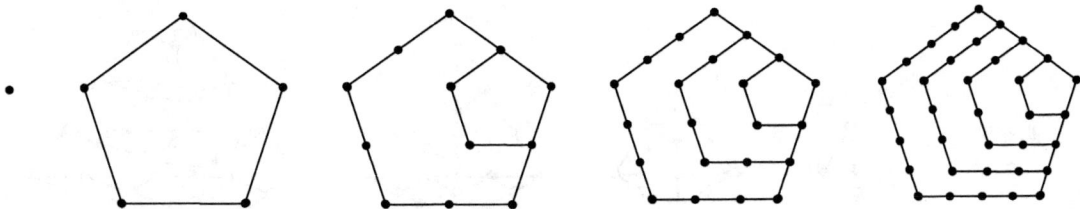

图 6-8　五边形数

② 依次类推,图 6-9 表示了第 4 个六边形数,则第 n 个六边形数是_____。

生:① 找到变化规律:1,1+4,1+4+7,1+4+7+10,…,分析数列的递推公式,通过求和得五边形数的通项公式为 $a_n = \frac{3}{2}n^2 - \frac{1}{2}n$,其中 $a_8 = 92$。

② 找到变化规律:1,1+5,1+5+9,1+5+9+13,…,然后分析数列的递推公式,通过求和得六边形数的通项为 $a_n = 2n^2 - n$。

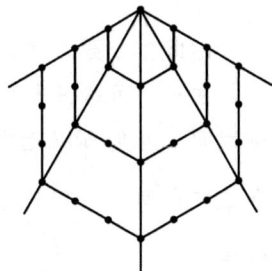

图 6-9　六边形数

问题 6　通过以上研究,记第 n 个 k 边形数为 $N(n,k)$ $(k \geqslant 3, k \in \mathbf{N}^*)$,以下列出了部分 k 边形数中第 n 个数的表达式:

三角形数:$N(n,3) = \frac{1}{2}n^2 + \frac{1}{2}n$;

正方形数:$N(n,4) = n^2$;

五边形数:$N(n,5) = \frac{3}{2}n^2 - \frac{1}{2}n$;

六边形数:$N(n,6) = 2n^2 - n$。

由此可以推测 $N(n,k)$ 的表达式,并计算得 $N(10,24) = $_____。

生:根据研究结论,观察分析:

$$N(n,3) = \frac{n(n+1)}{2} = \frac{3-2}{2}n^2 + \frac{4-3}{2}n, \quad N(n,4) = n^2 = \frac{4-2}{2}n^2 + \frac{4-4}{2}n,$$

$$N(n,5) = \frac{3n^2}{2} - \frac{n}{2} = \frac{5-2}{2}n^2 + \frac{4-5}{2}n, \quad N(n,6) = 2n^2 - n = \frac{6-2}{2}n^2 + \frac{4-6}{2}n。$$

由归纳推理可得,$N(n,k) = \frac{k-2}{2}n^2 + \frac{4-k}{2}n$,所以 $N(10,24) = \frac{24-2}{2} \times 10^2 +$

$$\frac{4-24}{2}\times10=1\,100-100=1\,000。$$

问题7 古希腊毕达哥拉斯学派研究了"多边形数"，人们把多边形数推广到空间，研究了"四面体数"，图6-10所示是第1—5个四面体数。

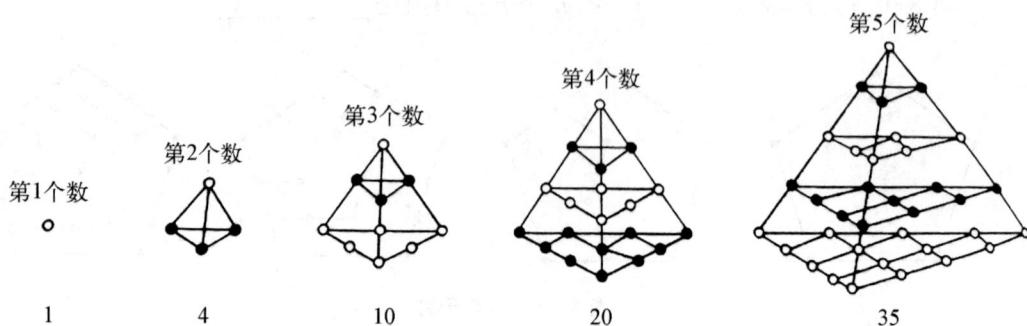

第1个数   第2个数   第3个数   第4个数   第5个数

1   4   10   20   35

图6-10 四面体数

由此推出第8个四面体数为_____（用数字作答）；第 n 个四面体数为_____。

生： 该问题将平面"形数问题"推广到空间进行类比研究，将"沙滩数"变成了棱锥，推陈出新。我们可以先找到变化规律，通过综合运用数列的递推表示、归纳推理以及累加求和进行求解。数列的递推公式为 $a_n=a_{n-1}+(1+2+\cdots+n)=a_{n-1}+\frac{n(n+1)}{2}$，累加可得

$$a_n=(a_n-a_{n-1})+(a_{n-1}-a_{n-2})+\cdots+(a_2-a_1)+a_1$$
$$=\frac{n^2+(n-1)^2+\cdots+2^2+1^2}{2}+\frac{n+(n-1)+\cdots+2+1}{2}+1$$
$$=\frac{n^3+3n^2+2n+6}{6}。$$

问题8 在德国不莱梅举行的第48届世乒赛期间，某商场橱窗里用同样的乒乓球堆成若干"正三棱锥"形的展品，其中第1堆有1层，就1个乒乓球；第2，3，4，…，堆最底层（第1层）分别按照图6-11的方式固定摆放。

第1堆第1层   第2堆第1层   第3堆第1层   第4堆第1层   ……

图6-11

从第1层开始，每层的小球自然垒放在下一层之上，第 n 堆第 n 层就放1个乒乓球，以 $f(n)$ 表示第 n 堆的乒乓球总数，则 $f(4)=$_____，$f(n)=$_____（答案用 n 表示）。

生： 该问题采用情境式提出问题，与问题 6 完全相同。

【设计意图】本题组借助古希腊的毕达哥拉斯学派研究形数理论的故事，以构造新数列的方式采用再现式、情境式等方式设计问题链，将问题类比推广层层递进，多边形的边数由少到多，从平面多边形到空间多面体，全方位展开研究。通过这一阶段的学习，学生既夯实了数列的递推公式、通项公式和求和等基本知识，又掌握了运用数列的相关知识进行归纳推理、演绎推理的基本方法。在课堂上，学生的数学阅读、观察、分析、归纳猜想能力也得到了充分的锻炼，在数学文化之美的意境中，学生的数学抽象、逻辑推理和数学运算等核心素养也得到了提高。

3. 类比探究

师： 无独有偶，对这一类问题，中国古人也表现出了惊人的智慧。

情境 2： 早在 1261 年，杨辉的《详解九章算法》中有这样的问题：

问题 9　今有圭垛一堆，上一束，底宽八束，问：共几束？

生： 这就是毕达哥拉斯学派三角形数列求和问题，$1+2+\cdots+8=36$。

问题 10　下广一面一十二个，上尖，问：计几何？

生： 这是三角锥状垛积公式，显然比古希腊拟形数高一层次，可设三角锥底为正三角形，每边有 n 个，高为 n，得 $1+3+6+\cdots+\dfrac{n(n+1)}{2}=\dfrac{n(n+1)(n+2)}{6}=C_{n+2}^3$。

情境 3： 略晚于杨辉，在元代 1303 年，朱世杰所著的《四元玉鉴》中对杨辉三角垛求和公式继续推广，如图 6 - 12。

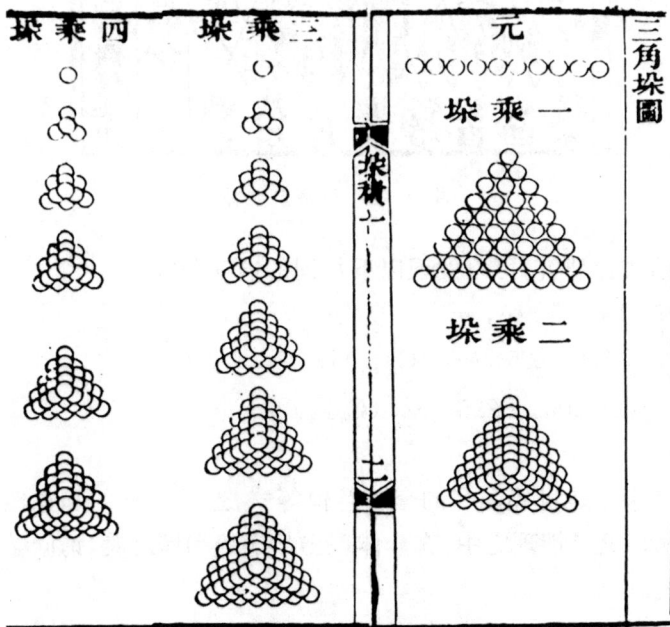

图 6 - 12　垛积数

在上图中"元"为"荄草垛",即为数列：1，2，3，…，n。

而"一乘垛"也称为"三角垛",即数列：1，3，6，10，…，$\dfrac{n(n+1)}{2}=C_{n+1}^2$。

以此类推研究(请同学们课后继续探究)。

撒星形垛：1，4，10，20，…，$\dfrac{n(n+1)(n+2)}{6}=C_{n+2}^3$。

三角撒星形垛：1，5，15，35，…，$\dfrac{n(n+1)(n+2)(n+3)}{24}=C_{n+3}^4$。

清末李善兰(1811—1882)在《垛积比类》卷 3 中进一步推广了朱世杰所做的高阶等差数列,书中设有"三角自乘垛"一节,见图 6-13：

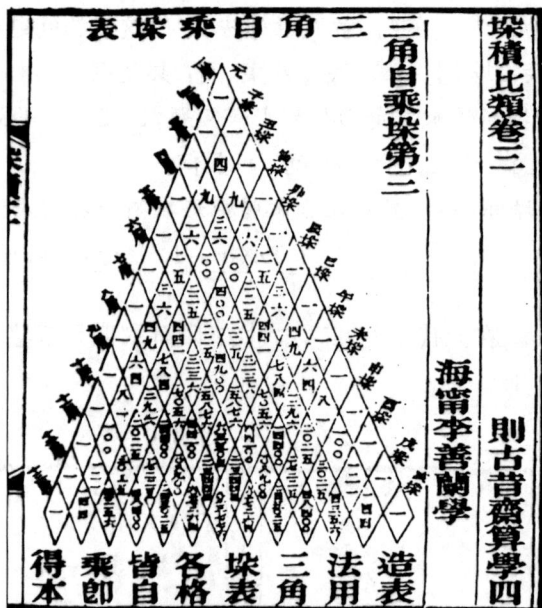

图 6-13　三角自乘垛

根据图 6-13,类比研究,可以发现以下数列的通项公式。

子垛：1，4，9，16，25，…，n^2；

丑垛：1，9，36，100，225，…，$(C_{n+1}^2)^2$；

寅垛：1，16，100，400，1 225，…，$(C_{n+2}^3)^2$；

……

这张图表的结果正是世界闻名的李善兰恒等式,这些数列的和竟然可以用组合数表示,随时意料之外,但又是情理之中,充分体现出数学的和谐之美,请同学们在课下展开进一步的思考和探究。

【设计意图】结合不同的历史故事推陈出新,让学生充分感知不同文化背景下的数学是人类共同的智慧和文明,体会数学的人文价值。该问题链中的"垛积"问题将平面问题变成空间问题，"沙滩数"变成了棱锥体形的数，引导学生深入分析和思考，锻炼了学生在数列的表示、归纳推理以及累加求和方面的能力，培养了逻辑推理、数学运算等数学核心素养。

6.1.3　教学反思

数学史融入高中数列复习课是笔者的一次新的尝试，作为数学史与数学教育的狂热爱好者和布道者，笔者秉承以提高学生的数学兴趣、数学能力和构建思考型教学为目标，设计出体现"知识之谐"的基本知识复习课；以帮助学生培养逻辑思辨与解决问题能力为目标，设计出展现"方法之美"的基本方法复习课；以提升学生数学核心素养为目标，设计出呈现"能力之助"的数学探究课。下面谈谈笔者在课堂设计和教学实施后的认识与反思。

1. 紧扣"课标"，精确定位教学目标

课程标准的修订非常重视文化的作用，强调把数学文化融入教学过程中，而数学史融入课堂教学正是其中很重要的落点之一。数学史融入高三数学课堂要担当起其应有的重任：通过体现数学的人文价值和审美价值，引导学生感受数学家治学的严谨，寻求数学发展的历史轨迹，激发学生对数学的兴趣和对数学创新的认识，从而提高自身的文化素养、思想素养和创新意识。基于此，笔者确定了数学史融入数列复习课的教学目标（如文中所述）。

2. 深挖"素材"，精雕细琢数学史料

高三复习是一个特殊的阶段，这就决定了数学史融入课堂必须有"真材实料"，绝不能只是形式上玩玩"噱头"。素材从哪里来？一是历年高考真题，笔者系统研究了全国历年高考融入数学史和数学文化的数学真题，精心选择"形数问题"的高考真题，以此来展开课堂学习和研究；二是历史数学名题，它是人类文化的瑰宝，代代相传，又历经琢磨提炼，是数学园地中的奇花异草，值得着意采集，并在课堂中教学相长，令师生深受教益。本次课中的历史名题一个来自古希腊的形数问题，一个来自中国古代的垛积问题，跨洲越洋、穿越时空，交融传播，师生能充分感受数学的"文化之魅"。

3. 深究"原理"，精准运用融入方法

如何上好数学史融入高三数学复习课？除了具备既定的教学目标和实施教学的素材外，还需要教师打破传统的教学方式，深入研究融入数学史的教学原理，科学选择融入数学史的教学方法。本次基于数学史的数列复习课，问题的提出与呈现中都采用了再现式和情境式策略，其中问题 2 和问题 5 直接引用了高考真题，将形数思想与数列通项公式的考查恰如其分地结合了起来。问题 4、6、7 对原有的问题进行了新旧链接和变式推广探究，采用了链接式和对称式的提问策略，使学习得以层层递进。情境 2 与情境 1 的问题相互呼应、相得益彰。情境 3 在前两个研究基础上进一步将学生引入深度思考和探究，采取了自由式的提问策略。课后教学反馈表明，这样的提问和研究方式，促进了教学目标的达成，激发了学生的研究兴趣，充实了课堂教学的内涵，同时也让数学课堂教学方法实现了多元化。

HPM 视角下的高三数学复习课，无疑是现代化教育理念下的勇敢尝试，是师生在课堂中对数学发展历程、数学史料、数学历史名题等进行感知、认识与研究的别开生面的旅程。沉浸于对历史的找寻，体会数学历史和文化，对我们后人来说，这些不是空洞的存在，而是人类思维方式和探索本能的血脉里的传承。

6.1.4 巩固练习

1. 南宋数学家杨辉在《详解九章算法》和《算法通变本末》中提出了一些新的垛积公式。所讨论的高阶等差数列与一般的等差数列不同，前后两项之差并不相等，但是逐项差数之差或者高次差成等差数列。如数列 1，3，6，10，它的前后两项之差组成新数列 2，3，4，新数列 2，3，4 为等差数列，数列 1，3，6，10 被称为二阶等差数列。已知数列 $\{a_n\}$，$a_1=1$，$a_2=4$，且 $a_{n+1}+a_{n-1}=2(a_n+1)(n\geqslant 2)$，则下列结论中正确的是 _____。（写出所有正确结论的序号）

① 数列 $\{a_n\}$ 为二阶等差数列；② $a_n=n^2$；

③ 数列 $\left\{\dfrac{a_{n+1}-a_n}{a_n a_{n+1}}\right\}$ 为二阶等差数列；④ 数列 $\left\{\dfrac{a_{n+1}-a_n}{a_n a_{n+1}}\right\}$ 的前 n 项和为 $1-\dfrac{1}{(n+1)^2}$。

【解析】因为 $a_{n+1}+a_{n-1}=2(a_n+1)(n\geqslant 2)$，所以 $(a_{n+1}-a_n)-(a_n-a_{n-1})=2(n\geqslant 2)$，即 $\{a_{n+1}-a_n\}$ 是首项为 $a_2-a_1=3$，公差为 2 的等差数列，得 $a_{n+1}-a_n=2n+1$，所以数列 $\{a_n\}$ 为二阶等差数列，故①正确。

因为 $a_n=(a_n-a_{n-1})+(a_{n-1}-a_{n-2})+\cdots+(a_2-a_1)+a_1=(2n-1)+(2n-3)+\cdots+3+1$，所以 $a_n=\dfrac{(1+2n-1)n}{2}=n^2$，故②正确。

因为 $\dfrac{a_{n+1}-a_n}{a_n a_{n+1}}=\dfrac{(n+1)^2-n^2}{n^2(n+1)^2}=\dfrac{2n+1}{n^2(n+1)^2}=\dfrac{1}{n^2}-\dfrac{1}{(n+1)^2}$，所以 $\dfrac{a_{n+1}-a_n}{a_n a_{n+1}}-\dfrac{a_n-a_{n-1}}{a_{n-1}a_n}=\dfrac{1}{n^2}-\dfrac{1}{(n+1)^2}-\dfrac{1}{(n-1)^2}+\dfrac{1}{n^2}=\dfrac{2(-3n^2+1)}{n^2(n+1)^2(n-1)^2}$，于是 $\left\{\dfrac{a_{n+1}-a_n}{a_n a_{n+1}}\right\}$ 不是二阶等差数列，故③错误。

数列 $\left\{\dfrac{a_{n+1}-a_n}{a_n a_{n+1}}\right\}$ 的前项和 $S_n=1-\dfrac{1}{2^2}+\dfrac{1}{2^2}-\dfrac{1}{3^2}+\cdots+\dfrac{1}{n^2}-\dfrac{1}{(n+1)^2}=1-\dfrac{1}{(n+1)^2}$，所以 $S_n=1-\dfrac{1}{(n+1)^2}$，故④正确。

故答案为①②④。

2. 费马数是以数学家费马命名的一组自然数，具有形式：$F_n=2^{2^n}+1$，$n\in \mathbf{N}^*$。1732 年，数学家欧拉算出 $F_5=641\times 6\,700\,417$ 不是质数，从而宣告费马数都是质数的猜想不成立。现设 $a_n=\log_2(F_n-1)+1$，$b_n=(-1)^n\dfrac{3a_n-1}{a_n a_{n+1}}$，$S_n$ 为数列 $\{b_n\}$ 的前 n 项和，则下列结论中正确的是 _____。（写出所有正确结论的序号）

① $F_{n+1}-1=(F_n-1)^2$；　② $a_{n+1}=2a_n+1$；　③ $S_n=\dfrac{(-1)^n}{2^{n+1}+1}-\dfrac{1}{3}$；　④ S_n 的最大

值为 $-\dfrac{2}{9}$。

【解析】由题知 $F_n=2^{2^n}+1$，$n\in\mathbf{N}^*$，$a_n=\log_2(F_n-1)+1=2^n+1$，所以 $F_{n+1}-1=$ $2^{2^{n+1}}$，$(F_n-1)^2=(2^{2^n})^2=2^{2^{n+1}}$，即 $F_{n+1}-1=(F_n-1)^2$，故①正确。

根据 $a_n=2^n+1$，有 $a_{n+1}=2^{n+1}+1$，$2a_n+1=2(2^n+1)+1=2^{n+1}+3$，即 $a_{n+1}\neq2a_n+$ 1，故②错误。

又 $b_n=(-1)^n\dfrac{3a_n-1}{a_na_{n+1}}=(-1)^n\dfrac{3\cdot2^n+2}{(2^n+1)(2^{n+1}+1)}=(-1)^n\left(\dfrac{1}{2^n+1}+\dfrac{1}{2^{n+1}+1}\right)$，得

$S_n=-\left(\dfrac{1}{2^1+1}+\dfrac{1}{2^{1+1}+1}\right)+\left(\dfrac{1}{2^2+1}+\dfrac{1}{2^{2+1}+1}\right)-\cdots+(-1)^{n-1}\left(\dfrac{1}{2^{n-1}+1}+\dfrac{1}{2^n+1}\right)+$

$(-1)^n\left(\dfrac{1}{2^n+1}+\dfrac{1}{2^{n+1}+1}\right)=\dfrac{(-1)^n}{2^{n+1}+1}-\dfrac{1}{3}$，故③正确。

当 n 为奇数时，$S_n=\dfrac{(-1)^n}{2^{n+1}+1}-\dfrac{1}{3}=-\dfrac{1}{2^{n+1}+1}-\dfrac{1}{3}<-\dfrac{1}{3}$；

当 n 为偶数时，$S_n=\dfrac{(-1)^n}{2^{n+1}+1}-\dfrac{1}{3}=\dfrac{1}{2^{n+1}+1}-\dfrac{1}{3}>-\dfrac{1}{3}$，此时

$S_{n+2}-S_n=\left(\dfrac{1}{2^{n+3}+1}-\dfrac{1}{3}\right)-\left(\dfrac{1}{2^{n+1}+1}-\dfrac{1}{3}\right)=\dfrac{1}{2^{n+3}+1}-\dfrac{1}{2^{n+1}+1}=$ $\dfrac{2^{n+1}-2^{n+3}}{(2^{n+1}+1)(2^{n+3}+1)}<0$。

所以当 n 为偶数时，$\{S_n\}$ 为严格减数列，于是 S_n 的最大值为 $S_2=\dfrac{1}{2^3+1}-\dfrac{1}{3}=-\dfrac{2}{9}$，故④正确。

故答案为①③④。

3. 已知数列 $\{a_n\}$ 的前 n 项和为 $S_n(S_n\neq0)$，T_n 为数列 $\{S_n\}$ 的前 n 项积，满足 S_n+ $T_n=S_n\cdot T_n(n\in\mathbf{N}^*)$，给出下列四个结论：① $a_1=2$；② $a_n=\dfrac{2}{n(2n-1)}$；③ $\{T_n\}$ 为等差数列；④ $S_n=\dfrac{n+1}{n}$。

其中，所有正确结论的序号是_____。

【解析】根据 $S_n+T_n=S_n\cdot T_n(n\in\mathbf{N}^*)$，当 $n=1$ 时，$S_1+T_1=S_1\cdot T_1\Rightarrow2a_1=a_1^2$，解得 $a_1=2$ 或 $a_1=0$，又 $S_n\neq0$，即 $a_1\neq0$，所以 $a_1=2$，故①正确。

由 $S_n+T_n=S_n\cdot T_n$，可知 $S_n\neq1$，于是 $T_n=\dfrac{S_n}{S_n-1}$，当 $n\geq2$ 时，$T_{n-1}=\dfrac{S_{n-1}}{S_{n-1}-1}$，

所以 $\dfrac{T_n}{T_{n-1}}=\dfrac{S_n}{S_n-1}\times\dfrac{S_{n-1}-1}{S_{n-1}}\Rightarrow S_n=\dfrac{S_n}{S_n-1}\times\dfrac{S_{n-1}-1}{S_{n-1}}\Rightarrow\dfrac{1}{S_n-1}=\dfrac{S_{n-1}}{S_{n-1}-1}\Rightarrow\dfrac{1}{S_n-1}=$

$\dfrac{(S_{n-1}-1)+1}{S_{n-1}-1} \Rightarrow \dfrac{1}{S_n-1} - \dfrac{1}{S_{n-1}-1} = 1$，由此可得 $\left\{\dfrac{1}{S_n-1}\right\}$ 是以 $\dfrac{1}{S_1-1}=1$ 为首项，1 为公差的等差数列，进而得 $\dfrac{1}{S_n-1}=1+(n-1)\times1=n$，所以 $S_n=\dfrac{n+1}{n}$，故④正确。

因为 $T_n=\dfrac{S_n}{S_n-1}=\dfrac{\frac{n+1}{n}}{\frac{n+1}{n}-1}=n+1$，则当 $n\geq2$ 时 $T_n-T_{n-1}=(n+1)-n=1$，所以 $\{T_n\}$ 为等差数列，故③正确。

当 $n\geq2$ 时，$a_n=S_n-S_{n-1}=\dfrac{n+1}{n}-\dfrac{n}{n-1}=\dfrac{n^2-1-n^2}{n(n-1)}=-\dfrac{1}{n(n-1)}$，又 $a_1=2$ 不符合该式，所以 $a_n=\begin{cases}2, & n=1, \\ -\dfrac{1}{n(n-1)}, & n\geq2,\end{cases}$ 故②不正确。

故答案为①③④。

4. 北京天坛的圜丘坛（见图 6-14）为古代祭天的场所，分上、中、下三层，上层中心有一块圆形石板（称为天心石），环绕天心石砌 9 块扇面形石板构成第一环，向外每环依次增加 9 块，下一层的第一环比上一层的最后一环多 9 块，向外每环依次也增加 9 块，已知每层环数相同，且下层比中层多 729 块，则三层共有扇面形石板（不含天心石）_____块。

图 6-14

【解析】依题意，设上中下三层各有 S_1、S_2、S_3 块扇面形石板，因为向外每环依次增加 9 块，且下一层的第一环比上一层的最后一环也多 9 块，所以可将三层扇面形石板从上到下看成是一个整体，设由内往外每环的扇面形石板个数为 a_n，则 $\{a_n\}$ 构成以 9 为首项，9 为公差的等差数列。假设每层环数为 t，则 $\begin{cases}S_3=a_{2t+1}+a_{2t+2}+\cdots+a_{3t}, \\ S_2=a_{t+1}+a_{t+2}+\cdots+a_{2t}\end{cases} \Rightarrow S_3-S_2=9t\times t=729 \Rightarrow t=9$，所以每层有 9 环，得三层共有扇面形石板数为 $S_1+S_2+S_3=27\times9+\dfrac{27\times26}{2}\times9=3\,402$（块）。

5. 几位大学生合作创业，开发了一款应用软件。为激发大家学习数学的兴趣，他们推出了"解数学题获取软件激活码"的活动。这款软件的激活码为下面数学问题的答案：已知数列 $1,1,2,1,2,4,1,2,4,8,1,2,4,8,16,\cdots$，其中第一项是 2^0，接下来的两项是 $2^0,2^1$，再接下来的三项是 $2^0,2^1,2^2$，依此类推。求满足如下条件的最小整数 N：$N>100$ 且该数列的前 N 项和为 2 的整数幂。那么该款软件的激活码是（　　）。

A. 440   B. 330   C. 220   D. 110

【解析】对数列进行如下分组：

$$2^0;\qquad\qquad(第1组)$$
$$2^0,2^1;\qquad\qquad(第2组)$$
$$2^0,2^1,2^2;\qquad(第3组)$$
$$\vdots\qquad\qquad\vdots$$
$$2^0,2^1,2^2,\cdots,2^k。\quad(第\,k\,组)$$

该数列前 k 组的项数和为 $1+2+3+\cdots+k=\dfrac{k(k+1)}{2}$。

由题意可知 $N>100$，得 $\dfrac{k(k+1)}{2}>100$，解得 $k\geqslant14$，$n\in\mathbf{N}^*$，即 N 出现在第 13 组之后。

又第 k 组的和为 $\dfrac{1-2^k}{1-2}=2^k-1$，前 k 组的和为 $1+(1+2)+\cdots+(1+2+\cdots+2^k)=$ $(2^1-1)+(2^2-1)+\cdots+(2^k-1)=(2^1+2^2+\cdots+2^k)-k=2^{k+1}-k-2$。

设满足条件的 N 在第 $k+1(k\in\mathbf{N}^*,k\geqslant13)$ 组，且第 N 项为第 $k+1$ 组的第 m $(m\in\mathbf{N}^*)$ 个数，则第 $k+1$ 组的前 m 项和为 $1+2+2^2+\cdots+2^{m-1}=2^m-1$。

要使该数列的前 N 项和为 2 的整数幂，则 2^m-1 与 $-k-2$ 互为相反数，即 $2^m-1=2+k$，所以 $k=2^m-3$。

由 $k\geqslant13$，得 $2^m-3\geqslant13$，则 $m\geqslant4$。

当 $m=4$ 时，$k=2^4-3=13$，$N=\dfrac{13\times(13+1)}{2}+4=95<100$，不符；

当 $m=5$ 时，$k=2^5-3=29$，$N=\dfrac{29\times(29+1)}{2}+5=440$，符合。

所以满足条件的最小整数 $N=440$。故选 A。

6.2 立体几何单元复习

借助中国传统文化中的"鳖臑""阳马""堑堵"等常用几何模型,一方面研究其蕴含的位置关系和几何特征,引导学生在研究问题链的过程中,系统梳理空间立体几何的直线和平面的位置关系;另一方面精确计算空间中直线与直线所成角、直线与平面所成的角、二面角的大小,以及空间距离,认识和探索空间图形的性质,计算多面体和旋转体的表面积和体积等,达到温习知识、整理方法的目的,并形成系统的知识网络。充分挖掘数学史应用价值的高考真题和历史名题为教学素材创设问题情境,学生在分析这些问题的过程中,不仅能体会中国古代传统数学的人文价值和美学价值,而且在新颖的课堂情境中锻炼了分析、推理和运算能力,促进了学生逻辑推理、空间想象和数学运算等核心素养的培养和提升。

6.2.1 历史名题及其运用

（一）名题史料及其解读

《九章算术》系统总结了战国、秦、汉时期的数学成就,它以筹算为基础,构造了中国数学的算法体系,从问题出发、以解决问题为宗旨,提供了许多简练有效的运算操作模式。它是经世致用、运算建模的典范。

史料 1:《九章算术》第五卷"商功"第十五问:

今有阳马,广五尺,袤七尺,高八尺。问积几何?

答曰:九十三尺、少半尺。

术曰:广袤相乘,以高乘之,三而一。

刘徽(约公元 225 年—295 年)注:邪解立方,得两堑堵,邪解堑堵,其一为阳马,一为鳖臑,阳马居二,鳖臑居一,不易之率也。合两鳖臑成一阳马,合三阳马而成一立方,故三而一。

如图 6 - 15(1)所示,将一个长方体 $ABCD - A_1B_1C_1D_1$ 沿一对角面 BCD_1A_1 截开,就得到两个三棱柱,即"堑堵"$A_1AB - D_1DC$、"堑堵"$A_1B_1B - D_1C_1C$。

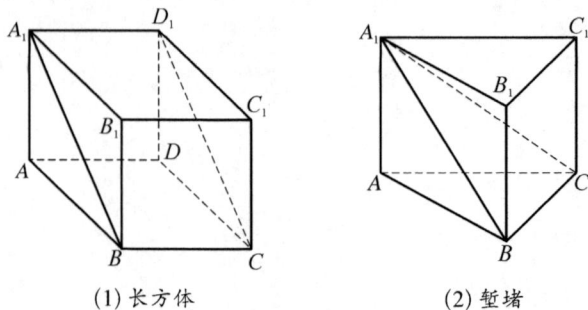

(1) 长方体   (2) 堑堵

图 6 - 15

如图 6-15(2) 所示,将一个"堑堵"ABC-$A_1B_1C_1$分解成一个四棱锥和一个三棱锥,所得的四棱锥就是"阳马"A_1-BCC_1B_1,三棱锥是"鳖臑"A_1-ABC。

史料 2:中国古代数学家刘徽在《九章算术注》中记述:羡除,隧道也,其形体上面平而下面斜。如图 6-16 所示的五面体 $ABCDEF$ 是一个羡除。

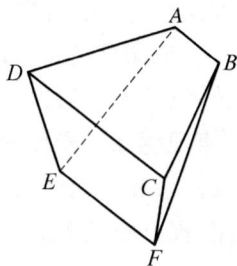

图 6-16 羡除

史料 3:今有刍薨,下广三丈,衰四文,上衰二,丈,无广,高一丈。问积几何?(注:1 丈 = 10 尺,1 米 = 3 尺)

答曰:五千尺。

术曰:倍下衰,上衰从之,以广乘之,又以高乘之,六而一。

刍童、曲池、盘池、冥谷,皆同术。

术曰:倍上衰,下衰从之,亦倍下衰,上衰从之,各以其广乘之,并,以高若深乘之,皆六而一。其曲池者,并上中、外周而半之,以为上衰;亦并下中、外周而半之,以为下衰。

"刍薨"的本义为盖上草的屋脊,这里指底面为矩形的屋脊状的楔体。

如图 6-17 所示,原问题翻译成现代文,即 $a = 2$ 丈,$b = 4$ 丈,$c = 3$ 丈,$h = 1$ 丈,求楔体的体积。"术"的意思是把下底边长 b 乘 2,加上边长 a 后乘 c,再乘高 h,然后除以 6,得计算楔体的体积公式 $V = (2b + a)ch$。

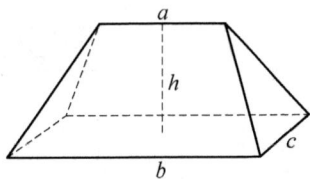

图 6-17 楔体

(二)历史名题的运用

为编制适合于今日课堂教学的数学问题,数学史料需要做出必要的裁剪和加工,进而形成合适的数学问题。在这一过程中需要精心编选训练试题,用心打磨问题的呈现形式,尤其要注重基于数学史的问题提出策略,表 6-1 详细陈述了提出策略的类型及其对应的具体内涵。

表 6-1 历史名题融入立体几何单元复习的方式

方 式	具 体 呈 现
复制式	介绍并解读"堑堵""阳马""鳖臑""羡除""刍薨"等几何特征
条件式	改变"堑堵""阳马""鳖臑""刍薨"的几何条件研究面积和体积问题,也可以让学生提出新问题
目标式	改变以上情境的目标而保持其条件不变,分析并解决新问题
自由式	同时改变以上情境中的条件和目标,分析并解决新问题

6.2.2 教学设计与实施

(一)教学分析

1. 教学内容分析

立体几何将二维平面几何升级为三维空间几何,其学习的主要任务是研究空间中点线面位置关系、空间几何体的形状与性质、表面积与体积等。学习中既要注重几何推理与论证,对空面点线面位置关系进行定性分析,以丰富学生的直观想象、发展空间想象能力,又要注重研究空间角、距离和几何体表面积与体积等的定量计算,提高学生的数学运算能力。

本课是高中立体几何复习课,内容设计为两课时,以《九章算术》中的几何模型为载体,设计不同层次的问题探究,每一层次的探究配置了若干问题,并以"问题链"的方式,从"直观感知—操作确认—推理论证—度量计算"纵深推进,引导学生复习直线与平面的位置关系和多面体与旋转体等相关知识,温故知新、整理方法,形成系统的立体几何知识网络,提升空间观念。图 6 – 18 为本次单元复习课所涉及的系统知识思维导图。

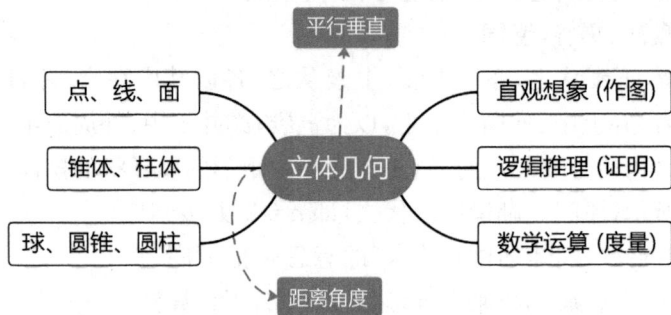

图 6 – 18 立体几何思维网络

2. 学情分析

本次授课对象为有一定立体几何知识基础的高中学生,不少学生在学习了立体几何之初感觉困难较多,尤其是平行与垂直等空间位置关系的判断与推理,空间度量的精确运算等。学生需要在掌握了直线与平面位置关系、多面体和旋转体等知识并能解决常规立体几何问题的基础上,进一步系统梳理知识,提高空间想象能力、逻辑推理能力和数学运算能力等。

基于以上分析,明确本节课的教学目标和教学重难点。

教学目标

(1) 通过解读"鳖臑""阳马""堑堵"等常用几何模型,系统梳理空面线面位置关系的知识,简单几何体的结构特征;

(2) 以历史名题为背景,通过问题链的解决,体验古代数学的文化传统、研究范式与探究精神。

教学重点 空间直线与平面、多面体。

教学难点 以传统几何模型为载体,进行逻辑推理、运算推理。

(二)教学过程

1. 情境导入

《九章算术》是我国古代数学名著,它在几何学中的研究比西方早一千多年,我国古代先民以"鳖臑""堑堵""阳马"等为基本几何构件,解决了生活中大量的空间度量问题,展现了我国古人在数学方面的智慧。课前我们给大家发了学习任务单(见附录 7),介绍了书中与本次学习相关的内容以及需要解决的问题,接下来的数学课堂我们一起研究一下《九章算术》中几个重要的立体模型,进行立体几何单元复习。

《九章算术·商功》中有这样的记载:"斜解立方,得两堑堵。斜解堑堵,其一为阳马,一为鳖臑。"详细解释即为:

① "堑堵",即底面为直角三角形,且侧棱垂直于底面的三棱柱;

② "阳马",即底面为矩形,且有一侧棱垂直于底面的四棱锥;

③ "鳖臑",即三面均为直角三角形的四面体。

2. 问题探究

情境 1

现有一"堑堵"ABC-$A_1B_1C_1$,如图 6-19 所示,$AC \perp BC$,则在"堑堵"ABC-$A_1B_1C_1$,"阳马"B-A_1ACC_1 与"鳖臑"B_1-A_1C_1B 中,解答如下问题。

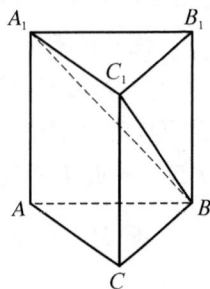

图 6-19 堑堵

问题 1 若 $AA_1 = 3$,$AC = 2$,$BC = a$,求"堑堵"ABC-$A_1B_1C_1$,"阳马"B-A_1ACC_1 与"鳖臑"B_1-A_1C_1B 的体积之比。

生:易知"堑堵"ABC-$A_1B_1C_1$ 的体积 $V = \frac{1}{2} \times 2 \times a \times 3 = 3a$。

由"阳马"的定义知,$BC \perp$ 平面 A_1ACC_1,则"阳马"B-A_1ACC_1 的体积 $V_1 = \frac{1}{3} \times a \times 2 \times 3 = 2a$。

所以"鳖臑"B_1-A_1C_1B 的体积 $V_2 = V - V_1 = 3a - 2a = a$。故"堑堵""阳马""鳖臑"三者的体积之比为 $3:2:1$。

问题 2 若 $AA_1 = AB = 2$,当"阳马"B-A_1ACC_1 的体积最大时,求"堑堵"ABC-$A_1B_1C_1$ 的表面积和体积。

生:$AC \perp BC \Rightarrow AB^2 = AC^2 + BC^2 \geqslant 2AC \cdot BC \Rightarrow AC \cdot BC \leqslant 2$,"阳马"$B$-$A_1ACC_1$ 的体积 $V_1 = \frac{1}{3} \times BC \times AA_1 \times AC = \frac{2}{3} \times BC \times AC \leqslant \frac{4}{3}$,当且仅当 $AC = BC = \sqrt{2}$ 时,等号成立,此时"堑堵"ABC-$A_1B_1C_1$ 的表面积 $S = 2S_{\triangle ABC} + S_{\text{侧}} = 6 + 4\sqrt{2}$;体积 $V = \frac{1}{2} \times AC \times BC \times 2 = 2$。

【设计意图】通过情境 1,熟悉几个古代传统几何模型的表面形状和结构特征,并巩固几何体表面积和体积的计算公式。

情境 2

问题 3 如图 6-20 所示,在"鳖臑"A-BCD 中,$AB \perp$ 平面 BCD,$BD \perp CD$。

(1)试判断"鳖臑"的四个表面有几个直角三角形?

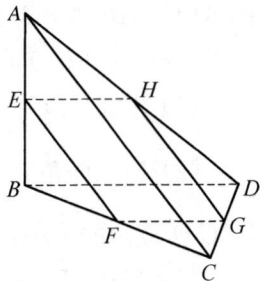

图 6-20

(2) 分别取 AB、BC、CD、AD 的中点为 E、F、G、H，连接 EF、FG、GH、EH，请判断该"鳖臑"中的四边形 $EFGH$ 是否为平面图形？ 如果是，指出它是什么四边形？

(3) 直线 AC 与(2)中的四边形 $EFGH$ 有怎样的关系？

生：(1) $AB\perp$平面 BCD，$CD\subset$平面 BCD，则 $AB\perp CD$。$BD\perp CD$，$AB\cap BD=B$，所以 $CD\perp$平面 ABD，则"鳖臑"的四个表面都是直角三角形。

(2) $BD\parallel EH$，$BD\parallel FG$，则 $EH\parallel FG$。同理可得 $EF\parallel HG$，故四边形 $EFGH$ 为平行四边形 $EFGH$。

(3) $AC\parallel EF$，$AC\not\subset$平面 $EFGH$，故 $AC\parallel$平面 $EFGH$。

问题 4 如图 6-21 所示，在"鳖臑"$A-BCD$ 中，$AB\perp$平面 BCD，$BD\perp CD$，$AB=BD=CD=2$，点 P 在棱 AC 上运动，求 $\triangle PBD$ 面积的最小值。

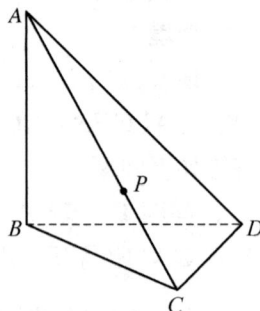

图 6-21 鳖臑

生：过点 P 作棱 BC 的垂线交 BC 于点 E，过 E 作 $EF\perp BD$ 交 BD 于点 F，连接 PF，则 $PE\perp$平面 BCD，因为 $BD\subset$平面 BCD，所以 $PE\perp BD$。又因为 $EF\perp BD$，且 $PE\cap EF=E$，所以 $BD\perp$平面 PEF。

设 $PE=x$，则由 $\dfrac{PE}{AB}=\dfrac{CE}{CB}$，$\dfrac{EF}{CD}=\dfrac{BE}{CB}\Rightarrow EF=2-x$ $(0<x<2)$。

因为 $PE\perp$平面 BCD，$EF\subset$平面 BCD，所以 $PE\perp EF$。故在 $\text{Rt}\triangle PEF$ 中，$PF^2=x^2+(2-x)^2=2x^2-4x+4=2(x-1)^2+2$。

因为 $BD\perp$平面 PEF，$PF\subset$平面 PEF，所以 $BD\perp PF$。故在 $\triangle PBD$ 中，$S_{\triangle PBD}=\dfrac{1}{2}\times BD\times PF=PF\geqslant\sqrt{2}$，即 $\triangle PBD$ 面积的最小值为 $\sqrt{2}$。

生：由前面的推导可将问题转化为 AC 与 BD 之间的距离，显然当 P 为 AC 中点时，BD 中点为 Q，则 PQ 为直线 AC 与 BD 的公垂线，而公垂线 PQ 的长度为 $\sqrt{2}$，则 $\triangle PBD$ 面积的最小值为 $\sqrt{2}$。

问题 5 如图 6-22 所示，在"鳖臑"$P-ABC$ 中，$PA\perp$平面 ABC，$AB\perp BC$，且 $AP=AC=1$，过点 A 分别作 $AE\perp PB$ 于点 E，$AF\perp PC$ 于点 F，连接 EF。

(1) 求证：$PC\perp$平面 AEF。

(2) 当二面角 $A-PC-B$ 的大小为 $\dfrac{\pi}{4}$ 时，求直线 PB 与平面 PAC 所成角的大小。

(3) 当 $\triangle AEF$ 的面积最大时，求 $\tan\angle BPC$。

生：(1) 因为 $PA\perp$平面 ABC，$BC\subset$平面 ABC，所以 $PA\perp$

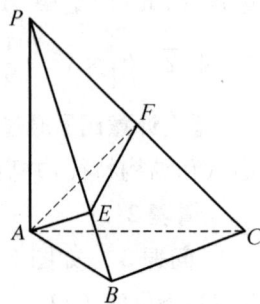

图 6-22

BC；又因为 $AB \perp BC$，$PA \cap AB = A$，所以 $BC \perp$ 平面 PAB；又因为 $AE \subset$ 平面 PAB，所以 $BC \perp AE$。

又 $PB \perp AE$，$PB \cap BC = B$，则 $AE \perp$ 平面 PBC。

因为 $PC \subset$ 平面 PBC，所以 $AE \perp PC$。又因为 $AF \perp PC$，$AE \cap AF = A$，所以 $PC \perp$ 平面 AEF。

（2）过 B 作 AC 的垂线交 AC 于 D，连接 PD。因为 $PA \perp$ 平面 ABC，$BD \subset$ 平面 ABC，所以 $PA \perp BD$。又因为 $BD \perp AC$，$PA \cap AC = A$，所以 $BD \perp$ 平面 APC，则 $\angle BPD$ 就是直线 PB 与平面 PAC 所成的角。

由（1）可知，$PC \perp$ 平面 AEF。因为 AF、$EF \subset$ 平面 AEF，所以 $PC \perp AF$，$PC \perp EF$，则二面角 $A - PC - B$ 的平面角为 $\angle AFE = \dfrac{\pi}{4}$，因为 $AP = AC = 1$，所以在 Rt$\triangle AFE$ 中，$AF = \dfrac{\sqrt{2}}{2}$，$AE = EF = \dfrac{1}{2} \Rightarrow \angle APB = \dfrac{\pi}{6}$，$AB = \dfrac{\sqrt{3}}{3}$，$PB = \dfrac{2\sqrt{3}}{3}$，$BC = \dfrac{\sqrt{6}}{3} \Rightarrow BD = \dfrac{\sqrt{2}}{3} \Rightarrow \sin \angle BPD = \dfrac{BD}{PB} = \dfrac{\sqrt{6}}{6}$。

故直线 PB 与平面 PAC 所成角的大小为 $\arcsin \dfrac{\sqrt{6}}{6}$。

（3）依题意，$\triangle AEF$ 为直角三角形，由 $PC \perp$ 平面 AEF，$EF \subset$ 平面 AEF，得 $PC \perp EF$，则 $\triangle PEF$ 是直角三角形。

由（2）得 $AF = \dfrac{\sqrt{2}}{2}$，所以 $S_{\triangle AEF} = \dfrac{1}{2} AE \cdot EF \leqslant \dfrac{1}{4}(AE^2 + EF^2) = \dfrac{1}{4} AF^2 = \dfrac{1}{8}$，当且仅当 $AE = EF$ 时，取等号。

所以，当 $AE = EF = \dfrac{1}{2}$ 时，$\triangle AEF$ 的面积最大，此时 $PE = \sqrt{PA^2 - AE^2} = \dfrac{\sqrt{3}}{2}$，$PF = \sqrt{PE^2 - EF^2} = \dfrac{\sqrt{2}}{2}$，所以 $\tan \angle BPC = \dfrac{EF}{PF} = \dfrac{\sqrt{2}}{2}$。

【设计意图】关于情境 2，一方面涉及空间关系的定性分析（平行关系、垂直关系）体现了从空间问题到平面问题的转化，需要教师帮助学生提升图形识别、空间想象、逻辑推理等能力以及用文字、数学符号和普通的逻辑关系进行演绎推理，和用数学语言表达的能力；另一方面复习了空间度量的定量计算，包括空间角和距离，表面积和体积等。研究了这些问题后，可以让学生运用如图 6-23 所示的思维导图系统梳理立体几何的知识网络。

师：要注意"垂直"在立体几何中具有特殊地位，它不仅在判断线线垂直、线面垂直或面面垂直时很关键，而且在定量计算中求线面角时，需要通过垂线得到斜线在平面内的射影。此外，求二面角时，需要二面角的棱与两个半平面的射线同时垂直。计算线面角的关键就是找由斜线段、垂线高、射影组成的直角三角形。高可以通过面面垂直的性质定理直接得到，也可以通过线面平行等距转化、相似三角形等比例转化、等体积法转化等间接得到。

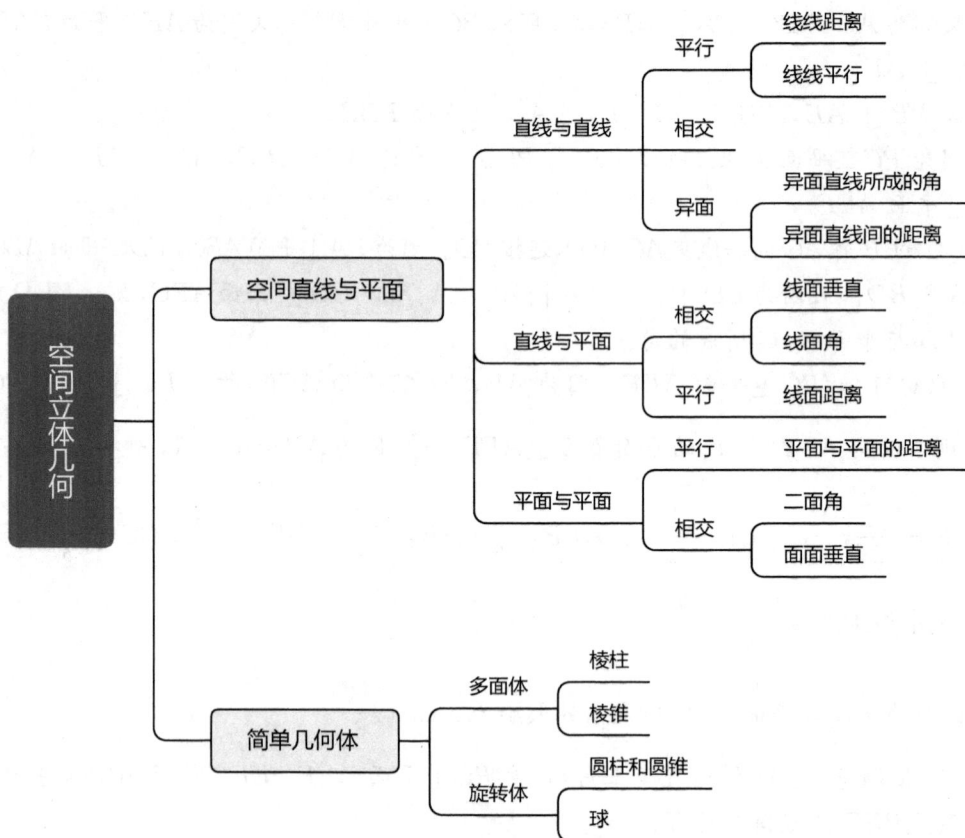

图 6-23　立体几何知识网络

情境 3

问题 6　中国古代数学家刘徽在《九章算术注》中记述：今有刍甍，下广三丈，表四丈，上表二，丈，无广，高一丈。问积几何？（注：1 丈 =10 尺，1 米 =3 尺）

"刍甍"的本义为盖上草的屋脊，这里指底面为矩形的屋脊状的楔体。

现某小区楼顶成一种"楔体"形状，该"楔体"两端成对称结构，其内部为钢架结构（未画出全部钢架，如图 6-24 所示，其俯视图如图 6-25 所示），底面 $ABCD$ 是矩形，$AB=10$ 米，$AD=50$ 米，屋脊 EF 到底面 $ABCD$ 的距离即"楔体"的高为 1.5 米，钢架所在的平面 FGH 与 EF 垂直且与底面的交线为 GH，$AG=5$ 米，FO 为立柱，且 O 是 GH 的中点。

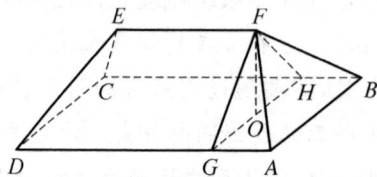

图 6-24

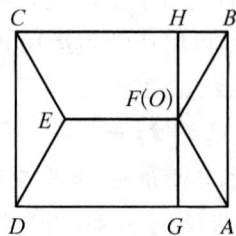

图 6-25

(1) 求斜梁 FB 与底面 $ABCD$ 所成角的大小(结果用反三角函数值表示)；

(2) 求此模体 $ABCDEF$ 的体积。

生：(1) 连接 BO，依题意 FO 为立柱，即 $FO \perp$ 平面 $ABCD$，则 $\angle FBO$ 是直线 FB 与底面 $ABCD$ 所成角。

由俯视图可知，$GH \perp BC$，则 $BO = \sqrt{OH^2 + HB^2} = 5\sqrt{2}$。

在 $\mathrm{Rt}\triangle FOB$ 中，$\tan\angle FBO = \dfrac{FO}{BO} = \dfrac{1.5}{5\sqrt{2}} = \dfrac{3\sqrt{2}}{20}$，得 $\angle FBO = \arctan\dfrac{3\sqrt{2}}{20}$。

故斜梁 FB 与底面 $ABCD$ 所成角的大小为 $\arctan\dfrac{3\sqrt{2}}{20}$。

(2) 依题意，该"楔体"两端成对称结构，钢架所在的平面 FGH 与 EF 垂直，结合俯视图可知，可将该"楔体"分割成一个直三棱柱和两个相同的四棱锥。

因为直三棱柱的体积

$$V_1 = S_{\triangle FGH} \cdot EF = \frac{1}{2}GH \cdot FO \cdot (AD - 2AG) = \frac{1}{2} \times 10 \times \frac{3}{2} \times 40 = 300\,(\text{立方米}),$$

两个四棱锥的体积之和

$$V_2 = 2V_{F\text{-}GABH} = \frac{2}{3}S_{GABH} \cdot FO = \frac{2}{3}AG \cdot AB \cdot FO = \frac{2}{3} \times 5 \times 10 \times \frac{3}{2} = 50\,(\text{立方米}),$$

所以所求的"楔体" $ABCDEF$ 的体积 $V = V_1 + V_2 = 350\,(\text{立方米})$。

问题 7 中国古代计时器的发明时间不晚于战国时代(公元前 476 年—公元前 222 年)，其中沙漏就是古人利用机械原理设计的一种计时装置，它由两个形状完全相同的容器和一个狭窄的连接管道组成，开始时细沙全部在上部容器中，细沙通过连接管道流到下部容器。如图 6-26 所示，某沙漏由上、下两个圆锥容器组成，圆锥的底面圆的直径和高均为 8 cm，细沙全部在上部时，其高度为圆锥高度的 $\dfrac{2}{3}$(细管长度忽略不计)。若细沙全部漏入下部后，恰好堆成一个盖住沙漏底部的圆锥形沙堆，则此圆锥形沙堆的高为多少？

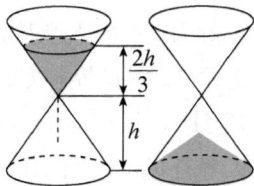

图 6-26 圆锥形沙堆

生：由题意知，细沙全部在上部时，沙漏上部分圆锥中的细沙的高 $H = \dfrac{2}{3} \cdot 8 = \dfrac{16}{3}$，细沙底面圆的半径为 $r = \dfrac{2}{3} \cdot 4 = \dfrac{8}{3}$，则细沙体积为 $V = \dfrac{1}{3}\pi r^2 H = \dfrac{1\,024}{81}\pi$。

当细沙全部漏入下部后，圆锥形沙堆的底面半径为 4，设此时细沙高为 x，则 $V = \dfrac{1}{3}\pi \cdot 4^2 x = \dfrac{1\,024}{81}\pi \Rightarrow x = \dfrac{64}{27}$。

故此锥形沙堆的高为 $\dfrac{64}{27}$ cm。

问题 8 日晷是中国古代用来测定时间的仪器如图 6-27 所示,它利用与晷面垂直的晷针投射到晷面的影子来测定时间。

图 6-27 日晷

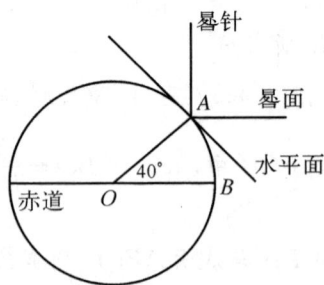

图 6-28 日晷截面图

把地球看成一个球(球心记为 O),地球上一点 A 的纬度是指 OA 与地球赤道所在平面所成角,点 A 处的水平面是指过点 A 且与 OA 垂直的平面。在点 A 处放置一个日晷,若晷面与赤道所在平面平行,点 A 处的纬度为北纬 $40°$,求晷针与点 A 处的水平面所成角。

生: 设所求角为 α,依题意,作出如图 6-28 所示的截面图,则 $\alpha = \angle AOB = 40°$。

【设计意图】 情境 3 融入古代数学中的多元文化,"楔体"结构在《九章算术》中的面貌与现实生活中建筑结构的呼应,体现了数学思想应用的古今对照;"沙漏"中圆锥体积的计算,要熟练应用圆锥的体积公式求得几何体的体积,利用"等积法"求解是解答的关键;通过"日晷"模型分析线面位置关系,线面角等,着重锻炼了学生的推理与运算能力,以及数形结合思想的应用。

问题 9 足球运动成为当今世界上开展最广、影响最大、最具魅力、拥有球迷数最多的体育项目之一,2022 年卡塔尔世界杯是第 22 届世界杯足球赛。比赛于北京时间 2022 年 11 月 21 日至 12 月 18 日在卡塔尔境内 7 座城市中的 12 座球场举行。参加本届世界杯的 32 支队伍的各国运动员正积极训练,有一种训练足球如图 6-29 所示,由 32 块黑白相间的牛皮缝制而成,黑皮为正五边形,白皮为正六边形,且边长都相等。

图 6-29 足球

(1) 如果五边形和六边形的公共边称为足球的棱,棱的交点称为足球的顶点,则这个足球有多少个顶点?多少条棱?

(2) 已知一个足球的表面上有四个点 A、B、C、D 满足 $AB = BC = AD = BD = CD = \sqrt{2}$ dm,二面角 $A\text{-}BD\text{-}C$ 的大小为 $\dfrac{2\pi}{3}$,求该足球的体积。

生: (1) 每个黑皮与五块白皮相连,每块白皮都与三块黑皮相连,设白皮 x 块,则 $x : (32-x) = 5 : 3 \Rightarrow x = 20$,$32 - x = 12$,所以顶点数为 $\dfrac{20 \times 6 + 12 \times 5}{3} = 60$。根据欧拉定理,棱的条数为 $60 + 32 - 2 = 90$,或者 $\dfrac{20 \times 6 + 12 \times 5}{2} = 90$(每条棱被计算两次)。

（2）如图 6 - 30，取 BD 的中点 O，N、M 分别是线段 AO、CO 上靠近点 O 的三等分点，因为 $AB=AD$，$BC=CD$，所以 $AO \perp BD$，$CO \perp BD$，得 $\angle AOC$ 为二面角 $A-BD-C$ 的平面角，即 $\angle AOC = \dfrac{2\pi}{3}$。

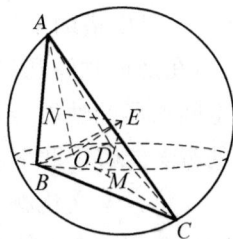

图 6 - 30　足球直观图

　　因为 $\triangle ABD$ 和 $\triangle CBD$ 均为等边三角形，所以 N、M 分别为 $\triangle ABD$ 和 $\triangle CBD$ 的外心。

　　过 N、M 分别作平面 ABD 和平面 CBD 的垂线 EN、EM，交于点 E，则点 E 为三棱锥 $A-BCD$ 外接球的球心，即为足球的球心，所以线段 EB 为球的半径。

　　因为 $AO \perp BD$，$CO \perp BD$，$AB=BC=AD=BD=CD=\sqrt{2}$ dm，所以 $AO=CO=\dfrac{\sqrt{6}}{2}$ dm，则 $NO=MO=\dfrac{\sqrt{6}}{6}$ dm。

　　因为 $AO=CO$，$EO=EO$，$\angle ENO=\angle EMO=90°$，所以 $\triangle ENO \cong \triangle EMO$，所以 $\angle EON=\angle EMO=\dfrac{1}{2}\angle AOC=\dfrac{\pi}{3}$。

　　在 $\mathrm{Rt}\triangle EMO$ 中，$EM=OM\tan\dfrac{\pi}{3}=\dfrac{\sqrt{2}}{2}$。

　　因为 $EM \perp$ 平面 BCD，$BM \subset$ 平面 BCD，所以 $BM \perp EM$，则 M 是 $\triangle CBD$ 的外心。所以 $BM=\dfrac{\sqrt{6}}{3}$。

　　进而 $EB=\sqrt{EM^2+BM^2}=\sqrt{\dfrac{7}{6}}$。所以足球的体积 $V=\dfrac{4}{3}\pi \cdot EB^3=\dfrac{4}{3}\pi\left(\sqrt{\dfrac{7}{6}}\right)^3=\dfrac{7\sqrt{42}}{27}\pi$，即足球的体积为 $\dfrac{7\sqrt{42}}{27}\pi$ dm³。

　　【设计意图】情境 4 融入现实生活中学生非常感兴趣的足球表面结构，这里有欧拉公式的应用，此内容为教材拓展内容；问题 9 中（2）涉及"球"的结构特征，运用立体几何线面位置关系和二面角的概念解决问题，充分锻炼了学生的空间想象能力、逻辑推理与运算能力。

6.2.3　教学反思

　　华罗庚说："学习数学一定要经历'由薄到厚'以及'由厚到薄'的过程。"通过教师指导作用下的系统整理，做到知识的结构化、系统化，能够实现学生学习立体几何时"由厚到薄"的过程。高中数学单元复习教学应该实现这样的学习效果。

　　本次立体几何单元复习教学，借助"鳖臑""堑堵""阳马"等几何体，系统梳理立体几何知识，既是学生了解中国传统文化的一次机会，也是老师基于文化视角下的高中复习教学的尝试与创新。在复习过程中，要注意证明的规范性、表达的严密性、思维的完整性；在教学中,可以借助于几何画板、GGB 等数学信息化工具,更直观呈现几何体的各个结构特征;在处理立体几何问题时,运用直观感知、操作确认、推理论证、度量计算等认识和探索空间图形的性质,建立空间观念。此外,树立起空间到平面的转化方法,三维降低到二维的观念能够帮助学生较快地掌握具体的解题方法。

将数学文化融入数学教学的最终目的是促进学生的数学学习,为未来的发展打下良好的基础。在立体几何复习中,引入历史名题,能够增进师生交流,加深学生的学习体验,促进数学文化的提升,在培养学生核心素养的过程中,打造富有生命力的数学课堂。

6.2.4 巩固练习

1.《九章算术》是我国古代数学名著,书中将底面为直角三角形,且侧棱垂直于底面的三棱柱称为"堑堵";将底面为矩形,一侧棱垂直于底面的四棱锥称为"阳马";将四个面均直角三角形的四面体称为"鳖臑"。如图 6-31,在"堑堵" ABC-$A_1B_1C_1$ 中,$AC \perp BC$,$AA_1 = 3$,"鳖臑" A_1-BCC_1 的外接球的表面积为 25π,则"阳马" A_1-BCC_1B_1 体积的最大值为 _____。

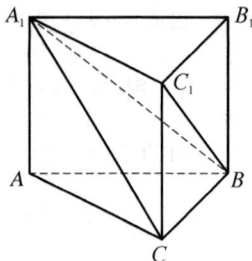

【解析】因为 $A_1A = 3$,"鳖臑" A_1-BCC_1 外接球的直径为 $A_1B = 5$,所以 $AB^2 = 16 = AC^2 + BC^2 \geqslant 2AC \cdot BC \Rightarrow AC \cdot BC \leqslant 8$,则"阳马" A_1-BCC_1B_1 的体积 $V = \frac{1}{3}BC \cdot BB_1 \cdot A_1C_1 \leqslant 8$,当且仅当 $BC = 4$ 时等号成立。故答案为 8。

图 6-31

2. 中国古代数学名著《张丘建算经》中有如下问题:"今有粟二百五十斛委注平地,下周五丈四尺。问高几何?"意思是:"现有粟米 250 斛,把它自然地堆放在平地上,形成一个圆锥形的谷堆,其底面周长为 54 尺,则圆锥形谷堆的高约为多少尺?"若把该圆锥形谷堆放置在一个球形的容器内,则该容器的表面积至少约等于 _____。

(注:1 斛≈1.62 立方尺,π≈3)

【解析】因为 250 斛≈250×1.62＝405 立方尺,设圆锥形谷堆的高为 h 尺,底面半径为 r 尺,则 $2\pi r = 54$。解得 $r \approx 9$,所以 $405 = \frac{1}{3} \times \pi \times 9^2 \times h$,解得 $h \approx 5$。

当球形容器的表面积最小时,球(容器)为圆锥(谷堆)的外接球,设此时球的半径为 R,则 $R^2 = 9^2 + (5 - R)^2 \Rightarrow R = 10.6$(尺)。

故该容器的表面积 $S = 4\pi R^2 = 4\pi \times 10.6^2 \approx 1\,348.32$(平方尺)。故答案为 $1\,348.32$ 平方尺。

3. 埃及胡夫金字塔(如图 6-32)是古代世界建筑奇迹之一,它的形状可视为一个正四棱锥,以该四棱锥的高为边长的正方形面积等于该四棱锥一个侧面三角形的面积,则其侧面三角形底边上的高与底面正方形的边长的比值

图 6-32

为_____。

【答案】$\dfrac{\sqrt{5}+1}{4}$。

4. 阿基米德是古希腊的一位著名的数学家,有一种空间几何体便以他的名字命名为"阿基米德立体"。"阿基米德立体"是一种高度对称的"半正多面体"(如图 6-33),并且都是可以从正多面体经过截角、截半、截边等操作构造而成,它的所有顶点都是正多面体各棱的中点,且它的三个视图全都一样。现将一个棱长为 10 cm 的正方体木块加工成一个"阿基米德立体"工艺品,则所得的"阿基米德立体"工艺品的表面积为_____ cm²。

【答案】$100(3+\sqrt{3})$。

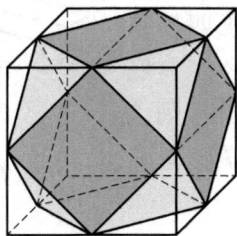

图 6-33

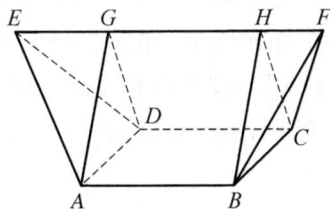

图 6-34

5. 如图 6-34,在"楔体"$ABCDEF$ 中,已知 $ABCD$ 是边长为 1 的正方形,且 $\triangle ADE$、$\triangle BCF$ 均为正三角形,$EF \parallel AB$,$EF=2$,则该"楔体"的体积为_____。

【答案】$\dfrac{\sqrt{2}}{3}$。

6. 在"鳖臑"A-BCD 中,$AB\perp$平面 BCD,且 $BD\perp CD$,$AB=BD=CD$,点 P 在棱 AC 上运动,设 CP 的长度为 x,若 $\triangle PBD$ 的面积为 $f(x)$,则 $f(x)$ 的图像大致为图 6-35 中的(　　)。

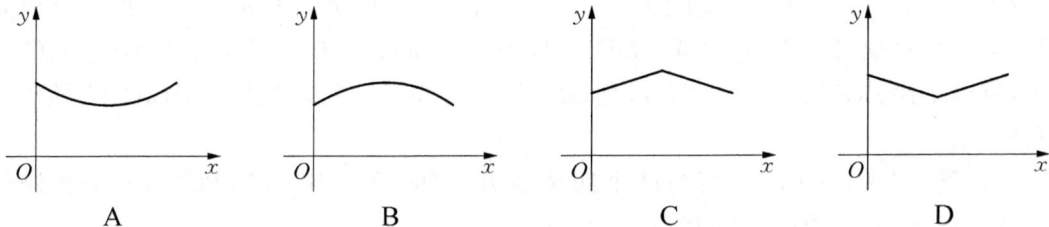

图 6-35

【答案】A

7.《算数书》竹简于 20 世纪 80 年代在湖北省江陵县张家山出土,这是我国现存最早的有系统的数学典籍,其中记载有求"囷盖"的术：置如其周,令相承也。又以高乘之,三十六成一。"该术相当于给出了由圆锥的底面周长 L 与高 h,计算其体积 V 的近似公式 $V \approx \frac{1}{36}L^2 h$,它实际上是将圆锥体积公式中的圆周率 π 近似取 3,那么近似公式 $V \approx \frac{2}{75}L^2 h$ 相当于将圆锥体积公式中的 π 近似取为(   )。

A. $\frac{22}{7}$ B. $\frac{25}{8}$ C. $\frac{157}{50}$ D. $\frac{355}{113}$

【答案】B

8. 鲁班锁是中国传统的智力玩具,起源于古代汉族建筑中首创的榫卯结构,这种三维的拼插器具内部的凹凸部分(即榫卯结构)啮合,十分巧妙,外观看是严丝合缝的十字立方体,其上下、左右、前后完全对称,从外表上看,六根等长的正四棱柱分成三组,经 90° 榫卯起来,如图 6-36,若正四棱柱的高为 6,底面正方形的边长为 1,现将该鲁班锁放进一个球形容器内,则该球形容器的表面积的最小值为(   )。(容器壁的厚度忽略不计)

图 6-36

A. 36π B. 40π C. 41π D. 44π

【答案】C

9. 中国古代数学家刘徽在《九章算术注》中记述:羡除,隧道也,其形体上面平而下面斜,一面与地面垂直,并用"分割法"加以剖分求体积。如图 6-37 所示的五面体 $ABCDEF$ 是一个"羡除",两个梯形侧面 $ABCD$ 和 $CDEF$ 相互垂直,$AB /\!\!/ CD /\!\!/ EF$,若 $AB=1$,$EF=2$,$CD=3$,梯形 $ABCD$ 和 $CDEF$ 的高分别为 $h_1=3$,$h_2=1$,求该"羡除"的体积,并归纳求出"羡除"体积的一般公式。

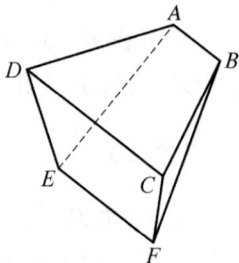

图 6-37

【解析】在平面 $ABCD$ 内,分别过 A、B 作 CD 的垂线,垂足分别为 G、H。同理在平面 $CDEF$ 内,分别过 G、H 作 EF 的垂线,垂足分别为 M、N。由 平面 $ABCD \perp$ 平面 $CDEF$,得 $AG \perp MG$,$BH \perp HN$。又 $AB /\!\!/ CD /\!\!/ EF$,所以平面 $AGM /\!\!/$ 平面 BHN,且 $GH \perp$ 平面 AGM,所以几何体 AGM-BHN 为直棱柱。

将"羡除"$ABCDEF$ 分割为两个四棱锥 A-$DEMG$,B-$HNFC$ 和一个直棱柱 AGM-BHN,进而求得该"羡除"的体积为 3。

推广到一般情形,$V = \frac{1}{6}(AB + CD + EF)h_1 h_2$。

10. "阳马"是底面为矩形,且有一条侧棱与底面垂直的四棱锥。《九章算术》总结了先秦时期数学成就,是我国古代内容极为丰富的数学巨著,对后世数学研究产生了广泛而深远的影响。书中有如下问题:"今有阳马,广五尺,袤七尺,高八尺,问积几何?"其意思为:

"今有底面为矩形，一条侧棱垂直于底面的四棱锥，它的底面长、宽分别为 7 尺和 5 尺，高为 8 尺，问它的体积是多少？"如图 6-38 所示，若以上的条件不变，则这个四棱锥的外接球的表面积为（ ）平方尺。

A. 142π B. 140π

C. 138π D. 128π

【答案】C

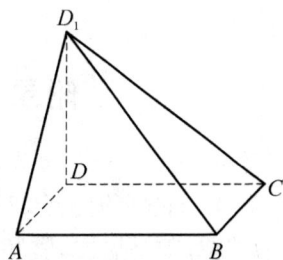

图 6-38

附录7 "立体几何单元复习"课前学习单

1. 刘徽(约公元225年—295年)注：邪解立方，得两堑堵，邪解堑堵，其一为阳马，一为鳖臑，阳马居二，鳖臑居一，不易之率也。合两鳖臑成一阳马，合三阳马而成一立方，故三而一。《九章算术》第五卷"商功"第十五问：今有阳马，广五尺，袤七尺，高八尺。问积几何？

如图 6-39 所示，将一个长方体 $ABCD-A_1B_1C_1D_1$ 沿一对角面 BCD_1A_1 截开，就得到两个三棱柱，即"堑堵"A_1AB-D_1DC、"堑堵"$A_1B_1B-D_1C_1C$。

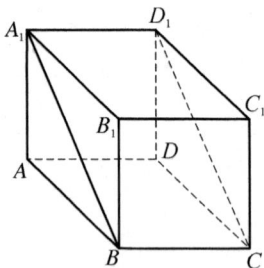

图6-39 长方体

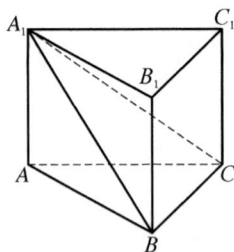

图6-40 堑堵

如图 6-40 所示，将一个"堑堵"$ABC-A_1B_1C_1$ 分解成一个四棱锥和一个三棱锥，所得的四棱锥就是"阳马"$A_1-BCC_1B_1$，三棱锥是"鳖臑"A_1-ABC。

2. 我国古代数学家刘徽在《九章算术注》中记述：羡除，隧道也，其形体上面平而下面斜。如图 6-41 所示的五面体 $ABCDEF$ 是一个羡除。

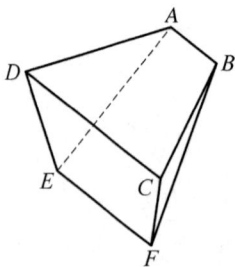

图6-41 羡除

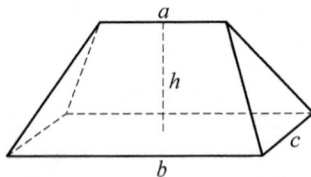

图6-42 楔体

3. 今日刍甍，下广三丈，表四文，上表二，丈，无广，高一丈。问积几何？（注："刍甍"的本义为盖上草的屋脊，这里指底面为矩形的屋脊状的楔体。1丈=10尺，1米=3尺）

原问题翻译成现代文，如图 6-42 所示，即 $a=2$ 丈，$b=4$ 丈，$c=3$ 丈，$h=1$ 丈，求楔体的体积。"术"的意思是把下底边长 b 乘2，加上边长 a 后乘 c，再乘高 h，然后除以6，得计算楔体的体积公式 $V=(2b+a)ch$。

6.3　圆锥曲线单元复习

解析几何是数学发展史上的一个重要里程碑,它突破了古希腊人在空间形式上依据公理进行定性研究的思维模式,着力于对空间位置及其形式的精确量化表达。在学习了"圆锥曲线"的圆、椭圆、双曲线和抛物线的定义、标准方程和几何性质后,引导学生再系统了解圆锥曲线的产生和发展史、价值和意义,提升学生对解析几何整体性的认识,是单元复习课的功能所在。而怎样在课堂有限的时间内让学生了解解析几何的主要内容和数学思想方法、领略数学文化之魅,培养数学学习之趣,是数学史视角下单元复习课的关键所在。

基于此,本次课从学的层面对沪教版选择性必修第一册第2章"圆锥曲线"进行"学习化"分析,从HPM的视角对历史素材:帕普斯三四线轨迹问题、蒙日圆问题和阿基米德三角形问题进行"顺应式""重构式"加工,以数学核心素养的培养为支点进行"合理化"设计,试图推进对学生直观想象、数学抽象、逻辑推理和数学运算等核心素养的培养。

6.3.1　解析几何的发展史与运用

以亚里斯塔欧、欧几里得和阿波罗尼斯为代表的古希腊几何学家研究了大量的轨迹问题,公元3世纪末,几何学家帕普斯(Pappus,公元3世纪末)将其分为三类:平面轨迹(直线和圆)、立体轨迹(圆锥曲线)和线轨迹。《几何学》中,严格意义上的解析几何思想出现在接下来的对帕普斯轨迹问题的讨论中。帕普斯指出"三线轨迹"为:给定三条直线,若动点到其中两条直线的距离乘积与到第三条直线距离的平方之比等于已知常数,则该点的轨迹为圆锥曲线。"四线轨迹"亦对圆锥曲线的概念有类似的界定,而仅有几何工具的古希腊人面对这些或更复杂情境下的轨迹问题便显得一筹莫展了。历经了漫长的岁月,直到17世纪,法国的笛卡尔和费马以研究古希腊轨迹问题为目的,打破了古希腊数学家们的局限,通过建立坐标系,将几何曲线和二元代数方程对应起来,成功创造了研究几何的新方法——坐标法,于是解析几何诞生了,当然解析几何的进一步发展和完善也离不开后继数学家们辛勤的研究。毫无疑问,解析几何是数学家们的又一伟大创举,为数学思想的发展开辟了新天地。

结合解析几何的发展历程,我们运用发生教学法的教学原理,采用多元的方式融入数学史。首先,重构式地融入古希腊人研究轨迹问题的历程与困境,引入课题,变式设计契合学生"最近发展区"的问题进行探讨和研究,从而体会解析几何的研究方法,系统了解解析几何研究的内容。其次,顺应式地融入帕普斯三线轨迹问题、蒙日圆问题等历史名题展开讨论。再次,课堂中附加式地引用了古希腊数学家及其研究成果的图文、数学家笛卡尔和费马的故事。

本课中数学史的运用方式见表6-2。

表 6-2　解析几何单元复习数学史融入方式

方　式	内　　　容
附加式	亚里斯塔欧、欧几里得和阿波罗尼斯的图文 帕普斯三线、四线轨迹问题的图文 笛卡尔、费马的图文与故事
顺应式	帕普斯三线、四线轨迹问题、蒙日圆问题
重构式	轨迹问题的研究；解析几何诞生与发展的过程

6.3.2　教学设计与实施

（一）教学分析

1. 教学内容分析

课程标准对圆锥曲线这一单元的要求：掌握圆锥曲线的定义、标准方程及其简单性质；会用坐标法解决圆锥曲线有关的几何问题和实际问题；通过圆锥曲线的学习进一步体会数形结合的思想。

单元复习前，通过对圆、椭圆、双曲线、抛物线逐一研究与学习，学生已经掌握了用坐标法研究曲线的基本方法：观察曲线，抽象出曲线上点的本质属性，给出曲线的定义；建立适当的直角坐标系，求出曲线的方程；通过对方程的研究得到曲线的几何性质。

图 6-43 为本次"圆锥曲线单元复习课"的系统知识与研究问题的思维导图。

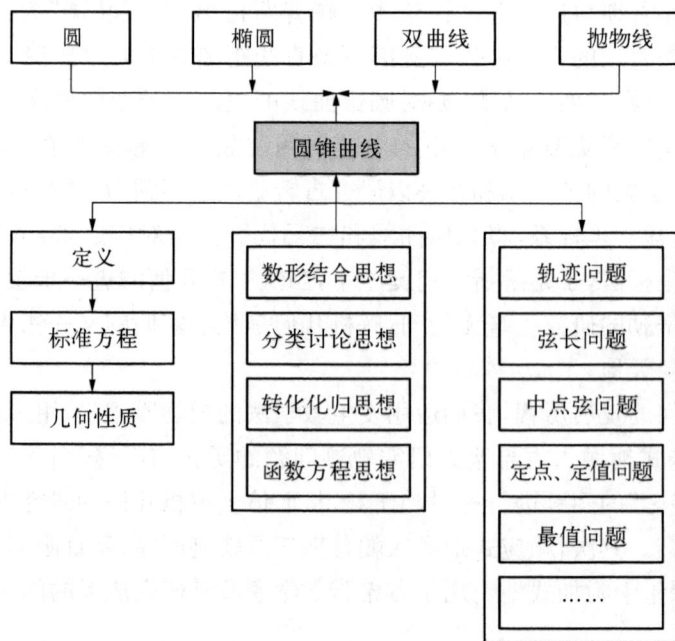

图 6-43　圆锥曲线单元复习思维导图

本单元的基础、重点、学习目标如下。

① 加深理解圆锥曲线的定义、标准方程及简单性质的同时，进行单元整理，使之系统化、结构化，这是本单元的基础。

② 整理并强化解决一类问题的基本思路及操作步骤，如求曲线的方程，用坐标法研究曲线的性质（如直线与圆锥曲线的位置关系等），熟练解题方法，并使解题技能逐步达到条件化、自动化，这是本单元的重点。

③ 形成并强化解决圆锥曲线中的综合性问题的策略，如定点、定值、最值和取值范围等，涉及代数、几何、三角等多方面知识的综合与联系。通过复习，进一步掌握数形结合思想、函数方程思想、等价转化思想和分类讨论思想等，提高综合解决问题的能力，发展学生的数学核心素养，这是本单元的学习目标。

2. 学情分析

在本单元复习前，我们对学生进行了一次学习情况诊断，同学们暴露出不少问题，我们对存在的问题进行了科学性分析并给出相应的教学策略：

① 学生容易混淆圆、椭圆、双曲线、抛物线的定义，标准方程等基础知识，因为它们有较强的相似性。因此单元复习时要加强知识的系统性和联系性，要在复习中对基础知识重新梳理，以求准确、全面、深刻地把握数学的核心内容。

② 学生对圆锥曲线问题的解决方法往往疏于归纳，不善概括，解决问题的步骤不完整、不合理，运算容易"卡壳"，解题的细节处理也比较粗糙，技能掌握不够到位。复习中要系统整理和适当强化解决圆锥曲线中的基本问题及其需要掌握的一些基本技能与方法，如"设"的技巧、求轨迹方程的方法、判断直线与圆锥曲线的位置关系、求弦长等。

③ 学生在解决综合问题过程中，审题时缺乏识别能力和转化意识，往往难以将陌生、复杂的问题熟悉化、简单化；做题时缺乏目标意识，加上运算技能的欠缺，遇到阻碍便不能调整目标实现突破；做题后缺乏反思提炼，难以举一反三形成有效的解题经验。因此要重点加强策略性解题的学习和思考，循序渐进地提高学生调用知识的综合能力。

基于以上分析，以及本次授课对象已有的认知基础，我们确定了本节课的教学目标和教学重难点。

教学目标

（1）了解圆锥曲线的研究对象和方法；

（2）通过轨迹问题的探究、历史名题的求解体会解析几何中核心方法的应用和创新价值；

（3）了解解析几何的发展史，欣赏美丽的曲线，体会历史名题的内涵，从而感受数学背后的人文精神。

教学重点　　用代数方法研究几何问题的思想方法。

教学难点　　几何推理和代数运算的灵活转换。

（二）教学过程

1. 创设情境、课题引入

课前给学生发放"学习任务单"，复习巩固圆锥曲线的知识与方法，明确研究历史上非常著名的两大问题——帕普斯三线轨迹问题、蒙日圆问题的学习任务，课上分小组进行交流和分享。两大问题分别是：

帕普斯三线轨迹问题：在平面内，到两条定直线的距离之积与到第三条直线的距离的平方之比为定值的点的轨迹。17 世纪，法国伟大的数学家笛卡尔和费马以解决古希腊人留下的轨迹问题为出发点，通过建立坐标系找到了普适性的方法——坐标法。曾困扰古希腊几何学家多年的有名的帕普斯三线轨迹问题，一直到 17 世纪笛卡尔和费马引入坐标系后才得以真正解决。这种思维突破历经了漫长的岁月，自此伟大的平面解析几何诞生了！

蒙日圆问题：法国数学家加斯帕尔·蒙日的画法几何学中的结论：椭圆的任意两条互相垂直的切线的交点都在同一个圆上，它的圆心是椭圆中心，半径等于椭圆长半轴长和短半轴长平方和的算术平方根，这个圆叫蒙日圆。

【设计意图】教学中引导学生从帕普斯三线轨迹问题和蒙日圆问题出发，探讨轨迹问题、方程问题等，在思而得、求而解的探究过程中，借助历史素材，让学生了解解析几何学发展史的同时感受学习解析几何的文化价值和意义，体会坐标法这一思想方法的精妙之处。

2. 问题探究

帕普斯三线轨迹问题

问题 1 到两条距离为 2 的平行直线的距离之积为 1 的点的轨迹是什么？

生：直接尺规作图很困难，我们可以把两平行直线中的一条放在 x 轴上，另外一条平行于 x 轴，设所求点的坐标为 (x, y)，可得满足关系式 $|y \cdot (y-2)| = 1$。

问题 2 已知两条距离为 2 的平行直线 l_1、l_2，第三条直线 l_3 满足 $l_1 \perp l_3$，求到直线 l_1、l_2 的距离之积与到直线 l_3 距离之比为常数 2 的点 P 的轨迹。（小组合作，讨论探究）

生：因为 $l_1 \perp l_3$，$l_1 \ // \ l_2$，所以可以 l_3 所在的直线为 x 轴，以平行于 l_1、l_2 且居于二者中间的直线为 y 轴，建立平面直角坐标系，则根据几何条件可得，P 的坐标满足关系式：$\dfrac{|x+1| \cdot |x-1|}{|y|} = 2$。

师：古希腊的欧几里得和阿波罗尼斯等优秀的几何学者（PPT 史料呈现），研究过许多满足不同条件的动点的轨迹。但当问题愈渐复杂，人们发现之前仅凭尺规作图以及公理化推理展开的探究，困难重重。直到 17 世纪，法国伟大的数学家笛卡尔和费马通过建立坐标系找到了普适性的方法——坐标法，问题得以方便地解决，自此伟大的平面解析几何诞生了！

师：通过坐标法我们可以把问题 1 中的动点坐标满足的关系式列出来，那么他们的轨迹究竟是什么呢？我们可否通过列出的关系式分析动点的轨迹？

生： 所得关系式 $|y \cdot (y-2)|=1$，化简变形可得：$y=1$，$y=1\pm\sqrt{2}$。是三个常值函数的图像，即三条直线。

师： 很好！那么问题 2 的轨迹能否用类似的方法分析呢？

生： 把 $\dfrac{|x+1| \cdot |x-1|}{|y|}=2$ 变形为：$\begin{cases} y>0, \\ 2y=|x^2-1| \end{cases}$ 或 $\begin{cases} y<0, \\ 2y=-|x+1| \cdot |x-1|\,\text{。} \end{cases}$ 通过讨论横坐标的取值范围，

在坐标系中画出其图像正是我们非常熟悉的抛物线，如图 6-44 所示。

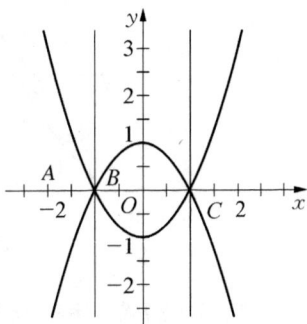

师： 通过以上初探，同学们体会一下，用坐标法探求点的轨迹问题可分几步进行？

生： ① 建立适当的直角坐标系；② 设点的坐标；③ 通过几何条件列出点的坐标满足的关系式。

图 6-44

师： 这个关系式含有两个未知量，我们记为关于 x、y 的方程 $F(x, y)=0$，一般情况下我们列出关系式后要进行化简，严格来讲要进行证明。接下来请同学们进一步思考。

变式 1： 已知两条距离为 2 的平行直线 l_1、l_2，第三条直线 l_3 满足 $l_1 \perp l_3$，且到直线 l_1、l_2 的距离之积与到直线 l_3 距离的平方之比为常数 2，求点 P 的轨迹。

生： 同样建系设坐标，可得点 $P(x, y)$ 满足的关系式：$\dfrac{|x+1| \cdot |x-1|}{y^2}=2$。

根据点 P 与直线 l_1、l_2 的位置关系进行分类讨论：

① 当点 P 在两平行直线 l_1、l_2 之间时，$\dfrac{(x+1)(1-x)}{y^2}=2 \Rightarrow x^2+2y^2=1(y \neq 0)$；

② 点 P 在两平行直线 l_1、l_2 的两侧时，$\dfrac{(x+1)(x-1)}{y^2}=2 \Rightarrow x^2-2y^2=1(y \neq 0)$。

通过几何画板观察到点 P 的轨迹是如图 6-45 所示的曲线。

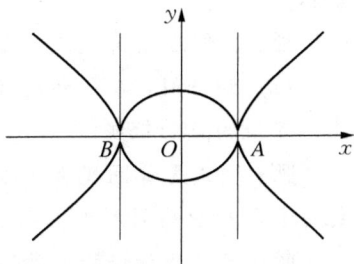

师： 这四类形状不同的曲线——圆、椭圆、双曲线、抛物线，正是古希腊人所研究的立体轨迹，我们从圆锥曲线的定义、标准方程和几何性质三方面展开了研究。

师： 将该问题推广到一般情形，思考一下随着数字的变化，动点轨迹有什么不同？（请同学们研究，通过几何画板课件变换参数观察）

图 6-45

变式 2： 已知两条距离为 2 的平行直线 l_1、l_2，第三条直线 l_3 满足 $l_1 \perp l_3$，且到直线 l_1、l_2 的距离之积与到直线 l_3 距离的平方之比为正常数 k，求点 P 的轨迹。

生： 同理，可得点 $P(x, y)$ 满足的关系式：$\dfrac{|x+1| \cdot |x-1|}{y^2}=k(k>0)$。通过几

何画板作图,可以观察到,随着 k 的变化,曲线的形状会发生相应的变化。如图 $6-46$,此时 $k=1$;如图 $6-47$,此时 $k=\dfrac{1}{2}$。

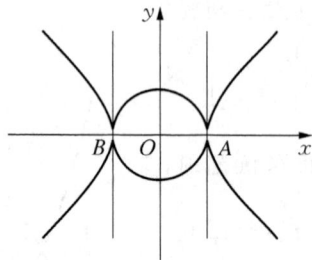

图 6 - 46

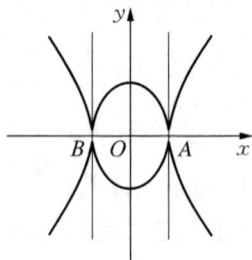

图 6 - 47

师:1629 年,法国数学家费马把古希腊阿波罗尼斯的几何结果翻译成代数形式(PPT 呈现历史素材),在《平面与立体轨迹引论》一书中阐释了解析几何的基本原理:每当我们在最后的方程中求出两个未知数时,我们就有一条轨迹,当构成的轨迹所描述的是直线或圆、抛物线、双曲线或椭圆时,这一轨迹就称为平面轨迹;如果描述其他曲线,则称为线性轨迹。即费马研究轨迹的一般方法是:用代数方程研究曲线的性质。

师:同学们体验了列出动点坐标满足的关系式,又通过关系式初步感受其轨迹。类比点与坐标的对应关系,从特殊到一般,我们不禁会问:一条曲线是否能与其满足的方程有某种对应关系呢? 可以说,费马和笛卡尔几乎在同一时间段内分别研究了两个基本问题:根据条件,求出动点的坐标所满足的关系式即曲线的方程;通过方程,研究平面曲线的性质。这正是解析几何的重要研究内容——曲线与方程。

【设计意图】学生通过问题变式探讨,进一步领会坐标法的精髓,体验用点的坐标满足的关系式刻画点的轨迹的过程,促进学生思考动点坐标满足的关系式和其轨迹之间的关系,明确了学习解析几何的两大任务,锻炼并培养了学生的数学运算和直观想象的核心素养。

师:我们继续将变式 2 更一般化,会是怎样的情境呢?

推广到一般:在平面内,到两条定直线的距离之积与到第三条直线的距离的平方之比为定值的点的轨迹。

师:这正是曾困扰古希腊几何学家多年的有名的帕普斯三线轨迹问题,一直到 17 世纪笛卡尔和费马引入坐标系后才得以真正解决。

师:怎么严谨证明前面得到的曲线就是椭圆或者双曲线呢?

问题 3 坐标分别满足方程(1) $x^2+2y^2=1$,(2) $x^2-2y^2=1$ 的点的轨迹是什么? 有怎样的几何性质?

生:设点的坐标为 $P(x,y)$,则满足 $x^2+2y^2=1$,则 $|x|\leqslant 1$,

$$\sqrt{\left(x-\dfrac{\sqrt{2}}{2}\right)^2+y^2}=\sqrt{\left(x-\dfrac{\sqrt{2}}{2}\right)^2+\dfrac{1-x^2}{2}}=\sqrt{\left(\dfrac{x}{\sqrt{2}}-1\right)^2}=1-\dfrac{x}{\sqrt{2}}。$$

同理，$\sqrt{\left(x+\frac{\sqrt{2}}{2}\right)^2+y^2}=\sqrt{\left(x+\frac{\sqrt{2}}{2}\right)^2+\frac{1-x^2}{2}}=\sqrt{\left(\frac{x}{\sqrt{2}}+1\right)^2}=1+\frac{x}{\sqrt{2}}$。

于是 $F_1\left(\frac{\sqrt{2}}{2},0\right)$、$F_2\left(-\frac{\sqrt{2}}{2},0\right)$，有 $|PF_1|+|PF_2|=2>|F_1F_2|$，故轨迹是以 $F_1\left(\frac{\sqrt{2}}{2},0\right)$、$F_2\left(-\frac{\sqrt{2}}{2},0\right)$ 为焦点，以 $(1,0)$、$(-1,0)$ 为顶点，图像关于两坐标轴和原点对称，以 2 为长轴长的椭圆。

生：同样的方法运算可得 $F_1\left(\frac{\sqrt{6}}{2},0\right)$、$F_2\left(-\frac{\sqrt{6}}{2},0\right)$，有 $||PF_1|-|PF_2||=2<|F_1F_2|=\sqrt{6}$，故轨迹是以 $F_1\left(\frac{\sqrt{6}}{2},0\right)$、$F_2\left(-\frac{\sqrt{6}}{2},0\right)$ 为焦点，以 $(1,0)$、$(-1,0)$ 为顶点，图像关于两坐标轴和原点对称，以 2 为实轴长的双曲线。

变式：点 $M(x,y)$ 与定点 $F(c,0)$ 的距离和它到定直线 $l：x=\frac{a^2}{c}$ 的距离之比为常数 $\frac{c}{a}$，求点 M 的轨迹。

生：根据题意，有 $\frac{\sqrt{(x-c)^2+y^2}}{\left|x-\frac{a^2}{c}\right|}=\frac{c}{a}$，所以 $\sqrt{(x-c)^2+y^2}=\frac{c}{a}\left|x-\frac{a^2}{c}\right|=\left|\frac{c}{a}x-a\right|$。

两边平方，得 $x^2-2cx+c^2+y^2=\frac{c^2}{a^2}x^2-2cx+a^2$，整理得 $\frac{a^2-c^2}{a^2}x^2+y^2=a^2-c^2$，化简得 $\frac{x^2}{a^2}+\frac{y^2}{a^2-c^2}=1$。

(1) 当 $0<c<a$ 时，$a^2-c^2>0$，设 $a^2-c^2=b^2$，所以方程成为 $\frac{x^2}{a^2}+\frac{y^2}{b^2}=1$，是椭圆。

(2) 当 $0<a<c$ 时，$a^2-c^2<0$，设 $c^2-a^2=b^2$，所以方程成为 $\frac{x^2}{a^2}-\frac{y^2}{b^2}=1$，是双曲线。

我们称 $\frac{c}{a}$ 为离心率，记作 $e=\frac{c}{a}$。由此可知，椭圆的离心率 $e\in(0,1)$；双曲线的离心率 $e\in(1,+\infty)$；引入极限形式（$c\to0$），则圆的离心率 $e=0$；下一节将会学到抛物线的离心率 $e=1$。

师：从以上研究的问题所呈现的圆锥曲线相关知识网络图（图 6-48），下面请同学们用自己的语言系统概括和复习圆锥曲线的定义、标准方程和几何性质。（这里用思维导图呈现，由于书本篇幅关系，具体内容略）

【设计意图】引导学生从特殊到一般，用坐标法研究历史上的"帕普斯三线轨迹问

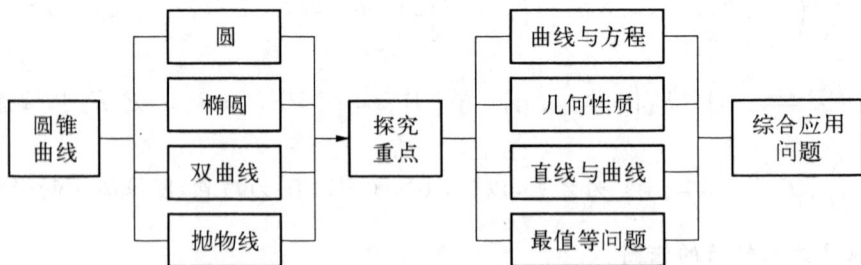

图 6-48　圆锥曲线知识网络图

题",体会解析几何中用简约的符号——坐标与方程来表达几何关系的思想内涵,思考静态的曲线与动态的点的轨迹之间的关系,又逆向研究圆锥曲线的方程与定义的相互联系和转化。在问题解决中梳理了本单元的研究内容和对象,锻炼了学生数学抽象、直观想象、数学运算和逻辑推理等素养。

蒙日圆问题

师：学习圆锥曲线,同学们要注重坐标法思想内涵的理解和应用,通过平面直角坐标系用代数方法来研究圆的方程及有关性质,代数运算与几何直观深度融合,使学生对圆的认识更为完善。数学家加斯帕尔·蒙日的画法几何学中有一个有趣的结论：椭圆的任意两条互相垂直的切线的交点都在同一个圆上,它的圆心是椭圆中心,半径等于椭圆长半轴长和短半轴长平方和的算术平方根,这个圆叫蒙日圆。

问题 4　过圆 $O: x^2 + y^2 = a^2$ 外一点 $P(x, y)$ 作圆的两条互相垂直的切线,探索动点 P 的轨迹是什么曲线?

生：我画图观察发现,动点 P 到圆心 O 的距离为定值,即 $|OP| = \sqrt{2}a(a > 0)$,则其轨迹方程为 $x^2 + y^2 = 2a^2$。

研究性问题：若将圆压缩为椭圆,如图 6-49 所示,过椭圆外一点作椭圆的两条互相垂直的切线,则动点的轨迹又是什么曲线?

（几何画板演示,观察动点运动过程中留下的痕迹,重在让学生发现和论证结论）

生：动点轨迹是一个圆,这个圆的圆心在坐标原点。

师：这个圆的半径是什么呢?

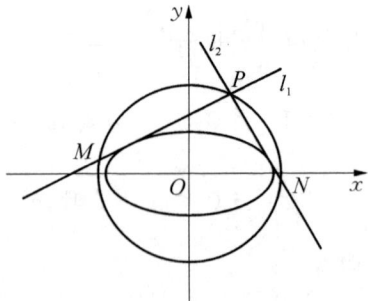

图 6-49　研究性问题图

生：如图所示,设椭圆的标准方程为 $\dfrac{x^2}{a^2} + \dfrac{y^2}{b^2} = 1(a > b > 0)$。

① 若两条切线分别平行于 x 轴和 y 轴,则交点 $P(\pm a, b)$ 或 $P(\pm a, -b)$。

② 若两条切线斜率均存在,可设两条切线的方程如下：PM 为 $y = kx + m$,PN 为 $y = -\dfrac{1}{k}x + n$。

联立方程，可得 $P\left(\dfrac{(n-m)k}{k^2+1},\ \dfrac{nk^2+m}{k^2+1}\right)\Rightarrow |OP|^2=\dfrac{n^2k^2+m^2}{k^2+1}$。

$$\begin{cases} y=kx+m, \\ \dfrac{x^2}{a^2}+\dfrac{y^2}{b^2}=1 \end{cases}\Rightarrow\left(\dfrac{1}{a^2}+\dfrac{k^2}{b^2}\right)x^2+\dfrac{2km}{b^2}x+\left(\dfrac{m^2}{b^2}-1\right)=0\Rightarrow(b^2+a^2k^2)x^2+2a^2kmx+$$

$a^2(m^2-b^2)=0$。

由 $\Delta=(2a^2km)^2-4(b^2+a^2k^2)a^2(m^2-b^2)=0$，得 $m^2=b^2+a^2k^2$。

同理可得，$n^2=b^2+\dfrac{a^2}{k^2}$。

将其代入 $|OP|^2=\dfrac{n^2k^2+m^2}{k^2+1}=a^2+b^2$，故蒙日圆的半径为 $\sqrt{a^2+b^2}$。

生：我想到了另外一个证法，若有一条切线的斜率不存在，情况跟这位同学一样的；当两条切线的斜率都存在时，统一设两条切线方程为 $y-y_0=k(x-x_0)$，则

$$\begin{cases} y=k(x-x_0)+y_0, \\ \dfrac{x^2}{a^2}+\dfrac{y^2}{b^2}=1 \end{cases}\Rightarrow(b^2+a^2k^2)x^2-(2a^2k^2x_0-2ka^2y_0)x+a^2k^2x_0^2-$$

$2ka^2x_0y_0+a^2y_0^2-a^2b^2=0$。

由 $\Delta=0$，得 $(a^2-x_0^2)k^2+2x_0y_0k-y_0^2+b^2=0$。

由于两条互相垂直的切线的斜率是该方程的两个解，则 $k_1k_2=-1=\dfrac{-y_0^2+b^2}{a^2-x_0^2}\Rightarrow x_0^2+y_0^2=a^2+b^2$。

师：圆和椭圆都有蒙日圆，请大家思考双曲线和抛物线有没有蒙日圆？如果有，其方程是什么；如果没有，请说明理由。

生：把双曲线 $\dfrac{x^2}{a^2}-\dfrac{y^2}{b^2}=1(a>0,b>0)$ 变形为 $\dfrac{x^2}{a^2}+\dfrac{y^2}{(bi)^2}=1$，参照刚才椭圆的推导过程，得到对应的"蒙日圆"方程为 $x^2+y^2=a^2+(bi)^2=a^2-b^2$。

同理，抛物线 $y^2=2px(p>0)$ 对应的蒙日圆方程为 $x=-\dfrac{p}{2}$。

变式：已知椭圆 $\dfrac{x^2}{4}+\dfrac{y^2}{2}=1$，若矩形 $ABCD$ 的四边都与椭圆相切，如图 6 - 50 所示，求该矩形面积的最大值。

生：矩形 $ABCD$ 的四边都与椭圆相切，则矩形 $ABCD$ 的四个顶点都在该椭圆的蒙日圆 $x^2+y^2=6$ 上。

设 $\angle CAB=\alpha$，则 $|AB|=2\sqrt{6}\cos\alpha$，$|BC|=2\sqrt{6}\sin\alpha$。

故矩形 $ABCD$ 的面积 $S=24\sin\alpha\cos\alpha=12\sin 2\alpha$，当且仅当矩形是正方形时其面积最大，最大值为 12。

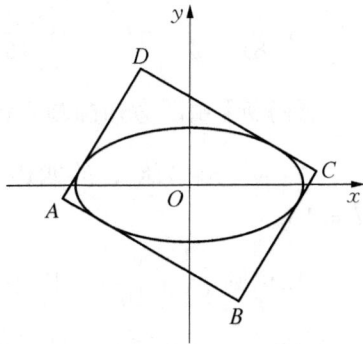

图 6 - 50

【设计意图】在蒙日圆问题教学过程中引发学生的思考并进行探索交流,溯本归源,循序渐进,具有探索性和挑战性,教师在教学中设置该问题时要引起学生的学习兴趣,培养学生利用信息化手段的数学实验发现问题,使学生从感性认识上升到数学推理,实现课堂教学的"深度学习"。

6.3.3　教学反思

本节课,学生因帕普斯三线轨迹疑难问题激起学习的动机,经历了由浅入深、由易到难地用坐标法研究和刻画动点轨迹的过程,明确了学习平面解析几何的价值和意义,体会了平面解析几何的数学思想方法,系统梳理了整个圆锥曲线单元知识内容和基本要求。课堂上学生积极参与、主动探究,呈现了一堂别开生面的单元复习课。

数学文化素材在教材中的展现让学生深入地了解了数学知识源远流长。事实证明,在课堂教学中融入数学文化素材对学生在转变数学观念、发扬数学精神、培养数学素养方面具有重要作用和价值。教学中,教师只有打开自己的数学视野才能让数学文化融入更为普遍、更为一般的数学课堂里。而重构式地融入数学史上好单元复习课则是极大的挑战,仅凭教师对数学史的热情是远远不够的,还需要做到以下四点:一要精读数学发展史,选择适切的数学史料;二要精研发生教学法,实现润物无声、自然无痕地教学效果;三要精通数学史的运用方式,采用多元的融入方法;四要精耕课堂,细作教学,秉承初心,即"立足生活、培养思维、启迪智慧、熏陶文化的精神",传授有文化的数学,打造有情趣的课堂,培养出有无限生命力和创造力的学生。

6.3.4　巩固练习

1. 古希腊数学家阿波罗尼奥斯采用平面切割圆锥的方法来研究圆锥曲线,用垂直于圆锥轴的平面去截圆锥,得到的截面是圆;把平面再渐渐倾斜得到的截面是椭圆。若用周长为 72 的矩形 $ABCD$ 截某圆锥得到椭圆 τ,且 τ 与矩形 $ABCD$ 的四边相切。设椭圆 τ 在平面直角坐标系中的方程为 $\dfrac{x^2}{a^2}+\dfrac{y^2}{b^2}=1(a>b>0)$,则下列选项中满足题意的方程为(　　)。

A. $\dfrac{x^2}{81}+\dfrac{y^2}{16}=1$　　　B. $\dfrac{x^2}{16}+\dfrac{y^2}{81}=1$　　　C. $\dfrac{x^2}{100}+\dfrac{y^2}{64}=1$　　　D. $\dfrac{x^2}{64}+\dfrac{y^2}{100}=1$

【解析】由题意知椭圆方程是 $\dfrac{x^2}{a^2}+\dfrac{y^2}{b^2}=1(a>b>0)$,排除选项 B、D。

因为矩形 $ABCD$ 的四边与椭圆相切,所以矩形的周长为 $2(2a+2b)=72$,则 $a+b=18$。

在椭圆 $\dfrac{x^2}{81}+\dfrac{y^2}{16}=1$ 中,$a=9$,$b=4$,$a+b=13$,不满足题意;在椭圆 $\dfrac{x^2}{100}+\dfrac{y^2}{64}=1$ 中,$a=10$,$b=8$,$a+b=18$,满足题意。

故答案为 C。

2. 阿基米德不仅是著名的物理学家，也是著名的数学家，他利用"逼近法"得到椭圆的面积除以圆周率等于椭圆的长半轴长与短半轴长的乘积。若椭圆 C 的对称轴为坐标轴，焦点在 y 轴上，且椭圆 C 的离心率为 $\frac{\sqrt{7}}{4}$，面积为 12π，则椭圆 C 的方程为_____。

【解析】由题意，可得 $\begin{cases} ab\pi = 12\pi, \\ \dfrac{c}{a} = \dfrac{\sqrt{7}}{4}, \\ a^2 = b^2 + c^2, \end{cases}$ 解得 $a = 4$，$b = 3$。因为椭圆的焦点坐标在 y 轴上，所以椭圆 C 的方程为 $\dfrac{y^2}{16} + \dfrac{x^2}{9} = 1$。

3. 如图 6–51 所示，在底面半径和高均为 1 的圆锥中，AB、CD 是底面圆 O 的两条互相垂直的直径，E 是母线 PB 的中点。已知过 CD 与点 E 的平面与圆锥侧面的交线是以 E 为顶点的抛物线的一部分，则该抛物线的焦点到圆锥顶点 P 的距离为_____。

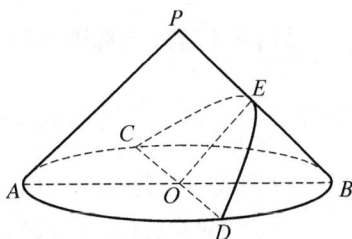

图 6–51

【解析】本题看起来是立体几何与解析几何的结合问题，平面 CDE 与圆锥母线平行，根据圆锥曲线的原始定义可得，其截面图是一条抛物线。这道题既要有良好的空间想象能力，对立体几何的一些基本性质非常熟悉，如对称性、垂直、平行等，还要对解析几何尤其是抛物线的基本性质很熟悉，焦点的含义，焦点位置的确定等。

因为 $AP /\!/ OE$，$|OE| = \dfrac{1}{2}|AP| = \dfrac{\sqrt{2}}{2}$，$|CO| = 1$，将抛物线放在以 E 为坐标原点的平面直角坐标系内，如图 6–52 所示，可得点 $C\left(\dfrac{\sqrt{2}}{2}, 1\right)$，进而得抛物线的方程为 $y^2 = \sqrt{2}x$，其焦点为 $F\left(\dfrac{\sqrt{2}}{4}, 0\right)$。又因为 $PE \perp EF$，所以 $|PF|^2 = |PE|^2 + |EF|^2 \Rightarrow |PF| = \dfrac{\sqrt{10}}{4}$。

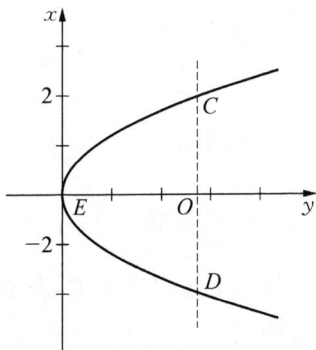

图 6–52

4. 第 24 届冬季奥林匹克运动会，于 2022 年 2 月 4 日在北京市和张家口市联合举行。北京成为奥运史上第一个举办夏季奥林匹克运动会和冬季奥林匹克运动会的城市，同时中国也成为第一个实现奥运"全满贯"（先后举办奥运会、残奥会、青奥会、冬奥会、冬残奥会）的国家。根据规划，国家体育场（鸟巢）成为北京冬奥会开、闭幕式的场馆。国家体育场"鸟巢"的钢结构鸟瞰图如图 6–53 所示，内外两圈的钢骨架是离心率相同的椭圆，若由外层椭圆长轴一端点 A 和短

轴一端点 B 分别向内层椭圆引切线 AC、BD（如图 6-54），且两切线斜率之积等于 $-\dfrac{9}{16}$，则椭圆的离心率为_____。

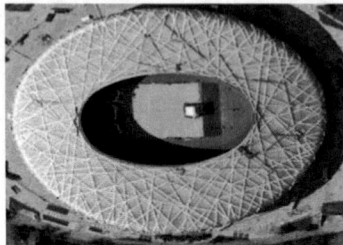

图 6-53

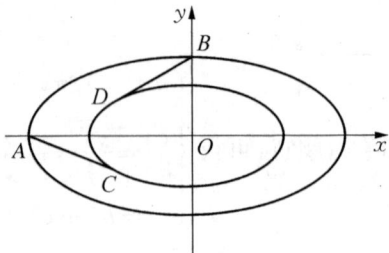

图 6-54

【解析】若内层椭圆方程为 $\dfrac{x^2}{a^2}+\dfrac{y^2}{b^2}=1(a>b>0)$，由离心率相同，可设外层椭圆方程为 $\dfrac{x^2}{(ma)^2}+\dfrac{y^2}{(mb)^2}=1(m>1)$，则 $A(-ma,0)$，$B(0,mb)$。

设切线 AC 为 $y=k_1(x+ma)$，切线 BD 为 $y=k_2x+mb$。

联立 $\begin{cases} y=k_1(x+ma), \\ \dfrac{x^2}{a^2}+\dfrac{y^2}{b^2}=1, \end{cases}$ 整理得 $(a^2k_1^2+b^2)x^2+2ma^3k_1^2x+m^2a^4k_1^2-a^2b^2=0$。

由 $\Delta=0$，得 $(2ma^3k_1^2)^2-4(a^2k_1^2+b^2)(m^2a^4k_1^2-a^2b^2)=0$，整理得 $k_1^2=\dfrac{b^2}{a^2}\cdot\dfrac{1}{m^2-1}$。

同理 $\begin{cases} y=k_2x+mb, \\ \dfrac{x^2}{a^2}+\dfrac{y^2}{b^2}=1, \end{cases}$ 可得 $k_2^2=\dfrac{b^2}{a^2}\cdot(m^2-1)$。

所以 $(k_1k_2)^2=\dfrac{b^4}{a^4}=\left(-\dfrac{9}{16}\right)^2$，即 $\dfrac{b^2}{a^2}=\dfrac{9}{16}$，进而得 $e=\dfrac{c}{a}=\sqrt{\dfrac{a^2-b^2}{a^2}}=\dfrac{\sqrt{7}}{4}$。

5. 已知椭圆 $\dfrac{x^2}{a^2}+y^2=1(a>0)$，直线 l：$mx+y-3m-2=0$，若对任意的实数 m，直线 l 上总存在点 P，使得过点 P 能作椭圆的两条互相垂直的切线，求实数 a 的取值范围。

【解析】依题意，只需直线 l 与椭圆的蒙日圆有交点即可，而椭圆 $\dfrac{x^2}{a^2}+y^2=1(a>0)$ 所对应的蒙日圆方程为 $x^2+y^2=a^2+1$，且直线 l 过定点 $(3,2)$，则只需定点 $(3,2)$ 处于椭圆外且在蒙日圆内（或上）的区域，即 $\begin{cases} \dfrac{3^2}{a^2}+2^2>1, \\ 3^2+2^2\leqslant a^2+1, \end{cases}$ 解得 $a\geqslant 2\sqrt{3}$。

6. 双纽线最早于 1694 年被瑞士数学家雅各布·伯努利用来描述他所发现的曲线。在

平面直角坐标系 xOy 中,把到定点 $F_1(-a,0)$, $F_2(a,0)$ 距离之积等于 $a^2(a>0)$ 的点的轨迹称为双纽线 C。已知点 $P(x_0,y_0)$ 是双纽线 C 上一点,下列说法中正确的是(　　)。

① 双纽线 C 关于原点 O 中心对称;② $-\dfrac{a}{2}\leqslant y_0\leqslant\dfrac{a}{2}$;

③ 双纽线 C 上满足 $|PF_1|=|PF_2|$ 的点 P 有两个;④ $|PO|$ 的最大值为 $\sqrt{2}a$。

A. ①②　　　　B. ①②④　　　　C. ②③④　　　　D. ①③

【解析】根据双纽线 C 的定义可得 $\sqrt{(x+a)^2+y^2}\sqrt{(x-a)^2+y^2}=a^2$,用 $(-x,-y)$ 替换方程中的 (x,y),原方程不变,所以双纽线 C 关于原点 O 中心对称,①正确。

根据三角形的等面积法可知, $\dfrac{1}{2}|PF_1||PF_2|\sin\angle F_1PF_2=\dfrac{1}{2}\times2a\times|y_0|$,

即 $|y_0|=\dfrac{a}{2}\sin\angle F_1PF_2\leqslant\dfrac{a}{2}$,亦即 $-\dfrac{a}{2}\leqslant y_0\leqslant\dfrac{a}{2}$,②正确。

若双纽线 C 上点 P 满足 $|PF_1|=|PF_2|$,则点 P 在 y 轴上,即 $x=0$,代入方程,解得 $y=0$,所以这样的点 P 只有一个,③错误。

因为 $\overrightarrow{PO}=\dfrac{1}{2}(\overrightarrow{PF_1}+\overrightarrow{PF_2})$,所以 $|\overrightarrow{PO}|^2=\dfrac{1}{4}[|\overrightarrow{PF_1}|^2+2|\overrightarrow{PF_1}||\overrightarrow{PF_2}|\cdot\cos\angle F_1PF_2+|\overrightarrow{PF_2}|^2]$。

由余弦定理可得 $4a^2=|\overrightarrow{PF_1}|^2-2|\overrightarrow{PF_1}||\overrightarrow{PF_2}|\cos\angle F_1PF_2+|\overrightarrow{PF_2}|^2$,

所以 $|\overrightarrow{PO}|^2=a^2+|\overrightarrow{PF_1}||\overrightarrow{PF_2}|\cos\angle F_1PF_2=a^2+a^2\cos\angle F_1PF_2\leqslant2a^2$,所以 $|PO|$ 的最大值为 $\sqrt{2}a$,④正确。

故答案为 B。

7. 已知 $\triangle ABC$ 的三个顶点在抛物线 $\Gamma:x^2=y$ 上运动,点 A 在坐标原点,且 $\angle BAC=\dfrac{\pi}{2}$,点 M 在 BC 上,且 $\overrightarrow{AM}\cdot\overrightarrow{BC}=0$,求点 M 的轨迹方程。

【解析】设点 M 的坐标为 (x,y),直线 AB 方程为 $y=kx$。由 $\angle BAC=\dfrac{\pi}{2}$,得 AC 方程为 $y=-\dfrac{1}{k}x$。由 $\begin{cases}y=kx,\\y=x^2,\end{cases}$ 得 $B(k,k^2)$。同理可得 $C\left(-\dfrac{1}{k},\dfrac{1}{k^2}\right)$。

所以直线 BC 的方程为 $y-k^2=\left(\dfrac{k^2-\frac{1}{k^2}}{k+\frac{1}{k}}\right)(x-k)$,其恒过定点 $P(0,1)$。

因为 $\overrightarrow{AM}=(x,y)$,$\overrightarrow{MP}=(-x,1-y)$,又 $\overrightarrow{AM}\cdot\overrightarrow{MP}=0$,所以 $-x\cdot x+y(1-y)=0$,即点 M 的轨迹方程为 $y^2+x^2-y=0(x\neq0)$。

附录 8 "圆锥曲线单元复习"课前学习单

1. 为何称圆、椭圆、双曲线、抛物线为圆锥曲线?

回顾圆锥曲线的定义和标准方程,观察图 6-55,你能从哪几个角度统一地类比研究圆锥曲线的性质?

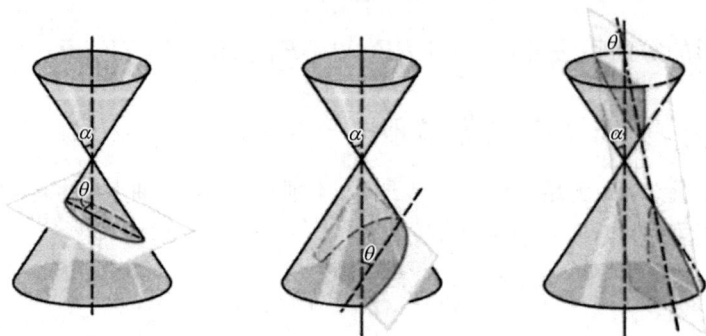

图 6-55

2. 圆的标准方程 $x^2 + y^2 = r^2$ 可变形为: $x^2 + y^2 = r^2 \Rightarrow y^2 = r^2 - x^2 = (r - x)(r + x)$,该式有什么样的几何意义? 类比迁移到椭圆和双曲线,你能发现什么结论? 并给出研究过程。

3. 已知 $\triangle ABC$ 的两个顶点 A、B 的坐标分别是 $(-6, 0)$、$(6, 0)$,且 AC、BC 边所在直线的斜率之积等于 k,讨论顶点 C 的轨迹方程。

4. 对于实数 k 的不同取值范围,讨论方程 $kx^2 + y^2 - 2 = 0$ 所表示的曲线的形状。

5. 已知椭圆 $\dfrac{x^2}{4} + \dfrac{y^2}{2} = 1$,若矩形 $ABCD$ 的四边都与椭圆相切,求该矩形面积的最大值。

6. 已知直线 l 与圆锥曲线 C 相交于两点 A、B,与 x 轴、y 轴分别交于 D、E 两点,且满足 $\overrightarrow{EA} = \lambda_1 \overrightarrow{AD}$, $\overrightarrow{EB} = \lambda_2 \overrightarrow{BD}$。

(1) 已知直线 l 的方程为 $y = 2x - 4$,抛物线 C 的方程为 $y^2 = 4x$,求 $\lambda_1 + \lambda_2$ 的值;

(2) 已知直线 l: $x = my + 1 (m > 1)$,椭圆 C: $\dfrac{x^2}{2} + y^2 = 1$,求 $\dfrac{1}{\lambda_1} + \dfrac{1}{\lambda_2}$ 的取值范围;

(3) 已知双曲线 C: $\dfrac{x^2}{a^2} - \dfrac{y^2}{b^2} = 1 \ (a > b > 0)$, $\lambda_1 + \lambda_2 = \dfrac{2a^2}{b^2}$,试问 D 是否为定点? 若是,求点 D 的坐标;若不是,说明理由。

第 7 章

以史探法：数学史融入解题教学

古之所谓良史者，
其明必足以周万事之理，
其道必足以适天下之用，
其智必足以通难知之意，
其文必足以发难显之情，
然而其任可得而称也。

——曾巩(北宋)《南齐书目录序》

高中阶段的数学教学中,解题教学占比非常之大,其功能性、关键性和重要性不言而喻,尤其是在复习阶段,解题教学的方法与策略往往决定了教学质量的好坏。实践经验表明,要想取得优秀的数学成绩,盲目搞题海战术是不能在高考中取胜的。面对当下的"双新"背景,纯粹的接受性学习更是无能为力,教师要想提高学生的解题能力,必定要注重解决问题能力的培养,从解题方法入手,取精用弘,助力教与学的不断优化。高中数学解题教学中有以下几种常见的课型:

1."以讲促思"课型

教师课前分析学情,挑选学生的典型易错题、知识易混淆点,课堂中充分鼓励学生主讲,自主探寻数学问题的本质,"以讲促思"提高他们一题多解的能力,提高他们学习数学的主观能动性。在学生讲解的过程中,教师更要用心仔细倾听学生的讲解内容并及时进行点评,分析思维方法或者解题想法的亮点与问题,深度剖析学生元认知障碍并能引发学生纵向和深度思考,课堂中还要留给学生时间反思整理、归纳提炼,具体流程如图7-1所示。

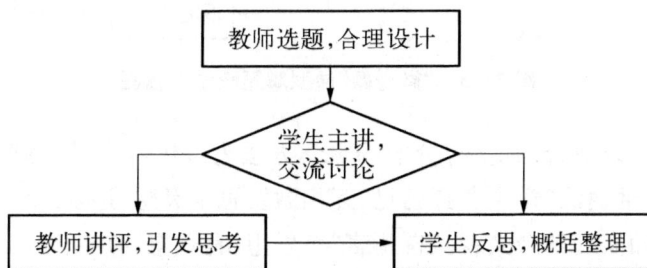

图 7-1 "以讲促思"解题教学流程图

必须意识到,只有从习惯性思维走向反思性思维,只有让学生通过对自己的数学解题过程进行不断的反省和概括,有意义地纳入、重组和改造,才能建构新的认知结构。

2."问题驱动"课型

以数学问题为载体,教师要设计能引发学生深度思考的问题链,让学生对问题链中的每一个问题层层递进的有逻辑性地思考,学会如何解决问题。需要强调的是,课堂中,学生不再是被动地从老师那里接受知识,机械的罗列数学知识,而是在师生问题互动、生生问题互动中对题目有了更加深度的思考,在思考过程中,明晰如何运用知识、系统提炼知识。最后,既要对解题过程进行反思,也要对解题方法和相关知识等进行归纳总结,具体流程如图7-2所示。

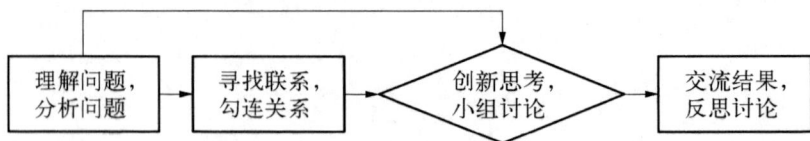

图 7 - 2 "问题驱动"解题教学流程图

3. "微专题"课型

在高三复习阶段，微专题课型以其"短小精悍"——目标集中、问题聚焦和讲解精准而深受师生们的欢迎，在实际教学中应用非常广泛。教师实施时首先分析学情和学习的具体内容，对一些特征比较明显的题目进行归类汇总，以小专题的形式进行课堂讲授，提高学生的专题解题能力。在确定微专题的主题和选择具体的例题时，从学生的薄弱点出发，难易程度适中，要确保其典型性和代表性，题目应具有思考的空间和讨论的余地，从而大大激发学生的学习热情，让学生充分参与到课堂中来，具体流程如图 7 - 3 所示。

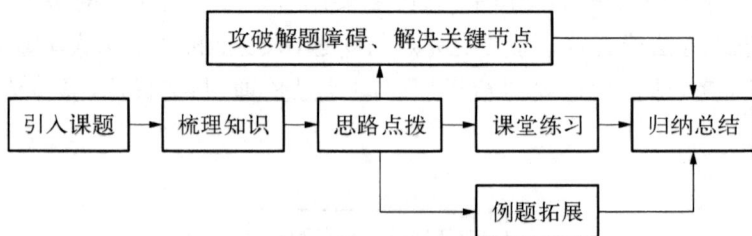

图 7 - 3 "微专题"课型解题教学流程图

在解题教学中，以适合学情、有价值的数学方法为载体，让不同的问题能以同一视角贯彻数学解题的通性通法，学生各抒己见、互相激发思维灵感，迸发思维火花，让课堂闪耀着灵动的光芒，进而实现如余文森教授所言"有思想、有智慧、有文化，彰显新课堂的理念"的解题教学境界。

基于 HPM 的视角实施解题教学，显然具有其得天独厚的先天优势——更具历史的深度、厚度和内涵。融入数学史如何才能做到丰富复习课的教学功能？如何才能提升育人价值？如何选择适切的数学史素材、选择科学有效的融入方式、创新数学复习课的教学方式？教师可以从以下几个方面努力：

（1）基于数学史的例习题选题既要保证其与知识内容相关联，还应为学生创设丰富的习题背景，此外，还要重视题目背景多元化、生活化、强调计算内容丰富性、深入性的特点。在例习题的开发中要多设置一些多知识点综合应用的题目，以此来加深学生对相关知识点间联系的理解，提高学生应用时的灵活性，最终达到融会贯通的效果。

（2）基于数学史的教学方式，要打破僵化枯燥的讲解模式，教师不仅要改变课堂教学重结论轻过程的做法，引导学生自己构建知识网络，搞清楚知识的来龙去脉，还要引导学生进行探究性学习，逐渐培养学生独立分析问题、判断问题、解决问题的能力。只有这样，才能不断发展学生的数学能力，达到以不变应万变的程度。

（3）要充分挖掘数学史中的经典问题和亮点解法，激发学生主动思考，并引领学生在问题解决过程中经历由方法到思想再到数学内涵的思考方式，即"术、道、源"三重境界。

我们首先要与学生一起进行题型的归纳和方法的总结，这是最基本的"术"的层面；接着，要上升到数学思想方法的高度，不断的提炼使得学生从内在意识上强化自己的认知；最后还有一个在日常繁重的学习中很容易被学生忽视的，就是要追问和思考题目背后的数学内涵，包括题目的产生源头和文化背景等。解题教学的第一境界是把题讲明白，讲清楚由题目的条件如何推导出结论，得出正确的结果；第二境界是强调题型的归纳，方法的总结；解题教学的最高境界是提炼数学思想，追问题目背后的数学内涵。如图 7 - 4 所示，这有利于解决数学教学中学生只重视数学方法，轻视数学思想，忽视数学内涵的问题，也能促进学生深度思考，锻炼学生高阶的数学思维能力。

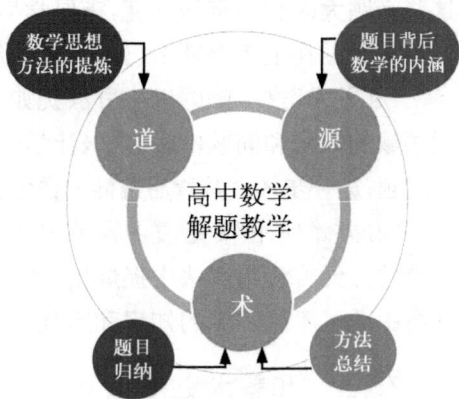

图 7 - 4 HPM 视角下高中数学解题教学

本章就是基于 HPM 视角进行解题教学的深度思考，有鉴于学生解题中要充分锻炼"一法多用""一题多解""一题多变"的思考方式，我们选择解题方法"和差术"，充分挖掘其"一法多用"的价值；充分解读数学名题中的历史要素实现"一题多解""一题多变"，展开课例探索与实践。

7.1 和 差 术

高中数学问题中有大量的二元问题(二元方程、二元不等式、二元函数等)需要解决,这些问题大多有一定的难度,需要学生有较强的综合解题能力,属于较难的题目类型。它们经常分散在很多专题中,如函数、向量、复数、数列、平面解析几何等等。

"和差术"这一解题思想方法犹如一座桥梁或者联系各种问题的纽带,可以将各个不同领域的知识和问题串联起来,让学生系统地分析与把握所学习的数学知识和要解决的数学问题,进一步体会其背后蕴涵的数学思想,是高中数学复习课的一种很好的设计思路。

"和差术应用"专题复习课首先从古巴比伦泥版中的问题引入"和差术",接着从古巴比伦的二元方程组解法中提炼出"和差术"相关的四个代数恒等式,最后应用"和差术"串联高中数学不同领域的知识和问题。

7.1.1 和差术史料

2 000 多年前的古巴比伦人就会用一个特殊的方法来解决生活中经常遇到的二元问题,这在古巴比伦数学泥版上有大量的记载。而这些泥版大部分是古巴比伦王国全盛时期的汉谟拉比时代的产物,有的甚至可能追溯到公元前 2250 年。如图 7-5 所示的泥版上的问题:两个数 a、b 与它们的和差之间有下面的关系, $a = \dfrac{a+b}{2} + \dfrac{a-b}{2}$, $b = \dfrac{a+b}{2} - \dfrac{a-b}{2}$,利用这种关系实施换元的方法称为"和差术"。

古巴比伦泥版上还记录了这样一个问题:两数之和为 13 的一半,积为 15 的一半,求这两个数。该问题的解决方法如图 7-6 所示。

$$x + y = 6\frac{1}{2}, \quad xy = 7\frac{1}{2}$$

[1] $\dfrac{x+y}{2} = 3\frac{1}{4}$ [5] $\dfrac{x-y}{2} = 1\frac{3}{4}$

[2] $\left(\dfrac{x+y}{2}\right)^2 = 10\frac{9}{16}$ [6] $\dfrac{x+y}{2} + \dfrac{x-y}{2} = 5$

[7] $x = 5$

[3] $\left(\dfrac{x+y}{2}\right)^2 - xy = 3\frac{1}{16}$ [8] $\dfrac{x+y}{2} - \dfrac{x-y}{2} = 1\frac{1}{2}$

[4] $\sqrt{\left(\dfrac{x+y}{2}\right)^2 - xy} = 1\frac{3}{4}$ [9] $y = 1\frac{1}{2}$

图 7-5 数学泥版   图 7-6 数学泥版 YBC 4663

7.1.2　教学设计与实施

（一）教学分析

1. 教学内容分析

本节课从学生复习中频繁遇到的二元数学难题出发，剖析思维障碍点的渊源，进而引出历史上久负盛名的解题方法——"和差术"。首先，从历史上最早的二元问题——古巴比伦泥版上的数学问题入手，了解和差术，并利用这一特殊的化归方法解决二元方程组的问题；其次，利用所学和差术的向量模型——极化恒等式解决平面或空间中较难的向量数量积问题；再次，将解析几何、向量、函数等相关问题抽象成与和差术相关的二元问题；最后，挖掘和差术的数学内涵，即利用对称性的化归方法，解决具有对称性的二元数学问题。整节课的教学不仅强调了突破难题的思维方式、题型的归纳和方法的总结，还要追问题目背后的数学内涵，进而上升到数学思想的提炼，实现了高中解题教学应该具有的"术、道、源"三重境界，充分锻炼了学生高阶的数学思维能力，培养了学生良好的问题解决的思维品质。

2. 学情分析

本节课的授课对象为刚完成一轮复习的高三学生，此时完成了各个专题基本知识、基本方法的复习，经历了一定量的解题训练，理解能力和推理能力较之前都有一定的提升，有比较丰富的解题经验，思维比较活跃。

"和差术"的本质是几个组块之间的关联，体现的是一种整体的思想以及换元方法的应用，在高中数学范围内的应用比较普遍但有一定的隐蔽性，因此需要显性而系统的研究。

本节课开设在一轮复习刚结束，既是对一轮复习中涉及的知识点的回顾，又是对二轮专题性复习和思想方法提炼的展望。从心理角度分析，此时的学生对数学知识具有一定的自信，对一章接着一章"平铺直叙"式的复习方式可能有一点倦怠感，在这个阶段进行这样一节 HPM 视角下的高中数学复习课显然可以提升他们的数学学习热情。

基于以上分析，明确了本次专题解题教学课的教学目标和教学重难点。

教学目标

（1）掌握和差术的基本公式，会用和差术解决一些数学问题；

（2）了解和差术在解决与其他知识点相关联的问题时的解决方法，体会整体思想和转化化归的思想方法；

（3）了解泥版上的数学被人们翻译和传播的过程，感受人类数学文明传播与发展史。

教学重点　能熟练运用和差术。

教学难点　根据具体问题情境选择构建模型并灵活运用和差术。

（二）教学过程

1. 紧扣难点、找寻解题之术

师：请同学们看平面向量专题练习中第 18 题第（2）问：

半径为 2 的圆 O 上有三点 A、B、C，满足 $\overrightarrow{OA}+\overrightarrow{AB}+\overrightarrow{AC}=\vec{0}$，点 P 是圆内一点，求 $\overrightarrow{PA}\cdot\overrightarrow{PO}+\overrightarrow{PB}\cdot\overrightarrow{PC}$ 的取值范围。

师：大部分同学的解题过程有些繁琐，但我们班有一位同学的解题过程非常简练，请这位同学跟大家分享一下他的解法。

生：由 $\overrightarrow{OA}+\overrightarrow{AB}+\overrightarrow{AC}=\vec{0}$，得 $\overrightarrow{AB}+\overrightarrow{AC}=\overrightarrow{AO}$。

在平行四边形 $ABOC$ 中，$OB=OC$，故易知四边形 $ABOC$ 是菱形，且 $BC=2\sqrt{3}$。

如图 7-7 所示，设四边形 $ABOC$ 的对角线的交点为 E，然后我利用了向量数量积中一个特殊的运算关系式，即

$$\overrightarrow{PA}\cdot\overrightarrow{PO}=\overrightarrow{PE}^2-\frac{1}{4}\overrightarrow{AO}^2=\overrightarrow{PE}^2-1,$$

$$\overrightarrow{PB}\cdot\overrightarrow{PC}=\overrightarrow{PE}^2-\frac{1}{4}\overrightarrow{BC}^2=\overrightarrow{PE}^2-3,$$

所以 $\overrightarrow{PA}\cdot\overrightarrow{PO}+\overrightarrow{PB}\cdot\overrightarrow{PC}=2\overrightarrow{PE}^2-4$。

因为 P 是圆内一点，所以 $0\leqslant|\overrightarrow{PE}|<3$，所以 $-4\leqslant 2\overrightarrow{PE}^2-4<14$，即 $-4\leqslant\overrightarrow{PA}\cdot\overrightarrow{PO}+\overrightarrow{PB}\cdot\overrightarrow{PC}<14$。

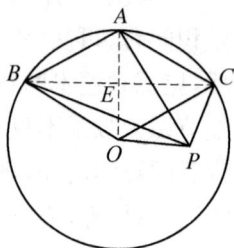

图 7-7

师：这个解法很出彩！这个方法用到了向量的什么知识？可否概括出它的一般规律？

生：这位同学充分运用了向量运算中的两个一般关系式，$(a+b)^2=a^2+b^2+2ab$，$(a-b)^2=a^2+b^2-2ab$，然后两式相减可得 $4a\cdot b=(a+b)^2-(a-b)^2$，从而将所求的两个分开的变量合为讨论一个变量的范围。

生：这个方法跟三角形中线向量关系式的本质是一样的，比如在 $\triangle ABC$ 中，$a=\overrightarrow{AB}$，$b=\overrightarrow{AC}$，点 M 为 BC 中点，再由三角形中线向量 $\overrightarrow{AM}=\overrightarrow{AB}+\frac{1}{2}\overrightarrow{BC}$，$\overrightarrow{AM}=\overrightarrow{AB}-\frac{1}{2}\overrightarrow{BC}$，可得 $\overrightarrow{AB}\cdot\overrightarrow{AC}=\overrightarrow{AM}^2-\frac{1}{4}\overrightarrow{BC}^2$，如图 7-8 所示。

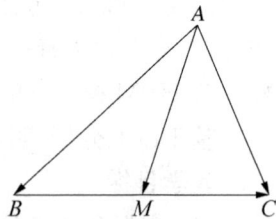

图 7-8

师：那么当 BC 的长度确定，点 A 运动时，左边两个变量的数量积就转化为变量 $\overrightarrow{AM}$ 的长度了，从而将问题的求解变得简单。这里我们充分利用了平面向量的对称性将二元变量问题转化化归为一元问题。

2. 以史为鉴、探寻解题之源

师：实际上，这种解决问题的想法早在公元前 2000 多年就已经出现了，那时候古巴比伦的代数就已经取得令人瞩目的成就。从最早可能追溯到公元前 2250 年的数学泥版——古巴比伦王国全盛时期的汉谟拉比时代留下的文化产物，我们发现，那时候的古巴比伦人就已经会用一个特殊的方法解决二元问题了，请大家看如图 7-9 所示的泥版，其中有一个问题翻译过来如图 7-10 所示。

● 两正方形面积之和为1300，边长之和为 50，求边长。$(x^2+y^2=1300, \ x+y=50)$

$[1] \dfrac{x^2+y^2}{2}=650$	$[6] \dfrac{x-y}{2}=5$
$[2] \dfrac{x+y}{2}=25$	$[7] \dfrac{x+y}{2}+\dfrac{x-y}{2}=30$
$[3] \left(\dfrac{x+y}{2}\right)^2=625$	$[8] x=30$
$[4] \dfrac{x^2+y^2}{2}-\left(\dfrac{x+y}{2}\right)^2=25$	$[9] \dfrac{x+y}{2}-\dfrac{x-y}{2}=20$
	$[10] y=20$
$[5] \sqrt{\dfrac{x^2+y^2}{2}-\left(\dfrac{x+y}{2}\right)^2}=5$	

图 7 - 9　数学泥版 2　　　　　　　　　　　　　图 7 - 10

图 7 - 10 中的解题过程蕴含着非常重要的解题方法——"和差术"，我们还可以理解为下面这样的运算过程，设 $x=25+t$，$y=25-t$，则

$$x^2+y^2=(25+t)^2+(25-t)^2=1\,250+2t^2=1\,300,$$

解得 $t^2=25$，$t=5$，于是 $x=30$，$y=20$。

显然，这个运算过程更简洁。

我们将 $\begin{cases} 2x=(x+y)+(x-y), \\ 2y=(x+y)-(x-y) \end{cases}$ 这两个式子进行灵活运算或变形，可以得到如图 7 - 11 所示的"运算网络图"。

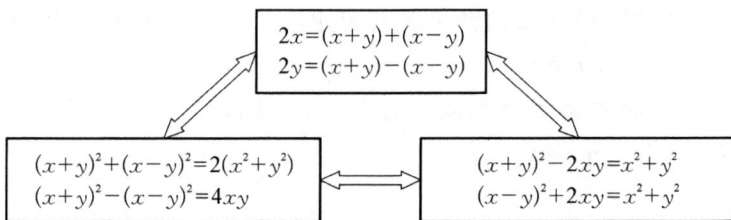

$$2x=(x+y)+(x-y)$$
$$2y=(x+y)-(x-y)$$

$$(x+y)^2+(x-y)^2=2(x^2+y^2)$$
$$(x+y)^2-(x-y)^2=4xy$$

$$(x+y)^2-2xy=x^2+y^2$$
$$(x-y)^2+2xy=x^2+y^2$$

图 7 - 11

师：请同学们观察上图中的式子，具有什么特征？

生：具有一定的对称性。

师：如何用这种对称结构解决问题呢？ 17 世纪的法国数学家洛必达（M. de L'Hospital，1661—1704）利用"和差术"的对称结构推导椭圆的方程。

建立如图 7 - 12 所示的平面直角坐标系，设椭圆长轴 $|AB|=2a$，短轴 $|CD|=2b$，焦距 $|F_1F_2|=2c$，设椭圆上任意一点为 $P(x, y)$，则 $|PF_1|+|PF_2|=2a$。 不妨设

$|PF_1|=a+t$，$|PF_2|=a-t$，$t \in [-c,c]$，则有

$$\begin{cases} (x+c)^2+y^2=(a+t)^2, \\ (x-c)^2+y^2=(a-t)^2 \text{。} \end{cases}$$

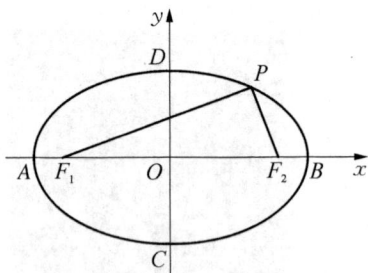

图 7-12

两式相减得 $4cx=4at \Rightarrow t=\dfrac{c}{a}x$，两式相加得 x^2+

$c^2+y^2=a^2+t^2$，从而有 $x^2+c^2+y^2=a^2+\left(\dfrac{c}{a}x\right)^2$，化

简可得椭圆的标准方程为 $\dfrac{x^2}{a^2}+\dfrac{y^2}{b^2}=1(a>b>0)$。

这一推理运算过程给同学们留下什么样的印象？对解题有什么启发？

生：解题时应充分运用"和差术"的对称结构进行代数式变形和运算。

师：尽管我们现在解二元方程组时不大用"和差术"，但在解决很多数学知识相关问题时，利用以上关系式的对称结构，不仅可以减少我们的运算量，有时候对我们分析问题的本质也是很有利的。

【设计意图】学生通过数学史的学习，了解和差术这一方法的思想源头、价值与意义，同时启发学生对有一定共同特征问题要有追根溯源的意识，搞清楚解决问题的方法之内涵。和差术所蕴含的对称性可以简化运算，保证了对称二元代数式之间的相互化归，是和差术不同于其他方法的内涵所在。

3. 类比推广，深化解题之道

师：大家联想一下我们还在哪些知识中遇到这种代数结构特征的关系式？

生：三角比 $(\sin\alpha+\cos\alpha)^2=1+2\sin\alpha\cos\alpha$，$(\sin\alpha-\cos\alpha)^2=1-2\sin\alpha\cdot\cos\alpha$。

师：三角比运算可以利用任意角的正弦、余弦、正切和余切之间的关系，化简表达式简便运算并证明一些恒等式。

生：如图 7-13 所示的椭圆的焦点三角形中，$|F_1F_2|^2=(|PF_1|+|PF_2|)^2-2|PF_1|\cdot|PF_2|(1+\cos\alpha)$；

如图 7-14 所示的双曲线的焦点三角形中，$|F_1F_2|^2=(|PF_1|-|PF_2|)^2+2|PF_1|\cdot|PF_2|(1-\cos\alpha)$。

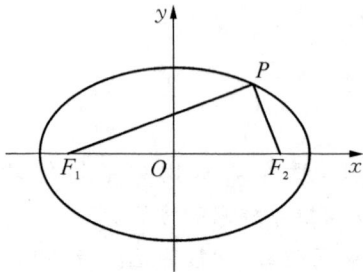

图 7-13

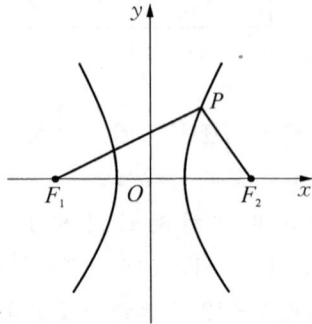

图 7-14

生：复数的模长关系式 $|z_1+z_2|^2+|z_1-z_2|^2=2(|z_1|^2+|z_2|^2)$。

师：同学们联想很到位,如何运用好这种对称结构解题? 请同学们思考研究以下问题：

问题 1　已知 $\sin\alpha+\cos\alpha=\dfrac{1}{2}$,$0<\alpha<\pi$,求 $\sin\alpha$,$\cos\alpha$ 及 $\sin^3\alpha+\cos^3\alpha$ 的值。

生：由 $\sin\alpha+\cos\alpha=\dfrac{1}{2}$,$0<\alpha<\pi$ 两边平方并化简可得,$\sin\alpha\cos\alpha=-\dfrac{3}{8}$,$(\sin\alpha+\cos\alpha)^2+(\sin\alpha-\cos\alpha)^2=2$。

又由 $0<\alpha<\pi$ 可知,$\sin\alpha>0>\cos\alpha$,则可解得 $\cos\alpha=\dfrac{1-\sqrt{7}}{4}$,$\sin\alpha=\dfrac{1+\sqrt{7}}{4}$。

所以 $\sin^3\alpha+\cos^3\alpha=(\sin\alpha+\cos\alpha)(1-\sin\alpha\cos\alpha)=\dfrac{1}{2}\cdot\left[1-\left(-\dfrac{3}{8}\right)\right]=\dfrac{11}{16}$。

师：由关系式 $(\sin\alpha\pm\cos\alpha)^2=1\pm2\sin\alpha\cos\alpha$ 知,对于 $\sin\alpha$ 与 $\cos\alpha$,知和或差可求其积,知积可求其和或差,我们还可以在求解三角函数问题时加以巧妙运用。

问题 2　求函数 $y=(1+\cos x)(1-\sin x)$ 的值域。

生：$y=1+\cos x-\sin x-\cos x\sin x$,令 $t=\cos x-\sin x=\sqrt{2}\cos\left(x+\dfrac{\pi}{4}\right)\in[-\sqrt{2},\sqrt{2}]$。

因为 $(\cos x-\sin x)^2=1-2\cos x\sin x$,所以 $y=1+t-\dfrac{1-t^2}{2}=\dfrac{(t+1)^2}{2}\in\left[0,\dfrac{3+2\sqrt{2}}{2}\right]$。

问题 3　方程 $x^2+2x+m=0$ 的两根为 x_1、x_2,且 $|x_1-x_2|=2$,求实数 m 的值。

生：由 $|x_1-x_2|^2=|(x_1-x_2)^2|=|(x_1+x_2)^2-4x_1x_2|=|4-4m|=4$,解得 $m=0$ 或 $m=2$。

问题 4　设复数 $z_n=a_n+b_n\mathrm{i}$,a_n、$b_n\in\mathbf{R}$,i 为虚数单位,$n\in\mathbf{N}$,$n>0$,若 $z_n=z^n+\dfrac{1}{z^n}$,且 $z\neq0$,$z^{2n}\neq-1$,且 $|z_{2023}|\leqslant2$,求证：$|z_1|\leqslant2$。

生：若 $|z_1|>2$,由于 $z^{2n}\neq-1$,于是 $z_n=z^n+\dfrac{1}{z^n}=\dfrac{z^{2n}+1}{z^n}\neq0$,且 $z_{n+1}=z^{n+1}+\dfrac{1}{z^{n+1}}=\left(z^n+\dfrac{1}{z^n}\right)\left(z+\dfrac{1}{z}\right)-\left(z^{n-1}+\dfrac{1}{z^{n-1}}\right)$,即 $z_{n+1}=z_n z_1-z_{n-1}$。

于是 $|z_{n+1}|=|z_n z_1-z_{n-1}|\geqslant|z_n z_1|-|z_{n-1}|=|z_n||z_1|-|z_{n-1}|>2|z_n|-|z_{n-1}|$,所以 $|z_{n+1}|-|z_n|>|z_n|-|z_{n-1}|$,进而得 $|z_{n+1}|-|z_n|>|z_n|-|z_{n-1}|>\cdots>|z_2|-|z_1|$。

因为 $|z_2|-|z_1|=|z_1^2-2|-|z_1|\geqslant|z_1|^2-2-|z_1|=\left(|z_1|-\dfrac{1}{2}\right)^2-\dfrac{9}{4}$,且

$|z_1|>2$，而二次函数对称轴为 $\frac{1}{2}$，所以 $|z_2|-|z_1|>2^2-2-2=0$。

所以数列 $\{|z_n|\}$ 为严格增数列，则 $|z_{2023}|>|z_1|>2$，与已知矛盾，所以假设不成立。故 $|z_1|\leqslant 2$。

师：平行四边形是一个对称图形，与此呼应，$|z_1+z_2|^2+|z_1-z_2|^2=2(|z_1|^2+|z_2|^2)$ 也有对称的代数结构，解决问题 4 时充分运用了对称结构的变通迁移，从而化解难题。

问题 5　如图 7-15 所示，已知正方形 $ABCD$ 的边长为 2，过中心 O 的直线 l 与两边 AB、CD 分别交于点 M、N。

（1）若 Q 是 BC 的中点，求 $\overrightarrow{QM}\cdot\overrightarrow{QN}$ 的取值范围；

（2）若 P 是平面上一点，且满足 $2\overrightarrow{OP}=\lambda\overrightarrow{OB}+(1-\lambda)\overrightarrow{OC}$，求 $\overrightarrow{PM}\cdot\overrightarrow{PN}$ 的最小值。

生：（1）在正方形 $ABCD$ 中，过中心 O 的直线 l 与两边 AB、CD 分别交于交于点 M、N，则点 O 为线段 MN 的中点，得 $\overrightarrow{QM}\cdot\overrightarrow{QN}=(\overrightarrow{QO}+\overrightarrow{OM})\cdot(\overrightarrow{QO}+\overrightarrow{ON})=\overrightarrow{QO}^2-\overrightarrow{OM}^2$。

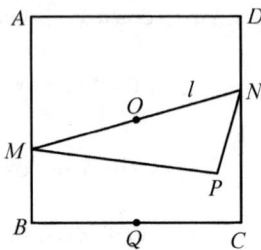

图 7-15

又正方形 $ABCD$ 的边长为 2，Q 是 BC 的中点，则 $|\overrightarrow{QO}|=1$，$1\leqslant|\overrightarrow{OM}|\leqslant\sqrt{2}$，所以 $-1\leqslant\overrightarrow{QM}\cdot\overrightarrow{QN}\leqslant 0$，即 $\overrightarrow{QM}\cdot\overrightarrow{QN}$ 的取值范围为 $[-1,0]$。

（2）由题意可得 $\overrightarrow{PM}\cdot\overrightarrow{PN}=(\overrightarrow{PO}+\overrightarrow{OM})\cdot(\overrightarrow{PO}+\overrightarrow{ON})=\overrightarrow{PO}^2-\overrightarrow{OM}^2$。

令 $\overrightarrow{OT}=2\overrightarrow{OP}$，由 $\overrightarrow{OT}=2\overrightarrow{OP}=\lambda\overrightarrow{OB}+(1-\lambda)\overrightarrow{OC}$，可知点 T 在 BC 上，则 $|\overrightarrow{OT}|\geqslant 1$，从而 $|\overrightarrow{OP}|\geqslant\frac{1}{2}$。

又 $1\leqslant|\overrightarrow{OM}|\leqslant\sqrt{2}$，则 $\overrightarrow{PM}\cdot\overrightarrow{PN}=\overrightarrow{PO}^2-\overrightarrow{OM}^2\geqslant\frac{1}{4}-2=-\frac{7}{4}$，所以 $\overrightarrow{PM}\cdot\overrightarrow{PN}$ 的最小值为 $-\frac{7}{4}$。

问题 6　已知正方体 $ABCD-A_1B_1C_1D_1$ 的棱长为 1，其内切球（即该球与正方体的六个面均有且仅有一个公共点）上有两个动点 M、N，点 P 为正方体表面上一动点，当线段 MN 的长度最大时，求 $\overrightarrow{PM}\cdot\overrightarrow{PN}$ 的取值范围。

生：如图 7-16 所示，设内切球的球心为 O，当线段 MN 长度最大时，MN 为球 O 的直径，不妨设 M、N 分别是内切球在正方体左、右侧面的切点，则 $|OM|=|ON|=\frac{1}{2}$。

所以 $\overrightarrow{PM}\cdot\overrightarrow{PN}=(\overrightarrow{PO}+\overrightarrow{OM})\cdot(\overrightarrow{PO}+\overrightarrow{ON})=(\overrightarrow{PO}+\overrightarrow{OM})\cdot(\overrightarrow{PO}-\overrightarrow{OM})=\overrightarrow{PO}^2-\overrightarrow{OM}^2=\overrightarrow{PO}^2-\frac{1}{4}$。当点 P 位于正方体的顶点时，$|\overrightarrow{PO}|$ 取得最大值 $\frac{\sqrt{3}}{2}$；当点 P 位于切点时，$|\overrightarrow{PO}|$ 取得

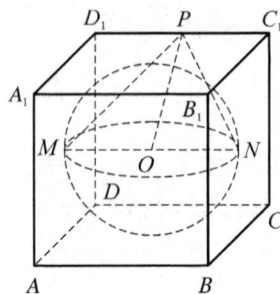

图 7-16

最小值 $\dfrac{1}{2}$。

所以 $0 \leqslant \overrightarrow{PO}^2 - \dfrac{1}{4} \leqslant \dfrac{1}{2}$，即 $\overrightarrow{PM} \cdot \overrightarrow{PN}$ 的取值范围是 $\left[0, \dfrac{1}{2}\right]$。

【设计意图】 从课前运用和差术的向量模型轻松解决数量积难题,到归纳总结使用这种方法所要满足的条件,将平常学习中散落(尤其是不同领域)的知识、问题串联起来,让学生系统地理解数学中的对称结构,应用对称将复杂的二元问题转化化归为一元问题,进一步体会其背后蕴含的数学思想,让数学解题复习课焕发勃勃生机。

4. 课堂小结

师: 我们从练习中较难的向量问题出发,追溯几千年前人类祖先解决问题的思想源头,寻找解决问题的方法,找到规律后,甚至可以从平面类比推广到空间,解决更难更复杂的问题。同学们能否谈谈解题的启发和收获?

生: 我要充分利用代数式或几何图形的对称性,将复杂的二元问题转化为一元问题。这可以用来解决许多知识——函数、三角、向量、复数、解析几何等相关的问题。

师: 通过追溯距今 3 900 多年前的古巴比伦泥版上的数学问题,为解决二元问题找到了思想方法的源头,其本质是利用对称结构进行转化化归,灵活运用化归思想不仅能解决某个数学难题,还能实现"多题一解",提高了我们"万法归一"的数学抽象能力,从而能在解题中举一反三、变通迁移。

7.1.3　教学反思

本次课表现形式上是一节解题教学课,但实际上是以学生能力培养为核心的数学综合训练课,旨在帮助学生从数学整体的高度理解数学知识,使学生对学科的内在联系,包括代数、立体几何、平面解析几何等各部分知识间的纵向联系有比较清晰的认识。通过同类问题比较,发现问题的内在规律;通过选择有代表性问题为专题,提高综合分析能力;而通过能一法多用的"和差术",解决一些形式有很大差异但能多题一解的新问题。在这个过程中,学生独立思考和运算求解,在反复中强化,变式中深化,既达到检测反馈的目的,又起到开拓思维的作用,还能培养多角度思考、多元分析的习惯,聚焦于转化化归的数学思想方法,充分体验"和差术"在解决问题过程中所蕴含的化归消元思想,从而拓展学生思维的广度和深度。高中数学复习不仅要强调题型的归纳、方法的总结和数学思想的提炼,还要追寻问题目背后的数学内涵。通过追寻解决问题的知识与方法之源,方能触碰隐藏于深处的本真,培养学生对数学美的欣赏能力,提高学生的数学核心素养。

7.1.4　巩固练习

1. 已知 $|a+b| = \sqrt{10}$，$|a-b| = \sqrt{6}$，求 $a \cdot b$ 的值。

【解析】 $|a+b|^2 = a^2 + 2a \cdot b + b^2$，$|a-b|^2 = a^2 - 2a \cdot b + b^2$，两式相减,可得 $4a \cdot b = |a+b|^2 - |a-b|^2 = 4 \Rightarrow a \cdot b = 1$。

2. 若 $0 \leqslant x \leqslant \dfrac{\pi}{2}$，$\sin x \cdot \cos x = \dfrac{1}{2}$，则 $\dfrac{1}{1+\sin x} + \dfrac{1}{1+\cos x} = $ _____。

【解析】由题意显然有 $\sin x > 0$，$\cos x > 0$，$\sin x + \cos x > 0$。

又 $(\sin x + \cos x)^2 = 1 + 2\sin x \cos x = 2$，所以 $\sin x + \cos x = \sqrt{2}$，从而 $\dfrac{1}{1+\sin x} + \dfrac{1}{1+\cos x} = \dfrac{1+\sin x + 1 + \cos x}{(1+\sin x)(1+\cos x)} = \dfrac{2+(\sin x + \cos x)}{1+(\sin x + \cos x)+\sin x \cos x} = 4 - 2\sqrt{2}$。

3. 已知复数 z_1 和复数 z_2 满足 $z_1 + z_2 = 3 - 5\mathrm{i}$，$\overline{z_1} - \overline{z_2} = -2 + 3\mathrm{i}$，求 $z_1^2 - z_2^2$。

【解析】$\overline{z_1} - \overline{z_2} = \overline{z_1 - z_2} = -2 + 3\mathrm{i} \Rightarrow z_1 - z_2 = -2 - 3\mathrm{i} \Rightarrow z_1^2 - z_2^2 = (z_1 - z_2)(z_1 + z_2) = -21 + \mathrm{i}$。

4. 矩形 $ABCD$ 的边 $AB = 4$，$AD = 2$，以点 C 为圆心，CB 为半径的圆与 CD 交于点 E，若点 P 是圆弧 $\overset{\frown}{EB}$（含端点 B、E）上的一点，则 $\overrightarrow{PA} \cdot \overrightarrow{PB}$ 的取值范围是 _____。

【解析】取 AB 的中点设为 O，则 $\overrightarrow{PA} \cdot \overrightarrow{PB} = |\overrightarrow{PO}|^2 - \dfrac{1}{4}|\overrightarrow{AB}|^2 = |\overrightarrow{PO}|^2 - 4$。

当 O、P、C 共线时，PO 取得最小值为 $PO = 2\sqrt{2} - 2$；当 P 与 B（或 E）重合时，PO 取得最大值为 $PO = 2$。故 $\overrightarrow{PA} \cdot \overrightarrow{PB}$ 的取值范围是 $[8 - 8\sqrt{2}, 0]$。

5. 已知 P 是边长为 4 的正三角形 ABC 所在平面内一点，且 $\overrightarrow{AP} = \lambda \overrightarrow{AB} + (2 - 2\lambda) \cdot \overrightarrow{AC}(\lambda \in \mathbf{R})$，求 $\overrightarrow{PA} \cdot \overrightarrow{PC}$ 的最小值。

【解析】如图 7 - 17，延长 AC 到 D，使得 $\overrightarrow{AD} = 2\overrightarrow{AC}$。

因为 $\overrightarrow{AP} = \lambda \overrightarrow{AB} + (2 - 2\lambda)\overrightarrow{AC} = \lambda \overrightarrow{AB} + (1 - \lambda)\overrightarrow{AD}$，所以点 P 在直线 BD 上。

取线段 AC 的中点 O，连接 OP，则 $\overrightarrow{PA} \cdot \overrightarrow{PC} = (\overrightarrow{PO} + \overrightarrow{OA}) \cdot (\overrightarrow{PO} - \overrightarrow{OA}) = |\overrightarrow{PO}|^2 - |\overrightarrow{OA}|^2 = |\overrightarrow{PO}|^2 - 4$。

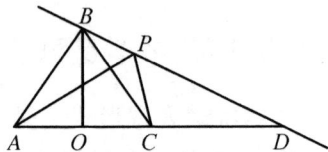

图 7 - 17

显然当 $OP \perp BD$ 时，$|\overrightarrow{PO}|$ 取得最小值，因为 $BO = 2\sqrt{3}$，$OD = 6$，则 $BD = 4\sqrt{3}$。

所以 $|\overrightarrow{PO}|$ 的最小值为 $\dfrac{2\sqrt{3} \times 6}{4\sqrt{3}} = 3$，所以 $\overrightarrow{PA} \cdot \overrightarrow{PC}$ 的最小值为 $9 - 4 = 5$。

6. 在数学中，双曲函数是与三角函数类似的函数。最基本的双曲函数是双曲正弦函数与双曲余弦函数，其中双曲正弦函数为 $\sin h(x) = \dfrac{\mathrm{e}^x - \mathrm{e}^{-x}}{2}$，双曲余弦函数为 $\cos h(x) = \dfrac{\mathrm{e}^x + \mathrm{e}^{-x}}{2}$。（注：$\mathrm{e}$ 是自然对数的底数，$\mathrm{e} = 2.718\,28 \cdots$）

（1）解方程：$\cos h(x) = 2$；

（2）写出双曲正弦与两角和的正弦公式类似的展开式：$\sin h(x + y) = $ _____，并证明；

（3）若对任意的 $t \in [0, \ln 2]$，关于 x 的方程 $\sin h(t) + \cos h(x) = a$ 有解，求实数 a 的取值范围。

【解析】(1) 由 $\cos h(x)=\dfrac{e^x+e^{-x}}{2}=2$，得 $e^x+e^{-x}=4 \Leftrightarrow (e^x)^2-4e^x+1=0$，则 $x=\ln(2\pm\sqrt{3})$。

(2) $\sin h(x+y)=\sin h(x)\cos h(y)+\cos h(x)\sin h(y)$。

证明：左边 $=\sin h(x+y)=\dfrac{e^{x+y}-e^{-x-y}}{2}$。

右边 $=\sin h(x)\cos h(y)+\cos h(x)\sin h(y)$

$=\dfrac{e^x-e^{-x}}{2}\times\dfrac{e^y+e^{-y}}{2}+\dfrac{e^x+e^{-x}}{2}\times\dfrac{e^y-e^{-y}}{2}$

$=\dfrac{e^{x+y}+e^{x-y}-e^{y-x}-e^{-x-y}}{4}+\dfrac{e^{x+y}+e^{y-x}-e^{x-y}-e^{-x-y}}{4}$

$=\dfrac{e^{x+y}-e^{-x-y}}{2}$。

因为左边等于右边，于是 $\sin h(x+y)=\sin h(x)\cos h(y)+\cos h(x)\sin h(y)$ 成立。

(3) 因为 $\sin h(x)=\dfrac{e^x-e^{-x}}{2}$ 是 **R** 上的严格增函数，所以当 $t\in[0,\ln 2]$ 时，$\sin h(t)\in\left[0,\dfrac{3}{4}\right]$。

又因为 $\cos h(x)=\dfrac{e^x+e^{-x}}{2}\in[1,+\infty)$，所以若关于 x 的方程 $\sin h(t)+\cos h(x)=a$ 有解，则只需 $\cos h(x)=a-\sin h(t)\in[1,+\infty)$ 对任意关于 t 成立，即只需 $a-\sin h(t)$ 的最小值 $a-\dfrac{3}{4}\geqslant 1$ 即可，于是 $a\geqslant\dfrac{7}{4}$。

7.2 祖暅原理

教学中纳入祖暅原理形成的历史,带领学生了解刘徽、祖暅以及卡瓦列里等数学家极高的构造天赋和理性精神;分析祖暅原理的形成过程,体会从平面到空间、由特殊到一般的类比推理中所蕴含的数学思想;从球的体积公式推导到学生自主提出变式问题并解决问题,加强学生勇于创新与创造的意识,提高学生的探究能力;在应用祖暅原理解决变式问题时,提高学生的建构与推理能力。

7.2.1 祖暅原理史料与运用

魏晋时期数学家刘徽在《九章算术注》中提出求球体积的一个独特方法:

先计算一种叫"牟合方盖"的几何体体积,何谓"牟合方盖"?是指两个等半径的圆柱平放在平面上垂直相交的公共部分,因为其外形似两把上下对称的正方形雨伞(如图 7-18)而得名,"牟"意为相合,"盖"就是伞。

图 7-18 牟合方盖实体图

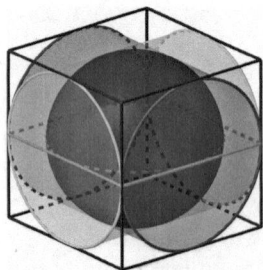

他认为正方形内切圆与正方形的面积之比为 π∶4,所以球的体积与牟合方盖的体积之比也为 π∶4,从而可计算出球的体积公式。刘徽尝试了很多种方法遗憾的是,"欲陋形措意,惧失正理,敢不阙疑,以俟能言者。"他最终没能求出牟合方盖的体积。两百年后南北朝时期,数学家、天文学家祖冲之的儿子祖暅先将牟合方盖平均分成八份,取其八分之一,不妨称之为"小牟合方盖",再放入一个特定的正方体内(如图 7-19),同时构造如图 7-20 的一个方锥。

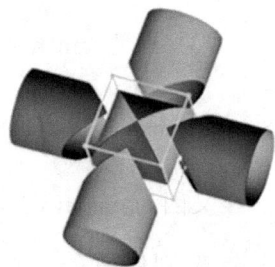

图 7-19 牟合方盖分解图

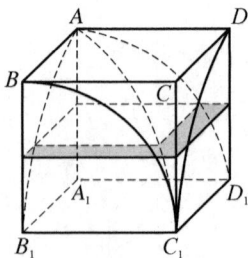

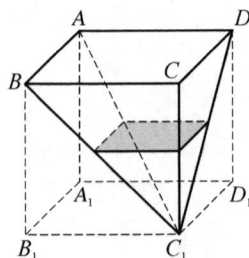

图 7-20 方锥

设由方锥顶点到截面的高度与图 7-19 的截面高度相同,可证明图 7-19 和图 7-20等高处阴影部分的面积总相等,因为体积都可以用截面面积和高度来计算,所以正方体去掉"小牟合方盖"后的体积和方锥的体积一定是相等的! 祖暅的算法用数学式子表达即为:

$$V_{外棋} = V_{阳马} = \frac{1}{3}R^3 \Rightarrow V_{内棋} = \frac{2}{3}R^3 \Rightarrow V_{合盖} = 8V_{内棋} = \frac{2}{3}D^3 \Rightarrow V_{球} = \frac{1}{6}\pi D^3。$$

基于此，祖暅提出了著名的祖暅原理："夫叠棋成立积，缘幂势既同，则积不容异。"其中，"势"就是高，"幂"就是面积，用现在的语言描述其含义是：夹在两个平行平面之间的两个几何体，被平行于这两个平行平面的任意平面所截，如果截得两个截面的面积总相等，那么这两个几何体的体积相等。很明显，古中国一直致力于把球分割成一个个的小立体图形，然后通过分割使得其中不能求解的小立体图形转化成与当时可以求解图形相等或成比例的立体图形，这里面涉及转化的思想，即是用已知探索未知，化未知为已知。

祖暅给出此原理，要比其他国家的数学家早 1000 多年，在欧洲，直到 17 世纪，最主要的代表人物意大利数学家卡瓦列里才给出上述结论。卡瓦列里是以他的不可分量而闻名的，他认为线是由无穷多个点构成的，面是由无穷多条线构成的，体是由无穷多个平面构成的，点、线、面分别是线、面、体的不可分量。然后从一般到特殊，如图 7-21 中半球放在一个底面直径与球直径相同的圆柱内，且圆柱的高与球的半径相同，无论 K 处于何位置，$FK^2 = OG^2 = GK^2 + OK^2 = GK^2 + HK^2 \Rightarrow \pi GK^2 = \pi FK^2 - \pi HK^2$ 始终成立，进而得到圆柱体、圆锥体、半球之间的体积关系。这种不可分量思想后来经过演化，最终孕育出现代微积分的思想，所以卡瓦列里被誉为"微积分先驱"。另外，开普勒

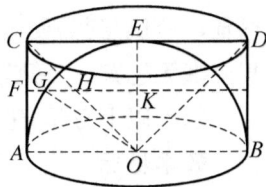

图 7-21　卡瓦列里推导球体积公式

(J. Kepler, 1571—1630) 曾言："我珍视类比胜于任何别的东西，它是我最可信赖的老师，它能揭示自然界的秘密，在几何学中它应该是最不容忽视的。"在《测量酒桶体积的新科学》(1615) 中他将球体积看成是无穷多个小棱锥的体积之和，这些棱锥的顶点在球心，底在球面上，用类比的思想推理球体积公式，于是由棱锥体积公式可得球积公式 $V = \lim\limits_{\Delta S \to 0} \sum \frac{1}{3}R \cdot \Delta S = \frac{1}{3}RS$。

虽然古中国采取的方法仅适用于球体积的计算或者说是适用于少数立体体积的计算，但是牟合方盖的方法不容小觑，是不可复制的，其领先的思维和奇妙的方法仍给人以极大的触动，时至今日，依然闪烁着灿烂的光芒。卡瓦列里和开普勒的方法则适用于更多类型的立体图形体积的计算，这也是微积分思想的源头。

7.2.2　教学设计与实施

（一）教学分析

1. 教学内容分析

沪教 2020 版必修第二册用祖暅原理推导了柱体、锥体和球的体积。在几何体体积的复习教学中，我们不能仅限于让学生记住公式会计算解题甚至"死套公式"的机械操作，而应该对公式的由来有一个全面而深刻的认识，"祖暅原理"是非常值得挖掘和利用的好素材，只要采取符合学生认知心理的教学策略，必能使学生了解到"祖暅原理"的真正内涵，

有助于学生了解类比推理和微积分的思想,也能为以后高数的学习奠定基础。另一方面,运用祖暅原理进行模型构建,类比迁移求解其他几何体的体积,有助于培养学生的探索精神、构造性思维和类比创新的能力,正如刘徽为了求球体体积公式构造了一个全新的几何体——牟合方盖。通过讲授祖暅原理,让学生理解刘徽的构造性思维和创新的思想以及祖暅的奇思妙想,对"创新"有更深一步的体会,也能激发学生在以后的求学道路上孜孜不倦求索的热情。

2. 学情分析

在学习几何体体积公式时,很多学生认为只要记住几何体的公式会计算解题即可,因此不太会花时间思考公式的来龙去脉,对于祖暅原理,更多的是理解其内容然后会套原理解题即可。甚至有学生认为祖暅原理属于类似"公理"的内容不要求证明或者其推导过程,跟高考没太大的关系,因此在复习阶段除了记忆中的公式,对其蕴含的数学思想毫无感觉,一旦遇到需要运用原理进行类比迁移解决问题时,无法进行空间想象与分析推理,甚至毫无思路、一筹莫展。

基于以上分析,笔者确定本专题复习教学的目标和重难点。

教学目标

(1)理解祖暅原理,会运用祖暅原理推导柱体、锥体、球的体积公式,并体会从特殊到一般的数学思想;

(2)在应用祖暅原理求几何体体积的过程中,学会类比推理,善于建构模型,体会转化与化归思想;

(3)在解决变式问题中自主探究、合作探究,培养创新的意识,提高探究能力。

教学重点　祖暅原理的理解及其运用。

教学难点　应用祖暅原理类比迁移、构建几何模型。

(二)教学过程

1. 紧扣难点、透析原理之本

师: 在上次学习质量检测中有道题,同学们的错误率非常高,这次专题复习课,我们围绕这个问题进行深度学习和研究。

问题　如图 7-22,有一个半径为 15 的半球,过球心 O 作底面的垂线 l,l 上有一点 O_1 满足 $O_1O=12$,过 O_1 作平行于底面的截面将半球分成两个几何体,求其中较大部分的体积。

师: 有一部分同学应该是只记得球的体积公式 $\frac{4}{3}\pi R^3$,遇到求其某一部分的体积茫然不知所措;还有一部分同学应该有点求球体积方法的印象,但不够精准因而算出来是错误的答案。这道题究竟该怎么求解?

生: 根据祖暅原理,可以构造一个如图 7-23 所示的底面半径和高都是 15 的圆柱挖

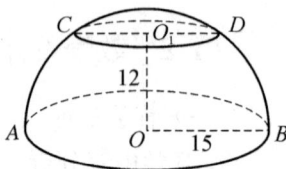

图 7-22

去一个圆锥的图形,所求的较大部分的体积应该是高为 12 的圆柱部分挖掉倒立的高为 12,底面半径为 12 的圆锥,即 $\pi \cdot 15^2 \cdot 12 - \dfrac{\pi \cdot 12^2}{3} \cdot 12 = 2\,124\pi$。

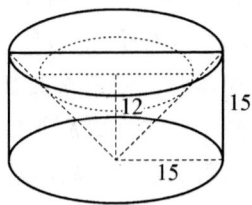

图 7-23

师: 从大家的错误答案可见,错误的原因要么是圆柱的高看错;要么是倒立的圆锥底面半径弄错。深究原因,还是没有弄清楚推导球体积公式的具体过程,因此我们非常需要再次探究明白祖暅原理的内涵究竟是什么。课前大家阅读了历史上祖暅原理的形成过程,请同学们讲一讲祖暅原理的推导过程并谈一谈自己阅读后的体会。

生: 祖暅先将构造出的牟合方盖平均分成八份,如图 7-24 所示,再构造如图 7-25 所示的小方锥,用平行于底面且距离下地面 h 的平面截两个几何体,所得阴影部分的面积 $S_1 = R^2 - (R^2 - h^2) = h^2$。显然,右边方锥截面的阴影部分面积为 $S_2 = h^2$,于是祖暅就从另外一个角度解决了牟合方盖的体积,而他也得出球的体积与牟合方盖的体积之比为 $\pi : 4$,从而可计算出球的体积公式。

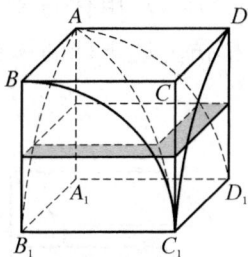

图 7-24

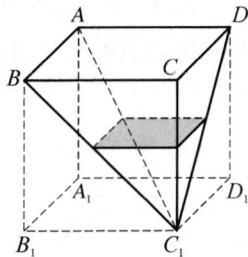

图 7-25

师: 从刘徽到祖暅,计算球的公式先后历经了两个多世纪,祖暅曾开心地说:"等数即密,心亦昭晰。张衡放旧,贻晰于后,刘徽循故,未暇校新,夫岂难哉? 抑未之思也。"实际上祖暅得此公式,跨越了从张衡到祖暅的四个多世纪,他也是站在前人的肩膀上大胆创新,将目光从"牟合方盖"转到"立方之内,方盖之外"的部分,转化了问题的矛盾,从而在刘徽的基础上完全解决球的体积公式,方法不可谓不巧妙。

生: 根据祖暅原理:夹在两个平行平面之间的两个几何体,被平行于这两个平面的任意平面所截,如果截得的两个截面的面积总相等,那么这两个几何体的体积相等。利用祖暅原理推导球的体积,就是要构建一个模型,使得两个平行平面间有一个"球"与另一个"几何体",被平行于这两个平行平面的任何平面所截,截得的两个截面的面积总相等,这样就可以将球的体积转化为这个几何体的体积了。

师: 这也正是在 1000 多年后的意大利,数学家卡瓦列里给出的思想方法的推导过程。他基于一个原理:线是由无穷多个点构成的,面是由无穷多条线构成的,体是由无穷多个平面构成的,点、线、面分别是线、面、体的不可分量。这与祖暅的"夫叠棋成立积,缘幂势既同,则积不容异"的数学思想不谋而合,也孕育了现代微积分的思想。具体推理过程,如图 7-26 所示,无论 K 处于何位置时,$FK^2 = OG^2 = GK^2 + OK^2 = GK^2 + HK^2 \Rightarrow \pi GK^2 = \pi FK^2 - \pi HK^2$ 始终成立,从而半球体积就是图中圆柱的体积与倒立的圆锥体积的差。实际上,问题 1 的解决正是卡瓦列里的推导球体积的中间的一个状态。只有明晰了该方法的本质,才能准确确定所取圆柱、圆锥的高和半径。

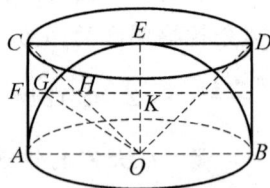

图 7-26 卡瓦列里推导球体积公式

【设计意图】基于日常学习中的疑难问题,引导学生深度思考解决问题的思想方法,搞清楚原理的基础上结合模型进行构造。同时穿插历史故事激发学生的研究兴趣,对原理的形成详细介绍,让学生了解到知识是经过问题、猜想、论证、检验、完善,一步一步成熟起来的,从中也可以感受到朴素的微积分思想,这样的教学思路更符合课程标准对数学文化的要求。

2. 变式情境、强化原理之用

师:为了进一步强化同学们对祖暅原理思想方法的理解和运用,我们在古人研究的问题情景上加以变式,请大家积极思考,勇于探究,在问题变式中提高解题能力。

变式 1:图 7-27 是一种四脚帐篷的简化示意图,其中曲线 AOC 和 BOD 均是以 1 为半径的半圆,平面 AOC 和平面 BOD 均垂直于平面 $ABCD$,用任意平行于帐篷底面 $ABCD$ 的平面截帐篷,所得截面四边形均为正方形。模仿上述半球的体积计算方法,试求该帐篷的体积。

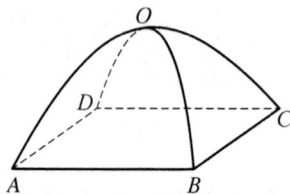

图 7-27

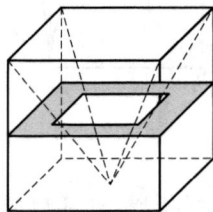

图 7-28

生:可以构造一个与帐篷同底等高的正四棱柱,从中挖去一个倒放的同底等高的正四棱锥(如图 7-28)。

生:依题意,正方形 $ABCD$ 的对角线长为 2,边长为 $\sqrt{2}$,由祖暅原理可知,帐篷的体积为 $V = V_{正四棱柱} - V_{正四棱锥} = \sqrt{2}^2 \cdot 1 - \frac{1}{3} \cdot \sqrt{2}^2 \cdot 1 = \frac{4}{3}$。

变式 2:如图 7-29 所示,有一个球形瓷碗,它可以看成半球的一部分,若瓷碗的直径为 8,高为 2,试利用祖暅原理求该球形瓷碗的体积。

图 7-29

生:我首先是想把瓷碗所在半球的半径找出来,为此补全这个半球,如图 7-30 所示,瓷碗是图中上方倒扣的部分,依题意有 $EK = 2$,$KP = 4$。设瓷碗所在球的半径为 R,则有 $(R-2)^2 + 4^2 = R^2$,得 $R = 5$。根据祖暅原理构造在以过球心的截面圆为底面圆，以 $R=5$ 为高的圆柱中挖去一个等底等高的圆锥，如图 7-31 所示，用距离底面为 h 的平行平面去截这个半球和圆柱，得瓷碗的截面圆半径 $r=\sqrt{5^2-(3+h)^2}$，面积为 $\pi[5^2-(3+h)^2]$，而圆环面积也为 $\pi[5^2-(3+h)^2]$，显然符合祖暅原理。故图中 $\odot K$ 与 $\odot O$ 之间部分几何体的体积 $V_1=$ 圆柱的体积 $-$ 圆锥的体积 $=\pi\times5^2\times3-\dfrac{1}{3}\times\pi\times3^2\times3=66\pi$，所以瓷碗的体积 $V_2=\dfrac{4}{3}\times\pi\times5^3\times\dfrac{1}{2}-V_1=\dfrac{52}{3}\pi$。

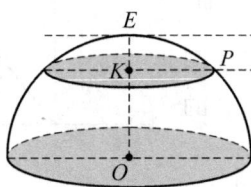
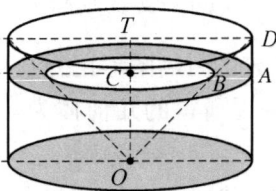

图 7-30　　　　　　　　　　图 7-31

【设计意图】基于"牟合方盖"和祖暅原理求球体积的情境变式，通过原理在现实中的应用，化"抽象"为"具体"，强化原理之用。

3. 类比推广，实现能力迁移

师：圆是最基本的圆锥曲线之一，球是由圆旋转而来的，类比联想圆锥曲线中的椭圆、双曲线、抛物线，大家可否提出新的问题？

生：椭圆、双曲线、抛物线围绕其对称轴旋转得到的几何体是什么？其体积该如何计算？

师：大家能不能模仿球的体积的求解方法去求这些几何体的体积？

变式 3：设由椭圆 $\dfrac{y^2}{a^2}+\dfrac{x^2}{b^2}=1(a>b>0)$ 所围成的平面图形绕轴旋转一周后，得一个橄榄状的几何体称为椭球体，如图 7-32 所示，请类比祖暅原理求球的体积公式的方法，求出该椭球体的体积。

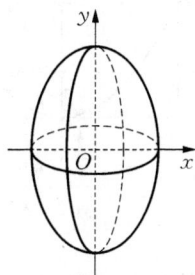
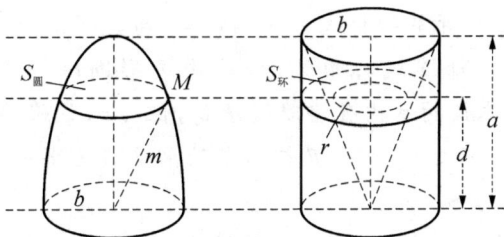

图 7-32　　　　　　　　　图 7-33

生：如图 7-33 所示，构造一个底面直径为短轴长 $2b$，与半椭球体等高为 a 的圆柱。用平行于底面且距离为 $d(0<d<a)$ 的平面截两个旋转体，得左边截面圆的面积

$S_1 = \pi a^2 \left(1 - \dfrac{d^2}{b^2}\right)$，右边所截得圆环的小圆半径 r 满足 $\dfrac{r}{b} = \dfrac{d}{a} \Rightarrow r = \dfrac{bd}{a}$，故圆环的面积

$S_2 = \pi a^2 - \pi r^2 = \pi a^2 \left(1 - \dfrac{d^2}{b^2}\right)$。

根据祖暅原理，$V_{半椭球} = V_{圆柱} - V_{圆锥} = \pi b^2 a - \dfrac{1}{3}\pi b^2 a$，故椭球的体积为 $\dfrac{4}{3}\pi b^2 a$。

变式 4：在平面直面坐标系内将双曲线 $\dfrac{x^2}{a^2} - \dfrac{y^2}{b^2} = 1$($x > 0$，$a > 0$，$b > 0$) 的一支及其渐近线 $y = \dfrac{bx}{a}$($x > 0$) 与 x 轴、直线 $y = b$ 围成的封闭图形记为 Ω，如图 7-34 所示，记 Ω 围绕 y 轴旋转一周所得的几何体为 δ，试利用祖暅原理求 δ 的体积。

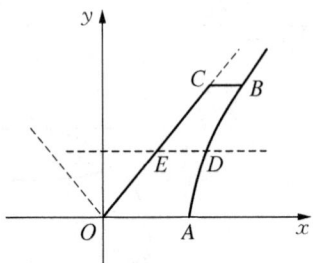

图 7-34

生：几何体 δ 的形状可以想象，但很难直接求出其体积。类比之前所用的方法，用一个平行于 x 轴的直线 $y = d$($0 < d < b$) 交封闭图形 Ω 于点 $D(x_1, d)$、$E(x_2, d)$，则 $x_1^2 = a^2\left(1 + \dfrac{d^2}{b^2}\right)$，$x_2^2 = \dfrac{a^2}{b^2}d^2$，故过点 $(0, d)$ 作几何体 δ 的水平截面得一个圆环，其面积为 $S_{截面} = \pi(x_1^2 - x_2^2) = \pi\left[a^2\left(1 + \dfrac{d^2}{b^2}\right) - \dfrac{a^2}{b^2}d^2\right] = \pi a^2$。根据祖暅原理，几何体 δ 的体积等于一个以 πa^2 为底面积，以 b 为高的柱体的体积，即 $V_\delta = \pi a^2 b$。

变式 5：设满足不等式组 $\begin{cases} x^2 - 4y \geqslant 0, \\ |x| \leqslant 4, \\ y \geqslant 0 \end{cases}$ 的点 (x, y) 组成的图形绕 y 轴旋转 $180°$，所得几何体 δ 的体积为 V，利用祖暅原理求 V。

生：满足不等式组 $\begin{cases} x^2 - 4y \geqslant 0, \\ |x| \leqslant 4, \\ y \geqslant 0 \end{cases}$ 的点组成的图形为

如图 7-35 所示的抛物线 $x^2 - 4y = 0$ 与直线 $x = 4$、$x = -4$ 以及 x 轴围成的曲边形，该曲边形围绕 y 轴旋转 $180°$，几何体 δ 的结构有些难说清楚，但类比之前的方法，过点 $(0, d)$($0 < d < 4$) 作几何体 δ 的水平截面得一个圆环面，其面积为 $S_0 = \pi(4^2 - 4d)$。

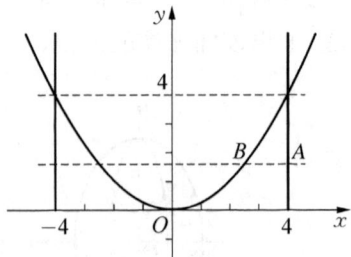

图 7-35

师：接下来就很困惑了！关键是如何构造几何体模型呢？构造的准则是什么呢？

生：构造的准则是同高的平面截得的截面面积相同。

师：构造一个怎样的几何体能被同高的水平截面截得的截面是 $S_0 = \pi(4^2 - 4d)$ 相等？这是最大的难点，大家好好讨论一下。

生：在一个半径为 4 的半球中挖掉一个半径为 2 的球得几何体 δ_1，过两个球的公共直径作垂直的截面得如图 7-36 所示的截面图。

过点 $(0, d)$ $(0 < d < 4)$ 作该几何体的水平截面得一个圆环面，其面积为 $S_1 = \pi(16 - d^2) - \pi[4 - (d-2)^2] = \pi(16 - 4d)$。根据祖暅原理，几何体 δ_1 与 δ 的体积相等，即 $V = \dfrac{2}{3}\pi \cdot 4^3 - \dfrac{4}{3}\pi \cdot 2^3 = 32\pi$。

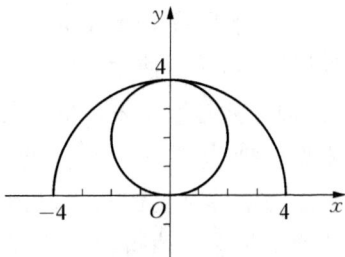

图 7-36

【设计意图】从球是由圆旋转而来的旋转体，类比联想椭圆、双曲线、抛物线旋转而得的几何体的体积，不断变式，提出新的问题，通过立体几何和解析几何知识间的结合与交汇的实践，实现研究问题的系统化和网络化。在自主提出问题解决问题的过程中，突出立体几何的等积变换，强化对祖暅原理的理解，有效锻炼了学生类比迁移、构建模型的能力，考查了学生的理解与转化能力，使学生的思维更深刻，更具有创造性。

4. 课堂小结

师：祖暅原理实际上就是定积分思想的一种呈现，我们今天从练习中的一道易错题出发，追溯解决该问题的思想之源，又通过问题的不断变式，强化了原理之用，下面请同学们谈一谈你们的感受，今天的课都有哪些收获？有什么启发？

生：通过课前学习材料阅读和课堂中祖暅原理由来形成的详细介绍，我深入了解到"祖暅原理"的真正内涵，这是只是数学解题所无法获得的。

生：我看到了刘徽的那种求实创新而不踵古的治学精神，祖暅为了彻底解决球体积公式一定付出了极大的才智和艰辛的劳动，对同一个问题历经四个多世纪的研究，反映出人类对真理的不懈追求，以及前人的钻研探索精神。处于当今日新月异的时代的我们，更要有这种可贵的学习品质，在求学道路上孜孜以求，不断探索，不断创新。

生：我学会了求积过程中的"化未知为已知""从特殊到一般"的数学思想，掌握"割补法""等体积法"等数学方法。运用祖暅原理进行几何体模型的构建充满着空间想象与情境转化的困难，但非常值得我们大胆挑战和积极创造。

7.2.3　教学反思

在几何教学中，重要的不仅是几何知识的获取量，而且是学生几何思维的历练与能力的提高，是学生直观想象、逻辑推理等数学核心素养的提升。本次专题复习课以一道易错题的求解为切入点，带领学生了解数学家发现数学结论时所蕴含的探索精神，体会到创造过程中的数学的"活"的思维，领悟数学创新过程。围绕体积问题，通过问题变式逐层递进，从"尝试—猜想—观察—分析—总结—应用"，运用了圆柱挖掉圆锥，棱柱挖掉棱锥等解题技巧，体现了"化难为易""空间问题平面化"的转化思想，引导学生突破了学习难点，发展了数学思维，有效帮助学生类比、构造、转化、极限等数学思想的形成，为后续进入大学学习深造打下了坚实的基础。

波利亚(George Polya)认为,数学发现是一种技巧,发现的能力可以通过灵活的教学加以培养,从而使学生们领会发现的原则并付诸实践。而高中数学复习教学中的"一题多变"训练就是数学发现的演习,学生解题活动中的探索性思维与数学家从事研究活动的探索性思维,本质上是相通的。正因为这样,有关数学家创造性思维活动过程的历史记录,就成为培养学生创新意识、创新能力和探索精神的好教材。因此融入数学史进行解题变式教学是非常值得尝试且有价值的教学行为。

7.2.4 巩固练习

1. 南北朝时期的伟大数学家祖暅在数学上有突出贡献,他在实践的基础上提出祖暅原理:"幂势既同,则积不容异"。其含义是:夹在两个平行平面之间的两个几何体,被平行于这两个平行平面的任意平面所截,如果截得两个截面的面积总相等,那么这两个几何体的体积相等。若夹在两个平行平面之间的两个几何体的体积分别为 V_1、V_2,被平行于这两个平面的任意平面截的两个截面面积分别为 S_1、S_2,则命题 p:"V_1、V_2 相等"是命题 q:"S_1、S_2 总相等"的(　　　)。

A. 充分不必要条件　　　　　　　　B. 必要不充分条件
C. 充要条件　　　　　　　　　　　　D. 既不充分也不必要条件

【答案】B

2. 牟合方盖是由我国古代数学家刘徽首先发现并采用的一种用于计算球体体积的方法,类似于微元法。由于其采用的模型像一个牟合的方形盒子(如图 7 - 37),故称为牟合方盖。当一正方体用圆柱从纵横两侧面作内切圆柱体时,两圆柱体的公共部分就是牟合方盖。结合祖暅原理以及球的体积的推导方法,利用所学几何体的体积,可推得棱长为 2 的正方体内的牟合方盖的体积是_____。

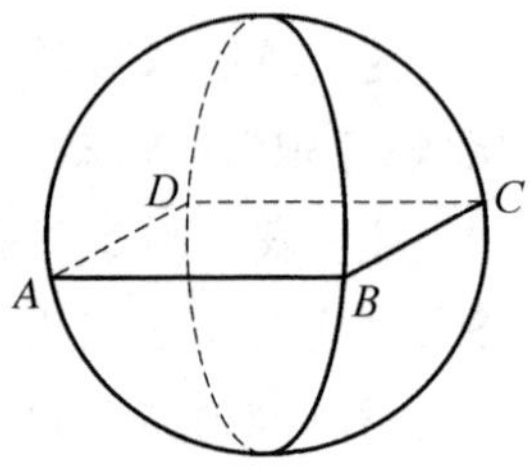

图 7 - 37

【解析】在高度 h 处的截面用平行于正方体上下底面的平面去截,记截得两圆柱体公共部分所得面积为 S_1,截得正方体所得面积为 S_2,截得锥体所得面积为 S_3,可得 $S_1 = R^2 - h^2$,$S_2 = R^2$,$S_3 = h^2$,$S_2 - S_1 = S_3$,故 $V = 1 - \dfrac{1}{3} = \dfrac{2}{3}$。所以该牟合方盖的体积为 $8V = 8 \times \dfrac{2}{3} = \dfrac{16}{3}$。

3. 如图 7 - 38,在圆柱 O_1O_2 内有一个球 O,该球与圆柱的上、下底面及母线均相切。记圆柱 O_1O_2 的体积为 V_1,球 O 的体积为 V_2,则 $\dfrac{V_1}{V_2}$ 的值是_____。

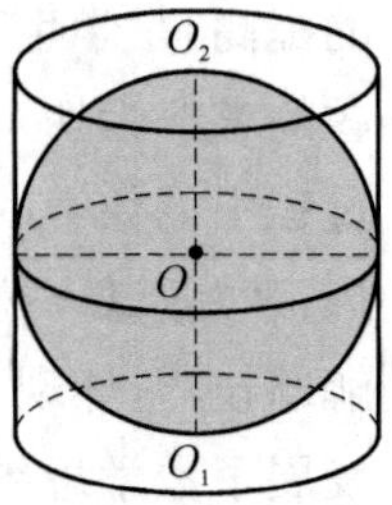

图 7 - 38

【解析】$V_1 = \pi r^2 \cdot 2r = 2\pi r^3$,$V_2 = \dfrac{4}{3}\pi r^3$,可得 $\dfrac{V_1}{V_2} = \dfrac{3}{2}$。

4. 现介绍用祖暅原理求球体体积公式的做法:可构造一个底面半

径和高都与球半径相等的圆柱,然后在圆柱内挖去一个以圆柱下底面圆心为顶点,圆柱上底面为底面的圆锥,用这样一个几何体与半球应用祖暅原理(见图 7 - 39),即可求得球的体积公式。祖暅原理也可用来求其他旋转体的体积。请研究和理解球的体积公式求法的基础上,解答以下问题:已知椭圆的标准方程为 $\dfrac{x^2}{4}+\dfrac{y^2}{25}=1$,将此椭圆绕 y 轴旋转一周后,得一橄榄状的几何体(如图 7 - 40),求其体积。

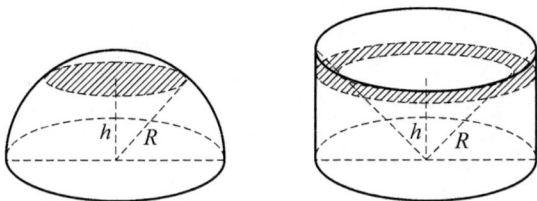
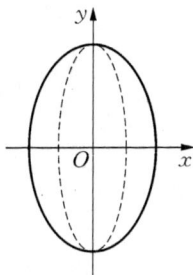

图 7 - 39　　　　　　　　　　　　图 7 - 40

【解析】椭圆的长半轴为 5,短半轴为 2,现构造一个底面半径为 2,高为 5 的圆柱,然后在圆柱内挖去一个以圆柱下底面圆心为顶点,圆柱上底面为底面的圆锥,根据祖暅原理得出椭球的体积为 $V=2(V_{圆柱}-V_{圆锥})=2\left(\pi\cdot2^2\cdot5-\dfrac{1}{3}\pi\cdot2^2\cdot5\right)=\dfrac{80\pi}{3}$。

5. 在 xOy 平面上,将两个半圆弧 $(x-1)^2+y^2=1(x\geqslant1)$ 和 $(x-3)^2+y^2=1(x\geqslant3)$、两条直线 $y=1$ 和 $y=-1$ 围成的封闭图形记为 D,如图 7 - 41 中阴影部分。记 D 绕 y 轴旋转一周而成的几何体为 Ω,过 $(0,y)(|y|\leqslant1)$ 作 Ω 的水平截面,所得截面面积为 $4\pi\sqrt{1-y^2}+8\pi$,试利用祖暅原理、一个平放的圆柱和一个长方体,得出 Ω 的体积为_____。

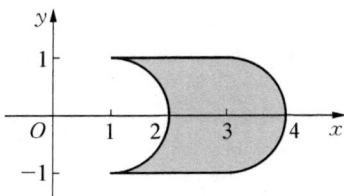

图 7 - 41

【解析】根据提示,一个半径为 1,高为 2π 的圆柱平放,一个高为 2,底面面积 8π 的长方体,这两个几何体与 Ω 放在一起,根据祖暅原理,每个平行水平面的截面面积都相等,故它们的体积相等,即 Ω 的体积为 $\pi\cdot1^2\cdot2\pi+2\cdot8\pi=2\pi^2+16\pi$。

第 8 章

以史启智：数学史融入能力探究课

疑今者，
察之古不知来者，
视之往，
万事之生也，
异趣而同归，
古今一也。

——管子《管子·形势》

数学问题、数学猜想和探究是数学发展的力量源泉,是数学文化的一个重要组成部分。早在20世纪50年代,美国芝加哥大学施瓦布(J. Schwab)教授在"教育现代化运动"中就提出了"探究式教学"(inquiry-based teaching)理论,积极倡导学生应当像科学家一样去发现问题、分析问题和解决问题,并在探究的过程中建构知识。研究与实践表明,在数学教学中开展探究活动有助于增强学生数学学习的动机,促进学生对数学的理解,同时也有助于培养学生更加积极的数学学习态度和数学信念,加强数学与生活、数学与社会之间的联系。另外,充分重视问题探究式学习,能更好促进学生的深度学习,也能充分锻炼学生逻辑推理核心素养,即从一些事实和命题出发,对数学对象进行逻辑性思考,依据一定的规则推出其他命题的素养。数学建模则是对现实问题进行数学抽象,用数学知识分析问题、用数学语言表达问题、用数学方法建构模型从而解决问题的过程。数学建模构建了数学与外部世界的桥梁,是数学应用和数学探究的重要形式,也是推动数学发展的动力。

2003年颁布的《普通高中数学课程标准》将"数学探究"列为贯穿于整个高中数学课程始终的重要内容之一。2017年颁布的《普通高中数学课程标准》仍将"数学探究"作为一条内容主线贯穿于整个高中数学课程中,并明确指出:"教师要把教学活动的重心放在促进学生学会学习上,积极探索有利于促进学生学习的多样化教学方式,不能仅限于讲授与练习,也包括学生阅读自学、独立思考、动手实践、自主探索、合作交流等。"同时要求数学建模以不同的形式渗透于必修和选修课程中,教师要积极探索数学建模教学实施策略与方法,为学生数学学习以及学生终生发展营造更为宽广的空间。而课程标准中仍将"数学探究"作为很重要的内容。

目前学术界不乏关于数学探究式教学的理论探讨,一般而言,数学探究式教学有以下几个成分:

(1) 学生对于数学主题(如概念、方法或问题)相关的可能结果进行预测;

(2) 在没有教师指导的情况下,学生围绕主题进行自由探究;

(3) 教师通过提问或特定的探究任务,引导学生进行聚焦式探究,探究需要铺垫,这种铺垫利于引导而不去干扰学生的独立思维;

(4) 数学主题的应用;

(5) 对学生的学习进行比较、评价和反思;

(6) 将主题拓展至其他情境或相关主题。

美国哥伦比亚大学的西格尔(M. Siegel)教授早在1998年就提出了数学探究式教学的四阶段模式,该模式涵盖了数学探究式教学的所有上述成分,被广泛应用于有关数学探究的研究中,具体关系见图8-1。

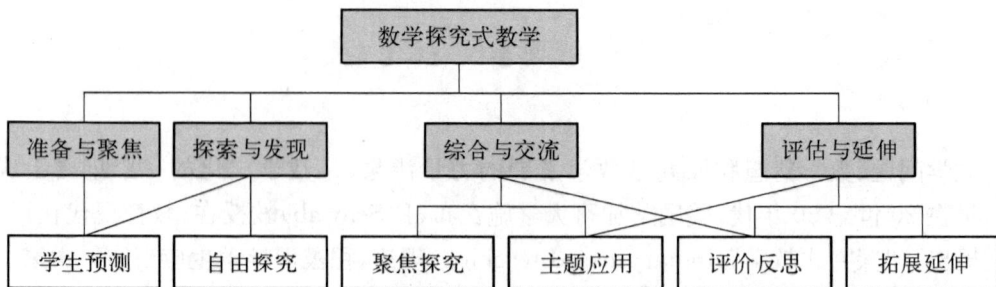

图 8-1 数学探究式教学四阶段与相应任务

教学中教师应着力于引导,培养学生在探究中"明思路""找出路"的能力,在参与中学习、在体验中感悟、在实践中提升,切实提高学生的数学核心素养。

以下是四个阶段所涉及的具体活动。

(1)准备与聚焦:教师对活动进行介绍,唤起学生的初始想法,激发学生的学习动机,激活所探究主题的知识基础,并且挑战学生的原始想法,将学生的注意力聚焦在需要讨论的课题上,确定问题与探究的方向。

(2)探索与发现:教师鼓励学生猜想、分析、推理与试验,并经讨论后获得初步的结果。

(3)综合与交流:教师协助学生进行讨论,借由辨析、论证、研讨的过程,获得最后结果,在此过程中,学生阐述自己的想法(如运用表格、图形、证明等),回应他人的意见,教师适时引导或帮助学生得出结论。

(4)评估与延伸:教师整理、归纳学生的数学发现,对学生的学习进行比较、评价和反思。

福韦尔在总结数学史的教育价值时指出,数学史为学生提供了探究机会。还有一些数学家则指出,通过数学史,教师可以理解"做数学"的创造性过程,认识到数学是一门不断演进、人性化的学科,而非僵化的真理系统,可以帮助教师建立动态的数学观。这种动态的数学观,正是数学探究学习的认识论基础。

实际上,一个数学主题的发生和发展过程,往往就是前人解决问题的探索和研究过程,因而数学历史本身为数学探究式教学提供了参照。笔者基于以上理论研究,又在实践中大胆尝试,开发教学案例,在课前给学生布置历史数学名题,思考研究,教师精心进行教学设计、课堂实施中班级分组,以学生为主体,鼓励学生积极思考、合作交流与讨论。此外,笔者还在教学后反思:选择什么样的数学名题? 如何在教学中围绕名题设计探究活动? 数学史在探究活动中起到了什么作用? 如何在探索过程中,将数学的理性思维力量发挥到极致? 在教学中融入数学名题,通过揭示名题背景、欣赏名题之美、探究名题解法、品味名题思维、领悟名题智慧等,引导学生探索事物之间的关联,探究数学与实际生活的联系,帮助学生形成重论据、有条理、合乎逻辑的思维品质。

8.1 基于特殊数列的探究

8.1.1 教学分析

1. 教学内容分析

历史上与自然数相关的问题和猜想格外引人注意,且对人类文明的发展起到了巨大的推动作用。高考数学中,数列相关的规律性猜想较为常见。为了充分锻炼学生观察分析、归纳猜想、推理论证的能力,两节课分别以"斐波那契数列""角谷猜想"为引例,在罗列和分析数据过程中发现规律,进而分析、思考并解决问题,体验对数列中规律性问题的探究方法,锻炼学生优秀的思维品质,培养学生良好的数学运算、逻辑推理等数学核心素养。

2. 学情分析

本次授课对象为有一定数列知识基础的学生,在掌握了数列概念并能解决常规数列问题的基础上,需进一步锻炼分析数列问题的能力,提升运用数列知识解决综合问题的能力。

教学目标

(1) 能根据数列的递推关系进行逻辑推理,或者通过罗列数列的项,分析并大胆猜想其规律,进而运用规律分析解决问题;

(2) 经历"斐波那契数列""角谷猜想"相关数据的观察、归纳、猜想的学习过程,体验规律性猜想和推理论证的探究过程,掌握分析规律性数列问题的一般方法;

(3) 通过观察、归纳、猜想的方法,提高探究的能力,培养逻辑推理、归纳推理、合情推理等数学推理能力。

教学重点 观察、分析、归纳,大胆猜想,小心论证的数学研究方法。

教学难点 基于数字规律进行合情推理,进而大胆猜想并应用。

教学方式 课前思考探究、课堂交流讨论,学生主体、教师个性化指导。

8.1.2 教学过程

1. 挖掘背景,拓展思维

师: 大自然有着各种规律性现象或者美的对象,比如庞加莱所说的"各部分和谐的秩序",又如有爱因斯坦所言"一幅简化的和易领悟的世界图像",这些都涉及自然界的规律或者事物的共性特征,而数学则是丈量这些规律和特征最有力而有效的尺度,我们所做的就是开发自己的大脑,运用好数学这个工具,开展创造性地探究活动,发现并研究规律。

课前我们阅读了两个非常经典的数列的相关材料。一个是斐波那契数列,它满足:

$$\begin{cases} a_1 = 1, \ a_2 = 1, \\ a_{n+1} = a_n + a_{n-1}, \ n \geqslant 2, \ n \in \mathbf{N}^*。 \end{cases}$$

该数列与美丽的螺旋曲线有深刻的联系,它有许多美妙的性质,比如两个相邻的斐波那契数的比值的极限为黄金分割数,这与大自然的某些规律非常吻合。

另一个是由德国数学家克拉茨提出的角谷猜想:任给一个正整数 n,若 n 是偶数,就将它减半;若 n 是奇数,则将它乘 3 加 1,不断重复这样的运算,经过有限步后,一定可以得到 1。这两个数列还有哪些性质呢?你们还会遇到哪些与这两个数列相关的问题呢?能否提出你们自己更有创意的问题并给出相应的解决方法呢?

2. 设置情境,问题探究

课前我们把班级分为四个小组,分别选择一个或一组问题,基于学习过的数列知识,围绕数列通项、前 n 项和、递推关系等方面深入思考,展开探究,这节课请各数学小组一起交流各自探究的问题、探究过程中存在的困惑,以及探究的成果,充分体验分析问题的过程,着力提高解决问题的能力。

情境 1:斐波那契数列 $\begin{cases} a_1=1,\ a_2=1, \\ a_{n+1}=a_n+a_{n-1},\ n\geq 2,\ n\in \mathbf{N}^*。 \end{cases}$ 其直观图如图 8-2。

问题 1 设 $S_n=a_1+a_2+\cdots+a_n$,$T_n=a_1^2+a_2^2+\cdots+a_n^2$,猜想并论证以下三个命题:

(1) $a_{n+2}^2-a_{n+1}^2=a_{n+3}\cdot a_n$; (2) $S_n=a_{n+2}-1$;
(3) $T_{n+1}=a_{n+1}^2+a_{n+1}\cdot a_n$。

生:由 $a_{n+2}=a_{n+1}+a_n(n\in \mathbf{N}^*)$,得 $a_{n+3}=a_{n+2}+a_{n+1}$,且 $a_n=a_{n+2}-a_{n+1}$,所以 $a_{n+2}^2-a_{n+1}^2=a_{n+3}\cdot a_n$。

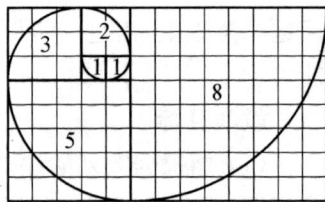

图 8-2

师:这个推导过程看似简单,但其实很有趣味哦!正向、逆向用到斐波那契数列的概念,一个是拆分的思路,另一个是合并的思路,用这个方法我们还可以发现其他的规律。

生:$S_n=a_1+a_2+\cdots+a_n=(a_3-a_2)+(a_4-a_3)+\cdots+(a_{n+2}-a_{n+1})=a_{n+2}-a_2=a_{n+2}-1$。

生:由 $a_{n+1}=a_{n+2}-a_n$,得 $a_{n+1}^2=a_{n+2}a_{n+1}-a_{n+1}a_n$,又 $a_1=1$,$a_2=1$,所以 $a_1^2=a_2a_1$,$a_2^2=a_3a_2-a_2a_1$,$a_3^2=a_4a_3-a_3a_2$,$\cdots$,$a_{n+1}^2=a_{n+2}a_{n+1}-a_{n+1}a_n$,得 $T_{n+1}=a_1^2+a_2^2+\cdots+a_{n+1}^2=a_{n+2}a_{n+1}=a_{n+1}(a_{n+1}+a_n)=a_{n+1}^2+a_{n+1}\cdot a_n$。

师:同学们能自己大胆提出其他结论吗?

生:我推导出两个关于通项的结论:$a_{2n}=a_1+a_3+\cdots+a_{2n-1}$;$a_{2n+1}-a_2=a_2+a_4+\cdots+a_{2n}$。

生:前面这个公式可以用合并的思路,$a_1+a_3+\cdots+a_{2n-1}=a_2+a_3+a_5+\cdots+a_{2n-1}=a_4+a_5+\cdots+a_{2n-1}=\cdots=a_6+a_7+\cdots+a_{2n-1}=a_{2n}$。

生:后面这个可以用拆分的思路,$a_2+a_4+\cdots+a_{2n}=a_2+a_2+a_3+a_4+a_5+\cdots+a_{2n-2}+a_{2n-1}=S_{2n-1}=a_{2n+1}-a_2$。

师:这位同学的思考很深入,方法恰到好处。斐波那契数列真是一个很神奇的数列,同学们课后可以进一步探究和交流。

问题 2　探求斐波那契数列 $\begin{cases} a_1=1,\ a_2=1, \\ a_{n+1}=a_n+a_{n-1},\ n\geq 2,\ n\in \mathbf{N}^* \end{cases}$ 的通项公式。

生：我们尝试用构造等比数列的方法求通项公式。

由 $a_{n+1}=a_n+a_{n-1}$，可设 $a_{n+1}+pa_n=q(a_n+pa_{n-1})$。

由 $\begin{cases} a_1=1,\ a_2=1, \\ a_{n+1}=a_n+a_{n-1},\ n\geq 2,\ n\in \mathbf{N}^* \end{cases}$ 可知，斐波那契数列是各项为正数的严格递

增数列，故 $p>0$，$q>1$，$pq=1$，$q-p=1$，解得 $\begin{cases} p=\dfrac{\sqrt{5}-1}{2}, \\ q=\dfrac{\sqrt{5}+1}{2}, \end{cases}$ 则有 $a_{n+1}+\dfrac{\sqrt{5}-1}{2}a_n=$

$\dfrac{\sqrt{5}+1}{2}\left(a_n+\dfrac{\sqrt{5}-1}{2}a_{n-1}\right)$，于是数列 $\left\{a_{n+1}+\dfrac{\sqrt{5}-1}{2}a_n\right\}$ 是以 $a_2+\dfrac{\sqrt{5}-1}{2}a_1=$

$\dfrac{\sqrt{5}+1}{2}$ 为首项，以 $\dfrac{\sqrt{5}+1}{2}$ 为公比的等比数列，因此 $a_{n+1}+\dfrac{\sqrt{5}-1}{2}a_n=\left(\dfrac{\sqrt{5}+1}{2}\right)^n$。

进一步构造等比数列：$a_{n+1}+x\left(\dfrac{\sqrt{5}+1}{2}\right)^{n+1}=-\left(\dfrac{\sqrt{5}-1}{2}\right)\left[a_n+x\left(\dfrac{\sqrt{5}+1}{2}\right)^n\right]$，

且满足 $a_{n+1}+\dfrac{\sqrt{5}-1}{2}a_n=\left(\dfrac{\sqrt{5}+1}{2}\right)^n$，联立两个式子得 $x=-\dfrac{1}{\sqrt{5}}$，于是得数列

$\left\{a_n+\left(-\dfrac{1}{\sqrt{5}}\right)\left(\dfrac{\sqrt{5}+1}{2}\right)^n\right\}$ 是以 $\dfrac{-\sqrt{5}+1}{2}$ 为公比，以 $1-\dfrac{1}{\sqrt{5}}\cdot\dfrac{\sqrt{5}+1}{2}=\dfrac{5-\sqrt{5}}{10}$ 为首项

的等比数列，所以 $a_n+\left(-\dfrac{1}{\sqrt{5}}\right)\left(\dfrac{\sqrt{5}+1}{2}\right)^n=\dfrac{5-\sqrt{5}}{10}\left(\dfrac{1-\sqrt{5}}{2}\right)^{n-1}$，

因此 $a_n=\dfrac{1}{\sqrt{5}}\left[\left(\dfrac{\sqrt{5}+1}{2}\right)^n-\left(\dfrac{1-\sqrt{5}}{2}\right)^n\right]$。

师：这一组同学通过两次构造等比数列，推导它的通项公式，非常不容易！大家有没有发现，这个通项公式很神奇？

生：我也觉得非常吃惊，因为斐波那契数列的每一项都是整数，但它的通项公式却是用无理数来表示的。

问题 3　探求斐波那契数列 $\begin{cases} a_1=1,\ a_2=1, \\ a_{n+1}=a_n+a_{n-1},\ n\geq 2,\ n\in \mathbf{N}^* \end{cases}$ 的每一项与其后

一项比值的变化规律。

师：斐波那契数列的递推关系看起来相当简单，但却深藏奥秘，它的奥秘究竟何在呢？请跟随我班第 3 小组的同学们一起探究吧！

生：我们通过计算器运算一组数，现用表 8-1 列出。

表 8-1　斐波那契数列每一项与其前一项之比值

n	a_n	a_{n+1}	$\dfrac{a_n}{a_{n+1}}$
1	1	1	1
2	1	2	0.5
3	2	3	0.666 666 666 7
4	3	5	0.6
5	5	8	0.625
6	8	13	0.615 384 615 4
7	13	21	0.619 047 619
8	21	34	0.617 647 058 8
9	34	55	0.618 181 818 2
10	55	89	0.617 977 528 1
11	89	144	0.618 055 555 56
12	144	233	0.618 025 751 1
...	...	...	...

生：我们惊奇地发现，从第 11 行开始，所得的比值与黄金分割数非常接近，所以我们大胆猜想，难道随着 n 的增大，斐波那契数列的每一项与前一项的比值会有极限值吗？而这个极限值是否是黄金分割数呢？

生：我们大胆猜想并尝试推理发现：

$a_{n+1}=a_n+a_{n-1}\Rightarrow\dfrac{a_{n+1}}{a_n}=1+\dfrac{a_{n-1}}{a_n}$，当 n 无穷大时，$\dfrac{a_{n-1}}{a_n}$ 无限趋近于一个常数，即

$\lim\limits_{n\to\infty}\dfrac{a_{n-1}}{a_n}=x$，则有 $\dfrac{1}{x}=1+x$，$0<x<1\Rightarrow1=x+x^2\Rightarrow x=\dfrac{\sqrt{5}-1}{2}$，这就说明，当 n 无

穷大时，$\dfrac{a_{n-1}}{a_n}$ 无限趋近于一个常数，而这个常数正是黄金分割比。

师：斐波那契数列及其性质告诉我们，数学是一种语言，人们借助这种语言能够很好地认识、理解和表达现实世界中的那些具有共性的、具有规律性的东西。用数学的语言刻画大自然规律性的美，简洁的数学表达展现了世界的普适性。

【设计意图】基于具体的数学文化背景，借助斐波那契数列，引导学生在课前深入思考数列具有的性质，重点是代数演绎推理的过程和结论。考查了数列的递推关系，数列的

通项与求和、数列极限等相关知识的应用，对锻炼学生的数学抽象，严谨的逻辑推理能力大有裨益。

情境 2：角谷猜想

角谷猜想是由德国数学家克拉茨提出的，这个问题是：任给一个正整数 n，若 n 是偶数，就将它减半；若 n 是奇数，则将它乘 3 加 1，不断重复这样的运算，经过有限步后，一定可以得到 1，如：3，10，5，16，8，4，2，1。后来，日本人角谷静夫把它带到亚洲，人们就把它叫做角谷猜想。其实叫它冰雹猜想更形象、更恰当。顾名思义，从自然现象——冰雹的形成谈起。冰雹来自对流特别旺盛的对流云（积雨云），云中的上升气流要比一般雷雨云强，小冰雹是小水滴在高空中受到上升气流的推动，在云层中忽上忽下，越积越大并形成冰，最后突然落下来形成的。角谷猜想也是这样，算来算去，数字上上下下，最后一下子像冰雹似的掉下来，变成数字"1"。

如"9"，历经 19 个回合变成了 1，过程如下：9，28，14，7，22，11，34，17，52，26，13，40，20，10，5，16，8，4，2，1；若 n 是 2 的正整数方幂，则不论这个数字多么庞大，它将"一落千丈"，很快变成 1，如：$2^{16}=65\,536$，接下来是 32 768，16 384，8 192，4 096，2 048，1 024，512，256，128，64，32，16，8，4，2，1，进入"4，2，1"的循环圈。

师：课前我们以角谷猜想为情境，给同学们布置了探究任务，任务的重点是由同学们自己提出问题，并用所学知识解决问题，最好还可以变式迁移，提出创新问题。接下来请同学们以数学共赢小组为单位交流讨论。

生：我们小组通过改变条件，以问题链的形式自编了以下问题。

问题 4 已知数列 $\{a_n\}$ 的各项均为正整数，其前 n 项和 S_n，设 $a_{n+1}=\begin{cases}\dfrac{a_n}{2}, & a_n \text{ 为偶数}, \\ 3a_n+1, & a_n \text{ 为奇数}。\end{cases}$

(1) 若 $a_1=16$ 则 S_{2023} 的值为 _____；

(2) 若 $a_1=26$，则 S_{2023} 的值为 _____；

(3) 若 $S_3=29$，则 S_{2023} 的值为 _____。

生：(1) 若 $a_1=16$，则 $a_1=16$，$a_2=8$，$a_3=4$，$a_4=2$，$a_5=1$，之后每三项以"4，2，1"为周期循环取值。所以 $S_{2023}=a_1+a_2+673\times(4+2+1)+4+2=4\,741$。

生：(2) 若 $a_1=26$，则 $a_2=13$，$a_3=40$，$a_4=20$，$a_5=10$，$a_6=5$，$a_7=16$，$a_8=8$，$a_9=4$，$a_{10}=2$，$a_{11}=1$，之后每三项以"4，2，1"为周期循环取值。

所以 $S_{2023}=(26+13+40+20+10+5+16+8+4+2)+671\times(4+2+1)=4\,841$。

生：(3) 若 a_1 为偶数，则：

① 当 $\dfrac{a_1}{2}$ 为偶数时，$S_3=a_1+\dfrac{a_1}{2}+\dfrac{a_1}{4}=29$，得 a_1 不是自然数，舍去。

② 当 $\dfrac{a_1}{2}$ 为奇数时，$S_3=a_1+\dfrac{a_1}{2}+\dfrac{3}{2}a_1+1=29$，得 $a_1=\dfrac{28}{3}$ 不是偶数，舍去。

若 a_1 为奇数,则 $3a_1+1$ 是偶数,故 $S_3=a_1+3a_1+1+\dfrac{3a_1+1}{2}=29$,得 $a_1=5$。

进一步罗列分析得该数列的项为 $5,16,8,4,2,1,4,2,1,4,2,1,\cdots$。从第四项开始以"$4,2,1$"为顺序每三项周期循环。所以 $S_{2\,023}=(5+16+8+4)+673\times(4+2+1)=4\,744$。

师:第(1)(2)问是基于首项,根据分段数列的形式,计算、罗列、观察、分析规律,然后计算前 $2\,023$ 项的和;第(3)问打破顺推模式,而是创造性地逆向设置已知条件,根据数列的递推公式,运用分类讨论的思想方法,在推理中运算,又在运算中推理,再论证结论的正确性,这一问对我们的推理论证与运算能力是一个非常好的锻炼。

生:我们改变题目条件中的系数,将该问题进行变式。

3. 变式探究,内化提升

变式 1:已知数列 $\{a_n\}$ 的各项均为正整数,当 $n=1,2,3,\cdots$ 时,

$$a_{n+1}=\begin{cases}\dfrac{a_n}{2^k},a_n\text{ 为偶数},\\[2mm] 3a_n+5,a_n\text{ 为奇数},\end{cases}\qquad \text{其中 } k \text{ 为使 } a_{n+1} \text{ 为奇数的最大正整数。}$$

(1)当 $a_1=11$ 时,求第 100 项 a_{100} 的值;

(2)若 $m\in\mathbf{N}^*$,当 $n>m$ 且 a_n 为奇数时,a_n 恒为常数 p,求这个常数 p 的值。

生:问题可以这样解决:

(1)罗列数列的项,寻找规律:$11,38,19,62,31,98,49,152,19,62,31,\cdots$,发现从第 9 项开始以数 $19,62,31,98,49,152$ 为顺序周期循环,从而 $a_{100}=62$。

(2)对于这道题,可能一开始会不知道题目什么意思,我们不妨先举几个例子试试看,比如首项若为 1,则数列为:$1,8,1,8,1,8,\cdots$,发现是符合题意;再写几个:$2,1,8,1,8,\cdots$;$3,14,7,26,13,44,11,38,19,62,\cdots$。于是思考,题目中的数学符号究竟表达什么意思,实际上题意是指当 n 足够大时,为奇数 p 的这一项生成的下一项是偶数,而再生成的下一项又必须是 p,于是得等量关系:$\dfrac{3p+5}{2^k}=p\Rightarrow(2^k-3)a_n=5\Rightarrow\begin{cases}2^k-3=1,\\a_n=5\end{cases}$ 或 $\begin{cases}2^k-3=5,\\a_n=1,\end{cases}$ 故 $p=1$ 或 5。

师:改变角谷猜想分段数列的相关系数,问题会变得更加复杂,但只要会分析并抓住该数列的规律,问题也能迎刃而解。

变式 2:若数列 $\{a_n\}$ 满足:存在正整数 T,对于任意正整数 n 都有 $a_{n+T}=a_n$ 成立,则称数列 $\{a_n\}$ 为周期数列,周期为 T。已知数列 $\{a_n\}$ 满足 $a_1=m$ ($m>0$),$a_{n+1}=\begin{cases}a_n-1,a_n>1,\\[1mm]\dfrac{1}{a_n},0<a_n\leqslant 1。\end{cases}$ 现有以下结论:① 若 $m=\dfrac{4}{5}$,则 $a_5=3$;② 若 $a_3=2$,则 m 可以取 3 个不同的值;③ 若 $m=\sqrt{2}$,则 $\{a_n\}$ 是周期为 3 的数列;④ 存在 $m\in\mathbf{Q}$ 且 $m\geqslant 2$,数列 $\{a_n\}$

是周期数列。其中,正确结论的序号是_____(写出所有正确结论的序号)。

生:根据递推关系和已知条件进行分析。

① 若 $m = \frac{4}{5}$,则数列为 $\frac{4}{5}$, $\frac{5}{4}$, $\frac{1}{4}$, 4, 3, 2, 1, 1, 1, 1, …,故 $a_5 = 3$,正确。

② 若 $a_3 = 2$,则 $a_2 = 4$ 时,$a_1 = 5$ 或 $\frac{1}{4}$;$a_2 = \frac{1}{2}$ 时,$a_1 = 2$,m 可以取 3 个不同的值,正确。

③ 若 $m = \sqrt{2}$,则 $\{a_n\}$ 以"$\sqrt{2}$, $\sqrt{2}-1$, $\sqrt{2}+1$"为顺序周期循环,是周期为 3 的数列,正确。

④ 存在 $m \in \mathbf{Q}$ 且 $m \geqslant 2$,数列 $\{a_n\}$ 的最后所有项都是 1,而前面若干项不是 1,错误。

故答案为①②③。

【设计意图】通过斐波那契数列的性质探究,深刻体会到了严谨的代数逻辑推理能力的重要性,这种推理论证往往能帮助我们发现新的结论。而借助角谷猜想这个典型的数列,学生又充分体验了从数列首项开始罗列,观察、分析数列的变化规律,并运用规律解决问题的过程。这既加强了数列的递推关系,周期性等相关知识的应用,又在探究过程锻炼了我们的数学直觉,归纳推理与合情推理能力。

4. 课堂小结

围绕历史上的名题,经过课前的准备与探究,课堂上的讨论与交流,大家在分析和解决数列问题上会有新的收获,无论"顺推"还是"逆推",方法的核心在于抓住数列的特征,进行演绎推理、归纳推理或合情推理,力求推理过程朴实无华、自然流畅,达到解题返璞归真的境界。请同学们以后能有意识地继续加强这方面的思考和探究。

8.1.3 教学反思

围绕数学历史命题开展数学探究活动,首先基于已有的认知初步构建对知识概念的理解,在此基础上提出问题确定探究的目标,与学生一起经历发现、辨析、推理和探究,实现弗赖登塔尔(H. Freudenthal,1905—1990)所倡导的"有指导的再创造"。然后,通过师生以及学生之间的交流与综合,进行更进一步的深入研究,实现历史与现实的精彩交锋,感悟数学的历史,并获得跨越历史的成就感,体悟了"探究之乐"。因此,数学史是沟通历史与现实的一座桥梁,基于数学史的数学探究活动,乃是实施"再创造"的有效途径,也是HPM 视角下数学教学的显著特点之一。

8.1.4 巩固练习

1. 分形几何学是美籍法国数学家伯努瓦·B·曼德尔布罗特在 20 世纪 70 年代创立的一门新学科,它的创立,为解决传统科学众多领域的难题提供了全新的思路。图 8 - 3 是按照一定的分形规律生长成一个数形图,则第 13 行的实心圆点的个数是_____。

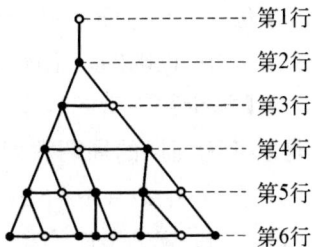

图 8 - 3

【解析】罗列前 5 行的圆点个数,发现其规律是每一行的黑

点个数是前两行黑点个数之和,这个规律就是斐波那契数列,根据其递推关系式

$$\begin{cases} a_1 = 1, a_2 = 1, \\ a_{n+1} = a_n + a_{n-1}, n \geqslant 2, n \in \mathbf{N}^*, \end{cases}$$ 得第13行的实心圆点的个数是144。

2. 已知 $f(x) = \dfrac{1}{1+x}$,各项均为正数的数列 $\{a_n\}$ 满足 $a_1 = \dfrac{1}{2}$,$a_{n+2} = f(a_n)$,若 $a_{2020} = a_{2022}$,则 $a_{10} + a_7 = $ _____。

【解析】$a_{2020} = a_{2022} \Rightarrow a_{2022} = \dfrac{1}{a_{2020}+1} = a_{2020} \Rightarrow a_{2020} = \dfrac{\sqrt{5}-1}{2} \Rightarrow a_{2n} = \dfrac{\sqrt{5}-1}{2}$ $(n \in \mathbf{N}^*)$。

$a_1 = \dfrac{1}{2}$,$a_{n+2} = f(a_n) \Rightarrow a_3 = \dfrac{2}{3}$,$a_5 = \dfrac{3}{5}$,$a_7 = \dfrac{5}{8}$,则 $a_{10} + a_7 = \dfrac{4\sqrt{5}+1}{8}$。

3. 用 n 个不同的实数 a_1,a_2,$\cdots$,a_n 可得到 $n!$ 个不同的排列,每个排列为一行写成一个 $n!$ 行的数阵。对第 i 行 a_{i1},a_{i2},$\cdots$,a_{in},记 $b_i = -a_{i1} + 2a_{i2} - 3a_{i3} + \cdots + (-1)^n n a_{in}$,$i = 1, 2, 3, \cdots, n!$。例如:用1,2,3可得如图8-4所示的数阵,由于此数阵中每一列各数之和都是12,所以 $b_1 + b_2 + \cdots + b_6 = -12 + 2 \times 12 - 3 \times 12 = -24$,那么在用1,2,3,4,5形成的数阵中,$b_1 + b_2 + \cdots + b_{120} = $ _____。

1	2	3
1	3	2
2	1	3
2	3	1
3	1	2
3	2	1

图 8 - 4

【解析】本题给出了一种数列整体求和的新方法,读懂意图,计算就容易,从3变到5,需思考哪些量发生了变化。由题意可知,数阵中行数 $5! = 120$,在1,2,3,4,5形成的数阵中,每一列各数字之和都是 $\dfrac{5!}{5} \times (1+2+3+4+5) = 360$。所以 $b_1 + b_2 + \cdots + b_{120} = 360 \times (-1+2-3+4-5) = -1080$。

4. 意大利著名数学家斐波那契在研究兔子的繁殖问题时,发现有这样的一列数:1,1,2,3,5,8,$\cdots$,该数列的特点如下:前两个数均为1,从第三个数起,每一个数都等于它前面两个数的和,人们把这样的一列数组成的数列 $\{a_n\}$ 称为斐波那契数列。现将 $\{a_n\}$ 中的各项除以4所得余数按原顺序构成的数列记为 $\{b_n\}$。现有下列四个结论:

① $b_{2023} = 1$;

② $a_1 + a_2 + \cdots + a_{2021} = a_{2022} - 1$;

③ $b_1 + b_2 + b_3 + \cdots + b_{2023} = 2694$;

④ $a_1^2 + a_2^2 + a_3^2 + \cdots + a_{2021}^2 = a_{2021} a_{2022}$。

其中,正确的结论序号是 _____。

【解析】① $b_1 = 1$,$b_2 = 1$,$b_3 = 2$,$b_4 = 3$,$b_5 = 1$,$b_6 = 0$,$b_7 = 1$,$b_8 = 1$,$\cdots$,数列 $\{b_n\}$ 是以6为周期的周期数列,故 $b_{2023} = b_1 = 1$,故①正确。

② $a_1 + a_2 + \cdots + a_{2021} = (a_3 - a_2) + (a_4 - a_3) + (a_5 - a_4) + \cdots + (a_{2023} - a_{2022}) = a_{2023} - 1$,故②错误。

③ $b_1 + b_2 + b_3 + b_4 + b_5 + b_6 = 8$,$b_1 + b_2 + \cdots + b_{2023} = 337 \times 8 + 1 = 2697$,故

③错误。

④ $a_1^2 + a_2^2 + a_3^2 + \cdots + a_{2\,021}^2 = a_1 a_2 + a_2^2 + a_3^2 + \cdots + a_{2\,021}^2 = a_2(a_1 + a_2) + a_3^2 + \cdots + a_{2\,021}^2 = a_2(a_1 + a_2) + a_3^2 + \cdots + a_{2\,021}^2 = a_2 a_3 + a_3^2 + \cdots + a_{2\,021}^2 = a_{2\,021} a_{2\,022}$，故④正确。

5. 已知以 a 为首项的数列 $\{a_n\}$ 满足：$a_{n+1} = \begin{cases} a_n - 3, & a_n > 3, \\ 2a_n, & a_n \leqslant 3. \end{cases}$

(1) 若 $0 < a_n \leqslant 6$，求证：$0 < a_{n+1} \leqslant 6$；

(2) 若 $a, k \in \mathbf{N}^*$，求使 $a_{n+k} = a_n$ 对任意正整数 n 都成立的 k 与 a；

(3) 若 $a = \dfrac{3}{2^m - 1}(m \in \mathbf{N}^*)$，试求数列 $\{a_n\}$ 的前 m 项的和 S_m。

【解析】(1) 当 $a_n \in (0, 3]$ 时，$a_{n+1} = 2a_n \in (0, 6]$；

当 $a_n \in (3, 6]$ 时，$a_{n+1} = a_n - 3 \in (0, 3]$，故 $a_{n+1} \in (0, 6]$。

所以当 $0 < a_n \leqslant 6$ 时，总有 $0 < a_{n+1} \leqslant 6$。

(2) ① 当 $a = 1$ 时，$a_2 = 2$，$a_3 = 4$，$a_4 = 1$，故满足题意的 $k = 3t$，$t \in \mathbf{N}^*$。

同理可得，当 $a = 2$ 或 4 时，满足题意的 $k = 3t$，$t \in \mathbf{N}^*$。

当 $a = 3$ 或 6 时，满足题意的 $k = 2t$，$t \in \mathbf{N}^*$。

② 当 $a = 5$ 时，$a_2 = 2$，$a_3 = 4$，$a_4 = 1$，故满足题意的 k 不存在。

③ 当 $a \geqslant 7$ 时，由(1)知，满足题意的 k 不存在。

综上所述，当 $a = 1, 2, 4$ 时，满足题意的 $k = 3t$，$t \in \mathbf{N}^*$；当 $a = 3, 6$ 时，满足题意的 $k = 2t$，$t \in \mathbf{N}^*$；当 $a \geqslant 7$ 时，由(1)知，满足题意的 k 不存在。

(3) 当 $m = 1$ 时，$a = \dfrac{3}{2 - 1} = 3$，于是 $S_m = S_1 = 3$；

当 $m = 2$ 时，$a = \dfrac{3}{2^2 - 1} = 1$，$a_1 = 1$，$a_2 = 2a_1 = 2$，于是 $S_m = S_2 = 1 + 2 = 3$；

当 $m = 3$ 时，$a = \dfrac{3}{2^3 - 1}$，$a_1 = a$，$a_2 = 2a = \dfrac{2 \times 3}{2^3 - 1} < 3$，$a_3 = 2a_2 = 2^2 a$，于是 $S_m = S_3 = \dfrac{a(1 - 2^3)}{1 - 2} = \dfrac{3}{2^3 - 1} \times \dfrac{1 - 2^3}{1 - 2} = 3$。

于是，猜测对任意 m，$\{a_n\}$ 是等比数列(其中 $n \leqslant m$)，$S_m = 3$ 恒成立。

要证明 $\{a_n\}$ 是等比数列，只需证明当 $1 < k \leqslant m$ 时，$2a_k \leqslant 3$，于是 $a_{k+1} = 2a_k$。

证明如下：

由 $m \in \mathbf{N}^*$，可得 $2^m - 1 \geqslant 1$，故 $a = \dfrac{3}{2^m - 1} \leqslant 3$。

当 $1 < k \leqslant m\ (k \in \mathbf{N}^*)$ 时，$2^{k-1} a \leqslant \dfrac{3 \times 2^{m-1}}{2^m - 1} = \dfrac{3 \times 2^{m-1}}{2^{m-1} + (2^{m-1} - 1)} < \dfrac{3 \times 2^{m-1}}{2^{m-1}} = 3$。

于是 $a_k = 2^{k-1} a\ (k = 1, 2, \cdots, m)$，所以 $S_m = a_1 + a_2 + \cdots + a_m = (1 + 2 + \cdots + 2^{m-1})a = (2^m - 1)a = 3$。

综上所述，$\{a_n\}$ 的前 m 项和为 3。

8.2 基于米勒问题的数学建模与探究

8.2.1 教学分析

1. 教学内容分析

以历史上的米勒问题及其解决方法为背景,以现实生活中的足球射门问题为切口,引导学生从情境中挖掘出隐含的米勒问题模型,大胆提出问题,并尝试用米勒问题的求解思路探究复杂的情境问题。引导学生学会如何基于一个实际生活情境不断发现和探究,基于数学问题引发思考、基于思考促进探究、基于探究推动拓展和应用,积极开展数学建模活动。

2. 学情分析

本次授课对象为有一定三角、平面几何和平面解析几何知识基础的学生。日常解题中,学生往往是被动解决呈现在面前的问题,提出问题不够积极主动和大胆,用掌握的数学基本知识和方法构建模型分析和解决实际问题的经验还需要积累、能力还需要锻炼、思维瓶颈还需要突破,对数学建模活动没有足够的热情和信心。本次建模探究活动,就是以提升学生解决综合问题的能力为主旨开展的。

基于以上分析,确定本专题复习课的教学目标和教学重难点。

教学目标

(1)了解米勒问题,掌握解决米勒问题的方法;

(2)用米勒模型探究足球射门问题,体会数学建模的思想与方法;

(3)通过米勒问题的历史背景提高学生人文素养,通过问题探究培养数学建模素养。

教学重点 基于米勒问题解决模型和足球射门问题,从数学的视角发现问题、提出问题,分析问题、构建模型,探究结论。

教学难点 探究问题的提出与解决。

8.2.2 教学过程

1. 挖掘背景,拓展思维

师:数学史上有许多凝聚着前人智慧的问题,很值得我们去研究和学习。1471年,德国数学家米勒提出了一个十分有趣的问题:在地球表面的什么部位,一根垂直的悬杆呈现最长?即在地球上什么部位,可视角最大?抽象成数学问题:如图8-5所示,线段 AB 垂直于直线 EF,垂足为 O,在直线 EF 上任选 C,使得 $\angle ACB$ 的值最大,求此时点 C 的位置。

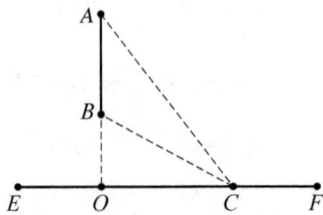

图 8-5

生：用两角差的三角公式解决。设 $OC=x$，$OB=b$，$OA=c$，则 $\tan\angle ACB=$

$$\tan(\angle ACO-\angle BCO)=\frac{\dfrac{c}{x}-\dfrac{b}{x}}{1+\dfrac{bc}{x^2}}=\frac{c-b}{x+\dfrac{bc}{x}}。$$

由 $x+\dfrac{bc}{x}\geq 2\sqrt{bc}$，当且仅当 $x=\sqrt{bc}$ 时等号成立。

师：古代数学家是如何解决这个问题的呢？下面给出数学家洛尔施的几何解法：

如图 8-6 所示，作出经过 A、B 与地面相切的圆 C，由对称性，不妨设切点 C 在点 O 的右侧，设点 C' 是点 O 右侧异于点 C 的任意一点，则点 C' 必在圆外。连接 AC' 与圆 C 相交于点 D，连接 BC'，由圆的性质得 $\angle ACB=\angle ADB>\angle AC'B$，可见 $\angle ACB$ 最大的点正是圆 C 与地面的切点。

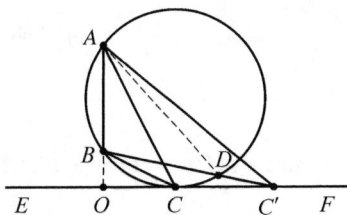

图 8-6

师：米勒问题是数学史上记录的第一个极值问题，其问题模型与求解方法，对我们实际生活中问题的解决有何启发呢？我们以沪教 2020 版必修第二册第 7 章探究与实践"球门的张角问题"为切入口，请同学们大胆提出问题、分析问题、建立数学模型进行探究。

【设计意图】探究实际问题前，让学生先了解数学史"题源"背景和相应的解法，为后面数学建模与解模打好基础。

2. 实际情境，理想模型

师：如图 8-7 所示，某国际标准足球场长 105 米、宽 68 米、球门宽 7.32 米，当足球运动员沿边路带球突破，距底线多远处射球门，对球门所张的角最大（保留两位小数）？即当足球运动员带球突破时，距离底线多远处，射门命中率较高？一种比较直观的标准就是，运动员看球门的张角越大，命中率越高。除此之外，还需要考虑哪些因素？我们需要建立数学模型研究。

图 8-7

师：由于实际比赛场上，影响进球的因素太多且随机性也比较大，因此我们假设是在条件可控的足球训练场研究如何提升射门命中率。接下来需要大家讨论情境的假设条件。

生：首先要将实际情境数学模型化，即把足球看成是一个质点，足球场视为长 105 米、宽 68 米的矩形，球门视为一条宽为 7.32 米的线段。

生：足球运动的轨迹与地面平行，射门时没有对手进行防守；忽略足球运动员的技术水平以及训练场地的硬件设施条件的影响，风力阻力等自然因素不计。

生：运球速度等对射门命中率也没有影响。

师：大家考虑还比较周全，提出的假设条件也比较合理。接下来我们还要能大胆提问、细心解决。

3. 数学建模,问题探究

问题 1 若在边线 DD_1 上运球射门,什么位置最佳?

生:如图 8-8 所示,以 AB 中点为原点,CD 为 y 轴,AB 的中垂线为 x 轴建立平面直角坐标系,则 $A(0, 3.66)$、$B(0, -3.66)$、$C(0, -34)$、$D(0, 34)$。

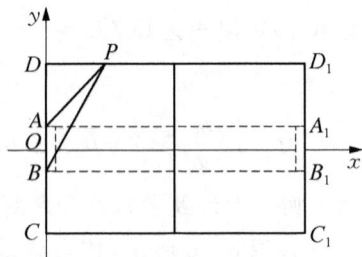

图 8-8

设 $P(x, 34)$,则 $\angle APB = \angle DPB - \angle DPA$,$k_{PB} = \dfrac{37.66}{x}$,$k_{PA} = \dfrac{30.34}{x}$,利用两角差的正切公式得

$$\tan\angle APB = \tan(\angle DPB - \angle DPA) = \frac{\dfrac{37.66}{x} - \dfrac{30.34}{x}}{1 + \dfrac{37.66}{x} \cdot \dfrac{30.34}{x}} = \frac{7.32}{x + \dfrac{1\,142.604\,4}{x}}°$$

因为 $x + \dfrac{1\,142.604\,4}{x} \geqslant 2\sqrt{1\,142.604\,4} = 67.61$,当且仅当 $x = \sqrt{1\,142.604\,4} = 33.80$ 时,等号成立,所以 $(\tan\angle APB)_{max} = \dfrac{7.32}{2\sqrt{1\,142.604\,4}} = 0.11$,即 $\angle APB$ 的最大值为 $\arctan 0.11$。

师:这个问题其实还有很多解法,比如用平面几何向量、余弦定理、正弦定理等,都可以得出答案,大家可以课后尝试一题多解。

问题 2 如图 8-9 所示,若在任意的平行于边线的线段 EE_1 上运球(即 P 点的纵坐标设为 t 保持不变),则哪一点为最佳射门点?

生:① 在区域 ABB_1A_1 内平行于边线运球时,显然离门越近球门视角越大,命中率越大。

② 在区域 ADD_1A_1 以及区域 CBB_1C_1 内运球时,设 $P(x, t)(t$ 为参数$)$,则 $k_{PA} = \dfrac{t - 3.66}{x}$,$k_{PB} = \dfrac{t + 3.66}{x}$,所

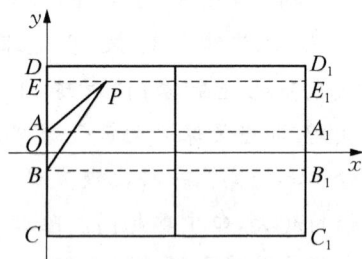

图 8-9

以 $\tan\angle APB = \dfrac{\dfrac{t + 3.66}{x} - \dfrac{t - 3.66}{x}}{1 + \dfrac{t - 3.66}{x} \cdot \dfrac{t + 3.66}{x}} = \dfrac{7.32}{x + \dfrac{t^2 - 13.40}{x}}°$

因为 t 不变,所以 $x + \dfrac{t^2 - 13.40}{x} \geqslant 2\sqrt{t^2 - 13.40}$,当且仅当 $x = \sqrt{t^2 - 13.40}$ 时,等号成立,此时射门命中率最大。

问题 3 问题 2 中的最佳射门点的轨迹方程是什么?有没有什么规律即轨迹有什

么特征？它是何种曲线？

生：由问题 2 的解决,可得最佳射门点的坐标满足 $\begin{cases} x=\sqrt{t^2-13.40}, \\ y=t. \end{cases}$

消去 t 得 $x=\sqrt{(y+3.66)\cdot(y-3.66)}$ $(3.66<|y|\leqslant 34)$, 即 $y^2-x^2=13.40$ $(3.66<|y|\leqslant 34)$。

此即为在区域 ADD_1A_1 及区域 CBB_1C_1 内平行于边线运球时的最佳射门点的轨迹方程。

这是一个以实轴长为 7.32,虚轴长为 7.32,焦点为 $(0，\pm 5.18)$ 的等轴双曲线的一部分。

如图 8-10 所示,其上的任意一点 P 的实际意义为:在平行于边线的 EE_1 上运球,当运到点 P 时射门此时的命中率最大。而所有这些最佳射门位置点的集合就如图 8-10 所示的双曲线。

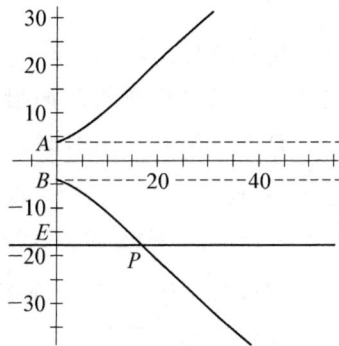

图 8-10

问题 4 足球场上的 M 点射门,哪些位置点与 M 点处的射门命中率相同? 它们的位置有什么关系?

生：根据同弧所对的圆周角相等,故与点 A、B、M 共圆的点的射门命中率相同,如图 8-11 所示。

师：根据问题 4 给出定义:

足球场上点 P 的射门等效线:点 A、B、P 确定的圆在足球场内的圆弧上任意一点所对应的圆周角相等,因此射门命中率相同,我们把该圆弧称为点 P 的射门等效线,等效线上每一点为射门等效点。

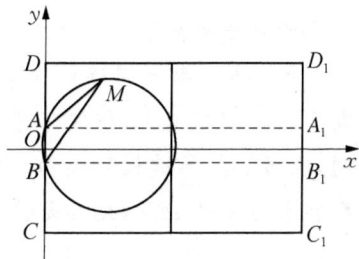

图 8-11

问题 5 能否根据以上定义,写出一个等效线的曲线方程,并给出所有射门等效线的统一方程形式?

生：比如方程 $(x-1)^2+y^2=17$ 是一个等效线的曲线方程,而所有的射门等效线方程可统一为 $(x-a)^2+y^2=a^2+16(-34\leqslant y\leqslant 34, x>0, a$ 为参数)。

师：等效线是层层包含的,内一层总比外一层效果要好一些。通过以上分析可以转变一些人的错误认识:以为离球门越近射门越好。可见,判断命中率大小主要应依据其所在的射门等效线的内外包含关系,即圆的位置关系。

4. 变式探究,能力提升

问题 6 (1)利用射门等效线的规律,如何找出当平行于底线运球时,什么位置对应 $\angle APB$ 最大?

(2)上一问题中的最佳射门点的轨迹方程是什么?

生：(1)如图 8-12,利用射门等效线,在平行于底线的 FF_1 上运球时,在任意不同于线段 FF_1 与 x 轴的交点 Q 和点 P 处,显然 $\angle AQB>\angle APB$,即点 Q 处的射门

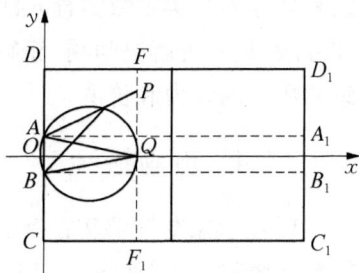

图 8-12

命中率最大。

（2）所有这些最佳点的轨迹方程为：$y=0(0<x\leqslant 105)$，显然是一条去掉左端点的线段。

问题 7 观察问题 6 中的射门最佳点 Q，显然它恰好为其所在的射门等效线（圆）与线段 FF_1 相切所得的切点，那么类比该结论猜想并证明问题 1 中是否也有类似的结论成立，为什么？

生：猜想：双曲线 $y^2-x^2=13.40(3.66<|y|\leqslant 34)$ 上任意一点 P 即为过点 P 且平行于边线的线段与点 P 的射门等效线的切点。

证明：如图 8-13，设该双曲线上任意点 P 的坐标为 $(\sqrt{t^2-13.40},t)$，点 P 的射门等效线的方程为：$(x-a)^2+y^2=a^2+13.40(-40\leqslant y\leqslant 40,x>0,a$ 为参数），则由圆心 $(a,0)$ 到点 P 的距离为半径，得 $\sqrt{a^2+13.40}=\sqrt{(\sqrt{t^2-13.40}-a)^2+t^2}\Rightarrow(t^2-13.40)-a\sqrt{t^2-13.40}=0\Rightarrow a=\sqrt{t^2-13.40}$。可见，过点 P 的半径垂直于直线 EP 或 $\sqrt{t^2-13.40}=0$（舍）。

故猜想成立。

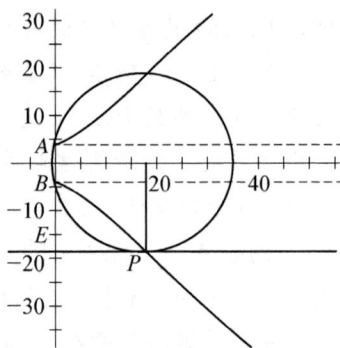

图 8-13

师：本专题复习课以数学史上的一道数学名题——米勒问题为问题蓝本，研究了米勒问题的求解方法，基于此探索了足球射门最佳射门点问题，经历了数学建模解模的一般过程。课后同学们可以继续关注米勒问题的数学模型在数学学习中的应用，尤其是要懂得挖掘隐含在问题情境中的米勒问题模型解决问题。

8.2.3 教学反思

数学复习课的核心是提高学生的思维能力，深挖历史背景为学生创造探究的机会，基于原有的现实问题，对其进行分析并建立数学的模型，基于所学习的数学知识，对数学模型进行解答，继而解决实际问题，是值得尝试的教学策略。这种学习方式不仅能够实现建模能力的提升，还可以将数学文化知识传递给学生。要做到这一点，就需要教师在教学中，有效地整合教材、数学史素材、现实生活情境，为学生提供有价值的学习主题、基本线索和具体内容实施数学育人活动，进而助力学生从单纯学习知识和方法，到实现解决问题、获得数学活动经验、提升能力和素养、感知数学的魅力和价值。

8.2.4 巩固练习

1. 数学家斐波那契在其所著《计算之书》中，记有"二鸟饮泉"问题，题意如下："如图 8-14，两塔相距＊＊步，高分别为＊＊步和＊＊步。两塔间有喷泉，塔顶各有一鸟。两鸟同时自塔顶出

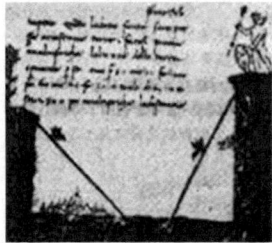

图 8-14

发,沿直线飞往喷泉,同时抵达(假设两鸟速度相同),求两塔与喷泉中心之距。"

如图 8 - 15,现有两塔 AC、BD,底部 A、B 相距 12 米,塔 AC 高 3 米,塔 BD 高 9 米。假设塔与地面垂直,小鸟飞行路线与两塔在同一竖直平面内。

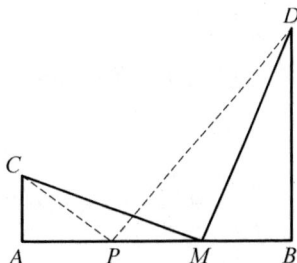

(1) 若如《计算之书》所述,有飞行速度相同的两鸟,同时从塔顶出发,同时抵达喷泉所在点 M,分别求喷泉 M 对塔顶 C、D 仰角 $\angle AMC$、$\angle BMD$ 的大小;

(2) 若塔底 A、B 之间为喷泉形成的宽阔的水面,一只小鸟从塔顶 C 出发,飞抵水面 A、B 之间的某点 P 处饮水,求当小鸟在 A、B 之间的饮水点 P 观察塔顶 C、D 的张角 $\angle CPD$ 达到最大时,饮水点 P 到塔底 A 的距离,并求 $\angle CPD$ 的最大值。

图 8 - 15

【解析】(1) 依题意 $MC = MD$,$\triangle ACM \cong \triangle BMD$,则 $AM = 9$,$BM = 3$,$\angle AMC = \arctan \dfrac{1}{3}$,$\angle BMD = \arctan 3$。

(2) 设饮水点 P 到塔底 A 的距离为 $x(0 < x < 12)$,则 $\angle AMC = \alpha$,$\angle BMD = \beta$,

$\tan \alpha = \dfrac{3}{x}$,$\tan \beta = \dfrac{9}{12-x}$,所以 $\tan(\alpha + \beta) = \dfrac{\dfrac{3}{x} + \dfrac{9}{12-x}}{1 - \dfrac{3}{x} \cdot \dfrac{9}{12-x}} = \dfrac{6(6+x)}{-x^2 + 12x - 27}$。令 $t = 6 + x(6 < t < 18)$,则 $\tan(\alpha + \beta) = \dfrac{6t}{-t^2 + 24t - 135} = \dfrac{6}{24 - \left(t + \dfrac{135}{t}\right)} \geqslant 4 + \sqrt{15}$,得

$\angle CPD \leqslant \pi - \arctan(4 + \sqrt{15})$,当且仅当 $x = 3\sqrt{15} - 6$ 时等号成立。

所以,$\angle CPD$ 的最大值为 $\pi - \arctan(4 + \sqrt{15})$,此时饮水点 P 到塔底 A 的距离为 $|3\sqrt{15} - 12 - (-6)| = 3\sqrt{15} - 6$。

2. 如图 8 - 16,某班级墙上有一壁画,最高点 A 离地面 4 米,最低点 B 离地面 2 米,某同学从距离墙 $x(x > 1)$ 米,离地面高 $a(1 \leqslant a \leqslant 2)$ 米的 C 处观赏该壁画,设观赏视角 $\angle ACB = \theta$。

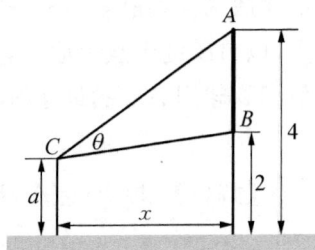

(1) 若 $a = 1.5$ 米,问该同学离墙多远时,视角 θ 最大;

(2) 若 $\tan \theta = \dfrac{1}{2}$,当 a 变化时,求 x 的取值范围。

图 8 - 16

【解析】(1) 当 $a = 1.5$ 时,过 C 作 AB 的垂线,垂足为 D,则 $BD = 0.5$,且 $\theta = \angle ACD - \angle BCD$,由已知观察者离墙 x 米,且 $x > 1$,则 $\tan \angle BCD = \dfrac{0.5}{x}$,$\tan \angle ACD = \dfrac{2.5}{x}$。

所以 $\tan\theta=\tan(\angle ACD-\angle BCD)=\dfrac{\dfrac{2.5}{x}-\dfrac{0.5}{x}}{1+\dfrac{2.5\times0.5}{x^2}}=\dfrac{\dfrac{2}{x}}{1+\dfrac{1.25}{x^2}}=\dfrac{2}{x+\dfrac{1.25}{x}}\leqslant$

$\dfrac{2}{2\sqrt{\dfrac{5}{4}}}=\dfrac{2\sqrt5}{5}$，当且仅当 $x=\dfrac{\sqrt5}{2}>1$ 时取等号。

又因为 $\tan\theta$ 在 $\left(0,\dfrac{\pi}{2}\right)$ 上单调递增，所以当观察者离墙 $\dfrac{\sqrt5}{2}$ 米时，视角 θ 最大。

（2）由题意得，$\tan\angle BCD=\dfrac{2-a}{x}$，$\tan\angle ACD=\dfrac{4-a}{x}$。又 $\tan\theta=\dfrac{1}{2}$，得 $\tan\theta=$

$\tan(\angle ACD-\angle BCD)=\dfrac{2x}{x^2+(a-2)\cdot(a-4)}=\dfrac{1}{2}$，所以 $a^2-6a+8=-x^2+4x$。

当 $1\leqslant a\leqslant2$ 时，$0\leqslant a^2-6a+8\leqslant3$，所以 $0\leqslant-x^2+4x\leqslant3$，即 $\begin{cases}x^2-4x\leqslant0,\\x^2-4x+3\geqslant0,\end{cases}$

解得 $0\leqslant x\leqslant1$ 或 $3\leqslant x\leqslant4$。

又因为 $x>1$，所以 $3\leqslant x\leqslant4$，即 x 的取值范围为 $[3,4]$。

3. 现有一长为 100 码、宽为 80 码，球门宽为 8 码的矩形足球运动场地，如图 8-17 所示，其中 CD 是足球场地边线所在的直线，球门 AB 处于所在直线的正中间位置。足球运动员（将其看作点 P）在运动场上观察球门的角 $\angle APB$ 称为视角。

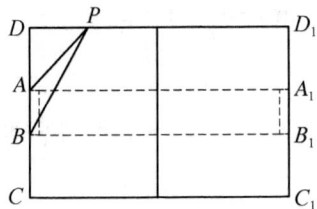

图 8-17

（1）当运动员带球沿着边线 DD_1 奔跑时，设 P 到底线的距离为 $PD=x$ 码，试求当 x 为何值时 $\angle APB$ 最大？

（2）理论研究和实践经验表明：张角 $\angle APB$ 越大，射门命中率就越大。现假定运动员在球场都是沿着垂直于底线的方向向底线运球，运动到视角最大的位置即为最佳射门点，以 AB 的中点为原点建立如图 8-18 所示的直角坐标系，求在球场区域 ADD_1A_1 内射门到球门 AB 的最佳射门点的轨迹。

【解析】（1）$\tan\angle APB=\tan(\angle DPB-\angle DPA)=\dfrac{\dfrac{44}{x}-\dfrac{36}{x}}{1+\dfrac{44}{x}\cdot\dfrac{36}{x}}=\dfrac{8}{x+\dfrac{44\cdot36}{x}}(0<$

$x<100)$。

因为 $x+\dfrac{44\times36}{x}\geqslant2\sqrt{44\times36}$，当且仅当 $x=12\sqrt{11}$ 时，等号成立，所以 $y_{\max}=$

$\dfrac{8}{2\times12\sqrt{11}}=\dfrac{\sqrt{11}}{33}$。

（2）如图 8-18 所示，以 AB 中点为原点，CD 为 y 轴，AB 的中垂线为 x 轴建立平面直角坐标系，则 $A(0, 4)$、$B(0, -4)$、$C(0, -40)$、$D(0, 40)$。在区域 ADD_1A_1 内，设 $P(x, t)$（$t > 4$），则

$$\tan\angle APB = \frac{\dfrac{t+4}{x} - \dfrac{t-4}{x}}{1 + \dfrac{t-4}{x} \cdot \dfrac{t+4}{x}} = \frac{8}{x + \dfrac{t^2-16}{x}}°$$

因为 t 不变，$x + \dfrac{t^2-16}{x} \geqslant 2\sqrt{t^2-16}$，当且仅当

$x = \sqrt{t^2-16}$ 时，等号成立，此时射门命中率最大，所

以最佳射门点的坐标满足 $\begin{cases} x = \sqrt{t^2-16}, \\ y = t, \end{cases}$ 消去 t 得 $x = \sqrt{(y+4) \cdot (y-4)}$（$4 <$

$|y| \leqslant 40$），即 $y^2 - x^2 = 16$（$x > 0, 4 < |y| \leqslant 40$），此即为在区域 ADD_1A_1 内平行于边线运球时的最佳射门点的轨迹方程。

这条曲线是一个以实轴长为 8，虚轴长为 8，焦点为 $(0, \pm 4\sqrt{2})$ 的等轴双曲线在 $x > 0, 4 < y \leqslant 40$ 的一部分。

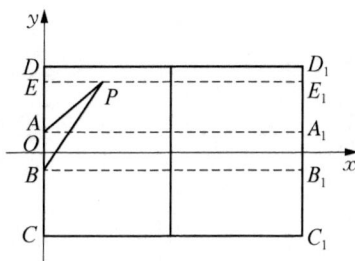

图 8 - 18

第 9 章

以史启思：数学史融入思想方法课

读史使人明智，读诗使人灵秀，数学使人周密，科学使人深刻，
伦理学使人庄重，逻辑修辞使人善辩；凡有所学，皆成性格。

——培根《培根随笔》

数学的历史就是数学思想方法的发展史,数学概念的形成、公式定理的推导与证明等过程,都能充分体现数学思想方法,可以说数学思想方法的发展贯穿了数学史的主线:数学史刻画了数学概念如何由生动的直观到抽象的思维,再从思维到实践而逐渐发展。数学史揭示了一系列重要数学定理、数学方法产生的过程以及数学新分支发展的渊源,特别是提供了数学大师们创造性思维的范例。在数学创造中,数学思想方法如同数学家的信念品质、价值判断、审美追求等文化因素一样,总是深藏在数学知识的背后。同时数学思想方法以一种元认知的形态与数学知识浑然一体地存在着,它既是对数学对象本身与数学知识的高度概括和抽象,又是数学学习的一种指导思想和普遍适用的方法;它既是对数学知识本质的认识,又通过数学知识的显化来表现自身。数学思想方法以一种潜移默化的形式作用于人的思维,有机结合了数学知识的学习和数学能力的培养,而且还能提高个体的思维品质和数学能力,发展学生的智力和数学素养。

在高中阶段,主要涉及的数学思想方法有:函数方程思想、数形结合思想、分类讨论思想、化归思想、极限思想和类比思想等。如图 9-1 所示。

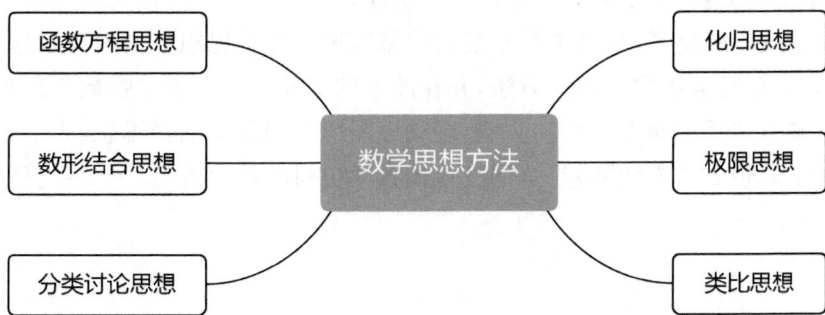

图 9-1

数学教师不仅要充分了解数学思想方法,认识到用其教学的重要性,还要在教学实施中有一定的策略和方法,以下谈 3 种策略。

1. 渗透策略

渗透策略是指通过精心设计教学内容,有意识地将数学思想方法潜移默化于学习过程中而不直接点明。该策略要注意知识和方法两个方面:一方面数学思想方法是数学知识的精髓,往往内隐于数学知识之中,需要我们从数学知识中挖掘和提炼;另一方面,学生数学思想方法的形成和发展比起数学知识的增长和积累需更长的时间,花费更大的精力,因此我们要注意把握好渗透的方法。

2. 系统性策略

对于学生而言,数学思想方法大多比较抽象,因此教师应该对思想方法进行一定的整合,从而更好地发挥其整体功能。对于某一种数学思想而言,它所概括的一类数学方法,所串联的具体数学知识,也必须形成自身的体系才能为学生理解和掌握。该策略也应该从两个方面进行:一方面要研究在每一种具体数学知识的教学中可以进行哪些数学思想方法的教学;另一方面,要研究一些重要的数学思想方法可以在哪些知识点的教学中进行,从而在纵横两个维度上整理出数学思想方法的系统。

3. 循序渐进策略

每种数学思想方法的认识都是在反复理解和运用中形成的,在反复渗透中,对数学思想方法的认识不断螺旋式上升,并能主动加以应用。

毋庸置疑,掌握数学思想方法是数学教育的关键所在,数学教育的最终目的是为了培养学生的数学能力和数学思维,而数学能力与数学思维主要是通过掌握数学知识,在灵活运用数学思想方法解决问题的过程中锻炼形成的。因此,数学教学不应只是停留在知识的层面,而应该上升到培养学生数学思想方法的层面。另外,数学思想方法教学本身有深刻的含义,其一体现在,透过数学知识和原理,了解其形成时的创造过程,数学家形成数学思想所具有的深层文化,让数学真正进入学生的心灵深处;其二在于数学史不仅能为一线教师提供了解认知发展的线索,同时也为学生理清知识发展脉络提供丰富的素材,教学生学会思考、善于思考比学到知识更重要,数学史与学习内容的融合应着眼于数学思想方法,这是数学史的精髓,更是数学本质的灵魂所在。

笔者基于这样的思考,在高中数学复习中多次聚焦数学思想方法展开专题教学,让学生充分体验、掌握和运用数学思想方法,并在此基础上通过反思来增强数学思想方法的内化和应用。本章选择了两个典型的案例,围绕极限思想和数形结合思想,为学生呈现数学史在提升数学思想方法方面的魅力,深度挖掘数学史料的教育价值,为学生奠定核心素养的发展基础。

9.1 极 限 思 想

笔者基于历年上海高考试题以及高三学生复习数列极限及解题过程中存在的问题,将高考中出现的极限问题重新编排和变式,引导学生在理解极限思想内涵的同时,解决"无限"变化的极限问题,并能提升到运用数学思想——极限思想进行解题的高度。本专题的教学设计与实施,既关注极限概念的巩固与加强,又注重了极限思想的提炼与应用,着眼于数学抽象、数学运算和直观想象等核心素养的培养和提升。

9.1.1 教学分析

1. 教学内容分析

本课是高三数学专题复习课,内容设计为两课时。数列极限的概念和运算是历年高考和模考试题中常见的考点,知识内容上并不算难,高三学生通过题目的操练能达到一定的熟练度。但学生要能真正理解数列极限概念的内涵,掌握从有限到无限的思想方法,并能自觉地运用该思想解题,则需要教师在解题教学中揭示、渗透,最好能强化其中蕴含的极限思想。基于以上认识,本专题教学通过由浅入深、由常规到复杂问题的求解,与学生一起探讨典型的极限问题的求解策略,深化学生对极限思想的理解,助力学生"用极限的眼光看""用极限的思维想""用数学的语言表达"。

2. 学情分析

本次授课对象为有一定数学知识基础的高三学生,在掌握了数列极限概念并能解决常规的数列极限运算问题基础上,还需深化理解极限概念的本质,并能运用极限思想分析和解决问题。

教学目标

(1) 经历常规的数列极限问题的求解,夯实数列极限的概念和运算法则;

(2) 通过较复杂的极限问题的分析求解,体验从量变到质变的过程,体会从有限到无限的极限思想,理解极限思想的内涵;

(3) 经历运用"无形"的极限思想分析和解决综合问题的过程,同时用数学的语言加以描述,强化运用极限思想解决问题的意识和能力。

教学重点 极限思想的理解和应用。

教学难点 通过复杂或无形的极限问题的探讨,实现从有限到无限的思想的飞跃。

9.1.2 教学过程

1. 课题引入

古希腊的安提芬(公元前 480—公元前 403 年)最早表述了穷竭法,他在研究"化圆为方"问题时,提出了使用圆内接正多边形面积"穷竭"圆面积的思想。后来,古希腊数学家欧多克斯(公元前 408—公元前 355 年)改进了安提芬的穷竭法,将其定义为"在一个量中减去比其一半还大的量,不断重复这个过程,可以使剩下的量变得任意小"。接着,阿基米德进一步完善了"穷竭法",并广泛应用于求解曲面面积和旋转体体积的问题中。而"穷竭",实际是"达到极限",阿基米德将穷竭法即极限的思想用在求曲边形面积上,并找到了计算抛物线弓形、螺线、圆形乃至球体、椭球体、旋转抛物体等表面积和体积的方法。

本节课就是要从思想源头来深入理解极限的内涵,从而提高分析解决此类问题的能力。

2. 方法初探,体会极限思想的本质

师:基于古希腊数学家们用来求曲面面积的"穷竭法",我们学习了数列极限描述性的概念、运算法则和几种基本极限类型及其运算,现在请同学们求解以下问题。

问题 1 将直线 $l_1: nx+y-n=0$、$l_2: x+ny-n=0(n \in \mathbf{N}^*, n \geqslant 2)$ 与 x 轴、y 轴围成的封闭图形的面积记为 S_n,则 $\lim\limits_{n \to \infty} S_n =$ _____。

师:这两条直线与坐标轴围成一个什么样的图形? 怎么求其面积的极限值?

生:直线 l_1、l_2 分别过定点 $A(1,0)$、$B(0,1)$,且两直线相交于点 $C\left(\dfrac{n}{n+1}, \dfrac{n}{n+1}\right)$,则 $OC \perp AB$,$S_n = \dfrac{1}{2} \cdot \sqrt{2} \cdot \sqrt{2} \cdot \dfrac{n}{n+1} = \dfrac{n}{n+1}$,所以 $\lim\limits_{n \to \infty} S_n = 1$。

师:该同学先求通项公式,然后根据数列极限的运算得出面积的极限为 1,很严谨! 还有其他解法吗?

生:我算出两直线相交于点 $C\left(\dfrac{n}{n+1}, \dfrac{n}{n+1}\right)$ 后发现它的极限位置就是 $(1,1)$,又直线 l_1、l_2 分别过定点 $A(1,0)$、$B(0,1)$,这两条直线与坐标轴围成的四边形的极限情形就是 $O(0,0)$、$A(1,0)$、$B(0,1)$、$(1,1)$ 围成的正方形,从而得 $\lim\limits_{n \to \infty} S_n = 1$。

生:把直线方程变形为:$l_1: x+\dfrac{y}{n}-1=0$、$l_2: \dfrac{x}{n}+y-1=0(n \in \mathbf{N}^*, n \geqslant 2)$,当 $n \to +\infty$ 时,直线 l_1 无限趋近于直线 $x=1$,直线 l_2 无限趋近于直线 $y=1$,此时这两条直线与坐标轴所围成的四边形是边长为 1 的正方形,从而得 $\lim\limits_{n \to \infty} S_n = 1$。

师:这两位同学都是着眼于当 $n \to +\infty$ 时,四边形所对应的极限状态,从而得到面积的极限值,方法独到! 请同学们尝试用这两种思路解决下面的问题。

问题 2 在平面直角坐标系中,一动点由坐标原点出发,首先向右移动一个单位到 $A_1(1,0)$,然后沿着原方向逆时针旋转 $90°$ 的方向移动 $\dfrac{2}{3}$ 个单位到点 $A_2\left(1, \dfrac{2}{3}\right)$,若照此继续下去,每次都沿逆时针旋转 $90°$ 的方向,移动上次所移动距离的 $\dfrac{2}{3}$,求此动点的极限位置所对应的点的坐标。

生:根据点 A_n 的生成规律,可知极限点的横、纵坐标分别为两个无穷等比数列的各项和。横坐标 $x = 1 - \dfrac{4}{9} + \left(-\dfrac{4}{9}\right)^2 + \cdots + \left(-\dfrac{4}{9}\right)^n + \cdots = \dfrac{1}{1 + \dfrac{4}{9}} = \dfrac{9}{13}$；

$$ \text{纵坐标 } y = \dfrac{2}{3} + \dfrac{2}{3} \cdot \left(-\dfrac{4}{9}\right) + \dfrac{2}{3} \cdot \left(-\dfrac{4}{9}\right)^2 + \cdots + \dfrac{2}{3} \cdot \left(-\dfrac{4}{9}\right)^n + \cdots = \dfrac{\dfrac{2}{3}}{1 + \dfrac{4}{9}} = \dfrac{6}{13}。 $$

所以极限点的坐标为 $\left(\dfrac{9}{13}, \dfrac{6}{13}\right)$。

生：如图 9-2，根据题意，$\dfrac{|A_3A_2|}{|A_2A_1|} = \dfrac{|A_4A_3|}{|A_3A_2|} = \dfrac{|A_5A_4|}{|A_4A_3|} = \cdots = \dfrac{|A_{n+1}A_n|}{|A_nA_{n-1}|}$，故所有的点 A_{2n-1} 都在线段 A_1A_3 上，所有的点 A_{2n} 都在线段 A_2A_4 上，且当 $n \to +\infty$ 时，点 A_{2n-1}、A_{2n} 无限趋近于线段 A_1A_3 与线段 A_2A_4 的交点，如图 9-2 所示，联立直线 A_1A_3 和 A_2A_4 的方程，易得极限点的坐标 $\left(\dfrac{9}{13}, \dfrac{6}{13}\right)$。

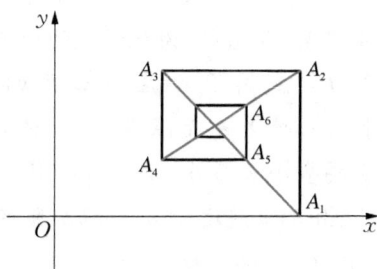

图 9-2

师：很好！一位同学通过代数分析无穷等比数列各项和计算出极限位置，而另一位同学通过几何知识分析出点 A_n 位置的变化规律，并发现当 $n \to +\infty$ 时其极限位置正是两条线段的交点，太棒了！当 $n \to +\infty$ 时所求量无限趋近于某个状态或某个值，即从有限到无限、从量变到质变从而达到"极限"值或者位置，正是我们今天要学习的一种解题策略——极限思想。

【设计意图】 学生既可以从"数"的角度运算，即通过数列的递推公式或通项公式得到数列变化的规律，再根据数列极限运算法则求解，落实基本知识和常规方法；还能从"形"的视角大胆直观想象，挖掘问题的几何意义，分析当 $n \to +\infty$ 时所求量的极限状态，促进学生极限思想的萌芽。

3. 方法迁移，强化极限思想的应用

问题 3　已知数列 $\{a_n\}$ 满足 $a_n < a_{n+1}(n \in \mathbf{N}^*)$，$P_n(n, a_n)$ 在双曲线 $\dfrac{x^2}{6} - \dfrac{y^2}{2} = 1$ 上，则 $\lim\limits_{n \to \infty} |P_nP_{n+1}| = $ _____。

师：若将坐标代入到双曲线方程然后通过两点距离求 $|P_nP_{n+1}|$ 的通项公式再求极限，运算相当复杂，怎样才能更快更准确地解决？

生：观察发现当 $n \to +\infty$ 时线段 P_nP_{n+1} 的极限状态是平行于渐近线，结合其横向间距为 1 且渐近线的斜率为 $\dfrac{\sqrt{3}}{3}$，得 $\lim\limits_{n \to \infty} |P_nP_{n+1}| = \dfrac{2\sqrt{3}}{3}$。

师：显然这位同学观察 $|P_nP_{n+1}|$ 的极限状态，用极限思想解题更快更好。

问题 4　已知点 $O(0, 0)$、$Q_0(0, 1)$ 和 $R_0(3, 1)$，记 Q_0R_0 的中点为 P_1，取 Q_0P_1 和

P_1R_0 中的一条,记其端点为 Q_1、R_1,使之满足 $(|OQ_1|-2)(|OR_1|-2)<0$;记 Q_1R_1 的中点为 P_2,取 Q_1P_2 和 P_2R_1 中的一条,记其端点为 Q_2,R_2,使之满足 $(|OQ_2|-2)(|OR_2|-2)<0$;依次下去,得到点 P_1,P_2,$\cdots$,P_n,$\cdots$,则 $\lim\limits_{n\to\infty}|Q_0P_n|=$_____。

师: 这道填空题的特点是数学符号多,阅读量较大,问题也比较抽象,数列的通项公式非常难求,怎样快速突破?

生: 首先要精准解读题目信息,从"形"的角度分析,如图 9-3,设 P_1 为 Q_0R_0 的中点,$|OR_0|>2$,$|OP_1|<2$,依题意,P_1 是线段的左端点,再设 P_2 为此线段的中点,易算 $|OP_2|>2$,P_2 是第 2 个应取线段的右端点,依此递推,$\cdots$,随着 n 无限增大,$|P_nP_{n+1}|$ 越来越小,且要多小有多小,同时 $||OP_n|-2|$ 也越来越

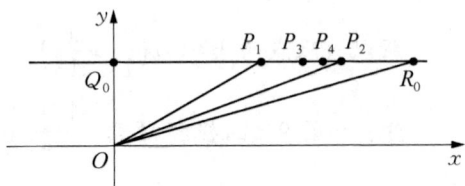

图 9-3

小,且无限趋近于 0,根据极限的概念得出 $|OP_n|$ 的极限为 2,根据两点间距离公式易得 $|Q_0P_n|$ 的极限为 $\sqrt{3}$。

师: 这位同学紧扣数列极限概念来分析,并进行归纳推理,使得问题能迎刃而解,这是极限思想应用的关键所在。

问题 5 设 $P_n(x_n,y_n)$ 是直线 $2x-y=\dfrac{n}{n+1}(n\in\mathbf{N}^*)$ 与圆 $x^2+y^2=2$ 在第一象限的交点,则极限 $\lim\limits_{n\to\infty}\dfrac{y_n-1}{x_n-1}=($ ___)。

A. -1 B. $-\dfrac{1}{2}$ C. 1   D. 2

师: 我们不难发现,直接将直线与圆的方程联立求解出交点坐标,再根据极限运算法则求该极限,太过复杂。能否尝试用极限思想来分析求解?

生: 可以。显然当 $n\to+\infty$ 时,$\dfrac{n}{n+1}\to1$,该直线无限趋近于 $2x-y=1$。又直线 $2x-y=1$ 与圆 $x^2+y^2=2$ 在第一象限的交点为 $(1,1)$,点 $P_n(x_n,y_n)$ 又是直线 $2x-y=\dfrac{n}{n+1}(n\in\mathbf{N}^*)$ 与圆 $x^2+y^2=2$ 在第一象限的交点,所以 $\lim\limits_{n\to\infty}x_n=1$,且 $y_n=\sqrt{2-x_n^2}$。 所以 $\lim\limits_{n\to\infty}\dfrac{y_n-1}{x_n-1}=\lim\limits_{n\to\infty}\dfrac{\sqrt{2-x_n^2}-1}{x_n-1}=\lim\limits_{n\to\infty}\dfrac{2-x_n^2-1}{(x_n-1)(\sqrt{2-x_n^2}+1)}=$ $\lim\limits_{n\to\infty}\dfrac{(1-x_n)(1+x_n)}{(x_n-1)(\sqrt{2-x_n^2}+1)}=-\lim\limits_{n\to\infty}\dfrac{1+x_n}{\sqrt{2-x_n^2}+1}=-\dfrac{1+1}{1+1}=-1$。 故答案为 A。

师: 通过分析直线的极限位置进而求出交点坐标的极限值,是这个解法的关键点,也是极限思想得以妙用的又一体现!

生: 与刚才的同学相同得到 $\lim\limits_{n\to\infty}x_n=1$ 且 $\lim\limits_{n\to\infty}y_n=1$,而 $\dfrac{y_n-1}{x_n-1}$ 的几何意义是 (x_n,y_n)

与(1，1)两点连线的斜率，则 $\lim\limits_{n\to\infty}\dfrac{y_n-1}{x_n-1}$ 就是圆 $x^2+y^2=2$ 在点(1，1)处的切线的斜率。显然切线垂直于点(1，1)与圆心的连线，故其斜率为 -1。

师： 抓住 $\lim\limits_{n\to\infty}\dfrac{y_n-1}{x_n-1}$ 的几何意义并"以形助数"化解了这一抽象问题，这一直观想象很巧妙！

【设计意图】 让学生充分体会到用常规方法难以解决或无法短时间内解决的复杂问题必须进行方法的迁移。而要做到这一点，既要挖掘极限概念的内涵、紧扣极限概念的本质展开思考，又要在问题的数量形式与图形意义之间进行合理地对应转化。这一过程能很好地锻炼学生的数学抽象和直观想象能力，这正是学生终身发展所应具备的数学核心素养。

4. 创新应用，实现极限思想的升华

师： 前面讨论的都是很明显的极限问题，用常规的方法或者用极限思想能得以解决。实际学习中我们经常会遇到一些问题，从表面看你感觉不到它是极限问题，但如果用极限思想去思考和分析，往往能让这些问题的解决变得事半功倍。下面请同学们思考以下问题。

问题6 已知 $\{a_n\}$ 是公差为 d 的等差数列，$\{b_n\}$ 是公比为 q 的等比数列，找出所有数列 $\{a_n\}$ 和 $\{b_n\}$，使对一切 $n\in\mathbf{N}^*$，$\dfrac{a_{n+1}}{a_n}=b_n$，并说明理由。

生： 由于对一切 $n\in\mathbf{N}^*$，都有 $\dfrac{a_{n+1}}{a_n}=b_n$，可以用极限思想分析，当 $n\to+\infty$ 时，

$\dfrac{a_{n+1}}{a_n}=\dfrac{a_1+nd}{a_1+(n-1)d}$，易知 $\lim\limits_{n\to\infty}\dfrac{a_1+nd}{a_1+(n-1)d}=1$，故 $\lim\limits_{n\to\infty}b_n=\lim\limits_{n\to\infty}b_1q^{n-1}=1$。

当 $|q|>1$ 或 $q=-1$ 时，$\lim\limits_{n\to\infty}b_n$ 不存在；当 $0<|q|<1$ 时，$\lim\limits_{n\to\infty}b_n=0$。

故当且仅当 $q=1$ 时，$\lim\limits_{n\to\infty}b_n=b_1=1$，此时 $b_n=\dfrac{a_{n+1}}{a_n}=1$。

综上所述，$\{a_n\}$ 为非零常数列，$\{b_n\}$ 为恒等于1的常数列。

师： 显然，一个看上去不是极限问题的问题，主动联想到代数式的极限，能找到快速解决问题的切口。

问题7 已知数列 $\{a_n\}$ 满足：$a_1=1$，$a_{n+1}=\dfrac{1}{8}a_n^2+m$，其中 $n\in\mathbf{N}^*$，$m\in\mathbf{R}$。若对任意正整数 n，都有 $a_n<4$，求 m 的最大值。

生： 对任意正整数 n，都有 $a_n<4$，猜想数列 $\{a_n\}$ 的极限为 x，则由 $a_{n+1}=\dfrac{1}{8}a_n^2+m$

得 $x=\dfrac{1}{8}x^2+m\Rightarrow m=x-\dfrac{1}{8}x^2=\left(-\dfrac{1}{8}\right)(x-4)^2+2\leqslant2$，由此猜想 m 的最大值为2。

下面给出证明：

(1) 当 $m>2$ 时，$a_{n+1}-a_n=\dfrac{1}{8}a_n^2-a_n+m=\dfrac{1}{8}(a_n-4)^2+m-2\geqslant m-2\Rightarrow a_n=(a_n-a_{n-1})+(a_{n-1}-a_{n-2})+\cdots+(a_2-a_1)+a_1\geqslant1+(n-1)(m-2)$。

显然，当 $n \to +\infty$ 时，$a_n \to +\infty$，这与 $a_n < 4$ 矛盾。

（2）当 $m = 2$ 时，用数学归纳法证明 $0 < a_n < 4$ 恒成立。

① 当 $n = 1$ 时，$a_1 = 1 < 4$ 成立；

② 假设 $n = k(k \geqslant 1, k \in \mathbf{N}^*)$ 时，$0 < a_n < 4$，则当 $n = k+1$ 时，$a_{k+1} = \dfrac{1}{8}a_k^2 + 2 < 4$ 也成立。

综上所述，$a_n < 4$ 恒成立时 m 的最大值为 2。

师： 这位同学的解法看上去步步合理，近乎完美。但不免有个疑问：这个数列的极限是怎么想到的？依据何在？

生： 把点 (a_n, a_{n+1}) 看成抛物线 $f(x) = \dfrac{1}{8}x^2 + m$ 上的点，a_n 就是点 $P_n(a_n, a_{n+1})(n \in \mathbf{N}^*)$ 的横坐标。过点 P_n 作 x 轴的平行线与直线 $y = x$ 交于点 R_n，再过点 R_n 作 y 轴的平行线与曲线 C 交于点 $P_{n+1}(a_{n+1}, a_{n+2})$，通过画图观察发现，如果 m 太大，$a_n \to \infty$ 与 $a_n < 4$ 矛盾；如果 m 的值较小，点列 $\{P_n\}$ 会向抛物线 C 与直线 $y = x$ 的交点无限趋近，从而猜想 $\lim\limits_{n \to \infty} a_n$ 存在，然后进行代数运算检验。

师： 显然这个思考过程是非常必要的，如果盲目思考必然很难"猜出"，只有"以形助数"分析变化规律，才能"顺藤摸瓜"得到答案。

问题 8 已知 $f(x) = \left| \dfrac{2}{x-1} - a \right| (x > 1, a > 0)$，若 $f(x)$ 与 x 轴交点为 A，若对于 $f(x)$ 的图像上任意一点 P，在其图像上总存在另一点 $Q(P \text{、} Q$ 异于 $A)$，满足 $AP \perp AQ$，且 $|AP| = |AQ|$，则 $a = $ _____。

师： 这是一道函数图像变换题，点 P 的任意性及其满足的两个条件 $AP \perp AQ$ 且 $|AP| = |AQ|$ 决定了用常规方法求解则运算量会非常大，能否大胆尝试极限思想？（同学们陷入了沉思）

生： 过交点 A 作一条直线 l 与 $f(x)$ 的图像相交于点 P，当点 P 从点 A 两侧向其无限趋时，如图 9-4，直线 l 在 l_1 处与曲线 $C_1: y = \dfrac{2}{x-1} - a (x > 1, a > 0)$ 相切，在 l_2 处与曲线 $C_2: y = -\dfrac{2}{x-1} + a (x > 1, a > 0)$ 相切，曲线 C_1 与 C_2 关于 x 轴对称，故 l_1 与 l_2 关于 x 轴对称。

由 $AP \perp AQ$，可得 $l_1 \perp l_2$，故 l_1 的斜率为 -1，则

$$\begin{cases} y = \dfrac{2}{x-1} - a, \\ y = -x + 1 + \dfrac{2}{a} \end{cases} \Rightarrow (x-1)^2 - (a + \sqrt{2})(x-1) + 2 = 0。$$

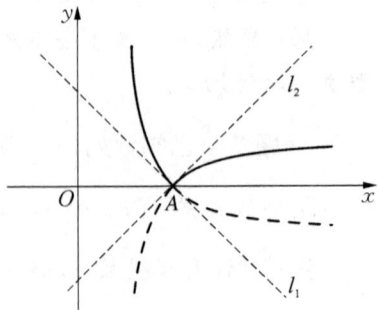

图 9-4

由 $\Delta=(a+\sqrt{2})^2-8=0$，得 $a=\sqrt{2}$。

师：这个解法需要非常冷静而理性地联想，抓住点 A 处的极限状态，从而快速破解"难题"。可见灵活运用极限思想，能创造性地解决看似与极限无关的难题。

【设计意图】引导学生创造性地运用极限思想理性分析和探索问题是学习的最高境界，是数学知识在更高层次上的抽象和概括，彰显有限与无限的极限思想，有利于学生进一步学习微积分学，充分锻炼了学生的数学抽象和直观想象两大核心素养。

9.1.3　教学反思

这两节专题复习课以数列极限知识为落点，以极限思想的解题策略为抓手，以历年高考真题尤其是压轴题为载体，引导学生于"无限"的探索之旅，既夯实了数列极限的知识，又提升了解决问题的能力；既能感受极限思想解题的应用价值，又能领略数学理性思维之美；既锻炼了学生严谨运算和直观想象的能力，又培养了数学抽象等核心素养。在高三数学教学中，教师要善于挖掘学习素材引导学生高效复习，勤于高考试题分析提炼解题策略，精于专题研究引领学生实现能力的突破，日积月累，精益求精，方能达到"一尺之棰日取半，无限微丝细细牵"的教与学的意境。

9.1.4　巩固练习

1. 如图 $9-5$，抛物线 $y=-x^2+1$ 与 x 轴的正半轴交于点 A，将线段 OA 的 n 等分点从左至右依次记为 P_1，P_2，$\cdots$，P_{n-1}，过这些分点分别作 x 轴的垂线，与抛物线的交点依次为 Q_1，Q_2，$\cdots$，Q_{n-1}，从而得到 $n-1$ 个 $\mathrm{Rt}\triangle Q_1OP_1$，$\triangle Q_2P_1P_2$，$\cdots$，$\triangle Q_{n-1}P_{n-1}P_{n-1}$，试求当 $n\to\infty$ 时，这些三角形的面积之和的极限值。

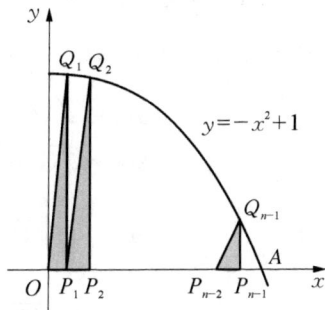

【解析】如图 $9-5$，抛物线 $y=-x^2+1$ 与 x 轴的正半轴交于点 $A(1,0)$，将线段 OA 的 n 等分点从左至右依次记为 P_1，P_2，$\cdots$，P_{n-1}，过这些分点分别作 x 轴的垂线，

图 9 − 5

与抛物线的交点依次为 Q_1，Q_2，$\cdots$，Q_{n-1}，从而得到 $n-1$ 个 $\mathrm{Rt}\triangle Q_1OP_1$，$\triangle Q_2P_1P_2$，$\cdots$，$\triangle Q_{n-1}P_{n-2}P_{n-1}$，所以 $P_{k-1}\left(\dfrac{k-1}{n},0\right)$，$Q_{k-1}\left(\dfrac{k-1}{n},1-\dfrac{(k-1)^2}{n^2}\right)$，$|P_{n-2}P_{n-1}|=\dfrac{1}{n}$，当 $n\to\infty$ 时，这些三角形的面积之和的极限为 $\lim\limits_{n\to\infty}\dfrac{1}{2}\cdot\dfrac{1}{n}\left[\left(1-\dfrac{1}{n^2}\right)+\left(1-\dfrac{2^2}{n^2}\right)+\cdots+\left(1-\dfrac{(n-1)^2}{n^2}\right)\right]$，整理得所求极限值为

$$\lim_{n\to\infty}\frac{1}{2n}\left[\frac{(n-1)n^2-\dfrac{1}{6}(n-1)(n-2)(2n-3)}{n^2}\right]=\frac{1}{3}。$$

2. 在《九章算术》方田章圆田术（刘徽注）中指出"割之弥细，所失弥少，割之又割，以至于不可割,则与圆合体而无所失矣"。注述中所用的割圆术是一种无限与有限的转化过程,比如在 $\sqrt{2+\sqrt{2+\sqrt{2+\cdots}}}$ 中"…"代表无限次重复,但原式却是个定值 x,这可以通过方程 $\sqrt{2+x}=x$ 得出 $x=2$。类似地,不难得出 $1+\cfrac{1}{1+\cfrac{1}{1+\cdots}}=$ _____。

【解析】根据题意及从无限与有限的转化,通过方程 $1+\dfrac{1}{x}=x$,解得 $x=\dfrac{1+\sqrt{5}}{2}$。

3. 已知数列 $\{a_n\}$ 满足:$a_1=2$,且 $a_{n+1}=\sqrt{a_n^2-4a_n+5}-1$ $(n\in\mathbf{N}^*)$。

试探究:是否存在唯一实数 c,对任意 $n\in\mathbf{N}^*$,均有 $a_{2n}<c<a_{2n-1}$ 成立? 若存在,请证明你的结论,并求出这个实数 c 的值;若不存在,请说明理由。

【解析】先用数学归纳法证明:对任意 $n\in\mathbf{N}^*$,均有

$$a_2<a_4<\cdots<a_{2n}<\frac{2}{3}<a_{2n-1}<\cdots<a_3<a_1。\qquad(*)$$

(i) 当 $n=1$,2 时,由已知有 $a_1=2$,$a_2=0$,$a_3=\sqrt{5}-1$,$a_4=\sqrt{15-6\sqrt{5}}-1$,故 $a_2<a_4<\dfrac{2}{3}<a_3<a_1$,即($*$)成立;

(ii) 假设当 $n=k$ $(k\geqslant 2, k\in\mathbf{N}^*)$ 时,有 $a_2<a_4<\cdots<a_{2k}<\dfrac{2}{3}<a_{2k-1}<\cdots<a_3<a_1$,则当 $n=k+1$ 时,

$$a_{2k+1}=\sqrt{(2-a_{2k})^2+1}-1<\sqrt{(2-a_{2k-2})^2+1}-1=a_{2k-1},$$
$$a_{2k+2}=\sqrt{(2-a_{2k+1})^2+1}-1>\sqrt{(2-a_{2k-1})^2+1}-1=a_{2k};$$

而
$$a_{2k+1}=\sqrt{(2-a_{2k})^2+1}-1>\sqrt{\left(2-\frac{2}{3}\right)^2+1}-1=\frac{2}{3},$$
$$a_{2k+2}=\sqrt{(2-a_{2k+1})^2+1}-1<\sqrt{\left(2-\frac{2}{3}\right)^2+1}-1=\frac{2}{3},$$

于是 $a_2<a_4<\cdots<a_{2k}<a_{2k+2}<\dfrac{2}{3}<a_{2k+1}<a_{2k-1}<\cdots<a_3<a_1$,即 $n=k+1$ 时,($*$)也成立。

由(i)(ii)及归纳法原理知,($*$)对任意 $n\in\mathbf{N}^*$ 均成立。

由此可得,数列 $\{a_{2n-1}\}$ 单调递减且有下界 $\dfrac{2}{3}$,数列 $\{a_{2n}\}$ 单调递增且有上界 $\dfrac{2}{3}$,从而数列 $\{a_{2n-1}\}$ 与 $\{a_{2n}\}$ 的极限均存在,设它们的极限分别为 c_1,c_2,则由

$$a_{2n}=\sqrt{(2-a_{2n-1})^2+1}-1 \text{ 及 } a_{2n+1}=\sqrt{(2-a_{2n})^2+1}-1,$$

两边分别取 $n\rightarrow+\infty$ 的极限,可得 $\begin{cases}c_2=\sqrt{(2-c_1)^2+1}-1,\\c_1=\sqrt{(2-c_2)^2+1}-1,\end{cases}$ 解得 $c_1=c_2=\dfrac{2}{3}$。

综上,存在唯一实数 c,对任意 $n\in\mathbf{N}^*$,均有 $a_{2n}<c<a_{2n-1}$ 成立,且 $c=\dfrac{2}{3}$。

9.2　笛卡尔和费马的解析几何思想[①]

17世纪前半叶,法国数学家笛卡尔和费马批判地继承了前人的成就,成为解析几何的创立者。笛卡尔改变了自古希腊以来代数和几何相分离的现状,提出了坐标系和曲线方程的思想,创造性地把变量思想和坐标观念体现到了其几何代数化方法中,其中心思想是建立起一种"普遍"的数学,真正有意义地建立起代数与几何的本质联系,把数与形统一起来,即把算术、代数、几何统一起来。他设想,把任何数学问题化为一个代数问题,再把代数问题归结为解一个方程式,真正有意义地建立起代数与几何的本质联系。费马遵循前人用代数方法研究几何的思路,开创性地引进坐标工具,把曲线看成是点的运动轨迹,具有依赖关系的变量构成的方程得以被曲线表示出,其思想路径为:方程(引入坐标)—点(点动成线)—轨迹,精准揭示了解析几何的本质,即用代数方程来表示并研究曲线。他们将变量和坐标观念引入了数学,开创了近现代数学的先河;他们提出了一切问题都可以归结为解方程问题的"通用数学"方案,开创了有一定操作范式的数学计算方法;他们提出了将数学作为一种方法科学的直观—演绎法的方法论,使科学方法论实现了革命性的突破。

9.2.1　教学分析

由于高考数学试题中解析几何的内容多以列方程、解方程的题材为主,加之学生在高考中涉及解析几何内容的题目的得分从总体上看不低,这在客观上影响了目前高中解析几何教学的导向。解析几何复习阶段的教学不宜忽视或忽略对代数结果的几何含义的分析,而偏重于几何问题代数化这单一的方面。如果代数问题几何化方法没有得到充分体现,会直接导致学生对数形结合思想理解的偏颇,进而使许多学生在解析几何课程学习中没有感受到它的科学价值、文化价值和教育价值,导致学生学习方法单调,思维方式单一,沉湎于机械训练,直觉思维和创造力受阻,学习兴趣初浓渐淡,易因难生厌。

因此我们在平面解析几何综合能力提高阶段深度融入笛卡尔和费马的解析几何思想,并形成分析问题的一套方法:首先,观察代数问题(几何问题)的外部结构是否具有几何特征(代数特征);然后,根据代数问题(几何问题)的几何特征(代数特征)探索代数模式与几何模式之间的内在联系;最后,根据其内在联系构造解决问题的几何模式或代数模式。这里,重要的是对代数模式和几何模式的辨认和识别,因为模式识别是知识迁移的前提;关键的是要剖析问题的数学结构——可以概括为核心概念,基本方法,数学原理3个层次构成,其中核心概念是曲线与方程,基本方法是几何问题代数化和代数问题几何化,数学原理是化归与转化原则。如果说解析几何思想是一个整体文化系统,那么其核心就是笛卡尔和费马的解析几何思想的数学结构,如图9-6所示。

---

① 本案例为笔者与任教的2024届学生杨济丞合作的成果。

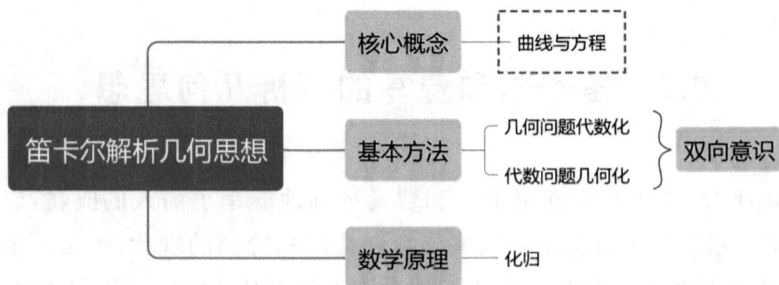

图 9 - 6

笛卡尔和费马的解析几何思想具有广泛而深刻的文化内涵,因此在本专题复习教学中,我们将突出体现其作为一个整体文化系统所能展现的价值与作用。解析几何既是一种重要的数学思想,也是一种重要的数学方法,其核心是数形结合的思想方法,也是各种数学思想如函数方程思想、化归与转化思想、分类讨论思想等思想大融合的阵地,在高中数学的其他领域如函数、三角、向量、复数等专题也有广泛的应用。因此教学中我们要突出解析几何思想,并充分挖掘和发挥其在培养学生数学综合能力的功效。

1. 教学内容分析

解析几何是连接自然界中"形"与"数"的一门科学,其思想和方法在培养学生的数学核心素养方面具有独特的意义和作用,在培养学生"洞察"与"严格"的数学思维品质方面具有独特的意义和教育价值。在解析几何复习深化阶段,学生面对难度较高的解析几何问题时,能否追根溯源笛卡尔和费马的解析几何数学思想对于解题成功与否非常关键!解析几何除了代数"算"的问题外,更关键的还是其内核"几何"的代数化翻译,解析几何解题的大致框架如图 9 - 7 所示。

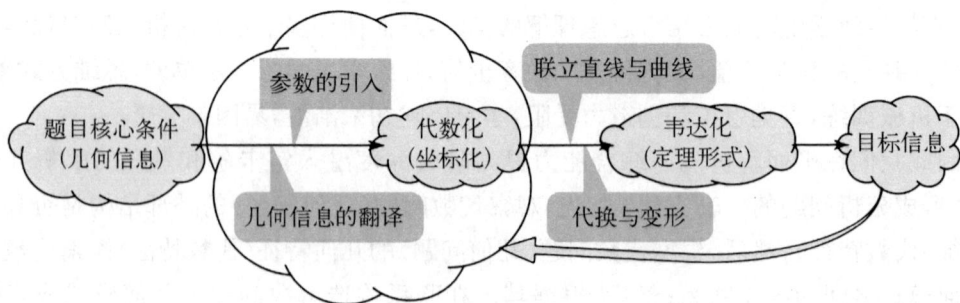

图 9 - 7

课堂上师生遵循笛卡尔和费马创立解析几何思想的路径,厘清问题解决的线索:一是思维线索,从直觉思维到抽象思维、从抽象思维到演绎思维,再到归纳思维;二是心理线索,观念直觉到审美直觉,再到有用提取和有效组合等。在对笛卡尔和费马创立解析几何时的数学信念、数学思维和心理模式等有一个整体性认识的前提下,在课堂上为学生营造一个渴望认知、理解和掌握知识的、深富吸引力的学习情境,从而激发学生勇于面对困难并积极寻找解决方法的原动力,体会和领悟笛卡尔和费马思想在解题中的价值和意义。

2. 学情分析

学生已经具有一定的逻辑抽象、概括、分析、综合、演绎和归纳等一般化思维能力,在不断接受、强化并习惯以“数”研究“形”的思想和方法。比如研究“形”在坐标系中的方程,并应用方程确定“形”的特征或者诸“形”之间的位置关系,以达到用代数方法研究几何问题的目的,不断体会“数形结合”的思想方法。绝大多数学生学习解析几何的宗旨就是要学会代数计算和代数方法,学生往往认为解析几何的学科性质是偏重于代数的。而实际教学偏重于列方程和解方程,以训练算法为主,靠做大量习题提高代数技巧,有的会忽视对代数结果的几何含义分析,也有的会忽视几何方法的简洁性和有效性,甚至有去几何化的倾向。显然这种过于依赖代数方法研究问题的状态未必是最佳状态,一来运算推理不到位是学生常见的困难,二来有些问题本身可以通过图形或者几何特点得到数学结论,即用几何方法解决某些代数问题,然后对结论进行代数证明。本专题学习中我们鼓励学生充分运用笛卡尔和费马发明平面解析几何的核心思想,既强调“形”到“数”的方面,又注重“数”到“形”的方面。

基于以上分析,确定解析几何思想方法专题复习课的教学目标和重难点。

教学目标

(1) 学会从几何直观与代数演绎两个方面用数形结合的观点审视多个变量之间的关系;

(2) 能够用笛卡尔和费马的数学思想将解析几何中的代数模式转化为几何结构,利用几何性质对几何结构做代数解析,强化双向模式的转化,思考并求解解析几何综合性问题;

(3) 培养逆向思维、直觉思维和抽象思维等能力,提升解决问题的模型意识和分析解决问题的能力。

教学重点　运用笛卡尔和费马的数学思想解决难度较高的解析几何综合问题。

教学难点　灵活运用数形结合思想——几何问题代数化以及代数问题几何化。

9.2.2　教学过程与问题探究

师: 现代数学的重要源头之一——解析几何是高中数学知识的重要内容,是数形结合的典范,其重要性毋庸置疑。解析几何的本质是用代数的方法研究几何问题。平面解析几何的两个基本问题是:1. 根据条件,求出表示平面曲线的方程;2. 通过方程,研究平面曲线的性质。怎样促进学生真正理解其知识本质和思想渊源?如何减轻学生对解决解析几何题运算繁难复杂的恐惧心理?如何恰当地借鉴历史,给抽象的数学符号融入“人的元素”,不仅把数学思想变成学生理性思维的一部分,又能融进学生的感性认知里,从而培养有人文情怀的高素质的人?基于此,本次解题复习课将从数学史的视角出发,以一道上海高考真题和一道探究问题为载体,试图寻找隐藏在解题方法背后数学思想文化的源头,反思解决问题的方法。

1. 读书观史觅思想,追根溯源寻方法

问题 1 在平面直角坐标系 xOy 中,对于直线 $l:ax+by+c=0$ 和点 $P_1(x_1,y_1)$、$P_2(x_2,y_2)$,记 $\eta=(ax_1+by_1+c)(ax_2+by_2+c)$。若 $\eta<0$,则称点 P_1、P_2 被直线 l 分隔。若曲线 C 与直线 l 没有公共点,且曲线 C 上存在点 P_1、P_2 被直线 l 分隔,则称直线 l 为曲线 C 的一条分隔线。动点 M 到点 $Q(0,2)$ 的距离与到 y 轴的距离之积为1,设点 M 的轨迹为 E,求证:通过原点的直线中,有且仅有一条直线是 E 的分割线。

师: 这道试题用自定义"分隔线"的方式命题可谓构思新颖,曲线 E 的方程只需依题意列式 $\sqrt{x^2+(y-2)^2}\cdot|x|=1(x\neq0)$ 即可,但形式却很陌生,即使化简也对应不到所学过的圆锥曲线,而要找到是哪条直线符合题意,并证明其唯一性就更困难了。怎样才能有突破性进展? 我们不妨基于数学思想方法的历史发生、发展的角度,分析该问题的求解过程。

师: 显然由 $x\neq0$ 得直线 $x=0$ 与曲线 E 无交点,且存在两点 $(1,2)$、$(-1,2)$ 满足 $\eta=1\cdot(-1)=-1<0$。根据题意直线 $x=0$ 是曲线 E 的一条分隔线,那么问题的难点就是要说明过原点且斜率存在的任意一条直线都不是曲线 E 的分隔线。我们可以尝试循着先哲的思想足迹寻找解决问题的方法。

师: 1629年,法国数学家费马怀着对科学需要和方法论兴趣的冲动,把古希腊阿波罗尼斯的几何结果翻译成代数形式。他在《平面与立体轨迹引论》一书中阐释了解析几何的基本原理:每当我们在最后的方程中求出两个未知数时,就有一条轨迹,每当构成轨迹所描出的是直线或圆、抛物线、双曲线或椭圆时,这轨迹就称为平面轨迹;如果描出其他曲线,那么称为线性轨迹。可见,费马研究轨迹的一般方法是:用代数方程研究曲线的性质。从该思想出发,我们可否紧紧围绕曲线 E 的方程寻求突破口,分析该曲线所具备的几何性质进而找到问题的答案呢?

生: 研究曲线 E 的方程来探讨其性质,由方程满足 $F(-x,y)=F(x,y)$,得曲线 E 关于 y 轴对称;由 $F(x,y)=F(x,4-y)$,得其图像关于直线 $y=2$ 轴对称;由 $F(x,y)=F(-x,4-y)$,得曲线 E 关于点 $(0,2)$ 对称。又

$$\sqrt{x^2+(y-2)^2}\cdot|x|-1=0\Rightarrow(y-2)^2=\frac{1}{x^2}-x^2\geq0,$$ 得 $x\in[-1,0)\bigcup(0,1]$。取曲线 E 在 y 右侧且 $x^2\to0$ 时,y 趋于无穷大,可得 y 轴为曲线 E 的渐近线,则曲线 E 上点的纵坐标范围为 $y\in\mathbf{R}$。结合性质并描点画图可得如图 9-8 所示的曲线 E,由图知曲线 E 上任意一点与原点连线的斜率范围为 $\mathbf{R}$。也就是说通过原点的其他任何斜率不为 0 的直线,都与曲线 E 有交点,故有且仅有一条直线 $x=0$ 是 E 的分割线。

师: 几乎同时,笛卡尔走了一条完全独立的路线,为了具体架起几何与代数相联系的桥梁,他在 1637 年的著作《科学中正确运用理性和追求真理的方法论》中提出了解析几何的基本思想和观

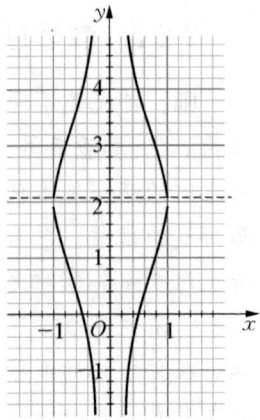

图 9-8

点：引进坐标概念，借助坐标，建立点与数组之间的一一对应关系。在《几何学》一书中指出，如果两条曲线以相同的轴和同一个坐标系为参考，那么其交点由它的方程之解来确定。与此相应，以前一向为几何学家所避免的许多曲线，就有了和比较常见的曲线相同的地位了。从笛卡尔这一思想出发，在得出曲线 E 的方程：$\sqrt{x^2+(y-2)^2} \cdot |x|=1$ 后我们可否将方程进行变形，运用方程的思想实现"以数论形"来解决问题呢？

生：我想到另外一种方法，就是把问题转化为同一坐标系下讨论两个函数的交点情况。若 $y=kx$ 是 E 的另一条分隔线，代入 E 的方程得 $[x^2+(kx-2)^2] \cdot x^2=1$，该方程可变形为 $x^2+(kx-2)^2=\dfrac{1}{x^2}$。

记 $y_1=x^2+(kx-2)^2$，$y_2=\dfrac{1}{x^2}$，则 y_1 是开口向上的二次函数，y_2 是关于 y 轴对称的幂函数，它们总有交点，即直线 $y=kx$ 与 E 有交点，与分隔线的定义矛盾，所以 E 有且仅有一条分隔线 $x=0$。

生：我们还可以通过构造含有参数的二次方程，运用根的判别式和根的分布求解问题。对于任意一条直线 $y=a(a\in\mathbf{R})$ 与曲线 E：$F(x,y)=\sqrt{x^2+(y-2)^2} \cdot |x|-1=0$，由 $\begin{cases} y=a(a\in\mathbf{R}), \\ \sqrt{x^2+(y-2)^2} \cdot |x|-1=0, \end{cases}$ 得 $x^4+(a-2)^2x^2-1=0$。

令 $t=x^2$，得 $t^2+(a-2)^2t-1=0$。

因为 $\Delta=(a-2)^2+4>0$ 恒成立，且 $t_1t_2=-1<0$，所以方程有正实数解 t_0，存在与之相应的 $x_0\ne 0$，从而在 E 上的任意点 (x_0,y_0)，其与原点连线的直线斜率存在。

师：实际上，笛卡尔真正取得的进展是：他证明了几何问题可以归结为代数形式的问题，因此在求解时可以运用代数的全部方法。同时由于代数的语言远较几何语言富有启发性，所以在问题改变形式后，只要进行一些代数变换，采用代数语言来研究几何性质，这就使他提出了许多定理的简单证明，而这些定理要用传统的几何方法处理则是很困难的。因此在同样变形方程后，我们可否从分析函数的零点出发，讨论方程的根的情况？

生：对于任意一条直线 $y=kx(k\in\mathbf{R})$ 与曲线 E：$F(x,y)=\sqrt{x^2+(y-2)^2} \cdot |x|-1=0$，由 $\begin{cases} y=kx, \\ \sqrt{x^2+(y-2)^2} \cdot |x|-1=0, \end{cases}$ 得 $[(k^2+1)x^2-2kx+4]x^2-1=0$，整理得 $(k^2+1)x^4-2kx^3+4x^2-1=0$。

令 $f(x)=(k^2+1)x^4-2kx^3+4x^2-1$，则 $f(0)=-1$，$f(-1)=(k+1)^2+3>0$，$f(1)=(k-1)^2+1>0$，得 $f(0)f(1)<0$，$f(0)f(-1)<0$。

由函数的零点存在性定理，无论 k 取何实数，函数 $f(x)$ 在区间 $(0,1)$ 和 $(-1,0)$ 上有实根，则过原点而斜率存在的直线一定与曲线 E 相交，故都不是曲线 E 的分隔线。

【设计意图】这是一道高考真题，围绕该题，通过问题的一题多解，带领学生充分理解笛卡尔和费马的解析几何思想,及其解决问题的核心方法——几何问题代数化及代数问题几何化的双向转化模式。以笛卡尔和费马的解析几何思想的文化内涵为素材,激发学生学习的原动力,挖掘能激发学生好奇心的历史背景并寻找数学史上能贴近学生现有的解题水平的解法和结论,再结合学生生活中实际问题进行探究,让学生在古为今用,今昔对比中体验用代数方法研究几何问题的过程及其运用价值。在历经了古今的超越、思想的飞跃,体会不同历史时期、不同生活背景下对同一性质问题的不同思考角度和探究方向后,他们会更能悟出数学思想与文化的厚重感,从而形成立体的认知结构,也为解析几何基本思想学习的全面展开奠定基础。

2. 代数几何本一家,双向模式巧转化

师: 在研究直线与圆锥曲线的定值、定点问题时,最直接的思路便是先设直线方程为 $y=kx+b$,并将其与圆锥曲线方程联立,再通过该联立方程组确立定值式的代数表达。但此思路有两点不足:一是计算通常比较繁琐,并且用时长、易出错;二是得到最终表达式时,由于其形式较为复杂,通过恒为定值这一条件确定未知量存在一定的困难。那么,能否发现题目中的几何规律,并在数形结合思想的指导下变换原定值式的表达方式,用容易表达的式子替换较难表达的式子,从而实现运算的化繁为简呢? 这是我们本次课需要重点培养的能力。

问题 2 已知抛物线 $C: y=\frac{1}{2}(x^2+x)$,l 是过点 $Q(-1, 0)$ 的直线,M 是 C 上(不在 l 上)的动点。A、B 在 l 上,且 $MA \perp l$,$MB \perp x$ 轴,如图 9-9 所示。若 $\frac{|QB|^2}{|QA|}$ 是常数,求直线 l 的方程。

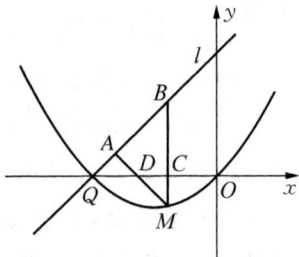

图 9-9

师: 问题 2 提供的信息十分充足,l 是过点 $Q(-1, 0)$ 的直线,可先确定直线 l 的基本形式为 $y=k(x+1)$,从而很自然地将 $\frac{|QB|^2}{|QA|}$ 具体表示出来,并根据该式恒为常数的特点求出 k 的值,请同学们尝试求解。

生: 设点 $M\left(t_0, \frac{1}{2}t_0^2+t_0\right)$,点 $A(p, q)$。因为直线 l 过点 $Q(-1, 0)$,所以设直线 $l: y=k(x+1)$,则点 $B(t_0, k(t_0+1))$。

由两点间距离公式得,$\begin{cases} |QB|=\sqrt{(1+k^2)}\,|t_0+1|, \\ |QA|=\sqrt{(1+k^2)}\,|p+1|, \end{cases}$

则 $\frac{|QB|^2}{|QA|}=\frac{(1+k^2)(t_0+1)^2}{\sqrt{1+k^2}\,|p+1|}=\sqrt{1+k^2}\,\frac{(t_0+1)^2}{|p+1|}$。

因为 $AM \perp l$,点 A 在直线 l 上,所以联立 $\begin{cases} q=k(p+1), \\ \dfrac{q-\left(\frac{1}{2}t_0^2+\frac{1}{2}t_0\right)}{p-t_0}=-\dfrac{1}{k}, \end{cases}$ 可解得 $p=$

$\dfrac{k}{1+k^2}\left(\dfrac{1}{2}t_0^2+\dfrac{1}{2}t_0+\dfrac{1}{k}t_0-k\right)$，则 $p+1=\dfrac{k}{1+k^2}\left(\dfrac{1}{2}t_0^2+\dfrac{1}{2}t_0+\dfrac{1}{k}t_0+\dfrac{1}{k}\right)$。

整理得，$\dfrac{|QB|^2}{|QA|}=\dfrac{(k^2+1)^{\frac{3}{2}}}{|k|}\cdot\dfrac{(t_0+1)^2}{\left|\dfrac{1}{2}t_0^2+\dfrac{1}{2}t_0+\dfrac{1}{k}t_0+\dfrac{1}{k}\right|}$

$$=\dfrac{|k^2+1|^{\frac{3}{2}}}{|k|}\cdot\dfrac{(t_0+1)^2}{\dfrac{1}{2}\left|(t_0+1)\left(t_0+\dfrac{2}{k}\right)\right|}。$$

当 $\dfrac{2}{k}=1$，即 $k=2$ 时，上式中含变量项 $\dfrac{(t_0+1)^2}{\dfrac{1}{2}\left|(t_0+1)\left(t_0+\dfrac{2}{k}\right)\right|}=2$ 为常数。

此时 $\dfrac{|QB|^2}{|QA|}$ 可表示为 $\dfrac{|k^2+1|^{\frac{3}{2}}}{|k|}$ 亦为常数，符合题意。故可求得直线 l 的方程为 $y=2(x+1)$。

师：问题 2 所求的直线 l 的方程为 $2x-y+2=0$，这是比较常规的一个问题。我们可否将问题 2 推广至更一般化的情况进行研究呢？

推广 1：已知抛物线 C：$y=\dfrac{1}{2}(x^2+x)$，$Q(x_0,y_0)$ 为 C 上定点，M 为 C 上动点，直线 l 过点 Q。点 A、B 在直线 l 上，且 $MA\perp l$，$MB\perp x$ 轴。是否存在直线 l，使得不论点 M 的位置如何变化，$\dfrac{|QB|^2}{|QA|}$ 为常数？

师：这个推广是问题 2 的一般化情况，问题 2 中，$Q(-1,0)$ 为抛物线 C 上定点，且坐标值确定，而在本推广中，Q 点坐标一般化为 (x_0,y_0)。考虑 Q 为抛物线 C 上定点的条件不变，则 x_0，y_0 可视为代数化表示的常数值，该如何展开其解题思路呢？

生：设点 $M\left(t_0,\dfrac{1}{2}t_0^2+t_0\right)$、点 $A(p,q)$。已知 $Q(x_0,y_0)$ 为 C 上定点，且直线 l 过点 Q，则设直线 l：$y=k(x-x_0)+y_0$，点 $B(t_0,y_0+k(t_0-x_0))$，根据两点间距离公式可求得 $|QA|$、$|QB|$，则 $\dfrac{|QB|^2}{|QA|}=\sqrt{k^2+1}\dfrac{(t_0-x_0)^2}{|p-x_0|}$。由于 A 在直线 l 上，且 $MA\perp l$，可解得 $p-x_0=\dfrac{k(t_0-x_0)}{1+k^2}\left(\dfrac{1}{2}t_0+\dfrac{1}{2}x_0+\dfrac{1}{2}+\dfrac{1}{k}\right)$。

整理得，$\dfrac{|QB|^2}{|QA|}=(k^2+1)^{\frac{3}{2}}\cdot\dfrac{|t_0-x_0|}{\left|\dfrac{k}{2}t_0+\dfrac{k}{2}x_0+\dfrac{k}{2}+1\right|}$，当且仅当 $|t_0-x_0|$ 与 $\left|\dfrac{k}{2}t_0+\dfrac{k}{2}x_0+\dfrac{k}{2}+1\right|$ 可约分时，$\dfrac{|QB|^2}{|QA|}$ 为常数。

求解 $\dfrac{1}{k}=\dfrac{-x_0}{\dfrac{k}{2}x_0+\dfrac{k}{2}+1}$，可得当 $k=-\dfrac{2}{2x_0+1}$ 时，$\dfrac{|QB|^2}{|QA|}$ 为常数。

此时直线 l：$\dfrac{2}{2x_0+1}x+y-\dfrac{2x_0}{2x_0+1}-y_0=0$。

师：我们还能如何进一步推广呢？可否将条件中的抛物线 C 更一般化呢？

推广 2：进一步假设，给定抛物线 C：$y=ax^2(a\neq0)$，$Q(x_0,y_0)$ 为 C 上定点，M 为 C 上动点，直线 l 过点 Q。点 A、B 在直线 l 上，且 $MA\perp l$，$MB\perp x$ 轴。是否存在直线 l，使得不论点 M 的位置如何变化，$\dfrac{|QB|^2}{|QA|}$ 为常数？

师：将抛物线进一步推广为 C：$y=ax^2(a\neq0)$，方程更加抽象，但是万变不离其宗，本问题的解题关键会有变化吗？怎么展开探究？

生：设点 $M(t_0,at_0^2)$，点 $A(p,q)$，与前两问求解思路相同，利用点线关系及两点间距离公式可求解得到：$\dfrac{|QB|^2}{|QA|}=(k^2+1)^{\frac{3}{2}}\cdot\dfrac{|x_0-t_0|}{|kat_0+kax_0+1|}$，其中 $\dfrac{|x_0-t_0|}{|kat_0+kax_0+1|}$ 含有变量 t_0，当分式上下可约，分式项整体为常数时，方可得到题目要求的 $\dfrac{|QB|^2}{|QA|}$ 为常数的情况。此时 $\dfrac{1}{ka}=\dfrac{-t_0}{kat_0+1}$，参数 $k=-\dfrac{1}{2at_0}$，直线 l：$\dfrac{1}{2at_0}x+y-\dfrac{1}{2a}-at_0^2=0$。

【设计意图】将几何问题转化为代数问题来解决，这是解析几何的基本方法，正如笛卡尔建立坐标系使得图形问题借助于坐标与方程得以解决。问题 2 及其两个推广问题的求解，充分锻炼和强化了学生用代数方法解决几何问题的能力。

师：这几个问题的解决都是用代数方法解决几何问题，代数运算最自然和直接，但是其计算量大、用时长、容错率低，需要耐心细致、步步精准才能得到最终的正确答案。那么请同学们反观解析几何中的数学模式，主要就两种：代数模式和几何模式。具体而言，直线、圆、椭圆、双曲线、抛物线都是具有几何性质的几何模型，而直线方程、圆方程、椭圆方程、双曲线方程、抛物线方程都是具有代数特征的代数模型，认识每一种曲线方程，解决其中的问题的过程就是模式双向转化的过程。基于解析几何这一主要特征，与此相应，我们解决问题时就应该具有这种双向转化的意识，这恰可以从笛卡尔本人的哲学方法论中找到灵感。那么面对问题 2 及其推广问题，我们可否在几何特征中找到解决问题的方法呢？

生：除了抛物线方程 $y=\dfrac{1}{2}(x^2+x)$ 和定点坐标 $Q(-1,0)$ 这些代数性的条件，也有 $MA\perp l$，$MB\perp x$ 轴这种几何性的条件。将 MA、MB 与 x 轴交点分别记为 D、C，可以发现，A、B、C、D 四点共圆。根据割线定理：$|QA\cdot QB|=|QC\cdot QD|$，变形可得 $\dfrac{|QB|^2}{|QA|}=\dfrac{|QB|^3}{|QC|\cdot|QD|}$，而 $\dfrac{|QB|^2}{|QA|}$ 为常值是题目中给定的条件。

因此可以尝试利用本问题各元素间的几何关联性，将对 $|QA|$、$|QB|$ 的表示转换为对 $|QC|$、$|QD|$ 的表示。而 QC、QD 均为 x 轴上的线段，相较于 QA、QB 更容易表示，

故用几何模式分析会更加巧妙简便。

生： 设直线 $l：y=k(x+1)$，点 $M(2m，2m^2+m)$。由垂直关系，可表示出 $B(2m，k(2m+1))$、$C(2m，0)$、$D(2km^2+(k+2)m，0)$。

根据两点间距离公式及几何关系，可得 $|QB|=\sqrt{1+k^2}|2m+1|$，$|QC|=|2m+1|$，$|QD|=|(2m+1)(km+1)|$。

如前所述，本思路将条件 $\dfrac{|QB|^2}{|QA|}$ 为常值转化为 $\dfrac{|QB|^3}{|QC·QD|}$ 为常值。而在本问中，该式可表示为 $\dfrac{|QB|^3}{|QC·QD|}=(k^2+1)^{\frac{3}{2}}·\dfrac{|2m+1|}{|km+1|}$，其中 $\dfrac{|2m+1|}{|km+1|}$ 含变量 m。

故 $\dfrac{|QB|^3}{|QC·QD|}$ 为常值，当且仅当 $k=2$，此时直线 $l：2x-y+2=0$。

生： 对于推广 1 与推广 2，四点共圆的几何关联同样存在，如图 9-10 所示，过坐标值为定值的定点 Q 作一条平行于 x 轴的直线 l_Q，定义 MA、MB 与直线 l_Q 的交点为 D、C 即可。

生： 对推广 1，定点 Q 坐标值为 $(x_0，y_0)$，与问题 2 相比，需首先构造直线 $x=x_0$ 再进行四点共圆的几何分析与代数求解。

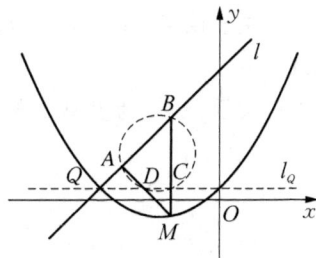

图 9-10

设直线 $l：y=k(x-x_0)+y_0$，点 $M(2m，2m^2+m)$，则 $B(2m，k(2m-x_0)+y_0)$、$C(2m，y_0)$、$D(2km^2+(k+2)m-ky_0，y_0)$，后续代数化求解思路与问题 2 相同，计算得到 $k=-\dfrac{2}{2x_0+1}$，直线 $l：\dfrac{2}{2x_0+1}x+y-\dfrac{2x_0}{2x_0+1}-y_0=0$。

生： 对推广 2，设点 $M(t_0，at_0^2)$，直线 $l：y=k(x-x_0)+y_0$，则 $B(t_0，k(t_0-x_0)+y_0)$、$C(t_0，y_0)$、$D(ak(x_0^2-t_0^2)+x_0，y_0)$，约去含变量项可得参数 $k=-\dfrac{1}{2at_0}$，此时直线 $l：\dfrac{1}{2at_0}x+y-\dfrac{1}{2a}-at_0^2=0$。

师： 这几位同学从几何特征出发，通过题设中的垂直关系发现了一组四点共圆，进而利用圆幂定理替换定值式的表达方式，大大简化了计算过程。实际上在合适的坐标系下，甚至某些纯代数问题也同样可以转化为几何问题来处理。因此我们要不断强化代数与几何双向模式思考问题的意识。

师： 问题 2 在给定抛物线解析式与定点坐标值的情况下，进行解析几何求解；推广 1 与推广 2 则对问题 2 进行了一般化推广，推广 1 中定点坐标通过参数给定，推广 2 进一步将具体确定的抛物线解析式一般化为抛物线的含参的标准方程。综合分析问题 2 及其推广我们可以发现，随着一般化与参数化的程度逐渐深入，推广 1 与推广 2 的计算难度逐级上升，但是三个问题解题核心的思路与过程都没有变化：首先通过数形结合给出代数表示(思路一)或分析几何关系(思路二);其次,通过割线定理、两点间距离公式等基础几何公式代数化表示题目中给出的条件,从中分析解题方向;对于使含变量表达式为常值的问题,通过分离变量项,消变量、凑定量的方式解决,在凑定量的过程中解出待定常数,完成题目的求解。

师: 上述思路是否适用于更加一般化情况的求解呢? 接下来改变问题中由垂直关系确定的点 A 或点 B 的确定方式,进行问题拓展、讨论与探究。

拓展: 进一步假设,给定抛物线 $C:y=ax^2(a\neq 0)$,$Q(t_0,at_0^2)$ 为 C 上定点,M 为 C 上动点,直线 l 过点 Q,点 A、B 在直线 l 上,且 $MB\perp x$ 轴,A 为过点 M 且斜率与直线 l 的斜率互为相反数的直线与 l 的交点。是否存在直线 l,使得不论点 M 的位置如何变化,$\dfrac{|QB|^2}{|QA|}$ 为常数?

生: 设点 $M(t_1,at_1^2)$、$A(p,q)$,直线 $l:y-at_0^2=k(x-t_0)$,直线 $l_1:y-at_1^2=-k(x-t_1)$。

由于点 A 为直线 l 与直线 l_1 的交点,将点 A 的坐标 (p,q) 代入两条直线方程可得

$$p=\frac{a}{2k}(t_1^2-t_0^2)+\frac{1}{2}(t_1+t_0),$$

$$p-t_0=\frac{a}{2k}(t_1^2-t_0^2)+\frac{1}{2}(t_1-t_0)。$$

根据两点间距离公式得 $\dfrac{|QB|^2}{|QA|}=\sqrt{k^2+1}\cdot\dfrac{|t_1-t_0|^2}{|p-t_0|}$,代入求得的 $p-t_0$ 的表达式,可得 $\dfrac{|QB|^2}{|QA|}=\sqrt{k^2+1}\cdot\dfrac{|t_1-t_0|}{\left|\frac{a}{2k}t_1+\frac{a}{2k}t_0+\frac{1}{2}\right|}$。

该式为常值,当且仅当含变量的项 $\dfrac{|t_1-t_0|}{\left|\frac{a}{2k}t_1+\frac{a}{2k}t_0+\frac{1}{2}\right|}$ 可约,即 $\dfrac{1}{\frac{a}{2k}}=\dfrac{-t_0}{\frac{a}{2k}t_0+\frac{1}{2}}$,解得 $k=-2at_0$。

由此得 $\dfrac{|QB|^2}{|QA|}=(k^2+1)^{\frac{3}{2}}\cdot\dfrac{|x_0-t_0|}{|kat_0+kax_0+1|}$,当直线 $l:y=-2at_0(x-t_0)+at_0^2$ 时,$\dfrac{|QB|^2}{|QA|}=4\sqrt{k^2+1}\cdot|t_0|$ 为定值。

【设计意图】 为学生提供机会体验如何紧扣几何特征思考和分析问题,将几何问题转化为代数问题来解决,这是解析几何的基本方法,正如笛卡尔建立坐标系使得图形问题借助于坐标与方程得以解决。问题 2 及其两个推广和一个拓展问题的求解,充分锻炼和强化了学生用代数方法解决几何问题以及抓住几何特征分析和解决问题的能力。

9.2.3 教学反思

本节专题复习课充分展现了两个精彩问题的不同解决方法,详细呈现了解析几何中

的代数模式与几何模式互相转化的过程。而所涉及的几种解法无疑都突出了解析法,足够说明解析法是处理代数问题和几何问题上是一个"双刃工具",需要我们在"数形结合"上下功夫。数学思想是数学的灵魂,它不是"空穴来风"的解题技巧,更难通过大量题海战术操练出来。我们引导学生深刻理解笛卡尔和费马两位数学家的思想源头"于无声",却又掷地有声地强化代数与几何双向模式的转化,借助坐标系的同时利用几何性质对几何结构做代数解析,强化几何直观。基于笛卡尔数学思想所实施的高中解析几何能力提升的教学过程,不仅是学生完整地学习解析几何思想方法的课程目标的需要,更是学生历练逆向思维、直觉思维和抽象思维,以及提升模型意识和数学地分析解决问题等能力的必然要求。

9.2.4　巩固练习

1.《九章算术》是我国古代内容极为丰富的数学名著,第九卷"勾股"讲述了"勾股定理"及一些应用,其中直角三角形的三条边长分别称"勾""股""弦"。如图 9-11,设点 F 是抛物线 $y^2=2px$ 的焦点,直线 l 是该抛物线的准线,过抛物线上一点 A 作准线的垂线 AB,垂足为 B,射线 AF 交准线 l 于点 C,若 $\mathrm{Rt}\triangle ABC$ 的"勾" $|AB|=3$,"股" $|CB|=3\sqrt{3}$,求该抛物线的方程。

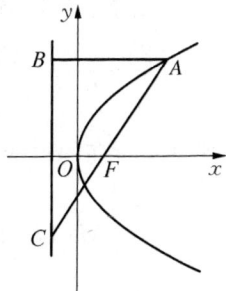

图 9-11

【解析】如图 9-11 所示,结合抛物线的几何性质得 $|AB|=|AF|=3$, $\angle ACB=\dfrac{\pi}{6}$, $|AC|=6$,得焦点 F 到准线 BC 的距离为 $\dfrac{3}{2}$,从而得 $|p|=\dfrac{3}{2}$。 抛物线开口可以向左或向右,故抛物线方程为 $y^2=\pm 3x$。

2.已知斜率为 k 的直线 l 与椭圆 $C:\dfrac{x^2}{4}+\dfrac{y^2}{3}=1$ 交于 A、B 两点,线段 AB 的中点为 $M(1,m)(m>0)$。

(1) 求证: $k<-\dfrac{1}{2}$;

(2) 设 F 为椭圆 C 的右焦点,P 为椭圆 C 上的一点,且 $\overrightarrow{FP}+\overrightarrow{FA}+\overrightarrow{FB}=\mathbf{0}$,求证: $|\overrightarrow{FA}|$、$|\overrightarrow{FP}|$、$|\overrightarrow{FB}|$ 成等差数列,并求该数列的公差。

【解析】(1)(解法 1:点差法)

设 $A(x_1,y_1)$、$B(x_2,y_2)$,则 $\dfrac{x_1^2}{4}+\dfrac{y_1^2}{3}=1$, $\dfrac{x_2^2}{4}+\dfrac{y_2^2}{3}=1$。 两式相减,并由 $\dfrac{y_1-y_2}{x_1-x_2}=k$,得 $\dfrac{x_1+x_2}{4}+\dfrac{y_1+y_2}{3}\cdot k=0$。

由题设知 $\dfrac{x_1+x_2}{2}=1$, $\dfrac{y_1+y_2}{2}=m$,于是 $k=-\dfrac{3}{4m}$。

因为点 $M(1,m)$ 在椭圆内部,所以 $\dfrac{1}{4}+\dfrac{m^2}{3}<1$,解得 $0<m<\dfrac{3}{2}$,故 $k<-\dfrac{1}{2}$。

(**解法 2**：韦达定理法)

设 l 的方程为 $y=kx+n$，与椭圆 C 联立，得 $(4k^2+3)x^2+8knx+4n^2-12=0$。

由 $\Delta>0$，得 $4k^2+3>n^2$。

设 $A(x_1,y_1)$、$B(x_2,y_2)$，则由 $x_1+x_2=\dfrac{-8kn}{4k^2+3}=2$，得 $n=-\dfrac{4k^2+3}{4k}$，$y_1+y_2=\dfrac{6n}{4k^2+3}=2m$。

由 $m>0$，得 $n>0$，$k<0$。

由 $4k^2+3>\left(\dfrac{4k^2+3}{-4k}\right)^2$，得 $k^2>\dfrac{1}{4}$，又 $k<0$，所以 $k<-\dfrac{1}{2}$。

(**解法 3**：对称椭圆法)

原椭圆关于 $M(1,m)$ 对称的椭圆为

$$\frac{(2-x)^2}{4}+\frac{(2m-y)^2}{3}=1.$$ 两椭圆方程相减，可得 $x+\dfrac{4m}{3}y=1+\dfrac{4}{3}m^2$，即为公共弦 AB 所在的直线方程，故 $k=-\dfrac{3}{4m}$。

由点 $M(1,m)$ 在椭圆 C 内部，得 $\dfrac{1}{4}+\dfrac{m^2}{3}<1$，解得 $0<m<\dfrac{3}{2}$，进而得 $k=-\dfrac{3}{4m}<-\dfrac{1}{2}$。

(**解法 4**：利用直线参数方程中参数的几何意义)

设 l 的参数方程为 $\begin{cases} x=1+t\cos\theta, \\ y=m+t\sin\theta \end{cases}$（$\theta$ 为 l 的倾斜角，t 为参数），代入椭圆 C 中，得 $(3\cos^2\theta+4\sin^2\theta)t^2+(6\cos\theta+8m\sin\theta)t-9+4m^2=0$。

设 t_1、t_2 是点 A、B 对应的参数，$M(1,m)$ 是线段 AB 中点，则 $t_1+t_2=0$，得 $-(6\cos\theta+8m\sin\theta)=0$，解得 $\tan\theta=-\dfrac{3}{4m}$。

由点 $M(1,m)$ 在椭圆 C 内，得 $\dfrac{1}{4}+\dfrac{m^2}{3}<1$，解得 $m\in\left(0,\dfrac{3}{2}\right)$，进而得 $k=-\dfrac{3}{4m}<-\dfrac{1}{2}$。

(2) (**解法 1**：利用几何关系求几何量)

由题意得 $F(1,0)$，设 $P(x_3,y_3)$，则由 $\overrightarrow{FP}+\overrightarrow{FA}+\overrightarrow{FB}=\vec{0}$，得 $(x_3-1,y_3)+(x_1-1,y_1)+(x_2-1,y_2)=(0,0)$。

由(1)的解法 1 及题设，得 $x_3=3-(x_1+x_2)=1$，$y_3=-(y_1+y_2)=-2m<0$。

又点 P 在 C 上，则 $m=\dfrac{3}{4}$，从而 $P\left(1,-\dfrac{3}{2}\right)$，$|\overrightarrow{FP}|=\dfrac{3}{2}$。

于是 $|\overrightarrow{FA}|=\sqrt{(x_1-1)^2+y_1^2}=\sqrt{(x_1-1)^2+3\left(1-\frac{x_1^2}{4}\right)}=2-\frac{x_1}{2}$。

同理，$|\overrightarrow{FB}|=2-\frac{x_2}{2}$。

所以 $|\overrightarrow{FA}|+|\overrightarrow{FB}|=4-\frac{1}{2}(x_1+x_2)=3$。

因为 $2|\overrightarrow{FP}|=|\overrightarrow{FA}|+|\overrightarrow{FB}|$，所以 $|\overrightarrow{FA}|$、$|\overrightarrow{FP}|$、$|\overrightarrow{FB}|$ 成等差数列。设该数列的公差为 d，则

$$2|d|=||\overrightarrow{FB}|-|\overrightarrow{FA}||=\frac{1}{2}|x_1-x_2|=\frac{1}{2}\sqrt{(x_1+x_2)^2-4x_1x_2}。\quad(*)$$

将 $m=\frac{3}{4}$ 代入 $k=-\frac{3}{4m}$ 中，得 $k=-1$，即直线 l 的方程为 $y=-x+\frac{7}{4}$。

将直线 l 的方程代入椭圆 C 的方程，整理得 $7x^2-14x+\frac{1}{4}=0$，则 $x_1+x_2=2$，$x_1x_2=\frac{1}{28}$，代入（*）式，解得 $|d|=\frac{3\sqrt{21}}{28}$。

所以，该数列的公差为 $\frac{3\sqrt{21}}{28}$ 或 $-\frac{3\sqrt{21}}{28}$。

（**解法 2**：利用焦半径公式）

因为 $\overrightarrow{FP}+\overrightarrow{FA}+\overrightarrow{FB}=\vec{0}$，所以 $\overrightarrow{FP}=-2\overrightarrow{FM}$。

由 $M(1,m)$，则 $P(1,-2m)$，又点 P 在椭圆上且 $m>0$，得 $\frac{1}{4}+\frac{4m^2}{3}=1$，解得 $m=\frac{3}{4}$。

代入 $k=-\frac{3}{4m}$，得 $k=-1$，即直线 l 的方程为：$y=-x+\frac{7}{4}$。

直线 l 的方程与椭圆方程联立，得 $\begin{cases}y=-x+\frac{7}{4},\\ \frac{x^2}{4}+\frac{y^2}{3}=1,\end{cases}$ 消去 y 化简，得 $28x^2-56x+1=0$，则有 $x_1+x_2=2$，$x_1x_2=\frac{1}{28}$。

代入焦半径公式 $|\overrightarrow{FA}|=a-ex_1$，$|\overrightarrow{FB}|=a-ex_2$，可得 $|\overrightarrow{FA}|+|\overrightarrow{FB}|=2a-e(x_1+x_2)=4-1=3$。

又因为 $|\overrightarrow{FP}|=\frac{3}{2}$，所以 $2|\overrightarrow{FP}|=|\overrightarrow{FA}|+|\overrightarrow{FB}|$，可知 $|\overrightarrow{FA}|$、$|\overrightarrow{FP}|$、$|\overrightarrow{FB}|$ 成等差数列。

设公差为 d,则有 $|2d|=||\overrightarrow{FB}|-|\overrightarrow{FA}||=|e|x_1-x_2||=e\sqrt{(x_1+x_2)^2-4x_1x_2}=$ $\frac{1}{2}\sqrt{4-\frac{1}{7}}=\frac{3\sqrt{21}}{14}$,解得 $d=\frac{3\sqrt{21}}{28}$ 或 $d=-\frac{3\sqrt{21}}{28}$。

（解法 3：利用三角形重心）

设 $A(x_1,y_1)$、$B(x_2,y_2)$、$P(x_3,y_3)$。

显然点 F 为 $\triangle ABP$ 的重心,易得 $\begin{cases} \dfrac{x_1+x_2+x_3}{3}=1, \\ \dfrac{y_1+y_2+y_3}{3}=0。 \end{cases}$

注意到 M 为 AB 的中点,易得 $m=\dfrac{3}{4}$,则 $P\left(1,-\dfrac{3}{2}\right)$。

进而可得 $k=-1$,再由重心性质得 $|MF|=\dfrac{3}{4}$,所以 $M\left(1,\dfrac{3}{4}\right)$。

可得 AB 所在直线方程为 $y=-x+\dfrac{7}{4}$,以下同解法 2。

3. 设椭圆 $\dfrac{x^2}{a^2}+\dfrac{y^2}{3}=1$ $(a>\sqrt{3})$ 的右焦点为 F,右顶点为 A,已知 $\dfrac{1}{|OF|}+\dfrac{1}{|OA|}=$ $\dfrac{3e}{|FA|}$,其中 O 为原点,e 为椭圆的离心率。设过点 A 的直线 l 与椭圆交于点 B(B 不在 x 轴上),垂直于 l 的直线与 l 交于点 M,与 y 轴交于点 H,若 $BF\perp HF$,且 $\angle MOA\leqslant\angle MAO$,求直线 l 的斜率的取值范围。

【解析】 设 $F(c,0)$,由 $\dfrac{1}{|OF|}+\dfrac{1}{|OA|}=\dfrac{3c}{|FA|}$,即 $\dfrac{1}{c}+\dfrac{1}{a}=\dfrac{3c}{a(a-c)}$,可得 $a^2-c^2=3c^2$。

又 $a^2-c^2=b^2=3$,所以 $c^2=1$,因此 $a^2=4$,得椭圆的方程为 $\dfrac{x^2}{4}+\dfrac{y^2}{3}=1$。

设直线 l 的斜率为 $k(k\neq0)$,则直线 l 的方程为 $y=k(x-2)$。

设 $B(x_B,y_B)$,由方程组 $\begin{cases} \dfrac{x^2}{4}+\dfrac{y^2}{3}=1, \\ y=k(x-2), \end{cases}$ 消去 y,整理得 $(4k^2+3)x^2-16k^2x+16k^2-12=0$,解得 $x=2$ 或 $x=\dfrac{8k^2-6}{4k^2+3}$。

由题意得 $x_B=\dfrac{8k^2-6}{4k^2+3}$,从而 $y_B=\dfrac{-12k}{4k^2+3}$。

因为 $F(1,0)$,所以不妨设 $H(0,y_H)$,则有 $\overrightarrow{FH}=(-1,y_H)$,$\overrightarrow{BF}=\left(\dfrac{9-4k^2}{4k^2+3},\dfrac{12k}{4k^2+3}\right)$。

由 $BF\perp HF$,得 $\overrightarrow{BF}\cdot\overrightarrow{HF}=0$,所以 $\dfrac{9-4k^2}{4k^2+3}-\dfrac{12ky_H}{4k^2+3}=0$,解得 $y_H=\dfrac{9-4k^2}{12k}$,因此直

线 MH 的方程为 $y = -\dfrac{1}{k}x + \dfrac{9-4k^2}{12k}$。

设 $M(x_M, y_M)$，由方程组 $\begin{cases} y = -\dfrac{1}{k}x + \dfrac{9-4k^2}{12k}, \\ y = k(x-2), \end{cases}$ 消去 y，解得 $x_M = \dfrac{20k^2+9}{12(k^2+1)}$。

在 $\triangle MAO$ 中，$\angle MOA \leqslant \angle MAO \Leftrightarrow |MA| \leqslant |MO|$，即 $(x_M-2)^2 + y_M^2 \leqslant x_M^2 + y_M^2$，化简得 $x_M \geqslant 1$，即 $\dfrac{20k^2+9}{12(k^2+1)} \geqslant 1$，解得 $k \leqslant -\dfrac{\sqrt{6}}{4}$ 或 $k \geqslant \dfrac{\sqrt{6}}{4}$。

所以直线 l 的斜率的取值范围为 $\left(-\infty, -\dfrac{\sqrt{6}}{4}\right] \cup \left[\dfrac{\sqrt{6}}{4}, +\infty\right)$。

第 10 章

数学史融入高中数学复习教学的成效

历史和哲学负有多种永恒的责任,同时也是简单的责任。

——雨果

作为数学文化的一部分,数学史融入高中数学教学和数学问题研究中能够启迪学生智慧、激励其精进,充分发挥数学史料的育人功能,并且可以促进数学教育工作者对数学史的学习和研究,丰富他们的数学史素材积累,提高他们的文化素养,丰厚其数学本体知识,增强教学定力,坚定正念,改变数学教育中存在的数学史"高评价、低应用"的现象。

10.1 数学史融入高中数学教学对学生的影响

在长达 10 年的理论学习和教学实践中,通过文献阅读与研究、教学前后的调查与访谈、课堂观察,以及学生的学习质量分析,笔者发现,教学中科学而适切地融入数学史,能促进课堂教学目标的实现、帮助学生克服认知障碍,对学生学习重点的落实和难点的突破都有非常有效的帮助。既能使学生充分理解数学知识概念的学习难点,又能有效帮助学生理解数学概念、定理和相关知识。

数学史融入高中数学概念教学以及高中数学复习教学研究发现,这种学习方式可以帮助学生逐渐学会成为真正合理的学习者,下面从学习心理的两个方面进行分析。

其一是非智力活动的情感方面:感受—情绪—意志—性格。

在函数、对数的概念、数列、复数的概念等课题中,通过多元融入数学史,学生们一起经历概念的产生、发展与拓广的过程,经历对平面几何性质的探究;一起感知大数运算等现实的困境,勇敢地发明新的数学符号;一起突破数的局限,实现从实数到虚数的跨越从而打破思维定式;一起展开基于数学历史名题的探究;一起感悟数学思想方法之精深;一起体验失败的煎熬、成功的快乐……毋庸置疑,这些学习过程,极大地丰富了学生的学习体验,充实了学生的精神世界。主要体现在:

(1)情感态度:学生认识到数学家积极发现问题、勇于克服困难、敢于探索与创新的精神的难能可贵,通过了解数学家的生平故事,学生丰富了自身的人文内涵。而学习数学史的过程有利于培养学生体会数学史背后所蕴含的数学思想,了解数学冰冷的美丽背后的诞生和思考过程,有助于学生建立学习数学的自信心。

(2)意志信念:学生充分体会到数学源于生活而又高于生活,体验了与数学家一起思考的过程,领悟到了学习数学所必不可少的探索精神,以及坚忍不拔的毅力,建构了更加完备的数学观。

其二是包括智力活动的认知过程:感觉—思维—知识—智慧。

融入数学史的学习,能带领学生走进数学浩瀚的历史长河,感受数学发生和发展的历史脉络,并因此明确学习数学的意义;能触动学生的好奇心灵,展示数学的魅力;能引导学生以广阔的视野认识数学。譬如,学生可以充分感受函数的演进性特征;通过虚数产生过程的探究,在遵循学生认知规律的基础上引导他们理解数学概念的生成;经历了对数概念的从无到有的意义、从不甚理想到逐步完善等发生发展过程;经历了历史上旷日持久难以解决的三、四线轨迹问题,激发学生研究曲线与方程的动机,明确了学习平面解析几何的方法……这些经历,无疑拓宽了学生的视野,促进了学生对于数学概念与知识的理解,增强了学生分析问题解决问题的能力,学生成为主动获取知识的研究者,也让学生进一步了解了数学文化。

10.2　数学史融入高中数学教学
对教师专业素养的影响

　　章建跃先生曾在大量听课和调研的基础上得出：无论是课堂教学质量的提高还是教师的专业化发展，根子都在教师的数学素养上，这是由高中数学教学的内在规律决定的。数学史是数学不可分割的组成部分，具有数学史素养的教师，其数学观是开放的、动态的、发展的，而 HPM 对数学教师的数学观、数学教学观、学生观有积极的影响。当今的数学知识正是在漫长的数学史演进过程中逐渐发展起来的，数学的历史发展过程对于今天的教学具有重要的借鉴意义。毋庸置疑，教师掌握丰富的数学史知识对提升教师数学素养大有裨益，数学史融入高中数学教学对教师的信念、学养与能力等三个方面会有深远影响，能有效促进教师有意识地提升自身综合素质。

　　（1）信念

　　笔者在任教的前 14 年对数学史仅仅是有所耳闻，对数学史融入教学鲜少了解。自从认真学习了汪晓勤教授的数学史与数学教育课程后，深受启发，从初步接触与学习，到参与研究团队开发的案例教学推广，再到在数学史专家的手把手指导和帮助下设计案例和实施课堂教学，直至后来努力将数学史融入课堂教学提升教学效能作为一种追求……笔者收获颇丰。一是笔者任教的班级学生对数学的兴趣提升和对数学有更深刻的认识，可以见证数学史融入教学的积极作用；二是对于笔者而言，每向前跨一步哪怕是小小的一步，都会历经自身认知的冲突、已有教学经验的干扰、教学思想理念的冲撞以及创新的瓶颈与困境，有时也会受到周围同事的质疑，面对应试学习的大背景，担心数学史融入高中数学教学会"剑走偏锋"，对提升学习成绩显得有些"不合时宜"甚至"力不从心"。但笔者本着对融入数学史教学的那股信念，坚持理论学习和实践探索。与此同时，周围的数学专家对笔者的教学理念的革新、教学业务水平上的进步表示了很大程度的认可。不仅笔者对融入数学史的教学逐渐有了新的认识和看法，而且每次身边的同事、其他学校的教师、同仁乃至于全国的访问学者在亲临课堂观摩教学后，都对这样的教学方式表示佩服和赞赏。笔者近 10 年来将数学史融入数学教学的亲身经历，大量的一线教师融入数学史的教学实践和丰富的理论成果都表明，数学史融入教学一定能创造知识之谐、方法之美、情感之悦，能够改善数学教学。

　　（2）学养

　　然而，融入数学史的教学绝非易事，教师仅凭信念，没有足够的数学史知识、数学本体知识以及宽厚的非本体知识作为支撑，难以开发出完善、精彩的 HPM 案例，也很难上出科学而又流畅、生动而又有内涵的 HPM 课。融入数学史的教学过程中，教师宜以此为抓手，"倒逼"自己不断提升自身的学养——学问和修养。一方面，数学史本身蕴含数学学科知识的起源、发现和发展的过程，数学家的数学思想方法，解决问题的各种不同方法；另一方面，还要研究全国乃至于国际上各种版本的教材，了解不同教材对数学知识内容的安排、概念的描述、方法的解读等的差异,如对待函数的概念不再只是能精准把握上海高中课本中的变量对应关系,还能用历史学家的发展眼光看待函数的概念,如笔者从对数产生的缘由——解决大数运算的繁难入手,用对应的思想引出对数的概念等等。在此过程中,笔者不知不觉充实了数学思想方法和数学本体知识。

笔者通过收集相关的历史素材,查阅蕴含数学文化、数学历史等的文献资料,从而得以丰富自身的数学史知识和增加数学文化内涵。在开发数学史案例以及研究过程中,笔者还阅读了大量英文原版的资料,如 *mind of mathematics*,*The history of mathematics* 等,以及数学史研究专家的专著等。浸润于数学发展的历史长河中,笔者不知不觉会将数学史及数学文化的"香""韵""魂"吸纳入身心、融化入骨髓,大幅提升自身的综合修养。

总之,数学史融入高中数学教学的探究与实践,能有效帮助教师扩充数学本体知识并宽厚非本体知识,充盈教师的数学文化内涵,丰富教师的学养,并将这丰富的文化内涵辐射到课堂。同时,给教师开启了创新的起点,提供了创新的途径,提升了教学设计的能力,让教师在打造出精彩的数学课堂同时,又能在课堂中创造全新的数学理解。

(3)能力

笔者自进入华东师范大学学习数学史课程,并在后续不断研究和琢磨如何融入数学史到数学课堂中,各方面的能力如查阅文献、梳理文献内容、反思教学方法、提炼教学规律等都取得了很大的进步。不仅不再觉得搞教学研究很头疼、很"无感",相反把教学反思与研究当成了一种乐趣,努力做到教科研促进教学效能的工作水平。在努力把数学史融入教学方面有所作为的过程中,在超越教学规范实现既教书又育人的创造智慧型教学之路上,数学史能为教师助一臂之力、开一扇明窗,教师各方面的能力会得到较大程度的提升,具体表现在:查阅大量久远的历史卷案、阅读大量艰涩难懂的历史书籍,以及教学方法的文献,提高了学习的能力;进一步将这些信息提炼并转化成学生乐于接受甚至比常规教法更精彩的教育形态;能在被人忽视的地方发现新的问题、新的联系。此外,尝试有效融入数学史到课堂教学中,本身就是不断提升自身教学智慧的过程——提升了教学设计的能力、教学实施的能力、运用现代技术生动融入史料的技能、自我反思和完善的能力。

可以借助图 10-1 解读教师教学能力的提升与数学史融入教学各要素的关系。

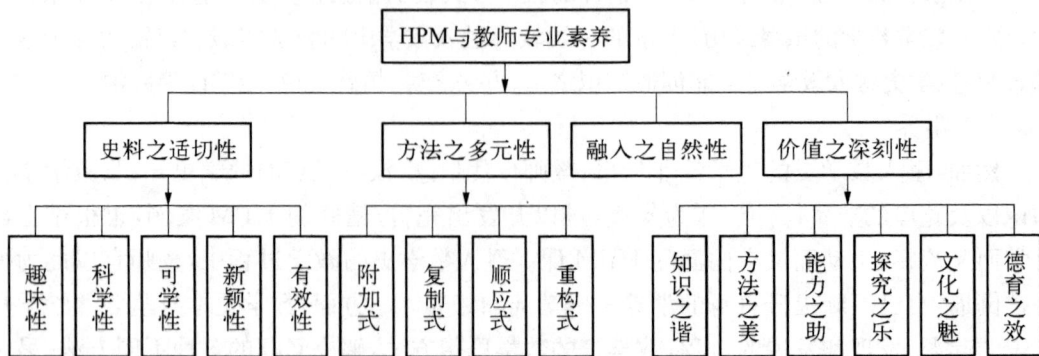

图 10-1 HPM 与教师专业素养

（1）史料之适切性，即史料素材的趣味性、科学性、可学性、新颖性和有效性 5 个方面考量；

（2）方法之多元性，即能用多种融入方式如附加式、复制式、顺应式和重构式来有效组织教学；

（3）融入之自然性，即数学史材料的讲解语言的感染力，与学生互动之适当与自然等；

（4）价值之深刻性，即体现 HPM 的知识之谐、方法之美、能力之助、探究之乐、文化之魅和德育之效等 5 个方面体现数学史的教育价值。

最重要的表现在：数学史给教师开启了创新的起点（数学史料和教育现实的结合），提供了创新的途径——教师的认知升级、教学方法的改进和教学路径的拓展；提升了教师的创新能力，打造出精彩的数学课堂，在课堂中创造了全新的数学理解。

总而言之，数学史给予学生和教师的，既有知识的渊博、思维的深刻、逻辑的严谨，又有人文的情怀、文化的滋润，可谓无价之宝！

参 考 文 献

一、书籍类

［1］Boyer, C. B. A History of Mathematics. New York：John Wiley & Sons，1968.

［2］顾典顺，孔凡祥.高考中的数学文化[M].武汉：湖北科学技术出版社，2017.

［3］顾沛.数学文化[M].北京：高等教育出版社，2008.

［4］刘徽.九章算术注[M].南京：江苏凤凰科学技术出版社，2016.

［5］莫里斯·克莱因.古今数学思想[M].张理京，张锦炎，江泽涵，等，译.上海：上海科学技术出版社，2002.

［6］普通高中数学课程标准修订组.普通高中数学课程标准（2017 年版 2020 年修订）解读[M].北京：高等教育出版社，2020.

［7］沈康身.历史数学命题赏析[M].上海：上海教育出版社，2002.

［8］陶哲轩.教你学数学[M].北京：人民邮电出版社，2017.

［9］汪晓勤，韩祥临.中学数学中的数学史[M].北京：科学出版社，2002.

［10］汪晓勤.数学文化透视[M].上海：上海科学技术出版社，2013.

［11］汪晓勤.数学史与数学教育[M].北京：科学出版社，2017.

［12］汪晓勤，沈中宇.数学史与高中数学教学[M].上海：华东师范大学出版社，2020.

［13］易南轩，王芝平.多元视角下的数学文化[M].北京：科学出版社，2007.

［14］张奠宙.20 世纪数学史话[M].北京：知识出版社，1984.

［15］章建跃.数学教育随想录[M].杭州：浙江教育出版社，2017.

［16］章建跃.核心素养立意的高中数学课程教材教法研究[M].上海：华东师范大学出版社，2021.

二、期刊文献类

［1］陈长华.HPM 视角下二项式定理发展史的教学设计[J].江苏教育学院学报，2010，26(10)：43—45.

［2］陈克胜，章传秀."对数发明史"教学设计初探[J].数学通讯，2004(11)：3—4.

［3］陈蓓.函数概念的发展与比较[J].数学通讯，2005(07)：1—3.

［4］陈仁政.漫谈对数[J].数学通报，1992(04)：44—47.

［5］陈万寿，龙宇.依托米勒问题，传播数学文化[J].中学数学研究(华南师范大学版)，

2019(04)：27—28.

［6］陈淑贞,陈清华.浅谈基于名题背景的试题编制[J].数学通报,2012(01)：6—12.

［7］陈晏蓉,汪晓勤.数学史料的选取原则与案例分析[J].教育研究与评论(中学教育教学),2017(12)：37—43.

［8］杜石然.函数概念的历史发展[J].数学通报,1961(06)：36—40.

［9］方倩.HPM 视角下二项式定理的教学[G].全国数学教育研究会 2016 年国际学术年会论文集,2016.

［10］付芳芳.融历史于数列极限定义的教学设计[J].数学学习与研究,2020(10)：111—113.

［11］顾泠沅,王洁.教师在教育行动中成长——以课例为载体的教师教育模式研究[J].全球教育展望,2003(01)：44—49.

［12］高振严.和差术在高三数学复习课中的应用[J].中小学课堂教学研究,2020(09)：7—11.

［13］贾丕珠.函数学习中的六个认知层次[J].数学教育学报,2004(03)：79—81.

［14］金惠平,王芳.HPM 视角下的对数概念教学[J].教育研究与评论(中学教育教学),2014(09)：28—34.

［15］鞠妍.高中数学课程思政培育的研究和探索[J].数学教学,2021(08)：6—10.

［16］康井荣.突破函数概念教学难点的几点对策[J].中学数学教学,2014(03)：21—23.

［17］李柏青.复习课单元整体教学设计的实践与思考[J].数学通报,2013(03)：31—36.

［18］李慧,陈惠勇.笛卡尔与费马解析几何思想路径之比较与启示[J].内蒙古师范大学学报(自然科学汉文版),2021(06)：496—500.

［19］李铁安,宋乃庆.高中解析几何教学策略——数学史的视角[J].数学教育学报,2007(02)：90—94.

［20］李裕民.让学生的思维长出自由飞翔的翅膀——从球的体积公式谈起[J].数学通报,2013(01)：49—55.

［21］林仓忆.数学史融入教学——以对数表为例[J].台湾 HPM 通讯,2010,13(12).

［22］刘思璐,韩嘉业,姜浩哲.第八届全国数学史与数学教育学术研讨会纪要[J].数学教育学报,2020(01)：93—97.

［23］骆祖英.向读者推荐一本难得的好书《二十世纪数学史话》[J].教学与研究,中学教研(数学),1986(07)：43—43.

［24］吕增锋.追寻历史的足迹——对数概念教学的尝试[J].中学数学月刊,2008(11)：12—14.

［25］马晓华.高一学生对数以及对数函数学习的研究[D].上海：华东师范大学,2011.

［26］宁连华.动态数学观——数学探究学习的本体论基础[J].江苏师范大学学报(自然科学版),2006(02)：46—49.

［27］彭刚,汪晓勤,程靖.数学史融入数学教学：意义与方式[J].成都师范学院学报,2016(01)：115—120.

[28] 蒲淑萍,汪晓勤.弗赖登塔尔的 HPM 思想及其教学启示[J].数学教育学报,2011
(06):20—24.

[29] 蒲淑萍.HPM 与数学教师专业发展——以一个数学教育工作室为例[D].上海:华
东师范大学,2013.

[30] 钱永红.钱宝琮先生的数学教育理念与实践[J].数学教育学报,2010(02):8—10.

[31] 任子朝.剑桥评价数学考试研究[J].中学数学,2010(11):1—6.

[32] 任明俊.中学生对函数概念的理解:历史相似性研究[D].上海:华东师范大
学,2005.

[33] 任明俊,汪晓勤.中学生对函数概念的理解——历史相似性初探[J].数学教育学报,
2007(04):84—87.

[34] 沈金兴,沈中宇.高中生对平面的理解:历史相似性研究[J].数学教学,2017(10):
38—41.

[35] 沈中宇,汪晓勤.平面概念:基于相似性,重构数学史[J].教育研究与评论(中学教育
教学),2016(10):46—50.

[36] 孙宏安.纳皮尔与对数[J].数学通报,1997(02):47—49.

[37] 苏英俊,汪晓勤.略论数学史对数学教育的意义[J].数学通讯,2005(05):1—4.

[38] 唐绍友.数学教学中渗透数学史教育的途径[J].数学通报,1997(06):8—9.

[39] 田金品.函数概念教学的几点思考——2013 江苏青年数学教师评优课"函数"课例的
研析[J].中学数学月刊,2014(07):13—15.

[40] 田方琳.数学史融入对数概念教学的行动研究[D].上海:华东师范大学,2015.

[41] 汪晓勤.19 世纪中叶以前的函数解析式定义[J].数学通报,2015(05):1—7.

[42] 汪晓勤,欧阳跃.HPM 的历史渊源[J].数学教育学报,2003(03):24—27.

[43] 汪晓勤.HPM 的若干研究与展望[J].中学数学月刊,2012(02):1—5.

[44] 汪晓勤.二项式定理史略[J].中学数学杂志,1999(11):44—46.

[45] 汪晓勤.二项式定理史略[J].中学数学杂志(高中版),1999(6):44—46.

[46] 汪晓勤.基于数学史的数学文化内涵课例分析[J].上海课程教学研究,2019(02):
37—43.

[47] 汪晓勤,林永伟.古为今用:美国学者眼中数学史的教育价值[J].自然辩证法研究,
2004(06):73—77.

[48] 汪晓勤,邹佳晨.高中数学教学中实施课程思政的路径[J].数学教学,2021(08):
1—5.

[49] 汪晓勤.中华优秀传统数学文化融入高中数学教学的若干路径[J].教育研究与评论
(中学教育教学),2022(09):27—34.

[50] 汪晓勤.平面解析几何的产生(一)——古希腊的三线和四线轨迹问题[J].中学数学
教学参考,2007(17):58—59.

[51] 汪晓勤,柳笛.平面解析几何的产生(二)——费马与解析几何[J].中学数学教学参

考,2008(Z2):122—123.

[52] 汪晓勤.平面解析几何的产生(三)——笛卡尔与解析几何[J].中学数学教学参考,2008(09):61—62.

[53] 汪晓勤.平面解析几何的产生(四)[J].中学数学教学参考,2008(11):56—59.

[54] 王芳.基于历史名题的高中数学单元复习课教学[J].数学教学通讯,2022(12):3—6.

[55] 王海青.数学史视角下"数系的扩充和复数的概念"的教学思考[J].数学通报,2017(04):15—19.

[56] 王建磐.历史视角下的数学素养:讲好我们自己的故事[J].数学教育学报,2019(03):1—1.

[57] 王思俭."对数的运算性质"课堂实录与教学反思[J].中学数学月刊,2010(12):16—18.

[58] 王振辉,汪晓勤.数学史如何融入中学数学教材[J].数学通报,2003(09):18—21.

[59] 吴骏,汪晓勤.数学史融入数学教学的实践:他山之石[J].数学通报,2014(02):13—20.

[60] 吴骏.基于HPM教学的学生认知发展个案研究[J].数学教育学报,2017(02):46—91.

[61] 王勇,吴玉红.对数与对数函数[J].数学通讯,2002(22):21—24.

[62] 肖春光.如何在中学数学中进行数学史教学[J].中学数学教学参考,2000(Z1):13—14.

[63] 徐斌,汪晓勤.从指数律到对数[J].数学教学,2010(06):35—38.

[64] 徐章韬,汪晓勤.HPM教育价值剖析及应用取向的深度挖掘[J].数学教育学报,2016(06):10—14.

[65] 徐章韬.基于数学史的平面概念的教学案例设计[J].数学通讯,2009(02):13—15.

[66] 杨渭清.数学史在数学教育中的价值[J].数学教育学报,2009(04):31—33.

[67] 杨磊.浅谈数学史的几点数学教育价值[J].教育教学论坛,2014(46):197—199.

[68] 姜世学.HPM视角下高三数学复习课教学研究[D].上海:华东师范大学,2021.

[69] 叶秀云,叶雪梅."祖暅原理"及其教学探究[J].福建中学数学,2012(04):27—29.

[70] 余庆纯,汪晓勤.基于数学史的数学文化内涵实证研究[J].数学教育学报,2020(03):68—74.

[71] 于书敏,曲元海.论数学史的教育价值[J].现代教育科学,2006(01):153—154.

[72] 曾国光.中学生函数概念认知发展研究[J].数学教育学报,2002(02):99—102.

[73] 曾峥.关于函数概念及其教学的整体思考[J].肇庆学院学报,2001(02):61—63.

[74] 张奠宙.关于数学史和数学文化[J].高等数学研究,2008(01):18—22.

[75] 张奠宙.我国数学史全面融入数学教育的一个历史性标志[J].数学教学,2017(08):49—50.

[76] 张奠宙.参加第八届国际数学教育大会的报告——中国数学教育正在走向世界[J].数学教学,1996(05):2—2.

[77] 张奠宙,王振辉.关于数学的学术形态和教育形态——谈"火热的思考"与"冰冷的美丽"[J].数学教育学报,2002(02):1—4.

[78] 章建跃,陶维林.注重学生思维参与和感悟的函数概念教学[J].数学通报,2009(06):19—30.

[79] 章建跃.核心素养导向的高中数学教材变革——《普通高中教科书·数学(人教 A 版)》的研究与编写[J].中学数学教学参考,2019(16):6—10.

[80] 章建跃.用函数图像和代数运算的方法研究"幂指对"函数[J].数学通报,2020(10):1—11.

[81] 章建跃.如何理解用向量法推导余弦定理和正弦定理的设计意图[J].中小学数学(高中版),2021(04):64—66.

[82] 张国定.HPM 视角下的数学教学设计——从"正弦定理"的教学设计谈起[J].数学教学研究,2010(03):14—16.

[83] 张俊忠.数学教育中数学史融入策略研究[J].中国教育学刊,2014(09):79—82.

[84] 张小明.中学数学教学中融入数学史的行动研究[D].上海:华东师范大学,2005.

[85] 张小明.正弦定理的证明:从历史到教学[J].数学通报,2015(07):15—22.

[86] 张伟.祖暅原理的由来及证明[J].重庆第二师范学院学报,2010(03):113—115.

[87] 赵冬梅.正弦定理、余弦定理的证明方法探究[J].西北成人教育学院学报,2012(06):137—140.

[88] 钟萍.基于教材例、习题的题组辨析,提升学生思维[J].数学教学,2012(01):6—8.

[89] 钟萍,汪晓勤.对数概念:从历史到课堂[J].中学数学月刊,2015(05):50—54.

[90] 钟萍,汪晓勤.函数概念:基于历史相似性自然过渡[J].教育研究与评论(中学教育教学),2016(02):62—68.

[91] 钟萍.数学史融入高中代数概念教学的行动研究——以"函数"、"对数"为例[D].上海:华东师范大学,2017.

[92] 钟萍.HPM 视角下的平面解析几何引言课[J].数学教学,2019(08):42—46.

[93] 钟萍,王敏杰.高三专题教学的设计与反思:极限思想在解题中的应用[J].上海中学数学,2020(Z1):11—14.

[94] 钟萍,邰昭东.HPM 视角下高三数列复习课的教学设计与反思[J].上海中学数学,2020(09):42—45.

[95] 钟萍,耿亮,纪妍琳.HPM 视角下高三复数专题复习教学[J].上海中学数学,2021(09):38—41.

[96] 钟萍.HPM 视角下"平面及其基本性质"高三专题复习教学与反思[J].数学教学通讯,2022(12):27—30.

[97] 朱娅梅.函数概念理解的面与层模型[J].数学教学,2013(11):8—10.

[98] 邹建兵.HPM 视角下的正弦定理与余弦定理的比较研究[J].数学教学,2020(09):13—15.